高职高专“十二五”财经类专业规划教材

营销策划实务

YINGXIAO CEHUA SHIWU

曹献存　主编

河南科学技术出版社
·郑州·

内 容 提 要

本书根据营销实践需要，将营销策划分为11个项目，主要内容包括：认识营销策划，市场调研策划，目标市场策划，产品策划，价格策划，渠道策划，促销策划，终端策划，网络推广策划，市场竞争策划，品牌策划。本书内容丰富，通俗易懂，引用了大量真实、生动的案例，便于读者阅读、理解与借鉴。本书项目有案例导入，任务中配有技能训练，做到了教、学、做一体化。

本书可供高职高专院校市场营销专业、工商管理专业及相关专业学生使用，也可供企业管理人员和营销人员作为工具书参考使用。

图书在版编目(CIP)数据

营销策划实务/曹献存主编. —郑州：河南科学技术出版社，2012.8(2013.7重印)
(高职高专"十二五"财经类专业规划教材)
ISBN 978-7-5349-5694-2

Ⅰ.①营… Ⅱ.①曹… Ⅲ.①营销策划-高等职业教育-教材 Ⅳ.①F713.50

中国版本图书馆CIP数据核字(2012)第185018号

出版发行：河南科学技术出版社
地址：郑州市经五路66号 邮编：450002
电话：(0371) 65788001 65788622
网址：www.hnstp.cn
策划编辑：马国宝
责任编辑：司 芳
责任校对：柯 姣
封面设计：张 伟
版式设计：栾亚平
责任印制：张艳芳
印 刷：辉县市文教印务有限公司
经 销：全国新华书店
幅面尺寸：185 mm×260 mm 印张：22.5 字数：519千字
版 次：2012年8月第1版 2013年7月第2次印刷
定 价：39.80元

《高职高专“十二五”财经类专业规划教材》编审委员会

《营销策划实务》编写人员名单

主　编　曹献存

副主编　韩　英　武钰敏　赵丽英　安　兵

编　委　（以姓氏笔画排序）

安　兵　张长浩　陈先锋　武钰敏

周晓娜　赵丽英　曹献存　韩　英

前　言

《营销策划实务》教材建设历时一年，编者既参照了自己以前的著作，又参考了相关书籍；既整理了大量经典的案例，又加入了自己校外实践策划的成果；既是为高职高专生量身定做，又可作为营销人的工具书。本教材特色如下：

1. 编写模式采用适合高职高专的项目导向、任务驱动教学模式，教材内容是根据营销工作的流程和社会对营销人才的需要而设，没有多余项目。企业营销策划，可以是就某一部分进行策划，也可以按整个流程完成一个项目的策划。本教材采用任务驱动，即根据营销人面临的策划任务，安排教学内容，除项目一为策划基础知识外，其余每个项目都是营销中的一个主要策划工作，都需要完成策划案。每个项目又分为若干任务，小任务完成，大的策划项目就自然完成。

2. 项目策划，采用先理论后实践，理论指导实践，逻辑合理，叙中夹议。

3. 教材中主要案例或任务都是编者和团队实际策划的真实案例，资料生动翔实、富有说服力，等于把项目完成的过程带入课堂，辅以理论知识，便于学习和掌握，更可以提高学习兴趣。

4. 每个项目中附有精品案例，在知识、案例学习后有技能训练题，做到了边学边练，教、学、做一体化。

5. 本教材基于营销，内容与营销互补，又高于营销，立足实践需要，可操作性强。

本书既可作为高职高专营销类专业的技能类学习教材，又可作为社会各类营销及管理人才的工具书。该书若能在这个营销为王的时代给营销人以启迪和帮助，将是我们莫大的荣幸。

本书在编写过程中参考了大量的文献，在此对相关作者一并表示感谢。由于时间仓促、水平所限，不足之处在所难免，敬请斧正。

编　者

2012 年 5 月

目　录

项目1　认识营销策划

项目目标

【知识目标】

●营销策划的概念。

●营销策划的流程。

●营销创意的方法。

●营销策划方案的体系结构。

【技能目标】

●创意的能力。

●编写策划方案的能力。

【实训目标】

●通过头脑风暴等实训，使学生掌握创意的方法。

●通过各类策划案的学习和分析，模拟完成一份营销策划案。

项目导入

鹤壁市憩仙居殡葬礼仪服务有限公司成立于2009年5月6日，位于鹤壁市淇滨区蔡庄西北，注册资金2 000万元，主营业务为殡葬礼仪服务，近期项目是开发经营憩仙居生态园。该公司与曹献存教授领导的策划团队就憩仙居生态园的整体策划达成协议，该策划如何进行，策划书又如何撰写呢？

项目实施

日常生活中，我们见过广告策划、影视策划、婚庆策划、企业策划等，企业策划又包括战略策划、竞争策划、品牌策划、投资策划、人力资源策划等。策划的种类很多，营销策划又是指哪些呢？如何进行营销策划呢？本项目将结合憩仙居策划案，从营销策划基础、营销策划流程、营销创意、营销策划案的撰写等方面帮助学生认识营销策划。

任务 1.1　营销策划基础

1.1.1　策划

策划是现代社会最常见的经济活动之一。策划，有计划、打算之意，通常解释为策略谋划，也即出谋划策。策划最早见于军事领域，在古希腊神话和我国古代史的军事战例中，就有策划的雏形。

从理论上说，策划是指人们为了达到某种预期的目标，借助科学方法、系统的方法和创造性思维，对策划对象的环境因素进行分析，对资源进行重新组合和优化配置而进行的调查、分析、创意、设计并制定行动方案的行为。策划作为一种程序，在本质上是一种运用知识和智慧的理性行为。策划又是具有前瞻性的行为，它要求对未来一段时间将要发生的事情做出决策。策划就是找出事物的主客观条件和因果关系，选择或制定可采用的对策，作为当前决策的依据。即策划是事先决定做什么、如何做、何时做、由谁来做的系统方案。

1．专家学者看策划

著名的市场营销学专家菲利普·科特勒（Philip kotler）对策划做了这样的解释：策划是一种程序，在本质上是一种运用脑力的理性行为。基本上所有的策划都是关于未来的事物。也就是说，策划是针对未来要发生的事情做出当前的决策。换言之，策划是找出事物的因果关系，衡量未来可采取的措施，作为目前决策的依据。策划如同一座桥，连接着我们的目的地和我们目前所要经过之处。

日本策划家和田创认为：策划是通过实践活动获取更佳成果的智慧或智慧创造行为。

2．策划人看策划

（1）策划是整合：

1）策划不是神话，策划家也不是巫婆神汉。策划不是八卦，策划家不是风水先生。

2）策划不是万能的，不能包治百病，而只能在客观和主观条件所允许的范围内大显神通。

3）策划的成功不是靠运气，而是靠现代科学思维。

4）策划只有建立在有效整合多种学科，包括经济学、市场营销学、管理学、广告学等学科的基础上，才有生命力。

（2）策划是一个制定航海图的过程，理念设计是指南针。

（3）策划不是简单地制定一个方案，而是要对整个项目运作过程加以动态的把握，对出现的各种问题做出准确和快速的反应，捕捉稍纵即逝的机会。

（4）条条大路通罗马，但是最近的路只有一条。策划就是寻找这条最近的路。

（5）策划也是生产力。科学技术是生产力，那么社会科学是不是生产力，如何表现为生产力？策划促进了经济资源的优化整合和生产力的发展，那么策划是不是可以

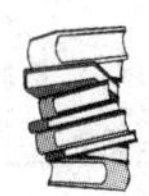

看作生产力的一个要素?

(6) 策划的产业化包括:

1) 产业化的扩展:策划的对象,要从单元扩展到多元,从沿海扩展到内地等。

2) 企业的规范化,首先是从事策划的实体的自身定位,它是带有浓厚的文化色彩的、以普及企业文化为己任的组织。

3) 策划实体必然具有很强的团队意识,行为是群体行为。系统化的运作是由多个环节、多侧面有机组成的。

(7) 信息如水,策划如舟,水载舟行,休戚与共。

(8) 策划是一个系统工程。系统工程好处多,别人一头牛,至多能扒一张牛皮。系统工程,则可以得到五六张牛皮。

(9) 策划是一种程序。

(10) 策划是一门复合性的、交叉的、边缘科学。它的奥妙之处是将单线思维转变成复合思维,将封闭性思维转变成发散性思维,将孤立、静止的思维转变为辨证的、动态的思维,将量入为出的思维转变为量出为入的思维。具体包含以下几点:

1) 策划是思维科学:它是用辨证的、动态的、发散的思维来整合行为主体的各类显性资源和隐性资源,使其达到最大效益的一门科学。它包括思维路线的选择、理念的设计、资源的整合、操作过程的监理。

2) 策划是设计科学:必须根据企业的需要来设计项目,策划的目标即衡量一个企业项目是否成功,要看它是否"出成果、出机制、出人才、出品牌"。其中理念的设计始终处于核心和首要的地位。

3) 策划是实践科学:它要考虑怎样才能获得现实的可操作性。

4) 策划是整合科学:策划是通过全新的理念和思路,对生产力的各种要素、资源重新整合,使之产生 $1+1>2$,甚至原子裂变式的市场效应或者经济效益;策划是全部生产力要素的综合,甚至是经济因素与政治因素、社会因素等多种因素的综合。

5) 策划是监理科学:策划就是要在事先设计好的前提下对企业营运过程实施监督与管理。策划不等同于人们常说的点子。

3. 策划与企划

企划一词源于日语"企画",大约在1965年出现于日本。通俗地说,企划就是企划者从现状出发,运用智慧思考并付诸实施,从而达到目标的一切努力。

4. 策划与计划

策划侧重于"策",它是在外部环境竞争的情况下,为取得绝对性胜利而出谋划策,运筹帷幄。策划最重要的一点是要有创意。

计划侧重于"计",是一种"安排"的意思。任何一件事情都可以拟订一个计划去执行,按部就班去完成。一个计划可以用多次,却未必有创意,只是一个静态的设计过程。

1.1.2 市场营销策划

市场营销策划,就是企业的策划人员根据企业现有的资源状况,在充分调查、分析市场营销环境的基础上，激发创意，制定出有目标、可能实现的解决营销问题的一套策略规划。它主要包括市场营销目标、市场机会分析、营销定位、营销战略及策略、营销评估等内容。简单地说，市场营销策划就是在市场营销中为某一企业、某一产品或某一活动所做出的策略谋划和计划安排。

1. 市场营销策划的原理

营销策划原理是指营销策划活动中通过科学总结而形成的具有理性指导意义和行为规律性的知识。营销策划所依据的是整合原理、人本原理、差异原理和效益原理。

（1）整合原理。营销策划人要把所策划的对象视为一个系统，用集合性、动态性、层次性、相关性的观点处理策划对象各个要素之间的关系，用正确的营销理念将各个要素整合统筹起来，以形成完整的策划方案和达到优化的策划效果。整合原理要求营销策划要围绕策划的主题把策划涉及的方方面面以及构成策划文案的各个部分统一起来，形成独具特色的整体。

（2）人本原理。人本原理是指营销策划以人力资源为本，通过发掘人的积极性和创造性作为企业进步动力的理论系统。这里涉及的人既包括企业内部的管理者和员工，也包括广大的消费者。人本原理要求营销策划人在拟订策划方案时要兼顾两个方面：一方面要调动和激发企业人员的积极性和创造性，要有“以人为本”的理念，即企业的行为是企业人的行为，不能撇开人而孤立地设计企业活动；另一方面要体现“以消费者为中心，为消费者服务，令消费者满意”的理念，把企业行为与销售对象的利益紧密地联系在一起，使营销策划方案有利于培育忠诚的顾客群。同时人本原理还崇尚“天人合一”的观念，即营销策划要把企业发展、社会发展、生态发展统一起来，形成绿色营销策划的最高境界，以维护全球的可持续发展这个全人类的根本利益。

（3）差异原理。差异原理是指在不同时期对不同主体视不同环境而做出不同选择的理论体系。营销策划没有固定的模式，营销策划工作也不能一味刻舟求剑、生搬硬套。不同的策划主体和客体，不同的时间和环境形成的策划文案应是千差万别的。那种无视客观环境的变化而盲目照抄照搬别人现成的“创意”或“模式”的营销策划行为是不科学的。对初学者而言，可能会有一段模拟学习的过程，但真正的实战则不能停留在模仿的水平上，而必须创造差异。

（4）效益原理。效益原理是指营销策划活动中，以成本控制为核心，以追求企业与策划行为本身经济效益和社会效益为目的的理论体系。

2. 市场营销策划的特征

（1）一定的虚构性。策划往往首先是一种假想或想象，或因现有条件和能力不足而需要策划，或想以无博有、以小博大、以较少投入而获得最大产出而策划，所以策划是“从虚构出发，然后创造事实”。虚构需要一定的想象力，是合理而具有预见性的想象，绝非胡思乱想。虚构其实也是一种创造，其基本要求是：

1）透过现实，看到别人看不到的景象。

2）善于联想，在情理之中，但出人意料。

（2）相对的新颖性。策划是一种创新思维，要求必须具有新的创意和做法，但这种创新是比较而言，并不是绝对的，所以又叫“相对的新颖性”。满足以下任何一种即

可：

1）相对于策划者自己以前的思维而显得新颖。

2）相对于实施对象和区域而显得新颖（一个策划方案对于策划者来说也许是陈旧的，但对实施策划方案的企业和地区来说却是新颖的）。但策划不能过于新颖，过于新颖会让决策者和管理者因无法理解而拒绝接受。

（3）相对的超前性。策划是创新型的思维，所以需要有一定的超前性，必须基本满足以下条件：

1）相对于其他决策者，思维形成的时间超前（策划者想到时可能会有很多人想到了，如不超前，则可能在策划方案实施时发现竞争者的方案超过自己）。

2）相对于市场形成或成熟的时间超前（如在市场形成或成熟后策划，往往事倍功半，策划的成本很高）。但策划也不能过于超前，过于超前一般难以让决策者和管理者接受，过于超前也可能在行动时机成熟之前暴露了公司的秘密，反而启发了竞争者。

（4）可操作性。策划仅仅新颖、超前还不够，还必须具有可操作性。所谓可操作性，即方案切实可行，技术经济合理。如炸开喜马拉雅山，彻底改变我国西部缺水问题的策划，其新颖性、超前性十分突出，但不具备可操作性。

（5）动态性。一方面，一项策划无论制定得多么周密、具体和细致，但总免不了与实际情况存在着一定的差异；另一方面，随着时间的推移、实施过程的进展、环境的变化，实施过程中仍会遇到一些新情况和新问题。因此，不断地根据环境的变化去修正或调整原定的策划方案、程序、方法、策略等则是策划实施过程中不可避免的现象。

3．市场营销策划的作用

（1）使企业从劣势走向强势。

（2）强化营销目的。

（3）使企业更好地定位于市场。

（4）使营销活动变得有计划。

（5）在一定程度上降低营销费用。

4．市场营销策划的内容

市场营销策划的内容是相当广泛和丰富的，依据不同的标准可做以下归纳。

（1）以策划的对象为标准，可分为企业策划、产品策划和服务策划等。

（2）以市场发展程序为标准，可分为市场选择策划、市场进入策划、市场渗透策划、市场扩展策划、市场对抗策划、市场防守策划、市场撤退策划等。

（3）以市场营销过程为标准，可分为市场定位策划、产品策划、品牌策划、包装策划、价格策划、分销策划、促销策划等。

（4）以市场营销的不同层次来划分，可分为市场营销的基础策划与运行策划。

◆技能训练1.1

训练背景

理解营销策划基础之后，结合教师所给憩仙居生态园的一些背景资料，学生也可结合校园其他营销活动如数码产品、移动通信产品等校园推广活动分析其营销策划。

训练要求

以小组为单位，各选一项营销活动，采取小组讨论的方式，讨论内容包括是否是营销策划、营销策划的运用领域、营销策划的内容等。通过讨论，理解营销策划。

任务 1.2 明确营销策划流程

营销策划是一项复杂的工作，它既有创意的成分在里面，又必须由一定的程序来保证。营销策划的程序如图 1－1 所示。

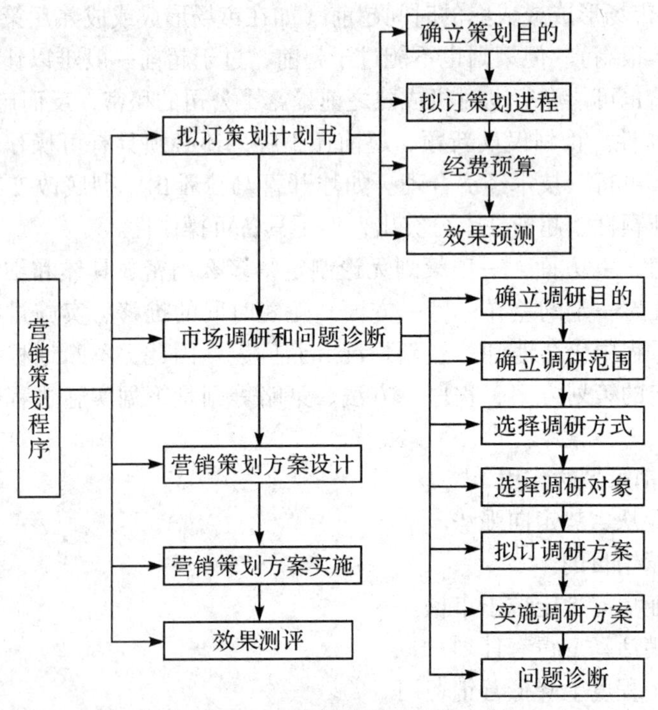

图 1－1 营销策划的程序

1.2.1 拟订策划计划书

策划计划通常以文字的形式表现出来，一般称之为策划计划书。策划计划书通常是一次营销策划或所有营销策划的全部计划。

1. 确立策划目标

策划具有很强的目的性。每次策划总是为了达到一定目标，解决某些（个）问题。常见策划目标有以下几方面。

（1）经济目标。

（2）社会公益目标。

（3）政治目标。

（4）文化目标。

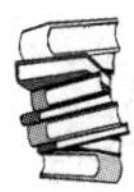

（5）形象目标。

（6）社会目标。

（7）法律目标。

（8）企业在转轨时期，遇到重大的战略转变问题，需要进行营销策划，主要是通过战略策划来改变企业战略。

（9）企业内部管理落后，不适应当今的经济形势，需要进行营销管理策划。

（10）企业外部环境不断变化，需要一些营销策划来解决出现的问题。

（11）企业开张。

（12）企业发展壮大，原有营销方案被淘汰，需要新的替代。

（13）企业根据营销组合，在每个组合因素发生变化情况下，相应地策划新的营销方案。

（14）遇到危机事件时，需要策划。

2．拟订策划进程

计划书离不开时间进程的安排，因此，营销策划进程必须以详细的时间表表达出来。营销策划的进程大致分为四个阶段。

（1）准备阶段。这一阶段是正式策划的前期准备，包括物质准备、人员准备、知识准备和舆论准备等。其中最关键是确定营销策划目的，即“为什么要策划”的问题。

（2）调研阶段。这一阶段是充分搜集信息的阶段，要求广泛、大量地占有材料和信息。调研阶段是策划的基础阶段，对策划的成功与否影响很大，而且这一阶段是产生创意的阶段。

（3）设计阶段。根据调研阶段搜集的信息和产生的创意进行方案设计。如果前面工作做得很完备、很详细，已经是“成竹在胸”，那么这一阶段的方案就是“水到渠成”。反之则可能要花费很多的时间去处理存在的问题。在拟订具体时间表时，可根据个人的经验，来灵活确定这一阶段的长短。

（4）实施阶段。方案出来后，要综合考虑各方面情况，筛选出好的方案进行实施。实施阶段的时间长短，要由方案的性质来定。

营销方案的性质通常有两种：一种是战略性营销策划方案，具有全局性和长期性特点。其实施时只有起点没有终点，不必去硬性设定时间，它会根据未来市场的变化来进行改变。另一种战术性营销策划方案，它涉及企业某一次或某一阶段的营销活动，既有起点又有终点，具体时间则根据活动的目的和性质而定。

3．经费预算

每一项营销策划都要投入一定的资金。而具体投入多少，投入到什么地方，什么时候投入，需要有一个经费预算。经费预算也是策划计划书的一项重要内容，详细、科学的经费预算能节约成本，又能使营销策划获得良好的经济效益。经费预算主要包括下面几项。

（1）市场调研费。即委托专业调查公司或雇用专业调查人员进行调查所需的费用。这是一笔重要开支，如果资金不足，就会造成调研资料失真或调研结果有误差。因此，市场调研费一定要根据规模大小和难易程度来准确预算。

（2）信息搜集费。主要指信息检索、资料购置及复印、信息咨询、信息处理等费用，视规模大小和难易程度来确定费用。

（3）人力投入费。为了完成不同的任务，要投入一定的人力，这个费用可以比较准确地计算出来。

（4）策划报酬。策划是创意，是有价值的，要支付报酬。策划报酬分为两种情况：一是内部员工策划，应通过奖金形式给员工以适当的奖励；二是委托“外脑”策划，具体多少可以事先商定，也可根据实现结果来定。

4．效果预测

对营销策划可能出现的效果进行预测，以此来辅助决策者做出决策。企业一般要预测两个效果。

（1）经济效果。指产生的经济效益或效果，如销售额会增加多少、市场占有率会增加多少等。不能过分盲目乐观，要科学、客观地估计。

（2）形象效果。指通过预测活动提高企业知名度和美誉度，或者使产品的形象得到提升等。形象效果是企业潜在的经济效益。

1.2.2 市场调研与问题诊断

拟订策划计划书后，企业要着手进行市场调研和问题诊断，以此来对症下药。市场调研主要是对企业外部材料即市场各方面情况的搜集、分析、研究，为企业营销策划、制定和调整营销决策提供素材和科学依据。问题诊断主要是针对营销目的，结合企业营销现状来确定问题所在，然后制定策划目标。

1.2.3 营销策划方案的设计

营销策划方案设计一般分为五个阶段。

1．准备阶段

这一阶段要求策划人员汇总调研资料和信息，以文字、图像、表格的形式表现出来。主要策划人员要对信息进行研究、比较分析、消化吸收。

2．酝酿阶段

这一阶段比较漫长、痛苦。否定之否定哲学定律在此时运用最多，无数次决定，无数次否定。此时最需要耐心和毅力。

3．产生策划创意阶段

经过反复消化吸收，终于产生出策划的雏形，它包含了大量创造性思维，也是创意产生的最佳时期。

4．论证阶段

（1）经验判断。经验判断有直接经验判断和间接经验判断两种。直接经验判断是根据自身的营销实践及经验来判断。如果直接经验丰富，评估就客观。间接经验判断是借助以往或他人的经验进行判断，其准确性要差一些。

（2）逻辑推论。依据逻辑学原理，对需要论证的方案进行推演。最常用的是类比推理，即寻找前提条件类似的成功方案进行对比。

（3）专家论证。专家论证是方案论证中用得最多的一种方法。它是将方案交给有

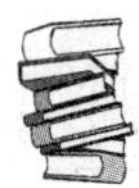

丰富营销理论知识和实践经验的专家进行论证。这就要求专家必须对理论和实践都很熟悉，同时对行业、企业的情况非常熟悉。

(4) 选点试行。在实际的市场中进行方案试行。要求选的市场必须是目标市场的一部分，这样才有可行性。

5. 形成文案

把方案用文字等形式表达出来，写成策划书。

1.2.4　营销策划方案的实施

在这个环节要做好以下两方面的工作。

1. 全面贯彻方案

既然方案是经过缜密调研制定出来的，企业就应该全心全意地执行它，不能半途而废。如果一个好的营销策划方案由于贯彻不力或中途废止，给企业造成一定的损失，那将非常遗憾。

2. 反馈调整方案

方案不是一成不变的，它要随市场、环境的变化而不断修正。这就要求营销人员时刻关注市场，搜集方案实施过程中的反馈信息。根据反馈的信息，及时调整方案中不适部分，使之紧贴市场、适应市场。

1.2.5　效果测评

效果测评可分为阶段性测评和终结性测评。

◆技能训练 1.2

训练背景

理解营销策划基础之后，结合教师所给憩仙居的一些背景资料，学生也可自选策划项目，对照所学知识，研究完成策划案需要哪些步骤。

训练要求

以小组为单位，各选一策划项目，采取小组讨论的方式，讨论内容包括营销策划从何处着手、前期需要做哪些工作、策划流程是否与所学一致，科学与实战之间区别在哪儿？

任务 1.3　掌握创意技法

创意是策划的核心和关键，也是策划方案的生命和灵魂。策划往往由创意引发，所以，创意是策划的前提，是策划的艺术境界。如果创意错了，策划再好也不会有正向作用。

美国广告学大师詹姆斯·韦伯·扬（James Webb Young）说了一句话：创意，就是把产品、消费者特殊知识，和人生、世界各种事物一般知识重新组合，所产生的东西就是创意。其实这句话也道出了创意的基本方法，创意完全是各种要素的重新组合。

广告中的创意常是有着生活与事件“一般知识”的人，对产品“特定知识”加以重新组合的结果。

创意不同于点子。“点子”一般是凭借丰富的经验积累，经过深思熟虑或受某一客观现象的启发，从某些事实中更深一步地找出新方法，寻求新答案的思维，它很大程度上以直观、猜测和想象为基础进行。而“创意”是在市场调研前提下，以市场策略为依据，经过独特的心智训练后，有意识地运用新的方法组合旧的要素的过程。创意其实就是在不断寻找各种事物间存在的一般或不一般的关系（要素间的关系），然后把这些关系重新组合、搭配，使其产生奇妙、变幻的创意。

1.3.1 创意的特征

创意，是指人们在特定条件下所进行的具有创新性的思维活动，即创造新意。创意具有如下特征。

（1）积极的求异性。创意不能墨守成规、步人后尘。要善于借鉴前人或别人的策划经验，并在借鉴的基础上，突出自己创意的特色，即要能够标新立异。

（2）创造性想象。创意思维不能总囿于既有的活动方式和形式，要富有想象力和不倦的探索精神。

（3）活跃的灵感。创意很大程度上取决于人的灵感，但灵感也是建立在观察分析事物的基础之上，所以策划人员应具有强烈的好奇心，善于观察，勤于思考。

（4）艺术的直觉。创意还要具有艺术家的思维和构思，并让人感受到创意的浓厚艺术价值，增加人们的艺术享受。

（5）全面的知识结构。任何科学的新进展都建立在已有的知识基础之上，而创意的成果也意味着对已有知识的突破和创新。因此，进行创意和自己掌握的知识有着密切的关系。一般来说，一个人掌握的知识越多越有利于创意。

一颗经过创意训练过的大脑，就像发出万丈光芒的太阳，它的光芒照耀着大自然的每一片天空，同时它又蕴藏着无比巨大的创造能量和动力。

许多人认为，创意带有一种神秘特质，事实上，揭开创意笼罩在人们心中神秘的面纱，简单地说就是：创意 = 条件 + 方法。

1.3.2 创意的方法

1. 头脑风暴法

头脑风暴法，又称集体思考法或智力激励法，是 1939 年由美国学者亚历克斯 · 奥斯本（Alex F. Osbern）为了帮助一家广告公司制定创造性策划方案而提出的。由于他所设计的规则能激发大量的新主意，该方法被广泛应用。1953 年奥斯本又将此方法加以丰富和理论化。

头脑风暴法是一种运用经验和知识来选择和论证管理决策的方法。头脑风暴的根本出发点是：认为社会中的某个具体个人总免不了要受知识、环境、经历、思维方法等诸多限制，即使学识水平再高的人也难免有某些知识或经验方面的缺陷。因此，通过集体思考、集体智慧的谋划，提出一个策划方案来。

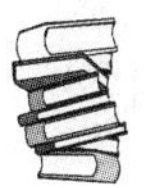

其基本要点是：针对要解决的问题，召集5～12人的小型会议。会议规定一些必须遵守的规则，以产生感发创造力的情境。与会者按照一定的步骤，在轻松融洽的气氛中，敞开思想、各抒己见，自由联想、畅所欲言，互相启发、互相激励，让创造性思想火花产生共鸣和撞击，以引起连锁反应，从而激发出大量的创新设想。

在这种“头脑碰撞”中，所要遵循的主要规则是：a. 构思的方向越多越好；b. 创意异想天开，似天方夜谭也不准嘲笑；c. 彼此之间不批评对方着眼点的好坏；d. 可以从别人所想到的地方得到暗示，而自由附加想出新点子。在实践中，这种方法已被广泛运用。

【案例1－1】

百事可乐公司针对“可口可乐”改变了配方之机，展开了广告攻势。“百事可乐”委托美国BBDO广告公司（Batten，Bcroton，Durstine and Osborn）进行广告策划与制作。

在策划者们参加的动脑小组会议上，留下了这么一份“头脑碰撞”的记录。

“我们做广告总是为我们的消费者考虑，这回我们改变一下，为可口可乐的顾客着想。”会议主持人运用逆向思维为会议确定了崭新的讨论方向。

“用一个男孩做主角？”

“不，用一个女孩。一个男孩对一种可乐感到失望只表示他无能。”

“倘若一个姑娘为两种可乐所背弃的话，她就像在舞会上无人理睬一样。”

“应使这个遭遇者显得可怜一些。”

“一个坏女人的儿子真令人心碎。”

“她正对着摄影机说话。”

“与其他可口可乐顾客说话。”

“主要是年轻一代。”

“那么，百事可乐则是为了新一代。”

【分析提示】

此案例中整个广告策划的创意便在众人的思维碰撞中激发出来，广告的主题——“为了新一代”也就随之确定。这则广告播出后，有力地推动着“百事可乐”市场地位节节上升。1993年《幸福》杂志根据销售额排列的美国最大的500家工业公司名单中，“百事可乐”以220.84亿美元高居第15位，而“可口可乐”仅有132.38亿美元，落到了第34位。

2．运筹学方法

战国时期，有一个著名的“田忌赛马”的故事：齐国大将军田忌经常与齐威王赛马，每次比赛都是输。因为，齐王的一等马跑得比田忌的一等马快，同样，齐王的二等马、三等马也分别比田忌的二等马、三等马跑得快。因此，在每次的三场比赛中，田忌的马从未胜过一场。孙膑闻知后献上一条计谋：让田忌的三等马对齐王的一等马，让田忌的二等马对齐王的三等马，而让田忌的一等马对齐王的二等马。这样，田忌只输掉了第一场比赛，却赢了后两场，终于以2:1反败为胜。

“田忌赛马”是典型的运筹学的应用。运筹学就是在客观条件相对不变的情况下，运用最合理的方式、最简单和经济的方法，通过最短的途径，达到最佳目的。

所谓“尺有所短，寸有所长”，在客观条件一定的前提下，运用恰当的方法，以少胜多、以弱胜强，就是运筹发挥的效果。下面我们看一个经济数学研究的运筹学和几何学在现实经济生活中运用的案例。

日本药黑衣库金株式会社社长通口俊夫创业时，在京阪铁路沿线亲桥、干木、梅云等地分别开了小药店，经营却很不景气。通口有一天坐电车回家，看到几个小学生把手指套在三角尺的窟窿里面玩儿，突然眼前一亮：直线排列没有稳定性与创造性，应该确保三点不在一条直线上，这样点和点连接起来，才有利于三点包围的中间地域较安全地被圈起。

于是，通口俊夫创造了所谓“三角经营法”，将三个药店呈三角形进行分布，取得了三角形中间居住地区人们的购买份额，公司业务猛增，很快成为拥有 1 327 家分公司的大株式会社。

3. 灵感激发法

灵感，是一种突如其来的创造性思维成果。它的产生，往往要借助于外物，即外部信息与人们头脑中的知识信息突然得到巧妙的组合，便产生灵感。所以，对营销策划者来说，欲产生策划灵感，就要善于发现与利用各种信息，来进行自我激发。

4. 因素组合法

在营销策划中，由“目标”而有相应的“对象”，有了诸多的“信息”，也就开始产生“主题”，继而又生出计划中诸多因素和工作步骤，这是从思维展开角度而言的。而从思维展开后又必须聚拢的角度上说，众多的因素又必须组合为一个有机的计划。这个创造性思维的过程，可以称作因素组合法。

1986 年 5 月 8 日，美国可口可乐公司举行了可口可乐问世 100 周年纪念活动。其最盛大、最壮观的庆祝活动是在公司总部所在地亚特兰大进行的。14 000 名工作人员从办理可口可乐业务的 155 个国家和地区飞往亚特兰大；30 辆从美国各地开来的以可口可乐为主题的彩车和大约 30 个行进乐队迂回取道驶往亚特兰大；公司免费用可口可乐招待夹道迎宾的大约 30 万名群众；市长安德鲁·杨和可口可乐公司总裁戈伊祖艾塔一起亲自引导游行队伍，其后是 1 000 人的合唱团和 60 种乐器的交响乐队，演奏、演唱着振奋人心的可口可乐传统颂歌——“我愿给这世界买一杯可口可乐……”。最妙的是：以半个地球之遥的伦敦为终点，把里约热内卢、内罗毕、悉尼、东京也联结起来，通过卫星联系一次推倒 60 万张多米诺骨牌。当从亚特兰大开始，多米诺骨牌天衣无缝地一浪一浪倒下去，通过卫星电视的衔接，到伦敦的终点时，一个巨大的可乐罐出现了，倒下的多米诺骨牌引爆了这只可乐罐，顿时，全世界可口可乐公司雇员都欢呼起来。

这一盛大的活动，其策划可谓别出心裁，富有创造性。细细剖析这项规模庞大、内容丰富的策划，却可以发现它是由各种各样的因素有机组合而成的。其因素中有可口可乐问世 100 周年纪念日、以亚特兰大为中心的多个地点、以可口可乐总裁为首的数百万的人员以及游行、彩车、演奏、颂歌、多米诺骨牌等。显然，正是这些因素的

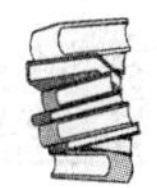

组合，以这种创造性思维方法策划出了这一成功的营销活动。

5. 逆向思维法

人们在进行思维时，往往喜欢按照习惯的思路去探求问题的答案。然而，这种解决问题的方法却往往陈旧俗套，缺乏新意，使问题难以得到理想的解决。如此，这就需要人们从与习惯思路相反的角度，来突破常规定式，反向思维，以找到出奇制胜之道，这就是逆向思维法。在策划中，策划者就常常用到这种创造性思维方法。

【案例1－2】

一个老人身着豪华的西服、高级皮鞋，还有领带和金领带夹，走进纽约的一家银行，来到信贷部坐下来。

“我想借1美元。”

“什么，1美元？”

“对啊，可以吗？”

“当然可以，只要有抵押，再多些也无妨的。”

老人打开豪华皮包，拿出一堆股票、债券等，放在经理的桌上。

“总共值50多万美元，够了吧？”

“当然！当然！不过，你真的只借1美元吗？”

“是的，就1美元。”

“那么年息为60%，只要您按时付出利息，到期我们就退给您抵押品。”

老人办完手续，拿着借来的1美元准备离开银行。

一直冷眼旁观的分行长，怎么也弄不明白：拥有50多万美元抵押品的人，干吗来银行贷1美元？于是他追上前去问个究竟。

老人笑道：“来贵行前，我问过好几家金库，他们保险箱的租金都很昂贵。所以啊，我就在贵行寄存这些证券，租金实在太便宜了，一年才6美分……”

【分析提示】

有“正常思维”的人，都会走同样的路子并受到同种矛盾的限制：既然目的是寄存，又希望省钱，只能去一家家询问并比较租金高低；然而也自然有共同的担忧，那就是寄存物品的保险系数，往往和租金高低成正比……

唯独这位老人跨越了“正常思维”：改变思维方向，用“反常”的思维方法达到了“正常思维”的目的，而且将“租金”减少到几乎等于零。

出奇制胜，本是兵家的战略思想。在商场激烈的竞争中也是花样繁多、妙招百出。以此类推，不难想到，从另一个角度去分析问题，换一种思维以摆脱惯性，尤其当你身陷困境时，也许可以得到“柳暗花明又一村”的结果。

6. 类比启迪法

类比，即以已知的事物或道理，比喻性地启迪我们以相类似的方法去解决未知的问题。这种方法，美国的创造学家戈登称之为“提喻法”。提喻法的运用，是让不同知识背景、不同气质的人组成小组，相互启发，集体攻关。提喻法有两个重要的思考出发点：一是变陌生为熟悉，即进行拟人类比、直接类比、象征类比、幻想类比。戈登认为，没有这些类比，企图阐明问题和解决问题是不会取得成功的。二是变熟悉为陌生，对已知的各种事物，运用新知识或新角度来观察、分析和处理，使看得惯的东西变得看不惯，把熟知的东西变为陌生的东西，其过程同样必须进行各种类比。最后，再通过审美快乐的反应，或特定的标准，对想象力产生的各种类比进行选择判断，得出最佳的创造性思维成果。

以类比启迪为核心的提喻法，其实施的全过程分为以下九个阶段。

(1) 问题的给定。

(2) 变陌生为熟悉。

(3) 问题的理解。

(4) 自由类比。

(5) 变熟悉为陌生。

(6) 调节心理状态——关于问题的理解达到卷入、超脱、迟延、思索等心理状态。

(7) 把特定的心理状态与问题结合起来——把最贴切的类比与已理解的问题做比较。

(8) 产生新见解、新观点。

(9) 答案或研究任务——观点付诸实践，或变为进一步研究的题目。

在策划中，这种类比启迪的创造性思维方法常常被运用。

【案例 1-3】

日本古都奈良处于青山环抱之中，既有金碧辉煌的名胜古迹，又有迎春摇曳的美丽樱花，加之现代化的文化娱乐设施和世界第一流旅馆的热情周到的服务，使每年春夏两季的游人如织。

每年的四月，更有大群燕子飞来，竞相在旅馆屋檐下筑窝栖息，繁衍后代。好客的店主人和服务员还为小燕子提供营巢的方便。可是招人喜爱的燕子却随便排泄粪便，刚出壳的雏燕将粪便排泄在明净的玻璃窗上或雅洁的走廊上，煞是有碍观瞻。尽管服务员不停地擦洗，但燕子仍我行我素，使旅店总有斑斑污渍。于是，客人扫兴，服务员抱怨，经理烦恼。如何解决这一难题呢？宾馆公共关系部的经理运用类比启迪法，计上心头，便以燕子的名义给客人们写下了一封信。信的全文如下：

女士们、先生们：

你们好！我们是刚从南方赶到这儿来过春天的小燕子，没有征得主人的同意，就在这儿安了家，还要生儿育女。我们的小宝贝年幼无知，很不懂事，习惯也不好，常常弄脏了玻璃和走廊，致使你们不愉快。我们很是过意不去，请多多原谅。

还有一事恳求，请千万不要埋怨服务员，他们经常打扫，只是擦不胜擦，完全是我们的过错。请你们稍等一会儿，他们就来了。

你们的朋友小燕子

【分析提示】

这封绝妙的、采用拟人化手法的、充满诚挚情意的小燕子的信，及时送到了在休假中寻找欢乐的旅客们手里，大家一下子都被逗得开怀大笑，满腔怨气骤然间烟消云

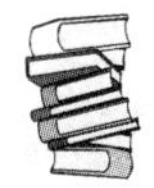

散，刚刚生起的一场风波在欢声笑语中悄然平息。显而易见，这封信的写作与递送，就是一个巧妙的策划，其创意就是类比启迪思维的产物。

◆技能训练1.3

训练背景

一个策划项目需要创意的地方很多，如定位创意、产品创意、广告创意、推广活动创意等诸多方面，结合自己所见所闻、教师所讲案例，分析创意的产生，并培养创意的技能。

训练要求

以小组为单位，用头脑风暴法对憩仙居生态园的广告口号进行创意，当然，也可结合你身边的例子或感兴趣的策划项目进行创意。

任务1.4 撰写营销策划书

营销策划书是营销策划方案的书面反映，也称为企划案。撰写营销策划书是市场营销策划的最后一个步骤。策划书一般来说没有一成不变的格式，它依据产品或营销活动的不同要求，在策划内容与编制格式上也有所变化。但是，从营销策划活动一般规律来看，其中有些要素是共同的。

1.4.1 营销策划书的作用

当营销策划的构思过程基本完成，接下来的工作是将营销策划的内容和实施步骤条理化、文字化，也就是撰写营销策划书。

营销策划的最终成果将在营销策划书中体现出来，因此营销策划书的撰写具有重要意义。营销策划书是全部营销策划成果的结构化记录，是未来企业营销操作的全部依据。有了一流的策划，还要形成一流的策划书，否则优秀的策划就得不到完整的反映，或者使营销策划的内容难以被人理解。营销策划书既是艰苦的营销策划工作的最后一环，也是下一步实施营销活动的具体行动指南。任何一种营销策划，只要通过营销策划书的内容就可以了解策划者的意图与观点。营销策划书的作用可以归纳为以下几个方面。

（1）准确、完整地反映营销策划的内容。营销策划书是营销策划的书面反映形式。因此，营销策划书的内容是否能准确地传达策划者的真实意图，就显得非常重要。从整个策划过程上看，营销策划书是达到营销策划目的的第一步，是营销策划能否成功的关键。

（2）充分、有效地说服决策者。通过营销策划书的文字表述，首先使企业决策者信服并认同营销策划的内容，说服企业决策者采纳营销策划中的意见，并按营销策划的内容去实施。

（3）作为执行和控制的依据。营销策划书作为企业执行营销策划方案的依据，使营销职能部门在操作过程中增强了行动的准确性和可控性。

因此，如何通过营销策划书的文字表述及视觉效果，去打动和说服企业决策者也就自然而然地成了策划者所追求的目标。

1.4.2 营销策划书撰写的原则

为了提高营销策划书撰写的准确性与科学性，应把握以下几个主要原则。

（1）逻辑思维原则。策划的目的在于解决企业营销中的问题，应按照逻辑性思维的构思来编制策划书。首先是设定情况，交代策划背景，分析产品市场现状，然后说明营销策划的目的；其次，在此基础上进行具体策划内容的详细阐述；最后，明确提出方案实施的对策。

（2）简洁朴实原则。要注意突出重点，抓住企业营销中所要解决的核心问题，深入分析，提出可行性的相应对策，针对性强，具有实际操作指导意义。

（3）可操作原则。编制的策划书要用于指导营销活动，其指导性涉及营销活动中的每个人的工作及各个环节。因此，可操作性非常重要。不能操作的方案，创意再好也无任何价值。

（4）创意新颖原则。要求策划的创意新、内容新，表现手法也要新，给人以全新的感受。新颖的创意是策划书的核心。

1.4.3 营销策划书的结构与内容

营销策划书的结构一般情况下与营销策划的构成要素（内容）保持一致。这样可以提高营销策划书的制作效率。结构框架比较合理的营销策划书，一般由以下几个部分构成，见表1－1。

表1－1 营销策划书的基本结构

营销策划书的构成	要素
1. 封面	策划书的“脸”
2. 前言	前景交代
3. 目录	一目了然
4. 概要提示	要点提示
5. 环境分析	策划的依据和基础
6. 机会分析	提出问题
7. 营销目标	明确任务
8. 战略及行动方案	对症下药

1. 封面

很多人认为营销策划书关键在于内容，封面好像无关紧要，其实这是错误的。给一份营销策划书配上一个美观的封面是绝对不能忽视的。封面是营销策划书的“脸”，像一本杂志一样，读者首先看到的是封面。由于封面能起到强烈的视觉效果，给人留

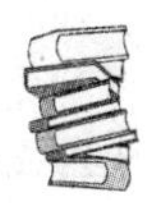

下深刻的第一印象，从而对策划内容的形象定位起到辅助作用。封面设计的总原则是醒目、整洁，切忌花哨，字体、字号、颜色则应根据视觉效果具体考虑。营销策划书的封面可提供以下信息：策划书的名称、服务的客户、策划机构或策划人的名称、策划完成日期及策划适用的时间段。

封面制作的要点如下：

（1）标出策划委托方。如果是受委托的营销策划，那么在策划书封面上要把委托方的名称列出来，如：××公司××策划书。

（2）取一个简明扼要的标题。题目既要准确又不累赘，使人一目了然。有时为了突出策划的主题或者策划的目的，可以加一个副标题或小标题。

（3）标上日期。因为营销策划具有一定的时间性，不同时间段市场的状况不同，营销执行效果也不一样。一般日期是以正式提交日为准。

（4）标明策划者。一般在封面的最下部位要标出策划者。策划者是企业，应列出企业全称。

2. 前言

前言一方面是高度概括的表述内容，另一方面是引起读者的注意和兴趣。当读者看过前言后，要使其产生急于看正文的强烈欲望。前言的文字不宜过多，字数可以控制在1 000字以内，其内容集中在以下几个方面。

（1）简单交代营销策划委托的情况。如：A营销策划公司接受B公司的委托，承担××年度营销策划工作。

（2）进行策划的原因。就是把营销策划的重要性和必要性表达清楚，这样才能吸引读者进一步去阅读正文。

（3）简要说明策划的过程和策划实施后要达到的理想状态。

3. 目录

目录是为了方便读者对营销策划书的阅读，方便查找营销策划书的内容，通过目录使营销策划书的结构一目了然。

一般来说，营销策划书必须要有目录。但如果营销策划书的内容比较少，目录可以和前言同列。要注意目录中的所标页码与实际页码必须一致，否则会损害营销策划书的形象。

4. 概要提示

概要提示是对营销策划书总结性的陈述，它使读者对营销策划的内容有一个非常清晰的概念，便于读者理解策划者的意图与观点。概要提示同样要求简明扼要，篇幅不能过长，但概要提示不是简单地把策划内容予以列举。概要提示有的在制作营销策划书正文前确定，这样便于有条不紊地进行正文内容的撰写，从而有效地防止正文撰写离题或无中心化；有的是在营销策划书正文结束后确定，这样简单易行，只要把策划内容归纳提炼就行。

5. 环境分析

营销策划是以环境分析为出发点，它是营销策划的依据与基础。环境分析包括外部环境分析与内部环境分析两个方面。

环境分析应遵循明了性和准确性原则。明了性是指列举的数据和事实要有条理，使人能抓住重点；准确性是指分析要符合客观实际，不能有太多的主观分析。

对同类产品市场状况、竞争状况及宏观环境要有一个清醒的认识。它们是为制定相应的营销策略、采取正确的营销手段提供依据的。“知己知彼，百战不殆”，因此策划者需要准确了解市场。环境分析主要包括以下内容。

（1）当前市场状况及市场前景：

1）产品的市场性、现实市场状况及潜在市场状况。

2）市场成长状况。产品目前所处市场生命周期的阶段，公司营销的侧重点，相应营销策略效果，以及需求变化对产品市场的影响等。

3）消费者的接受性。这一内容需要策划者凭借已掌握的资料，分析产品市场发展前景。

（2）产品市场影响因素：主要是对影响产品的不可控因素进行分析，如经济环境、政治环境、消费者收入水平、消费结构的变化、消费心理等。对一些受科技发展影响较大的产品，如计算机、家用电器等，在进行产品的营销策划中，还需要考虑技术发展趋势方面的影响。

6．机会分析

一些篇幅较小或单一的策划书中，环境分析与机会分析往往合二为一，成为一个整体。在环境分析的基础上归纳出企业的机会与威胁、优势与劣势，然后找出企业存在的真正问题与潜力，为后面的方案制定打下基础。

营销方案是对市场机会的把握和策略的运用，因此分析市场机会，就成了营销策划的关键。只要找准了市场机会，策划就成功了一半。

（1）针对产品目前营销现状进行问题分析。一般营销中存在的具体问题表现在以下几个方面：

1）企业知名度不高或形象不佳，影响产品销售。

2）产品质量不过关，功能不全，被消费者冷落。

3）产品包装太差，引不起消费者的购买兴趣。

4）产品价格定位不当。

5）销售渠道不畅或渠道选择有误，使销售受阻。

6）促销方式不合适，消费者不了解企业产品。

7）服务质量太差，令消费者不满。

8）售后保证缺乏、消费者顾虑多等问题。

（2）针对产品的特点分析产品的优势和劣势。克服劣势，从优势中寻找机会，发掘其市场潜力。分析各目标市场或消费群的特点，进行市场细分，并将主要消费群作为营销重点，找出与竞争对手的差距，把握利用好市场机会。

7．营销目标

营销目标是指企业所要实现的具体目标，即营销策划方案执行期间，经济效益应达到的目标，如总销售额、预计毛利、市场占有率等。

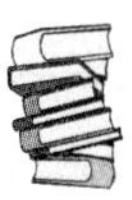

8．战略及行动方案

这是策划书中的最主要部分。在撰写这部分内容时，必须非常清楚地提出营销宗旨、营销战略与具体行动方案。与治病一样，营销策划在制定营销战略及策划具体行动方案时，“对症下药”和“因人制宜”是两条最基本的原则。特别要注意的是，避免人为提高营销目标以及制定出很难施行的行动方案。可操作性是衡量此部分内容的主要标准。

在制定营销方案的同时，还必须制定出一个时间表作为补充，以使行动方案更具可操作性，还可提高策划的可信度。

（1）营销宗旨：

1）以强有力的广告宣传顺利拓展市场，为产品准确定位，突出产品特色，采取差异化营销策略。

2）以产品主要消费群体作为产品的营销重点。

3）建立起点广面宽的销售渠道，不断拓宽销售区域等。

（2）产品策略：通过前面的产品市场机会与问题分析，提出合理的产品策略建议，形成有效的营销组合，以达到最佳效果。

1）产品市场定位。产品市场定位的关键是在顾客心目中寻找一个合理空间，使产品市场迅速启动。

2）产品质量功能方案。产品质量是产品的市场生命，企业应有完善的产品质量保证体系。

3）产品品牌。产品要形成一定知名度、美誉度，在消费者心目中树立知名品牌的概念，企业必须有强烈的创牌意识。

4）产品包装。包装是产品给消费者的第一印象，需要能迎合消费者心理并使其满意的包装策略。

5）产品服务。策划中要注意产品服务方式、服务质量的改善和提高。

（3）价格策略：

1）合理的批零差价，调动中间商的积极性。

2）适当的折扣，鼓励多购。

3）以成本为基础，以同类产品价格为参考，调整产品的价格，使产品价格更具竞争力。若企业以产品价格为营销优势，则更应注重价格策略的制定。

（4）销售渠道：根据目前产品销售渠道状况，适当调整销售渠道的拓展计划，采取一些实惠政策或制定适当的奖励政策，调动中间商的销售积极性。

（5）广告宣传：

1）广告宣传的原则：a. 服从公司整体营销宣传策略，树立产品形象的同时，注重树立公司形象。b. 在一定时段上应推出一致的广告宣传。宣传产品的个性不宜变来变去，如果变化多了，一方面会使消费者会认不清产品，另一方面也使老主顾觉得陌生。c. 广泛化。在广告宣传媒体多样式化的同时，注重效果好的广告宣传方式。d. 不定期地配合阶段性的促销活动，掌握适当时机，及时、灵活地进行广告宣传，如重大节假日、公司有纪念意义的活动等宣传。

2）广告宣传实施步骤可按以下方式进行：a. 前期推出产品形象广告。b. 适时诚征代理商广告。c. 节假日、重大活动前推出促销广告。d. 把握时机进行公关活动，接触消费者。e. 积极利用新闻媒体，善于利用新闻事件提高产品的知名度。

（6）具体行动方案：根据策划期内各时间段特点，推出各项具体行动方案。行动方案既要细致、周密、操作性强，又要不乏灵活性。还要考虑费用支出，量力而行，尽量以较少的投入获得最佳的效果。应该注意季节性产品淡、旺季的营销。

9. 营销成本

营销费用的测算要有根有据、简单明了。营销费用是整个营销方案推进过程中的费用投入，包括营销过程中的总费用、阶段费用、项目费用等，其原则是以较少的投入获得最佳的效果。对一些具体项目，如电台广告、报纸广告等费用最好列出具体价目表，如价目表过细，可作为附录列在最后。在列成本时要明确区分不同的项目费用，做到醒目易读。

10. 行动方案控制

作为策划方案的补充部分，应明确方案实施过程的管理方法与措施。对行动方案控制的设计要有利于决策的组织与执行。在方案执行中可能出现与现实情况不相适应的地方，因此必须根据现实情况及时对方案进行调整。

方案的实施与控制，是否应该算作营销策划的内容，在实践中有两种不同的看法：一种观点认为策划方案完成并得到企业批准，营销策划即告完成；另一种观点则认为策划案完成后，其实施也是营销策划的内容。但不管持哪种观点，客观事实是，策划方案的实施往往少不了策划专家的参与和指导，尤其当企业委托专家策划，或者是在重大的策划项目方案实施过程中涉及技术性问题或碰到意外困难时。

从某种程度上说，方案实施的工作难度并不亚于对方案的策划。因为方案在实施过程中可能会碰到很多困难，出现一些意想不到的问题，需要付出艰辛的努力。因此，方案实施过程中要做好以下几方面工作。

（1）做好动员和准备工作。营销方案的实施，往往牵一发而动全身，而且还需要把任务分解到企业相关部门去执行，故实施之前要做好动员工作，做到思想上高度重视，认识统一。同时要做好相应的准备工作，如人员配备、设施添置、资金调度，以及对执行新业务人员的培训等。

（2）选择好实施时机。方案的实施要选择好时机，瞄准出击。时机选择得准，往往能取得事半功倍的效果；而贻误时机，则有可能前功尽弃。

（3）加强实施过程的调控。在方案实施过程中，首先，分解任务，明确责任，落实人员，熟悉业务操作规程和操作要求。其次，要加强协调，市场营销是一个有机联系的系统，企业部门之间、上下级之间应加强协调，否则，往往造成一处梗阻、全线瘫痪。再次，加强检查和评估。检查主要是检查方案的执行情况、实施进度等，一旦发现方案的不足，要及时对方案做必要的调整。评估则是对实施效果的评估。效果的评估一定要深入分析，挖掘原因。如果方案执行效果理想，达到了预期目的，则要注意总结经验，以利再战；如果方案执行效果不理想，甚至差距很大，就要客观分析原因。是方案制定的问题，还是客观市场环境变化带来不可克服的障碍、方案执行不力、

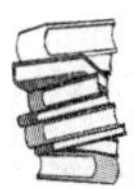

实施时机选择不当等，应找出原因，有针对性地解决问题。它既有利于策划方不断提高策划水平，也有利于企业增强驾驭市场营销活动的能力。

11. 结束语

结束语要与前言呼应，主要是重复策划方案的主要观点。

12. 附录

附录是策划方案的附件，附录的内容对方策划方案起补充说明的作用。这既便于策划方案的实施者了解有关问题的来龙去脉，又为营销策划提供有力的佐证。在突出重点的基础上，凡是有助于读者理解营销策划内容和增强阅读者对营销策划信任的资料都可以考虑列入附录。如引用的权威数据资料、调查问卷的样本、座谈会记录等。列出附录，既能补充说明一些正文内容的问题，又显示了策划者负责任的态度，同时也能增加策划方案的可信度。另外，附录要标明顺序，以便查找。

综上所述，营销策划书的编制一般由以上几项内容构成。但由于企业产品不同，营销目标不同，各项内容在编制上也可能有详略取舍。

1.4.4 营销策划书的撰写技巧

可信性、可操作性及说服力是营销策划书的生命，也是营销策划书追求的目标。

1. 合理使用理论依据

要提高营销策划内容的可信性，更好地说服读者，就要为策划者的观点寻找理论依据，这是一个有效办法。但要防止纯粹的理论堆砌。

2. 适当举例说明

在营销策划书中，加入适当的例子，既可以充实内容，又能增强说服力，以举例来证明自己的观点。在具体使用时以多举成功的例子为宜，选择国外一些先进的经验与做法，以印证自己的观点，效果也非常明显。

3. 充分利用数字说明问题

营销策划书是为了指导企业营销实践，必须保证其可信性和说服力。所以营销策划书的内容应有根有据，而数字就是最好的依据。在营销策划书中利用各种绝对数和相对数来进行比较是绝对不可少的，但要求使用的各种数字都有可靠的出处。

4. 运用图表帮助理解

图表有着强烈的直观效果，有助于读者理解策划书的内容，故用其进行比较分析、概括归纳、辅助说明等非常有效。

5. 合理设计版面

营销策划书视觉效果的优劣在一定程度上影响着读者，合理设计版面是策划书撰写的技巧之一。它包括字体、字号、字间距、行间距的选择，以及插图和颜色的使用等，应使策划书重点突出、层次分明、严谨而不失活泼。

6. 注意细节，消灭差错

细节往往会被忽视，但是细节对于营销策划书来说却十分重要。一是策划书中的错字、漏字。如果出现错字或漏字，就会影响读者对策划者的印象。二是企业的名称、专业术语不得有误。三是一些专门的英文单词，差错率往往很高，在检查时要特别予以注意。如果出现差错，读者往往会以为是由于撰写人本身的知识水平不高所致，影响对策划内容的信任度。四是纸张的好坏和打印的质量等都会对策划书产生影响。

◆技能训练 1.4

训练背景

所有策划项目，其流程也好、内容也好、创意也罢，最终都要通过策划书体现出来，学生必须懂得策划书的基本格式，学会写策划书。

训练要求

以小组为单位，讨论如何掌握基本的撰写思路，然后每人结合憩仙居或自己所选项目勾列出一个简单的策划案框架。

项目总结

本项目通过策划基础、策划程序、策划创意与策划书的撰写，将你带入了精彩的策划世界。你可以通过憩仙居策划案的一些细节，加深对知识的理解，提高实战能力。由于该方案内容太多附在此处篇幅过大，故放在了书的最后（见附录 1），可供本项目学习之用，其他项目也可以共享。

综合实训

【案例分析】

海信变频空调 2000 年营销活动策划案（纲要）

一、2000 年营销推广战略规划

根据对 2000 年的空调市场分析、预测和企业自身的实际情况，以时间顺序划分为三个阶段进行市场营销、产品推广，扩大市场占有率。

1. 第一阶段

3 月 1 日至 4 月 15 日，以 2000 年新品 KFR－2601GW/BP、KF－2601GW/BP 变频空调为尖兵，以低于 4 000 元的零售价为市场突破口，以北京市场为主战场，然后紧接着扩大到全国市场，用价格这个业界、新闻界和消费者都很敏感的话题为导火索，率先引爆 2000 年的中国空调市场，制造新闻界、商业界及消费者的关注点，从而形成注意力经济，使海信空调在 2000 年的空调市场中抢得先机，为 2000 年海信空调的全年销售奠定一个坚实的基础，给海信空调一线销售人员鼓足精神与勇气。

2. 第二阶段

4 月 16 日至 5 月中旬，在全国 10～15 个市场基础较好的城市，举办“海信空调 2000 年高科技新品推介会”，在第一阶段已形成注意力的基础上，高举海信是中国家电业“高技术、高质量、高水平服务”先锋的大旗，进一步强化提高海信空调的品牌形象，用“技术、质量、服务”所形成的品牌形象力推动市场，用灵活的销售手段抢占阵地。

3. 第三阶段

借助前期工作的影响，在全国市场趁热打铁，加强对经销商和消费者市场的销售促进力度，实现扩大市场占有率的目标。

二、2000年营销推广战术组合

以新闻炒作、公关活动造势贯穿三个阶段，为全年销售提供空中掩护；以国家级和各地方媒体广告宣传为各市场提供炮火支援；以促销活动为突击队，形成大规模的立体攻势。

三、战役组织

1. 目的

(1) 大量吸纳商家的货款，为全年完成×亿元回款任务做铺垫。

(2) 制造变频空调首家低于4 000元价格大关的新闻热点，进行大量新闻炒作，制造注意力经济，提高品牌的知名度，营造市场攻势。

(3) 刺激我公司产品销售旺季的提前到来，提高销量，延长旺季周期，为完成全年产销空调×万套的任务打下基础。

2. 宣传主题

工薪变频，海信制造。

副题一：让科技贴近百姓，让变频走进万家。

副题二：3 880元，海信变频空调搬回家。

3. 活动地点

(1) 首站：北京。

(2) 次站：南京、杭州、长沙、成都、济南。

(3) 全国各一级办事处。

4. 活动时间

(1) 北京：3月1日、2日、3日、4日、11日、12日至6月底前所有的周六、周日。

(2) 次站顺延1周，3月11日、12日，要求与上同。

(3) 最后所有一级办事处再顺延1周，要求与上同。

5. 活动内容

(1) 新闻通气会（见附件1）。

(2) 海信“工薪变频”空调上市厂商座谈会（见附件2）。

(3) 广告宣传（见附件3）。

(4) 新品推介会（见附件4）。

(5) 促销活动（见附件5）。

(6)“工薪变频，海信制造”活动促销员培训课程（提纲）（略）。

附件1：

新闻通气会

（此活动仅适用于北京地区）

1. 活动目的

(1) 利用新闻通气会介绍新产品及其价格信息。

(2) 组织媒体记者发稿。

2. 活动时间

2月28日下午。

3. 与会人员

×总、×总、×总、×总、××、北京各大媒体记者。

表1－2　新闻通气会参会人员详细情况

姓名	所属单位	职务	电话

4. 会议地点

由×××负责联络，选取一个能容纳150人的小型会议室。

5. 新闻宣传点（建议）

1997年3月4日，海信空调建成全国最大的变频空调生产基地，三年中，海信空调一直坚持“高科技、高质量、高水平服务”的发展战略。海信现有博士42位、硕士286位，从集团领导、科研人员到普通员工一直在“为广大消费者创造蔚蓝生活空间”而不断努力。海信空调由于其技术的领先性赢得了广大消费者的信任。

然而，其居高不下的价格，令消费者可望而不可即。三年后的今天，海信变频空调以低于4 000元的价格推向市场。海信空调全新推出的“工薪变频空调”，是变频技术成熟的必然结果，只有技术更成熟，才会使更多的消费者享受到高科技带来的舒适生活。

海信空调无意在空调领域挑起价格战，我们这次新品一推出就是低价而不是降价。成熟的变频技术，生产规模的扩大，带来了生产成本的降低，从而使产品价格降低。

6. 相关物品准备及注意事项（表1－3）

表1－3　海信“工薪变频”空调上市新闻通气会相关物品准备及注意事项

序号	内容	主办人	协办人	日期
1	确定会场及举办时间			
2	会场所用横幅的设计与制作			

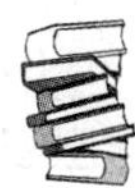

续表

序号	内容	主办人	协办人	日期
3	姓名牌、胸牌、邀请函的设计制作			
4	与会嘉宾的礼品准备（是否需要分类准备） 数量及与会嘉宾的人数			
5	准备签到本2本和笔2支、名片收集盒1个			
6	会间饮料（茶、矿泉水、软饮料）及数量			
7	背景音乐的确定、准备			
8	主持人、礼仪小姐的聘请			
9	明确会议的起始时间及详细的时间进度表 （整个会议时间不超过90分钟）			
10	明确礼品发放的时间（会议开始或结束）及形式 （在签到台领取）			
11	相关稿件的准备（给记者的新闻通稿、领导讲话稿、主持人讲话稿、“工薪变频”空调的相关问题解答）			
12	落实是否需要准备会后宴会及宴会的形式（冷餐或酒会）与地点			
13	会场布置（背板布置、座次的布置、姓名牌的放置、饮料的放置、电源、音响、签到处、礼品的保管与发放、新闻通稿的发放）			

附件2：

海信“工薪变频”空调上市厂商座谈会

1. 会议时间

（1）上海、南京、长沙、成都、济南为3月9日下午3时。

（2）其他各一级办事处为3月16日下午。

2. 参会人员

公司领导，办事处经理，市场主管，各大活动商场家电部经理、分管副总或总经理1~2名。

表1-4　海信“工薪变频”空调上市厂商座谈会参会人员详细情况

姓名	所属单位	职务	电话

3．会议地点

由办事处经理负责，联系一家能容纳60人左右的小型会议厅或多功能厅。

4．会议宣传点

(1) 海信空调推出新品“工薪变频”空调，2601冷暖型售价仅3 880元，2601单冷型售价仅3 680元，在行业首家率先推出低于4 000元的变频空调机，比现在的市场价低了1 500元左右。

(2) 海信本次上市空调是低价推出，而不是降价，海信无意引发行业价格战。

(3) 海信空调首家把变频空调推向市场，引发了空调行业的第一次技术革命：短短三年时间，变频空调已占到空调市场30%的份额。“买空调就买变频”已成为消费者的理念。然而由于变频空调技术上的限制，其价格一直居高不下，这成为变频空调发展的新瓶颈。

(4) 作为首家把变频空调推向市场的企业，海信建立了中国最大的变频空调生产基地，拥有40多位博士、260多位硕士，拥有国家级的技术开发中心，科技一直在行业处于领先。由于技术的不断创新，规模的不断扩大，成本的不断降低，海信空调已成功地实现了成本的降低。本次新品的推出，海信的目的就是让工薪阶层也买得起、用得起变频空调，让更多的工薪阶层也能享受到高新科技产品的服务。

5．会议步骤

(1) ×日下午2：30参会人员持请帖陆续报到，贵宾大厅设礼仪小姐2名，礼仪小姐身披绶带，内容前为“海信空调”，后为“工薪变频”。

(2) 在礼仪小姐或指示牌的指引下，参会人员在会议入口处交请帖，签到，领礼品及会议材料（在会议入口处设签到处）。

(3) 会场布置为长椭圆形，并悬挂条幅，条幅内容为：海信“工薪变频”空调上市厂商座谈会。会场布置图略。

(4) 会议进程对策表（表1－5）。

表1－5 海信“工薪变频”空调上市厂商座谈会进程对策

序号	内容	责任人	协办人	时间
1	确定与会记者名单（提前电话联系确定）	办事处经理	业务员	
2	确定会场	办事处经理	业务主管	
3	发请柬	办事处经理	业务员	
4	制作绶带、条幅、券、指示牌，打印礼品券并盖章确认	办事处经理	业务员	
5	准备签到本、笔、名片收集盒	办事处经理	业务主管	
6	确定礼仪小姐	办事处经理	业务主管	
7	组织公司领导、办事处经理发言稿，主持人串联词	办事处经理	业务主管	
8	布置会场	办事处经理	业务主管	
9	会议开始，会议程序附后	办事处经理	业务主管	

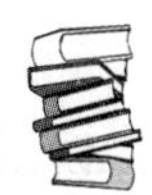

（5）会议程序（表1－6）。

表1－6　海信“工薪变频”空调上市厂商座谈会程序

序号	时间	会议程序	发言人	备注
1	15：00	主持人发言，介绍到会人员，致欢迎词	市场主管	
2	15：10	公司领导发言	公司主管	
3	15：30	办事处经理发言	办事处经理	
4	16：00	厂商座谈		
5	17：00	座谈会结束，晚餐		

附件3：

广告宣传

1. 目的

发布海信空调首家以低于4 000元价格入市的消息，以引起新闻界、业界、消费者的关注，制造注意力经济。

2. 媒体选择

电视、报纸为主，户外广告、直投广告为辅。

（1）电视广告：

1）媒体选择：各省、市电视台。

2）主题：工薪变频，海信制造。

3）形式：15秒、30秒硬广告各1条。

4）相关工作：包括广告片创意制作和广告投放媒体的联系，如广告价格、时间段、摆放计划。选择省、市电视台经济生活类节目为佳，应在当地“工薪变频”空调上市活动前一天或当天投放。

（2）报纸广告：选择各地晚报和发行量较大的报纸，如都市报、生活服务类报纸等。

1）宣传主题：工薪变频，海信制造。

副题一：让科技贴近百姓让变频走进万家。

副题二：3 880元，海信变频空调搬回家。

2）报纸稿：

①感情诉求：贴近普通大众，提高亲和力（活动广告）。

②理性诉求：突出高科技，产品质量过硬（产品功能广告）。

设计稿见附件。

3）报纸、内容、日期、版式、价格：在当地“工薪变频”空调上市活动前一天的晚报上或当天的日报上投放，以1/2版为佳。

4）注意事项：

①确定广告发布时间。

②××负责报纸样稿的设计和光盘的刻录。

③联系当地广告公司，将活动方案定稿，出菲林片。

④与报社联系，确定菲林片的最后交稿时间。在最后定稿日期前，指派专人将菲林片送到报社。

⑤所提供的报纸广告样稿，各办事处可根据自己的情况进行细微的尺寸调节，但不得改变原版式（版式只限1/2横版及1/4整版）。

（3）户外广告：

1）形式：拱门、横幅、竖幅、氦气球。

2）主题：变频空调，海信制造。

副题一：让科技贴近百姓，让变频走进万家。

副题二：3 880元，海信变频空调搬回家。

3）发布：

①横幅、竖幅——促销活动现场及跨街横幅、交通护栏横幅等，视各地具体情况而定。

②氦气球——促销活动现场。

4）实施细则（表1－7）。

表1－7　海信“工薪变频”空调上市广告宣传实施细则

编号	内容	主办人	协办人	日期
1	户外广告设计定稿，注明图形比例、色彩构成			
2	办理发布审批手续，与公安、城管、交通等部门联系			
3	确定发布时间、发布周期			
4	选择发布地点			
5	落实发布的价格、费用			
6	落实户外品的样式、尺寸			
7	户外宣传品的制作（联系北京的公司）			
8	宣传品的发布			

（4）直投广告（备选）：随着生活节奏的不断加快，接受信息量的不断增加，越来越多的广告传递方式也随之产生。直投广告作为一种新的广告传播方式，具有达到率高、受众层次高的特点，为很多商家所欢迎。

1）主题：工薪变频，海信制造。

2）形式：“工薪变频，海信制造”产品功能介绍及价位说明。

3）时间：当地“工薪变频”空调上市日发布。

4）相关事宜（表1－8）。

表1-8 海信“工薪变频”空调上市直投广告相关事宜

序号	内容	主办人	协办人	日期
1	了解当地现有直投广告公司			
2	与所选择的直投广告公司联系，确定版面与尺寸			
3	确定发布时间、周期			
4	落实发布所需费用			
5	与直投公司确定最后交稿时间			
6	设计直投广告样稿			
7	将设计稿送交直投公司			

附件4：

新品推介会

1. 活动目的

通过在商场门口举办产品推介活动，推介“工薪变频”空调的新品，吸引消费者积极参与，拉近海信空调与消费者的情感距离，增强品牌亲和力，提高海信空调的知名度和美誉度，使“工薪变频，海信制造”这一观念深入人心，最终带动市场销售。

2. 活动地点

主会场为当地一家大型商场，分会场由各地办事处负责选定其他几家大型商场。

3. 活动时间

2000年3月期间的双休日为佳。

4. 活动前期准备（表1-9）

表1-9 海信“工薪变频”空调上市新品推介会前期准备工作

序号	项目	责任人	协办人	日期
1	联系活动场地			
2	确定活动具体参加人、主持人、礼仪小姐、促销员			
3	活动宣传品设计与制作，包括拱门、横幅、竖幅、刀旗、氦气球、背景板、绶带、大转盘和有奖答卷			
4	准备活动用品，包括户外工作台、台布、工作椅、饮料、音响、话筒、声音测试器和户外产品展台			
5	准备活动礼品，包括负离子发生器、三件套厨房用具、圆珠笔和小气球			
6	活动现场布置			

5. 户外活动内容及程序（表1－10）

表1－10 海信“工薪变频”空调上市新品推介会户外活动内容及程序

序号	活动内容	备注
1	背景音乐中主持人宣布活动开始	
2	海信空调领导发表讲话，时间控制在5分钟左右	
3	邀请观众每4人一组，进行大声说话比赛，说话内容：3 880元，海信变频空调搬回家。4人分别对着声音测试讲话，以测出的声音分贝数的大小决定比赛名次 一等奖 负离子发生器1个 二等奖 三件套厨房用具1套 三等奖 圆珠笔1支 四等奖 小气球1个	活动宜在当地“工薪变频”空调上市日上午9：30开始，10：30结束，持续1小时。小游戏根据具体情况，由主持人决定进行一组比赛或是多组比赛。注意维持现场秩序，避免发生人群混乱局面
4	由两名礼仪小姐缓缓地掀开覆盖在“工薪变频”空调新品上的红色天鹅绒布，空调新品展露真容	
5	技术人员推介新品，对其主要功能做重点介绍；与主持人密切配合，采用一问一答式，其中穿插幽默话语，活跃气氛	
6	邀请观众每4人一组，进行快速说话比赛，说话内容：工薪变频，海信制造；让科技贴近百姓，让变频走进万家；3 880元，海信变频空调搬回家。用秒表分别测算说话时间，以时间长短决定获奖名次，时间短者胜 一等奖 负离子发生器1个 二等奖 三件套厨房用具1套 三等奖 圆珠笔1支 四等奖 小气球1个	

附件5：

促销活动

1. 活动目的

通过系列促销活动吸引消费者购买海信空调，拉动销售。

2. 活动地点

主会场为当地一家大型商场，分会场由各地办事处负责选定其他几家大型商场。

3. 活动时间

2000年3月期间的双休日为佳。

4. 活动内容

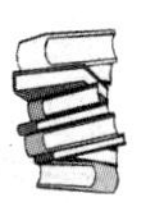

（1）凡持本次活动的报纸广告者，均可以到主会场领取海信精美礼品1份。

（2）凡参加本次活动填写海信答题卡者，均可参加海信空调大转盘抽奖活动，100%中奖，奖品价值从几元到几百元不等。

（3）凡参加本次活动并填写海信答题卡者，均可参加每天下午4：00的抽奖活动，奖品分别为一等奖海信空调（KFR－2610GW/BF）1台，二等奖海信21英寸彩电1台（1名），三等奖海信无绳电话1部（1名）。

（4）凡于当天购买海信空调者，均可参加海信空调在主会场下午4：00举行的抽奖活动，一等奖全额返回购机款（1名），但超过5 000元以5 000元计算，二等奖50%返回购机款（1名），三等奖20%返回购机款（1名）。

5．相关事宜

（1）统一口径，减少失误。

（2）促销员需全面了解“工薪变频”活动的全部内容及活动细则。

（3）办事处、促销员的集中培训。

（4）售后服务的跟进措施。

（5）新款机器的备货和销售高峰期的应对措施。

（6）通过培训或召开相应的会议，使代理批发商了解事件，统一口径。

（7）活动正式启动前，产品的到货情况。

（8）出现断货现象的解释和对应策略。

案例讨论：对比海信营销策划书与憩仙居营销策划书（见附录1），找出不同之处。

【实训操作】

1．实训目的

通过本次实训，帮助学生掌握营销策划的核心知识、策划程序、创意与策划案的撰写，提高实战技能。

2．实训组织和要求

将班级学生划分为若干项目小组，小组规模一般是3～5人，在图书馆、互联网查找营销策划案例，集体讨论、分析每一个策划案的写作结构及其精彩的营销创意。

3．实训内容

主要是策划案的写作和创意的形成。

项目2　市场调研策划

项目目标

【知识目标】

●调查方式与流程。

●抽样方法与样本选择。

●调研报告的结构内容。

●调研实施的注意事项。

【技能目标】

●调研问题的设计。

●调研问卷的设计。

●实施调研的技能。

●调研报告的撰写。

【实训目标】

●通过案例实训，使学生会写市场调查计划和调研报告。

●通过“实地调查”的作业，使学生学会进行市场调查。

项目导入

经过二十多年的发展，我国老百姓的消费观念发生了革命性的改变，人们选择食品的标准已不是仅停留在卫生、安全的层面上，而是更加注重食品的健康、营养。消费观念的改变引发了食品市场上日趋激烈的技术大战、营销大战。随着食品市场进入新的竞争阶段，市场份额不断向优势品牌集中，食品的品种也越来越丰富。在这样的形势下，A公司A品牌橄榄油欲进入中国食用油市场，要确保成功，前期的市场调研是必不可少。

项目实施

没有调查就没有发言权。在浩渺无边的商海中，无数竞争者和其旗下产品充斥着每一条航道的各个角落。而拥有最终选择权的消费者又因为收入、文化、地域、家庭背景、教育程度和消费观念的不同各有偏好。于是，看似平静的航道往往暗流浮动。

如果没有前期对整个市场深入细致的了解和调查研究，哪怕是再有经验的水手也难免会迷失航向。商海航行中，决策者好似船长，时时处处需要做出正确的决策。此时，市场调研便成了广袤海面上一盏高照的导航灯，帮助我们寻找前行的方向。

任务2.1　市场调研策划

营销研究（marketing research）是运用科学的方法和恰当的手段，系统地搜集、整理、分析和报告有关营销信息，以帮助企业、政府和其他机构及时、准确地了解市场机遇，发现营销问题，最终得以正确制订、实施和评估市场营销策略和计划。国际知名营销研究机构Burke公司主席Ron Tatham曾经说过："市场营销研究人员的工作，要求他们具备咨询技巧、专业技术能力和良好的管理。他们的主要作用是为识别和解决市场营销问题提供信息，以便采取行动。"作为广为人知且极为常用的研究工具，在西方已经颇为成熟的消费者行为学（consumer behavior）成为现代市场调研所广泛运用的理论指导。借助于此，研究者能够透彻地了解消费者需求、偏好、习惯行为模式及其背后的内在动因，这对于处于引入期和成长期的产品尤为重要。在产品（或服务）在投入市场之前，通过详细准确的市场调研，在早期就可以确定产品的需求状况；在产品的成长期，市场调研还对细分市场、确定目标市场、选取产品的最佳价格、正确包装和策划广告宣传等活动起着重要作用。

A公司开始进行A品牌橄榄油的中国市场策划和营销运作时，其在国内市场尚不具备一定的知名度，因此将其视作一个刚进入市场导入期的新产品，并为此安排了为期两个月的市场调研活动。

2.1.1　市场营销调研的程序策划

（1）界定要调研的问题。发生了什么和为什么发生了？正在发生什么？我们应该这样做吗？

（2）市场调研流程设计。怎样合理、高效、节能地解决问题？

（3）现场调查、搜集资料。选择抽样结构和调查方法，采用最合适的调查问卷进行现场调查。搜集资料，查找档案，找专家和在互联网上寻求答案。

（4）分析资料、解释结果。包括进行描述性的统计（例如百分比、平均值、标准方差）和进行相关性的分析（例如交叉表、卡方检验）。

（5）提交研究报告，展示在研究中的发现、汇报结果。

（6）跟踪研究市场动态和消费者、竞争者动向。

2.1.2　调研问题及目标的界定

界定要调研的问题及目标是营销调研过程中极为重要的一步。一位学者曾经说过：

"对一个错误问题做出高明的决策，远远不及对一个正确的问题做出一个一般的决策。"可见如果对研究问题的说明含混不清，或者对所要研究的问题做出了错误的界定，则将导致研究无法进行，或者研究所得的结论无法帮助企业的决策者制定正确的决策。市场调研的目标是提供准确有用的决策信息，它要确定需要什么样的信息以及如何有效和高效地获得这些信息。并且，营销调研问题及目标一定要具体明确，范围不能太宽或太窄。

为了说明调研目标，调研人员必须先确定营销调研问题，也就是说营销调研人员的首要任务是与营销经理探讨，尽可能完整地确定营销管理问题。在确定营销调研问题时，调研人员通常要经历三个步骤。

（1）详细说明构思与操作上的定义。比如，构思是"品牌意识"，调研中操作上的定义就是"听说过该品牌人数的百分比"。

（2）验明关系。营销调研人员必须考虑到各种构思之间的关系，比如，当价格降低时，顾客会购买更多的产品，而价格上升显然会使顾客的购买力下降。

（3）确定模型。一旦有了一系列的构思，并将它们以一定的逻辑关系联系起来，就已经搭建了一个调研的模型。通过研究公司所处的环境和可利用的资源，仔细考虑大环境中的竞争因素，分析顾客行为，并在访谈中得到有关构想，调研人员基本可以完整地概括出可能影响所研究问题的原因、解决方案和结果。

作为一种高端的食用油，A 品牌橄榄油出色的保健功效可以说是毋庸置疑的。如何将这种有益于国民健康的产品品牌在国内市场推广，就必须要了解现在的市场状况，A 公司在进行市场调研工作前仔细思考了调研要解决的问题。A 公司首先对市场进行剖析（图 2 -1），把市场组成要素细分为市场本身、消费者、竞争者及其产品、自身产品、价格、营销环境、广告与传播、销售渠道等几个重要方面，并抓住其中的关键点进行了详细调研、分析、论证，为决策提供了有力依据。

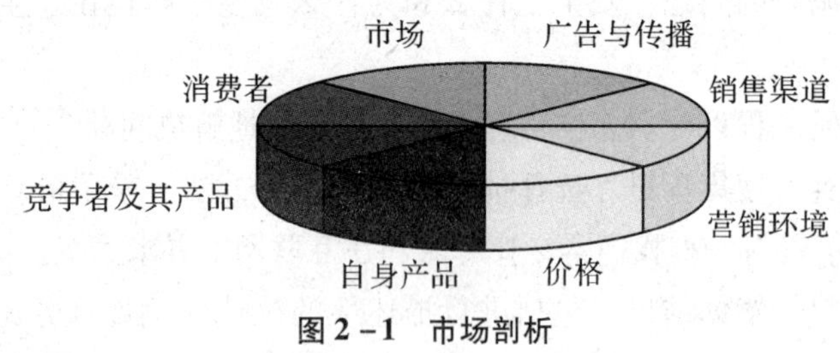

图 2 -1　市场剖析

对市场本身，主要需要调查食用油及其细分市场的供需状况。

消费者方面的信息是 A 品牌市场调研工作的重点。A 公司计划了解消费者中的 5W1H，即哪些人构成了市场（Who）？他们选择何种同类商品（What）？他们为何购买（Why）？他们什么时候购买（When）？他们在哪里购买（Where）？他们以什么方式购买（How）以及消费者对 A 品牌和竞争对手的认知度和评价，对价格的承受能力。

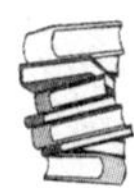

竞争者方面，要调查是谁在和他们竞争。A公司既关注和他们联系最为密切的细分市场，同时也关注其他种类食用油的情况。要调查这些主要竞争者的战略目标，识别竞争者的战略，评估他们的优势与劣势，估计竞争者在受到攻击时的反应模式。

对自己的产品，A公司计划更系统地整理资料，准确界定产品的生命周期、市场定位，以及营销方案与策略。

价格方面，A公司希望得到竞争产品的定价情况和消费者对本公司产品的价格预期，从而更好地制定产品价格策略，打开销路。

关于营销环境，A公司需要两方面的信息。宏观来看，人口环境、经济环境、政策环境及技术环境是人们关注的重点。在对宏观环境有效把握的基础上，作为国际品牌的A品牌才能较为顺利地制订合理的战略计划，真正走入中国市场。微观环境，主要是调查产业链上游的供应商、下游的经销商、目标消费者、主要竞争者和替代品的情况。

广告与传播方面，公司的目标是通过调查确定广告受众，即产品的目标客户群（Who）、中国百姓最能接受的宣传方式（How），以及用怎样的广告文句更能赢得他们的好感（What）。

销售渠道上，通过对经销商和超市的考察，确定理想的销售渠道，使商品能够通过最短最方便的途径到达目标顾客手中，做到渠道顺畅。

经过明确调研问题和目标界定，A公司的调研工作进行得高效而有序。

2.1.3　市场调研设计及流程策划

每个调研问题都是独一无二的。因此，界定了市场调研的问题和目标后，首先要针对不同的调研问题，为整个调研活动做方案设计。调研设计方案对调研工作者的作用就像建筑设计蓝图对建筑者的作用。

调研设计方案可归纳为三种传统的类型：探测性、描述性和因果性。设计方案的选择依赖于调研目标。一般而言，调研有三个目标：一是建立假设，二是测定兴趣变化的情况（如广告和品牌忠诚度），三是检验假设。从表2－1可以看出，各种调研方案是如何最佳地处理这些基本的调研目标的。

表2－1　调研方案的比较

调研目标	合适的方案
获取背景资料、定义术语、阐明问题和假设、确定调研重点	探测性调研
及时描述和测定某一方面的营销现象	描述性调研
确定因果关系，进行“如果……，那么……”的陈述	因果性调研

这三种调研方案的顺序并不意味着实施方案的顺序，调研是一个反复的过程，因

此在调研时可利用多种调研方案。比如，在了解整个市场状况时，主要应用探测性调研，而阐述消费人群特征时，则主要应用描述性调研；对于消费者收入水平和橄榄油消费量的关系研究，显然利用因果性调研更为恰当。

完整的流程设计是明确调研方案后营销人员应该着手进行的重要工作。

市场调研流程设计是关于资料搜集、样板选择、资料分析、研究预算及时间进度安排等方面的计划方案，是研究过程中非常重要的指导性文件，通常表现为正式的市场营销调研计划书。调研流程设计能将调研需要解决的问题纳入一个完整的科学系统，运用各种调研方式实现最终调研目标。

公司细心制定了如下的调研流程设计。

1. 确定资料来源

资料通常分为原始资料和二手资料两类，前者是根据研究目的而直接搜集的资料，后者是现存的企业内部资料和外部资料。二手资料中的内部资料主要来源是消费者、销售量、供货商及其他公司希望跟踪的资料的数据库。外部资料是指从公司外部得到的资料，其来源包括出版物和数据库等。

二手资料与原始资料相比具有其自身的优势。同原始资料相比，二手资料的获得更快，所需的费用相对低廉，较容易找到。另外，二手资料还能够有效地丰富原始资料。

大多数情况下，调研者要完成原始资料的搜集任务首先是从搜集二手资料开始的。通过二手资料的搜集可以了解要研究的行业情况，包括销售、利润状况、主要竞争对手及发生的一些重大事件。同时，二手资料的研究有助于了解在原始资料搜集中会遇到的概念、数据和术语。针对原始资料和二手资料的不同特点，结合企业的需求，A公司的调研人员在恰当的调研问题上使用了恰当的资料，节省了经费，提高了调研效率。

对于市场供求状况，A公司的信息搜集人员从行业分析类的出版物上得到了准确的数据。其中包括产品市场结构，几大主要供应商的年供应量，北京地区及全国的年消费总量、人均消费量，全国食用油的消费趋势等。

竞争者的主要信息大多来源于公司信息系统平时的积累。为了准确把握行业动态，公司内部专门设置了一个数据库，来自媒体、政府、行业报告等所有有关竞争者的资料都保存其中，需要的时候可以进行统计和相关数据分析。这种资料的获得方式极大方便了公司随时了解竞争者的动态，以修订自己的竞争方案。二手资料的有效应用，使公司既获得了有用信息，又节省了许多调研经费。

对于十分重要的消费者信息，仅有二手资料是远远不够的，在对决策具有重大影响的调研活动中，还必须充分依靠原始资料，以提高信息的准确性。为了分析竞争对手最新情况和消费者情况，A公司花了相当大的人力物力设计问卷，进行科学的定量调查，获得了翔实的原始资料。

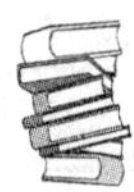

在一手资料搜集过程中，A公司充分了解竞争对手的相关情况，找准市场，同时深入了解了消费者，也牢牢抓住了消费者的心。正是因为灵活运用了各种资料搜集方式，这次调研活动完成得既高效又经济。

2．决定资料搜集方法

竞争品牌的各类销售数据对企业制定自身的营销战略具有十分重大的价值，但此类数据却往往很难搜集。为此，可利用企业内外一切可以利用的途径和资源，从各个角度完成搜集工作。

（1）促销员：促销员是各企业的短期合作人员，这些促销员虽然不是企业的正式员工，但由于他们处于“卖场”这个营销战场的最前沿，直接面对产品的最终消费者，所以能够切身感受到产品在市场上的销售状况。如果说销售记录是企业的晴雨表，那么促销人员无疑就是首先观测到天气状况的人。所以，在了解其他品牌产品销售状况时，一方面从其他品牌的促销人员方面询问相关信息，另一方面，也通过自己的促销员走内部路线，主动接触并拉近与卖场营业员的关系，以闲聊等方式搜集相关信息。

（2）卖场仓库的保管人员。

（3）运输、仓储、装卸公司。

A公司为获得这次调研活动中重要的消费者信息，他们花了相当大的人力物力来设计问卷，进行深入的了解。具体有关问卷的问题将在下面相关环节阐述。

3．时间与经费研究

在研究与设计阶段，研究人员应对进行研究所需的时间及费用加以估计。时间是指完成整个研究计划所需时间；研究经费则包括研究人员的薪金、差旅交通费、访问费、材料费等各种费用。

由于这次A公司的调研工作要在较大范围内展开，所以根据侧重点的不同，企业的调研预算主要综合考虑了以下几方面内容。

（1）时间预算分配。这实际是市场调研工作的纵向计划。A公司总的调研时间分为若干个时间段，按照时间流程有所侧重地分配预算。

（2）地域预算分配。在中国这个多元化的市场上，各地的销售情况差异很大，若按照平均分配的原则对各地采取相同的调研方式，则很难准确搜集到对企业决策具有借鉴意义的资料。所以，A公司根据各地经济发展水平，综合考虑当地销售市场的宏观、微观环境，编制了不同预算。比如，在北京这样经济发展水平很高、市场较为成熟、消费者购买力很强的主要目标城市，全面而深入的市场调研工作必不可少，所以在这些城市配置了足够的人力物力，为成功调研做了大量的投资。对于一些市县级的中小城市，调研计划相对简单，以了解总体情况为目标，主要计划借助当地经销商完成更细致的工作。这种因地制宜、集中优势兵力对主要城市进行重点击破的战术，使本品牌的营销在调研工作上就比其他企业更胜一筹。

（3）部门预算分配。在调研计划中，A公司还将时间和经费在相关部门之间合理配置，在保证各部门独立完成工作时还注意兼顾了企业整体预算目标。

为了使调研活动的整个过程更加严密，A 公司做出了某城市整个市场调研活动的详细经费预算（表 2 - 2），不仅包括了固定的费用，还为不确定事件划出了预留费用，以保证一切顺利进行。

表 2 - 2　市场调研活动预算

序号	项目名称	备注
1	访问员工资	×名×天×元
2	统计员工资	×元
3	焦点小组工资	×人×元
4	调查问卷印刷卷	×份×元
5	政府部门资料索取费	调查行业的数据资料
6	礼品费	赠送被访者的礼物
7	不可预测性费用	×元
	总计	×元

4. 确定抽样方案

一般情况下，市场营销调研都不可能对研究总体进行全面调查，因此，无论采用何种资料搜集方法，都要依据研究目的首先确定研究总体，然后决定样板的性质、容量及抽样方法。同时，抽样调研场所的选择也是一个不可忽略的问题。调研场所的选择在很大程度上决定调查结果是否具有代表性，更会影响到营销决策的准确性，必须慎重考虑。一般来说，市场调研场所的选定是与企业产品销售市场策略紧密相连的。

通过对行业状况的细致分析，考虑到橄榄油目前还只是相关行业市场中较小的一个细分市场，大部分消费者仅将其作为“主要食用油以外的补充品”，销售区域只集中在大中型城市，消费群也局限于收入和文化水平都较高的群体。通过以往大量的自然销售分析得知，A 品牌橄榄油相当比例的销售额发生在零售等渠道。故此，他们选择了一些重要的、有代表性的大卖场、超市展开市场调研。

大卖场主要选择了家乐福、新世界购物中心、北辰购物中心等，这里集中了大量的中高端消费者，是这一阶层消费者的典型代表。同时由于营业面积和营业方式的缘故，这几家卖场还是团购相对集中的地方。选择这里作为部分调研场所，不仅可以搜集到一些终端消费者的信息，还可以间接了解到部分团队购买的情况。百盛、太平洋、华堂这些超市不仅地处高档办公写字楼区，而且靠近使馆或商业核心区，集中了大部分高端消费者，因此也被选为调研场所。

在综合分析以上几方面的基础上，A 公司的调研团队做出了以下的市场推广计划

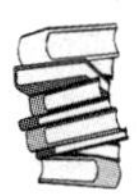

流程（图2-2）。

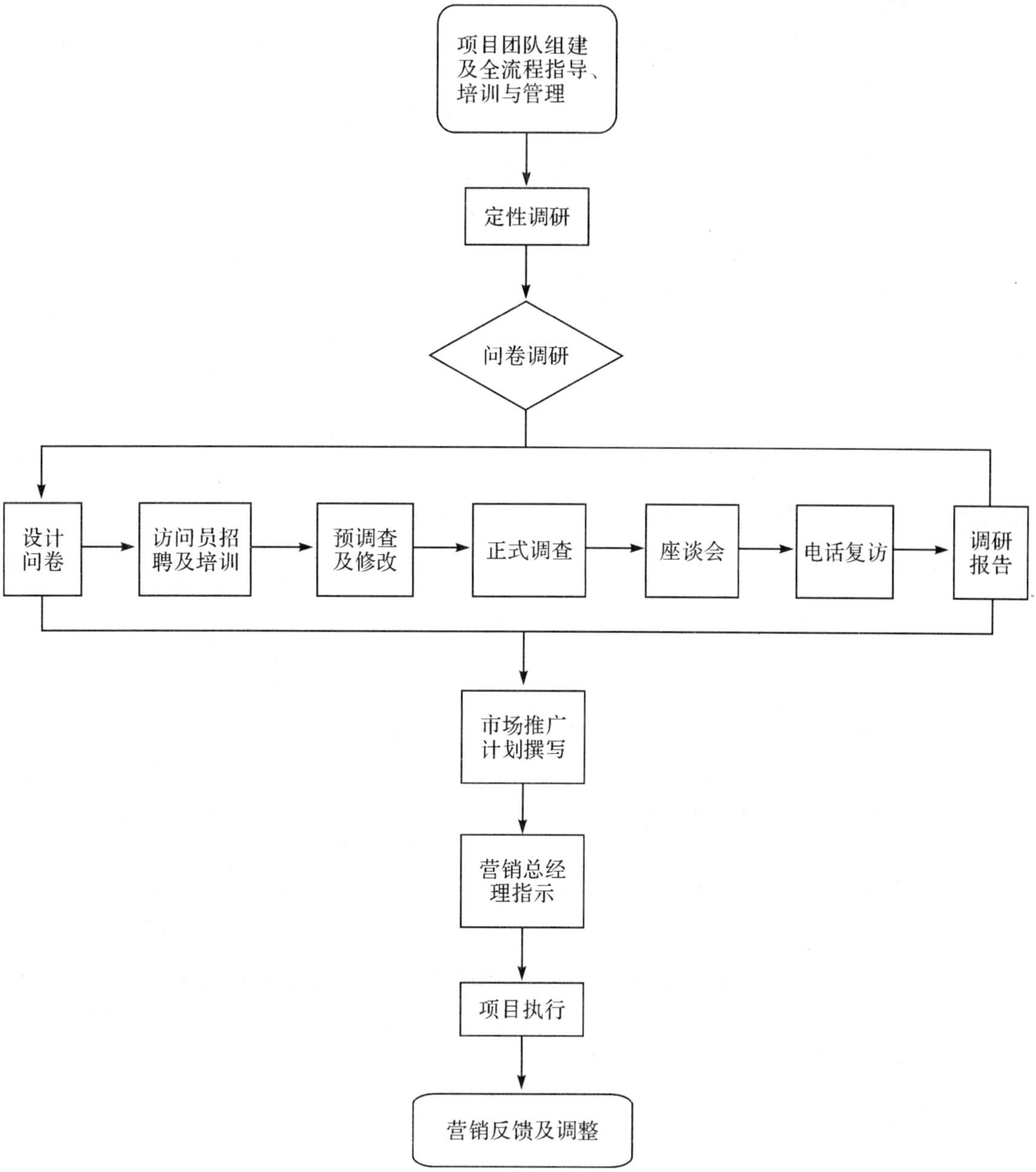

图2-2　市场推广计划流程

同时，针对项目调研的整个流程设计制定了严格的时间表，每个工作环节落实到人，既注重整体又责任明确，充分保证了调研工作的准时及有效完成。

【案例2-1】

南京某大型灯具市场人气指数调查

调查内容：南京某大型灯具市场人气指数抽样调查。

调查时间：8 月 12 日 ~8 月 20 日。

抽样调查：8 月 14 日 ~8 月 20 日。

抽样说明：每家灯具城调查 10 个经销商，进出口片区选取 6 家，中间选取 4 家，其中大型商家采访 4 家，中小型商家选限 6 家。

新近租金涨价市场为：金盛国际家居江东门店，原来为 119 元/（月·平方米）。8 月份每平方米涨 26. 62 元。目前为南京市最高租金之一。

表 2－3　南京某大型灯具市场人气指数抽样调查统计

调查对象	平均客流量（批次/天）	灯具城商户数（户）	总市场人气（批次、户/天）	平均客流量数排行
金盛国际家居江东门店	40	92	3 680	1
金海灯饰城	35	45	1 575	2
金陵装饰城	32	85	2 720	3
石林家居装饰城光华门店	28	25	700	4
装饰大世界	25	23	575	5
石林家乐家装饰广场	23	35	805	6
金桥装饰城	20	78	1 560	7
银桥市场	18	32	576	8
金盛国际家居大桥北路店	17	35	595	9
五洲家居装饰广场	16	35	560	10
红太阳装饰城大桥北路店	15	45	675	11
润泰市场	13	35	455	12

【分析提示】

上述调查是南京某大型灯具市场人气指数采用抽样调查的办法实施调查，并得出了统计结果（表2－3）。抽样调查不仅用于商场，它适用的场合非常多，是最常用的调查取样方法。

◆技能训练 2. 1

训练背景

了解市场调查策划的内容后，学生要根据所学知识，进行市场调查策划，可以先在互联网上或到图书馆多看一些案例，然后结合比较熟悉的产品或问题进行策划。

训练要求

每个人都要学会进行市场调研策划，这是业务员的必修课。所以，每个学生可以选一个题目，做出调查方案，然后请教师指导，学生相互交流。

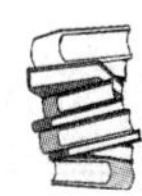

任务2.2　调研方法的选择及预调研

完成调研的整个流程设计，就开始了具体的调研工作，围绕各项不同的调研目标选择相应最科学的调研方法及进行前期的预调研。

2.2.1　调研方法的选择

在市场调研中，定性调研与定量调研是两种主要方法。通常情况下，相比于定量调研，定性调研具有成本低的优势，但对调研人员的素质要求较高，需要他们对消费者的心理特征有深层次的了解。由于定性调研结果在很大程度上依赖于调研者的主观认识和个人解释，所以只可以指明事物发展的方向及其趋势，但却不能表明事物发展的广度和深度，只是一种试探性的研究类型。而定量调研则能得到大样本和统计性较强的分析，属于因果性、说明性的研究类型，其量化结果对定性调研可起到支持、验证的作用。

以上比较反映了两种调研方法内在特性的不同，另外，从两者的执行上来看，也有不同的要求和条件。比如，为了从受访者细微的表情、神态、语音语调变化探究出更深刻的问题，在进行定性调研过程中要准备录音机、录像机等设备，留下完整的、直观的原始记录。在以座谈会形式进行定性调研时，访问者还要做好投影设施、照片、讨论指南等多样化的硬件准备。而定量调研主要是“用问卷说话”，在硬件方面的准备上，定量调研要比定性调研简单。由于定性调研主要目的是让受访者广开言路，充分表达见解和对问题的独特看法，所以体现了“千人千面”的特点，这就要求访问者能够根据每位受访者的特点充分搜集信息，进行有效分析，不必要进行大量的重复问询；而定量调研主要通过问卷对不同的受访者进行大量的重复提问，从而找到问题的共性和发展趋势，因此，不需调研员具有很强的观察和分析能力，只需要他们能够指导受访者完成问卷，做好大量重复的问卷发放和回收工作。结合这样的特点，对访问者前期的培训方面，要求定性调研的访问者应当具备心理学、社会学、消费行为学、营销学、市场调研方面的知识，而对于定量调研的调研员，则应侧重培养其亲和力，以达到客观完成问卷的目的。

以上比较说明了定性研究与定量研究二者之间的差别性和互相依存性。A公司在调研的方法上，采用了定性与定量相结合的方式。其中定性调研手段包括深度访问和焦点小组法，定量调研则主要选定问卷调查的方式。

定性调查是市场调查和分析的前提和基础，没有正确的定性分析，就不可能对市场做出科学而合理的描述，无法建立正确的理论假设，定量调查也就因此失去了理论指导。通常来说，定性调研调查内容广泛、包罗万象。在定性调研中，要求调查员必须事前拟好思路，具备极强的洞察力，善于从细节中发现有价值的信息或切入点。

在定性调研中，A公司的主要目的是获得大量背景资料，识别问题，形成研究假设，找出假设间的联系从而确定定量调研的优先顺序。正是这样，进行一项新的调研项目时，在定量研究之前常常都要以适当的定性研究开路。

因此，A 公司对市场调研的安排主要分两步走：第一阶段对行业市场进行定性调查分析，通过搜集和分析超市、经销商、行业协会、国家权威部门等市场资料，初步了解市场，研究行业总体趋势；第二阶段进行定量调查分析，在定性调查的基础上发掘市场切入点和细分市场，为进一步掌握市场状况和消费者的需求设计具有针对性的市场调查问卷，直接面对目标消费群体进行调查。

1. 定性调查分析

A 公司先是搜集了大量的行业资料，对行业市场进行了定性分析。通过对大量文献的研究发现，中国的食用油消费仍以普通食用植物油如大豆油、菜子油、花生油等为主，市场庞大且发展迅速，品牌竞争激烈。过去由于消费观念不同，人们对食用油认识有限，所以中低档食用油产品较受大众欢迎。近年来，人们生活水平日益提高，对营养健康饮食的需求也日趋强烈。2003 年“非典”疫情的影响，更使人们的健康意识大大增强。2003 年雅客 V9 在糖果市场飞速蹿红，农夫复合果汁饮料热销，都是利用健康、营养的产品定位吸引了消费者，从一个侧面反映了消费者对营养保健类饮食的巨大热情。

随着行业市场竞争的不断加剧，营养健康概念逐渐深入人心，拉动了人们对特种食用油（如橄榄油、核桃油、葵花子油、葡萄子油等）的需求。食用油消费呈现向多样化、高档化、健康化发展的新趋势，市场日渐细分。从数据上看，进口食用油的市场份额增加，并且价值增幅远远超过数量增幅，说明进口食用植物油中，高价值食用油所占比例越来越大，进口量也越来越多，食用油市场总体趋势对 A 品牌橄榄油的中国推广计划来说是非常有利的。

同时 A 公司也发现，现阶段食用植物油市场表现特点主要是：城市以食用精制油、农村以消费二级油为主；食用油的品种丰富，因油料和加工工艺的不同而分为 20 多个品种，但大豆油的消费量最大，占 40% 以上；不同种类食用植物油的消费表现出明显的地域特征；目前市场上的食用植物油品牌众多，除金龙鱼、福临门的市场分布较广泛之外，其他品牌的分布也呈现明显的地域特征。说明中小食用油品牌的知名度也具有显著的区域特征。

另外，A 公司组建了专门的项目团队，对产品现有渠道所占比例、A 品牌销售情况、促销效果、消费者主要接触媒介、产品情况、竞争者情况等进行了定性调研，为下一步进行定量分析打下基础。

现代营销观念认为，市场调研是一个动态的过程，虽然有科学的程式化步骤，但任何环节都需要创意的帮助。调研的创造性实际上是市场调研的诸多性质中最有价值的特性，是调研人员营销知识、调研技术、思维能力的综合体现，当然也是市场调研有效性最有力的保障。因为有创意的调研总是来自于调研人员对市场的把握、对营销的理解、对调研技法的精通。在他们的市场调研活动中，没有拘泥于调查问卷的单调形式，而是在调查问卷里创造性的增添了参与座谈会赠产品的活动，从而达到“一箭三雕”的目的：一是成功邀请消费者参加座谈会，二是可以通过赠品本身试探消费者对产品的接受程度，三是通过座谈会能发现更深层次的市场问题。座谈会在市场调研活动中是开放式访谈中的一种，他们的调研人员在召开座谈会之前针对调研主题精心

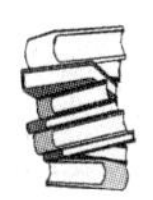

准备了大纲。大纲主要包括：问什么问题，问题该如何恰当地措辞（用对方容易接受的语言），与受访者建立的关系（相互信任），资料的记录（录音+笔记），资料的分析、解释与报告的步骤。

调研人员在事前准备了详尽的大纲，但只将其作为参考，在座谈会中并不拘泥于大纲所列举的范围和形式，而是将焦点集中于受访者身上，对他们的视角表现出真正的兴趣、关心和理解。因此，在座谈会中，要求会议的组织者提高引导技巧，学会真正了解受访者的内心，真正走进他们的世界。

在A公司的大力宣传和热情邀约下，消费者对产品十分感兴趣，报名参与座谈者十分踊跃。在历时一个多小时的座谈会上，气氛热烈，很多消费者发言都很积极，对公司的产品表现出强烈的求知欲望和参与意愿。通过座谈会，A公司看到了产品对消费者的吸引力，但是也发现很多人对橄榄油的用法、功能缺乏了解。因此，在制定未来的市场营销方案时，A公司将重点放在这一点，以产品的功能、用法作为主要诉求点，采用各种生动有趣的形式，将相关知识的普及教育和本品牌紧紧相连，在消费者接受、熟悉产品的同时，也在消费者心中树立了A品牌的良好形象。

2. 定量调查分析

问卷调查是市场调研中最有效也是被经常使用的一种定量调查方法，一直被业内人士看作是制胜的法宝。一份优秀的问卷需经过相当审慎而周密的计划，因为不当的问卷设计足以毁掉整个调研工作，浪费企业大量的时间、人力和经费。

一份良好的市场调研问卷应具备两个条件：一是能达到调查目的，这是问卷设计的根本要求。二是促使受访者愿意合作，提供正确咨询，协助企业很好地完成调研目标。

在问卷调查中，问卷设计是非常重要的一个环节，甚至决定市场调查的成功与否。为了更好地实现调查目标，A公司先确定了要研究的目标和内容，然后对问卷问题进行了缜密设计，内容包括消费者对橄榄油的认知程度，对本品牌及其竞争对手的了解程度，购买橄榄油的动机、考虑因素、使用习惯、价格承受能力，主要接触媒体等，力求客观、真实地反映市场情况。问卷充分运用了测量的四种尺度，即定类测量（主要考察消费者性别、年龄、国籍等基本信息）、定序测量（主要考察消费者受教育程度等方面信息）、定距测量（主要了解消费者购买本品牌产品的频率变化）和定比测量（主要用来考察消费者的收入水平和购买力之间的关系）。通过选用有效、恰当的测量尺度，A公司问卷的考察内容对本品牌的调研结论更具参考价值。

工作中，A公司将问卷设计归纳为若干个主要步骤，并制定出流程图（图2-3）。虽然这项程序对于其他企业应用时并非唯一和绝对，但依此步骤进行，可以在很大程度上提高问卷水平。

在问卷内容设计过程中，A公司仔细斟酌了问卷的语言。比如，在问卷第一部分的说明信中，将这次调查定位为公益调查，一方面体现了公司的经营宗旨是维护中国百姓的健康，另一方面也容易赢得被调查者的支持，降低拒访率。在主体部分的问题内容设计中，严格遵循以下原则。

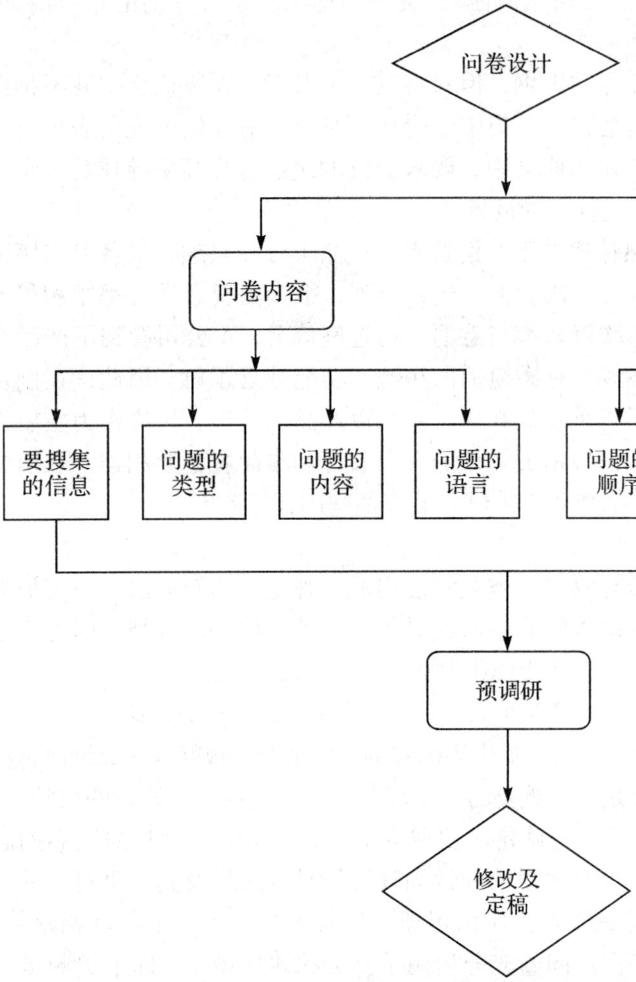

图 2-3　问卷设计流程

（1）简单原则。由于 A 公司的初期市场调研是针对广大消费者的，受访者在受教育水平上存在着明显的差异，问卷若设计得太书面化，不但会使受访者因难以融入问卷内容而产生大量拒访现象，还会在很大程度上增加访问员作业难度。因此在设计过程中，应充分注意在问卷中使用具体、明确且口语化的用语，比如，用“您通常在哪里购买食用油”取代“您选择购买食用油的地点”，并尽量以简单句取代复杂句，使整份问卷的用词简洁清楚，语言尽可能做到既科学又不晦涩难懂、不产生歧义，这在很大程度上提高了问卷的可读性与被理解性。

（2）客观原则。为了使问卷能够最真实和准确地反映受访者情况，应对问卷的问题设计进行仔细斟酌，严格避免引导性或暗示性的问题出现。在陈述问题时，可采取正反两方面问题并陈的方式，设计问题选项时对内容也进行了平衡处理。

（3）精准原则。通常的问卷设计中违反切题原则的情形有两种：一种是题意含糊或过于笼统，使问题涉及范围太广或主题界定不清，这将使受访者无从答起；另一种

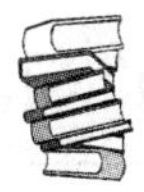

是一题多问，这样的问题将使受访者无法确切回答。A公司的问卷设计人员深深认识到要想从根本上提高问卷质量，必须严把问题关，于是在问卷初稿生成后，工作人员分成两组，每组都针对问卷中的关键问题进行了逐字逐句的讨论。讨论后，大家将发现的问题汇总，一起解决，最终保证了问题的精准性。

综上可知，科学的问卷应满足以下几个设计的基本要求，即信息要齐全（包含调研者需要了解的全部重要信息）、问题要适宜（要使被调者能够回答、愿意回答、乐于主动合作）和误差最小化。

一份完善的调查问卷应能从形式和内容两方面同时取胜。在对问卷内容进行全面把握后，还应对问卷的外在部分，即问卷形式进行精心设计。在问卷形式上，首先应对问卷的长度进行仔细考虑。由于现代社会节奏很快，人们对时间格外珍惜，过长的问卷往往不易得到被访者的配合，不耐烦的情绪容易使回答后面的问题时失去客观性；同时，还应注意问卷版面设计的简洁大方。

经过重重严格把关的问卷，最终以科学严谨的面貌到达消费者手中，使消费者容易作答的同时，也为统计分析工作带来了极大的便利。问卷调查工作为A公司在进入市场时的决策制定提供了重要而有力的依据。

【案例2-2】

手机产品的市场调查问卷

你好，我是××学校的学生。为了解手机市场的现状，完善手机功能以及服务，我们进行了此次问卷调查。你只要勾选符合的选项或者根据自身情况如实填写，这个过程只需要3~5分钟，资料的内容我们将完全保密，非常感谢你参与我们的调查，谢谢你的支持和合作。

（1）你的性别：

男□　女□

（2）你的年龄：

10~20岁□　20~30岁□　30~40岁□　40岁以上□

（3）你的职业：

学生□　上班族□　个体户□　自由职业者□　其他□

（4）你的月收入：

2 000元以下□　2 000~3 500元□　3 500~5 000元□

5 000元以上□

（5）你认为手机在你生活中的重要性：

非常不重要□　不重要□　一般重要□　重要□　非常重要□

（6）你能接受的手机价位：

1 000元以下□　1 000~2 000元□　2 000~3 000元□

3 000元以上□

（7）你通过什么渠道了解新上市的手机：（可多选）

电视□　报纸□　宣传单□　网络□　朋友□　卖场海报□

宣传活动□　　其他□

(8) 你更换手机的频率：

1 年内□　　1~3 年□　　3 年以上□　　用坏才换□

(9) 你更换手机的原因：(可多选)

质量等出现问题□　　外观出现磨损、掉色□　样式陈旧□

功能太少□　　追求时尚□　　其他□

(10) 你喜欢的手机颜色：(可多选)

红□　　橙□　　黄□　　绿□　　蓝□　　紫□　　黑□　　白□

灰□　　金□　　银□

(11) 你喜欢的设计风格：

小巧玲珑□　　时尚前卫□　　简约硬朗□　　其他□

(12) 你更喜欢哪种设计类型的手机：

直板□　　滑盖（旋盖）□　　翻盖□　　无所谓□

(13) 你认为手机外壳哪种最好看？

金属 □　　皮革□　　塑料□　　其他□

(14) 你喜欢的按键材质：

金属□　　透明塑料□　　非透明塑料□　　软塑胶□

(15) 你选择手机时最看重：

外观时尚□　　质量过硬□　　功能强大□　　价格便宜□

售后服务好□

(16) 你对于多功能于一身的手机的看法：

没用□　　功能越多越好□　　无所谓□

(17) 手机的附加功能哪些对你实用？(可多选)

音乐功能 □　　拍照、摄像□　　多媒体视频□　　上网□　　游戏□

蓝牙□　　GPS□

(18) 你愿意选择的手机类型：

智能手机□　　音乐手机□　　拍照手机□　　游戏手机□　　普通手机□

(19) 你购买手机时选择的场所：

专卖店□　　大卖场□　　商场□　　移动、联通公司□　　网上购买□

(20) 如果你现在要买手机，会买哪款手机？为什么？

【分析提示】

类似上面手机调查问卷我们经常见到，它是企业获取市场信息的非常重要的方法。

2.2.2　市场预调研及反馈

在大量发放调查问卷之前，市场预调研是一项必不可少的工作。预调研往往是在正式调研之前，通过对一些典型的被访者的访问来审核一下问卷是否有错误。问卷初稿的小范围发放过程中，企业能够检查出其中的缺陷。如果通过试访后进行修订，就能避免大规模投放缺陷问卷带来的人员、时间和资金的浪费，从而提高调研的质量。

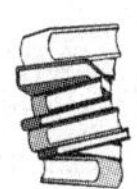

在预调研中，参加的对象是否典型十分重要。预调研时通常会选择5～10个被访者，调研人员可以从中发现一些具有普遍性的问题。例如，如果只有一个被访者对一个问题提出疑问，调研者可以不对其进行关注，但如果有三个被访者对同一问题提出疑问，调研者就应该对此问题重新考虑。在重新考虑时，调研者应站在被访者的角度上问自己："这个问题的意思表达得是否清楚""这样的结构是否可以理解""短语表达是否清晰""是否带有倾向性的引导性的词语"等。

为了有效地完成预调研工作，A公司选择在崇文门新世界超市的进口产品展区发放20份预调查问卷。预调查的对象选定为进入进口产品展区的人群。在这次预调查中，他们得到了十分宝贵的信息。调查显示，部分被访者认为问卷过长，还有一些问题的答案使被访问者有模糊的感觉，一些问题使被访问者感觉很唐突，回答带有很强的随意性。另外，较少调查者会主动的回答"其他"这个选项，都会选择"放弃回答"或者"不知道"。

得到了以上反馈，他们参考了被访者的意见，对问卷进行了认真修改，在确保问卷信息完整性的基础上使问卷的页数尽量减少，尽可能减少开放性问题等，这为后面正式访问的顺利进行打下了良好的基础。由此大家也可发现试访问的重要性。

【案例2-3】

Juan Carlos Garcia在一个中小型社区成功经营一家墨西哥饭店。但6个月前，他注意到饭店平均每周顾客的数量开始小幅下降，相应的利润也开始下降。他很重视这件事，并用大量时间在高峰时间到饭店观察顾客的需要是否能够满足。

Garcia请当地大学教授Gilmore和他的学生进行市场调研，以帮他解决利润下降的问题。Garcia向学生们讲了饭店的历史和这些时期所有的财务指标。学生们向Garcia提出了很多有关当地饭店、行业趋势的问题，以及任何可能存在的周期性变化。据此确定了下列目标来指导此次的市场调研。

（1）从环境，服务，位置，饭菜质量、数量、价格方面，确定饭店最具有吸引力的特色。

（2）评估顾客在环境，服务，位置，饭菜质量、数量、价格方面满意度的重要性。

（3）确定在环境，服务，位置，饭菜质量、数量、价格方面顾客选择饭店时考虑的因素。

（4）确定顾客对于将来在这里就餐的意识和最有可能的反应。

（5）根据地区和顾客人口统计量评估顾客在人口统计和地理方面的特征。

（6）推导结果的战略性涵义。

针对上述调研目标，小组选择了两步取样法。第一步是针对一组饭店员工的取样，这一步搜集的信息会对设计第二步的问卷有帮助。第二步应用问卷调查针对一组随机挑选的饭店顾客，包括在两个星期天的下午5时到7时随机挑选的顾客，共收到91份有效答卷。小组从总体上对数据进行了分析，接着使用SPSS对结果进行了交叉制表处理，并使用概率、交叉表和百分率对数据进行了系统分析，确定了基于人口统计和个人品质差异的调查对象的差异。基于搜集的上述信息，制定了表2-4、表2-5、表

2-6。

表2-4 消费者对 Garcia 饭店的评价

评分	百分率（%）
最好	77
第二	8
第三	5
第四	4

表2-5 对 Garcia 饭店进行改善的建议

改善	百分率（%）
停车场	34.5
油漆	17.2
空气	13.8
儿童食品	10.3
位置	6.9
墨西哥音乐	17.2

表2-6 不同年龄段对 Garcia 饭店的满意度

年龄	很好	好	一般
小于20	5	2	1
21~30	22	7	1
31~40	10	2	2
41~50	14	5	2
51及以上	14	2	2

【分析提示】

从上面的案例中，我们比较清楚地了解了市场抽样调查的具体程序，以及抽样调查的特点。

调查小组首先确定了此项调查的总体对象，即对饭店员工和顾客进行调查，同时为了更好地进行饭店市场调查，调查小组列出6条目标作为市场调查的指导目标。

接着，调查小组设计了样本范围，采用两步取样法对饭店员工和顾客进行抽样。同时，在抽样时，调查小组严格坚持抽取样本的客观性，按照随机的原则，充分体现了抽样调查抽取样本的客观性的特点。

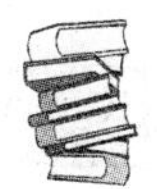

搜集样本资料后，小组从总体上对数据进行了分析，接着使用 SPSS 对结果进行了交叉制表处理，并使用概率、交叉表和百分率对数据进行了系统分析，确定了基于人口统计和个人品质差异的调查对象的差异。

最后，用样本指标推断总体指标，制定了消费者对 Garcia 饭店的评价，对 Garcia 饭店进行改善的建议，以及不同年龄段对 Garcia 饭店的满意度三个有价值的表格，进而给饭店的成功经营提出有效的决策参考。

◆技能训练 2.2

训练背景

调查问卷是市场调查中最常用的方法之一，也是营销人员营销中的必杀技。应学会设计各种调查问卷，并灵活运用。

训练要求

可以选择像“大学生心理状况调查”“大学生日常消费支出调查”等有关于我们比较熟悉的群体做一些普通调查问卷，也可以结合一些产品或企业做一些对企业有帮助的调查问卷，如“手机市场需求情况调查”“房地产市场调查”等。要求独立完成，学生之间交流评比。

任务 2.3　调研活动及调研报告的撰写

经过前期精心的准备，接下来要开展的工作便是调研活动及调研报告的撰写。

2.3.1　调研人员的培训

在访问调研中，访问员作为信息的采集者，直接影响着调研的质量，所以访问员的培训和管理，是有效实施调研的关键之一。培训前，应制订周密的计划，从而真正提高访问员的业务水平。培训既包括工作方法的讲授，也包括工作要求和相应的工作制度、奖惩措施的明确，真正使访问队伍达到科学化、规范化。

A 公司在市场调研进行过程中，由于聘用的访问员经过了仔细选拔，素质较高，亲和力强，又经过了系统培训，这就从人员上保证了调研的效果。在访问过程中，访问员承诺被访人会在后期收到为他们寄出的产品赠品，因此能够较为顺利地留下被调查者的联系方式，方便了以后电话复访，从而尽可能地减少本次市场调查的误差，保证了调研质量。

2.3.2　调研日程的安排

首先应依据各调研场所的不同情况，对问卷的数量做出具体分配，这有利于保证样本的完整性和代表性。在访问期间，要充分考虑访问员上下班的路程和时间状况，将访问人员安排到相应的地方开展访问工作，更好地唤起他们的工作热情。同时，还应派出专人到各大访问地点跟踪检查调研员的工作情况，以保证数据的真实性和调研效果。表 2 – 7 是甲公司某次调研的工作安排。

表 2－7 市场调查员的工作安排

调查地点	调查人员信息	问卷数量	时间安排	督察员信息	业务员信息
百盛超市	赵× 1381001…	194 张	8～16 日		
	陈× 1381006…		8～16 日		
	韩× 1381066…		8～16 日		
华堂十里堡	易× 1302000…	106 张	8、9、14、15、16 日		
	佟× 1381036…		8、9、14、15、16 日		
新世界	荣× 1362109…	106 张	8、9、14、15、16 日		
	张× 1350111…		8、9、14、15、16 日		
	肖× 1368114…		8、9、14、15、16 日		
太平洋	张× 1368305…	194 张	8～16 日		
	田× 1381006…		8～16 日		
	刘× 1381003…		8～16 日		

公司前期明确了调研的目标，将调研过程细化为详尽的工作流程，选择了较为科学的调研方法和数据搜集方式，对访问员进行了严格的岗前培训及工作指导监督，安排了科学的预调研，这一切为整个调研活动的成功奠定了坚实的基础。在对搜集的数据进行相关的数理统计后，调研小组向决策者提供了一份非常具有参考价值的调研报告。

2.3.3 调研报告的撰写

一份优质的营销调研报告是对阶段性营销调研的完美总结，这既是专题性营销调研的终点，也是营销策划开始的起点。市场调研报告要以规范的格式对调研过程中搜集的资料、进行的分析、得出的结论做出综合汇总，作为企业高层管理者做决策的直

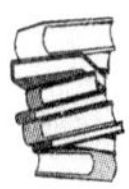

接书面依据。

尽管每一篇调研报告会因为项目和读者不同而有不同的内容，但调研报告的格式通常有着一般的规定。这些规定是在长期商务实践中逐渐形成的，对市场调研报告应该包含哪些内容、按什么顺序安排这些内容提出了指导性意见，是从事市场调研的人员应该通晓的。

对于非技术的一般性市场调研报告的阅读者，通常只想知道研究的结论，对调查研究的细节并不感兴趣。因此，在撰写这类市场调研报告书的时候，主要应注意报告的简洁和客观，避免给读者以任何形式的误解。

市场调研报告包括以下内容。

1．题目

题目部分主要包括调查主题、报告日期、为谁而准备、撰写人或报告者。

2．目录

目录主要包含报告所分章节及相对应的起始页码。报告中的表格和统计图也要相应编写图表目录。

3．调查目的

说明调查活动的动机、所要检定的统计假设及所要了解的问题。

4．研究方法

对调研过程中所使用的调查研究方法、选取的样板类型与大小、调研得到的研究结果等做非技术性的简短说明。

5．调查结果和局限性

调查结果在调研报告正文中占较大篇幅。这部分报告是按一定的逻辑顺序提出、紧扣调研目的的一系列项目发现。发现的结果主要用叙述的形式表达，使得项目更为可信，同时在讨论中搭配一些总括性的表格和图像，有效避免了枯燥无味的大块文字叙述。

完美无缺的调研是难以做到的，在报告中将成果加以绝对化，不承认它的局限性和应用前提是不科学的调研态度。所以在调研报告中，撰写人员应指出报告的局限性，让经理人员在决策时有所考虑。

6．结论与建议

这是调研报告中最实质性的部分。其中说明了调研所得的主要结论，调研人员针对结果所提的建议也包含在此部分。

7．附录

任何一份太详细或太过专业化的材料都不应出现在正文部分，而应统一编入附录。在附录部分，主要有问卷样式、抽样技术、编码表、参考文献、详细的统计表等。

A品牌市场调研报告概析

市场营销调研报告最重要的目的就是为决策者的决策提供有力的依据。一位营销大师曾经说过：“分析所带来的，是当发现毫无结果时的恐慌和当清楚发现终极真理时的狂喜。而在这两端之间，是长期的艰苦努力、深入思考，以及堆积如山的资料。”现引用A公司A品牌橄榄油市场调研报告部分内容，以供读者参考。

本次调查共计回收538份调查问卷，其中有效问卷为525份，有效率达到97.58%。对525份有效问卷的分析结果如下所述。

525个被调查人员的性别、国籍和年龄分布情况如下：女性为450人，占总数的85.71%，男性为75人，占总数的14.29%，其分布情况见图2-4；国内为511人，占总数的93.33%，国外为14人，占总数的2.67%，其分布情况见图2-5。

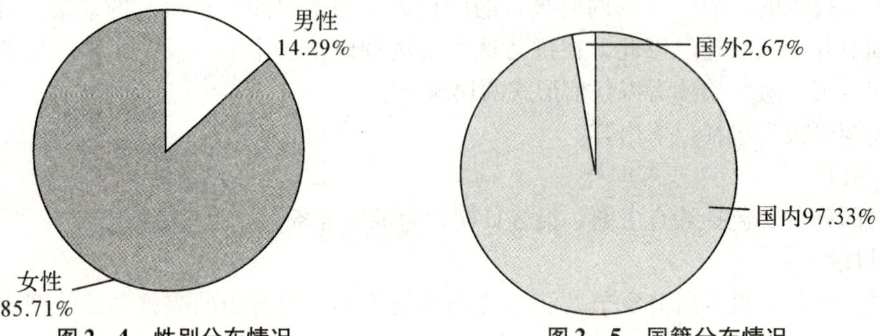

图2-4　性别分布情况　　图2-5　国籍分布情况

一、消费者对橄榄油保健功能及用途的认知度

由于橄榄油具有预防心脑血管疾病、降低胆固醇、延缓衰老、护肤护发、防癌抗癌等功效，广大消费者对橄榄油具有较高的认知度。据调查显示，70.10%的人了解橄榄油可以降低胆固醇，55.05%的人知道橄榄油可以预防心脑血管疾病，48.76%的人了解橄榄油可以护肤护发，只有0.19%的人不知道橄榄油对人体的益处（图2-6）。由此可知，大部分消费者了解橄榄油对人体的益处。

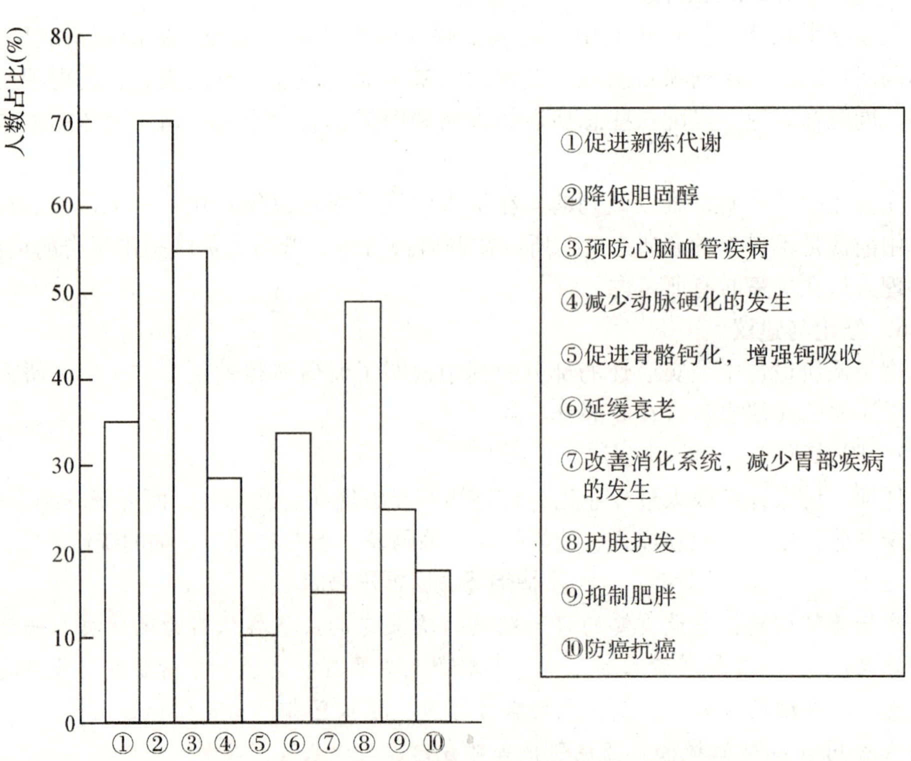

图2-6　消费者对橄榄油保健功能的认知情况

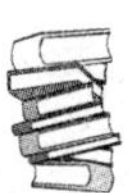

同时，消费者对橄榄油的用途也具有较多的了解，据调查，77.71%的人认为橄榄油的主要用途是做凉拌菜或色拉，56.38%的人认为橄榄油的主要用途是炒菜或煎炸食物，而不知道橄榄油的用途的人最少，仅为0.19%（图2－7）。

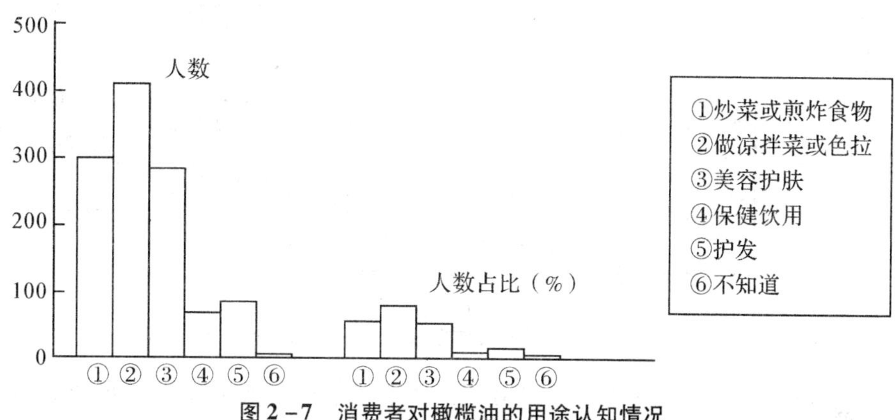

图2－7　消费者对橄榄油的用途认知情况

二、市场竞争日趋激烈

由于中国橄榄油市场具有巨大的潜力，但中国的地理环境并不适合大量生产橄榄油，因此一些国外知名的橄榄油品牌近年来争相逐鹿中国市场。据调查可知，国内的消费者对国外的橄榄油比较认可，其认为最著名的橄榄油生产国主要有西班牙、意大利、土耳其、希腊、法国。仅有4.76%的被调查人员不知道著名的橄榄油生产国。

此外，各橄榄油品牌的竞争也是互具特色，各有千秋。各品牌在各地市场表现不同，一些品牌在相应地区具有绝对的品牌优势，例如A品牌橄榄油在北京的品牌知名度达到70%以上。现根据各橄榄油品牌的知名度排列如下：A品牌、乐家、大树、太阳谷、品利，最后就是亿芭利、甘达和华源生命。

三、消费者购买橄榄油习惯的调查

橄榄油根据其提炼程序不同有不同的等级，最好的橄榄油是初榨的，其次是纯正的，最差的是渣油。调查结果表明，在中国市场大部分人购买初榨橄榄油（图2－8）。

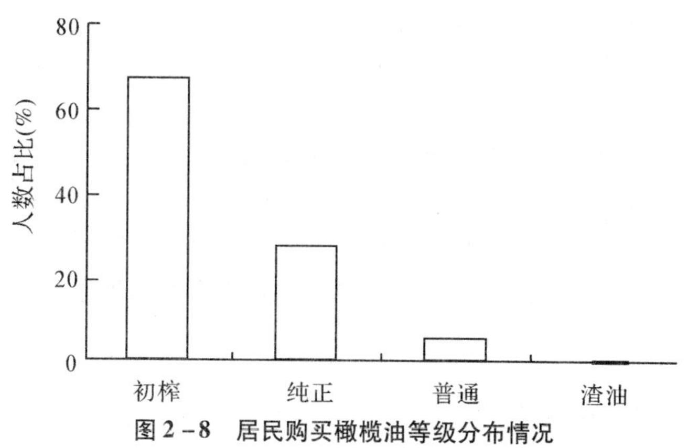

图2－8　居民购买橄榄油等级分布情况

同时调查显示，未购买橄榄油的原因，是由于其价格相对较高（图2-9）。看来橄榄油要大规模飞入寻常百姓家、在中国普及还有待居民收入的进一步提高。

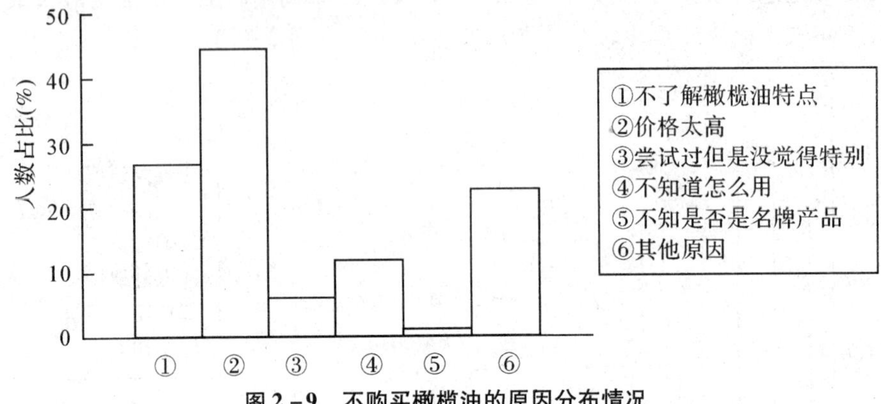

图2-9　不购买橄榄油的原因分布情况

消费者购买各品牌橄榄油的原因显示，在消费者做购买选择时，质量好和比较有名是非常重要的影响因素。而质量好与品牌知名度有密切的相关性。前者一般是通过后者来感知，说明厂商坚持走品牌营销之路的重要性。这也正是各主要橄榄油厂商逐步关心自己的营销战略，开始走品牌之路和精细化营销之路的原因所在（图2-10）。

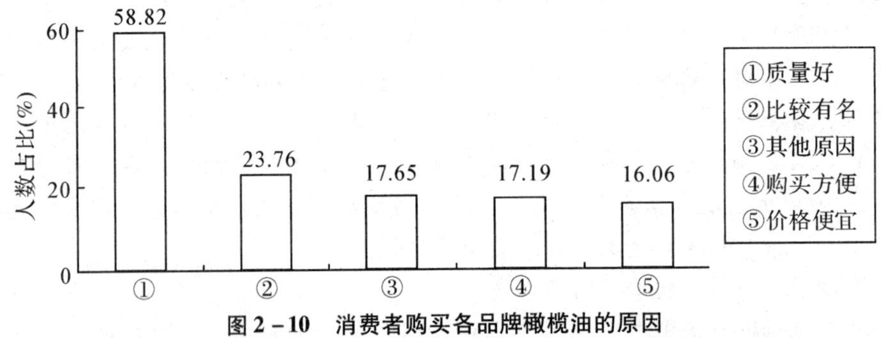

图2-10　消费者购买各品牌橄榄油的原因

四、营销渠道多元化

由于购买橄榄油的消费者较注意质量，购买渠道基本都是在大超市或专卖店，这也说明大多数人都认为大超市与专卖店的产品质量比食品批发市场和便利店等地方有保障。

与此同时，主导品牌的橄榄油尽可能地利用报纸、电视、杂志和网络等可能的传播途径来宣传和影响消费者，以提高品牌知名度，增强自身的竞争能力。研究表明，人们获取信息的最主要的途径是报纸、电视、杂志和网络，其比例分别为26%、25%、24%和18%。其中通过报纸、电视和杂志获取信息的人超过了70%（图2-11）。

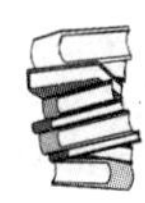

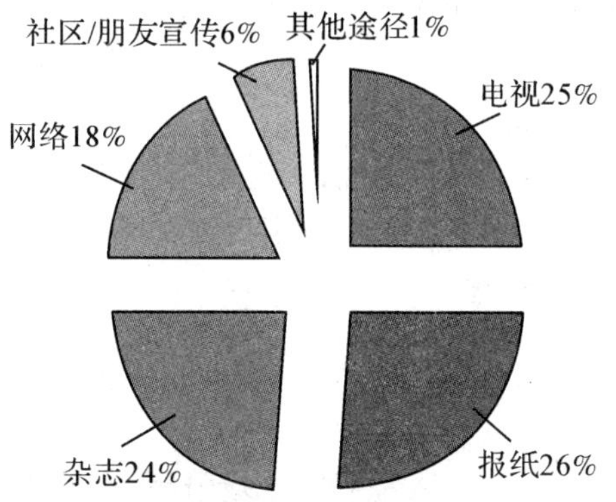

图2－11　消费者获取信息的途径

通过前面的研究分析可以看到，橄榄油现在还只是食用油市场中较小的一个细分市场，销售区域只集中在大中型城市，因此尚未对普通食用油销售构成威胁。但随着橄榄油市场的发展，橄榄油必然会占据部分终端市场份额。我们认为，在目前形势下，本品牌橄榄油应先把其他品牌的橄榄油当成主要竞争者，在成为橄榄油市场的领导者之后，通过与其他橄榄油品牌的竞争联合，共同带动橄榄油市场的发展，逐步向食用油市场扩延势力。

就问卷调查和前期的定性调研情况来看，本品牌正处于产品引入阶段——在市场上推出新产品，即产品销售呈缓慢增长状态的阶段。我们认为该产品处于导入期的市场特点：消费者对该品牌产品不了解，销售量小；尚未建立理想的营销渠道；广告费用和其他营销费用开支较大；承担的市场风险较大。处于此阶段，若能建立有效的营销系统，即可以将产品快速推进导入阶段，进入市场发展阶段。

根据此次调研的结果，我们发现此类产品的市场容量较大，潜在消费者对产品不了解，且对价格相对敏感，市场竞争日趋激烈。此时采用快速渗透策略将会是最优选择。调研结果的其他部分和相应分析及策略运用等段落限于篇幅未摘录。

在传播的途径和方式上，我们应利用一切可能的和经济的传播渠道，除电视、报纸广告外，还可以采用专刊、菜谱、网站等多种有效的传播方式。在一定时段内，从空中到地上，反复向消费者传达客观、实用、生动的产品和品牌内容，对消费者进行感性和理性双重诉求。这样不仅使本品牌的信息准确地传达到目标消费群，而且能在不知不觉中激发目标消费者对本品牌的兴趣并引发其试购。

◆技能训练2.3

训练背景

市场调查最终要通过统计分析形成一份调查报告，决策者根据调查报告做出相应的决策，或者说调查报告是决策的重要依据，调查报告也是市场调查工作的最后一个环节，只有完成调查报告，才能算完成了一个完整的市场调研项目。

训练要求

可以根据技能训练2－2中所做的问卷实施调查，然后整理数据后形成调查报告，要求学生之间可以交流磋商，但必须各自形成自己的调查报告。

项目总结

本项目通过市场调研策划、调研方法的选择及预调研、调研日程安排及调研报告的撰写三个层次的递进学习与实际操作，鲜活、生动地揭示了市场调研的策划与实施，同时也为A公司解决了实际问题。

A公司在A品牌橄榄油市场调查与分析的基础上，又从市场环境状况、竞争状况、市场发展趋势、行业标准和产品自身优势等方面进行了仔细考察。

A品牌的市场分析

一、产业概况分析

食用植物油是关系国计民生的重要产品，随着粮油市场的逐步开放，我国的食用油行业发展呈现出勃勃生机之势，成为朝阳行业。根据国家统计年鉴公布的数据：2001年我国国产食用植物油1 383.17万吨，进口食用植物油165万吨，进口值为39.64亿元人民币，出口食用植物油13.45万吨，全年食用植物油的市场总供给达到1 534.72万吨。2002年食用植物油国内总产量超过1 531万吨，比2001年提高了10.7%；进口食用植物油319万吨，进口值为108.7亿元人民币，进口值比2001年增加了174%，而食用植物油的出口量为9.74万吨，比上一年减少了27.6%；2002年食用植物油的市场总供给超过1 634万吨，整体总供给量较2001年的增长了15.39%。由此可见我国对食用植物油的需求正呈快速上升态势，食用油的市场增长前景广阔。

与此同时，进口食用油的价值增幅远远超过其数量增幅，这说明进口食用植物油中，高价值食用油所占比例越来越大，进口量也越来越多。这些揭示出食用植物油消费的新趋势：食用植物油的消费需求日趋多样化、细分化、高档化。

现阶段我国食用植物油市场主要表现出以下特点：城市以食用精制油为主、农村以消费二级油为主；食用油的品种丰富，但大豆油的消费量最大；目前市场上的食用植物油品牌众多，除有限品牌的市场分布较广泛之外，其余品牌的分布呈现明显的地域分布特征；在一些经济较发达的城市，小包装食用油已经逐渐取代散装食用油成为市场主角，小包装食用油行业将成为未来几年中国最具发展潜力的朝阳行业之一。

二、竞争状况分析

自从1991年嘉里集团以令人耳目一新的金龙鱼小包装食用油开启了我国食用油市场大门后，福临门、鲁花等品牌与其在品牌、品种和价格等方面展开了一系列对抗，将整个食用油市场竞争开展得如火如荼。同时，众多区域性品牌纷纷跟进效仿，争夺市场份额。目前我国小包装食用油市场上的大小品牌已有四五百个之多，从品牌影响力、市场占有率、营销网络的建设来看，金龙鱼、福临门、鲁花已经成为普通小包装食用油市场的三大主导品牌。

在很多人看来，各品牌植物油生产企业之间的矛盾并不大，几乎所有的小包装食用油企业都站在同一个植物油阵营，共同对抗国人千百年来形成的以食用动物油为主的饮食习惯。但现实的市场利益也使这个共同阵营内部产生分化，在品牌竞争不相上

下的情况下，便开始转向种类竞争。

作为最先被人们所知道的小包装食用油，色拉油在卫生条件方面首先上了一个全新的台阶，然而，这种油的油香味太淡，不太适合中国人的饮食习惯。1990 年，金龙鱼针对人们的需求特点，推出了调和油，在卫生安全的基础上，又增加了营养和美味。

在天然食用油领域，橄榄油和粟米油一直是国外受宠的产品，但由于我国是世界花生的主要生产国，因而花生油很自然地直接成为国人天然食用油的首选。鲁花大力宣传花生油的绿色健康，以此来展开花生油对色拉油和调和油市场的竞争，而金龙鱼则隆重推出粟米油，并提出了“健康新概念”来倡导一种全新的消费观念。

同时，其他品牌推出的各种类的天然植物油，也纷纷打出各自的营养概念牌，争相抢夺终端市场。我国小包装食用油在经过十几年的发展之后，形成了以色拉油、调和油、花生油为主要食用油，粟米油、葵花子油、橄榄油等为天然保健油的百花齐放的局面，食用油市场开始从卫生、安全用油阶段步入健康、营养用油的新阶段。

三、市场发展趋势分析

近年来，食用油市场激烈竞争，在价格战、广告战、概念战之后，最终落脚为产品本身的功能、品质和产品品牌的竞争。食用油企业之间的竞争提升了消费者的需求，随着消费能力的增强和对健康的要求的提高，中国老百姓选择食用油时更加注重健康、营养。此外，在我国经济稳定发展的大环境下，一个规模不断扩大、购买力日益旺盛的中产阶级正日渐形成，他们对健康类食用油有了更大需求，这也使高档食用油的市场潜力不断增大。同时，随着竞争加剧，中档或低档食用油如花生油、调和油、色拉油等品种的利润空间越来越小，业内巨头急需寻找新的经济增长点，而利润空间较大的高档油就是最好的选择。高档品质的健康油针对的是一些特定的消费群体，虽然细分市场相对来说暂时不是很大，但这些特定消费群体具有较高的消费能力，所以健康油市场前景很乐观。这种趋势在春节的食用油市场已初见端倪。各个种类的天然植物食用油远比往年丰富多样，其中具有保健功效的食用油更是备受消费者青睐，在礼品市场上也是风头正健。

四、行业标准分析

长期以来，由于我国食用油行业没有市场准入制度，食用植物油的生产标准比较低，食用油生产企业纷纷上马，导致食用油质量良莠不齐。2004 年，随着新的国家食用油标准的颁布实施，食用油生产采取市场准入制度，一大批实力不足的食用油企业因质量不能达标而被淘汰，留出了巨大的市场份额，为有实力的食用油品牌扩张市场提供了机会，对本已激烈的小包装食用油的竞争来说，更如添薪加柴。可以预见，未来几年内，食用油市场又将进入新一轮的洗牌期。作为行业中的新秀，健康油在行业标准日益规范的环境下，必将有机会引领新的油品发展潮流。

五、产品优势分析

橄榄油是近年来我国食用油市场上新增加的一个品种。作为公认的保健食用油极品，橄榄油以其独特的美味和对人体的保健作用，日益受到包括我国在内的各国营养专家和消费者的青睐。根据国家相关部门的统计数据，2003 年我国橄榄油的月平均进口量比 2002 年增加了 46%，橄榄油消费量呈现出快速增长的态势，市场前景非常广阔。

相对于争相向高端食用油市场进军的其他食用油品牌来说，A 品牌以其优良的品质和独特的营销策略，其成长为中国市场的领导品牌奠定了坚实的基础。纵观中国市场的发展，每种新产品的出现，都相应会造就出一个新的品牌，从金龙鱼到鲁花，莫不如此。敏锐的市场决策者总是善于及时地从瞬息万变的市场中捕捉商机。

A 品牌通过市场调研后看好了中国食用油市场的广阔前景，在对整个市场环境状况、竞争状况、市场发展趋势、行业标准和产品自身优势进行了仔细考察后，决定在中国市场上谋一席之地，巩固和扩展自己在全球市场上的优势，创造新的奇迹。

综合实训

【案例分析】

小吴一天下来，跑得腿都酸了。一回想，哎，一天的工作算是白做了，今晚该怎么跟马经理交代。尽管，我虽刚进公司不久，可是，毕竟是我的第一个任务，该怎么办？小吴暗暗地想，突然一个想法出现在小吴的脑海里，能否作假——自己填写未完成的信息！可是转头一想，马经理在培训的时候说过的，市场信息很重要，千万不能作假。正当小吴犹豫的时候，他已经走到了经理办公室的门口。

“咚，咚，咚”小吴敲响了马经理办公室的门。

“请进。”

“哦，是小吴啊。今天第一天下市场，感觉怎么样?”马经理顺口说了一句，似乎早已经习惯了。

“我，我，我没能完成好任务，请见谅。”小吴小心翼翼的答道。

“呵呵，年轻人。受到点小挫折是很正常的，不要放在心上。说说看，今天主要是遇到哪些问题了?”

“其实，也不是太大的问题。只是我在搜集信息的时候，他们都没怎么搭理我，好像还很不高兴。”

“呵呵，你是不是刚刚去就开始问人家了?”马经理扑哧一笑。

“您怎么知道的?”小吴惊讶地问道。

“小吴啊，做销售呢，不能太心急。你越是急，你就越是问不出什么来。你得学会怎么样去和那些老板套近乎，首先是要找到共同的话题，找到话题之后再注意发问的方式，如果你是以请教的方式问的话，那效果就不同了。来，过来坐，我教你一些方法。”

……

第二天的例会上，小吴的任务是继续走访 H 市场，不过主要是对市场进行摸底，摸清 H 市场中二级批发商信息表（零售终端，包括客户名称、联系电话、终端数量、月销量、配送能力、销售品种、二批进店价、出货价、返利、促销政策）、终端零售店信息（客户名称、联系电话、售卖品种及规格、进店价格及政策、供货商及产品投入形式）等一系列信息。其实，信息搜集是小事，但是如何达到他想要的效果才是最重

要的。

原来，小吴从马经理的话里知道，H市场是同等县城中比较重要的市场之一，近期内要“攻打”H市场，削弱竞品的市场份额。经过昨天的实战经历和晚上马经理教给他的那几个方法，小吴觉得任务不是很重。

任务完成规定的时间是三天，马经理给小吴三天的时间。也就是说，在三天内，必须把H市场的基本情况弄清楚，除了渠道商的情况外，还有该市场竞品的销售情况、如产品品种、零售价、进店政策、年终返利、月返利、供货商（其实和上面的内容是差不多的，这里不再赘述）。尽管交代的任务很简单，但是小吴还是很放在心上，毕竟马经理对自己还是不错的，千万不能再搞砸了。因此，小吴暗下决心，一定要做好工作。

接着，小吴仔细想了一下。这次的任务与昨天的虽然差不多，但是重点却是不一样的。该怎么有效了解市场，小吴自己做了一个简单的计划。第一天，小吴决定到H市场先转一天，把H市场的一些基本情况弄清楚，如H市场街道划分及二级批发商分布及数量统计、流通渠道零售终端分布及数量统计、餐饮零售终端分布及数量统计。在走访的过程中，小吴还了解到，一般来说早上10时以前二级批发商比较闲，下午3时后也有时间，而一些零售终端到了中午后都是比较闲的，弄明白这些之后，小吴的工作做得比较有效率了。

在走访的过程中，小吴从店面观察、经销商及二级批发商的送货车辆及配送人员、繁忙程度、送货品种上已经基本确定一些实力比较大的经销商和二级批发商。确定了这一点，对于自己的人选心中就有底了，作业上也就有重点和非重点去做了。在走访众多的零售店中，小吴认真确定零售店的分布位置并做好走访线路图，根据零售店的人流情况和营业面积，小吴还划分了A、B、C、D四类店面，以便于日后拜访的工作容易安排。

在实际走访的过程中，小吴发现了H市场中各大二级批发商的配送方式都差不多，主要是下面的乡镇要货的时候，自己请车来拉货，由二级批发商支付车费和油费，与其他的销售代表相比，能发现这一点是很不错的。这就为下面的市场开发寻找到了一个突破口。

晚上，小吴回到住所，对当天走访的情况进行汇总和分析，并对H市场进行了小比例的图形绘画，在上面标注了二级批发商和重要零售终端的分布位置。从记录的结果来看，H市场实力派的经销商总共有4个，实力一般的有7个，重点就是从这4个实力派的经销商中选择；而符合公司规定的、具有分销能力的二级批发商主要有11个，能力稍微小的有6个。

通过以上分析，小吴决定先对实力比较强的4个经销商进行摸底，按照马经理的思路，每开发一个市场都要选定要经销商，然后在此基础上实施深度分销的操作方法再开二批。当晚，小吴拟定了作业计划，第二天要对H市场的一级经销商进行摸底，第三天要对H市场的二级批发商进行摸底。此外，小吴还想到，如果从4个一级经销商排查任务不成功，那么只能从二级批发商入手，调查分析，寻找是否有适合的人选。但是时间似乎有点紧，该怎么办？小吴对当天的作业情况进行回忆，从记录本上看，

一级经销商的时间空闲段在下午，上午只是下面的分销商打电话催货，组织车辆送货的时间一般都是在下午3时之前，所以上午比较忙，下午比较空闲；而二级批发商中，上午主要是订货，下午主要是送货。由此可以看出，为了节约时间，提高效率，上午可以安排时间先对一些二级批发商进行摸底，下午可以安排时间对一些一级经销商进行摸底，连续两天可以轮流作业。做了时间安排之后，小吴便休息了……

案例讨论：

（1）小吴的市场走访需要注意什么事项？

（2）对新销售业务代表来说，怎么样对市场有效走访或者怎么样才算有效？

【实训操作】

1. 实训目的

要求学生走向市场，走进企业，对市场营销环境进行调查与分析，在实践运用中理解营销调研专业知识，了解和掌握市场营销调研技能。

2. 实训组织和要求

将班级学生划分为若干项目小组，小组规模一般是3~5人，制定调查方案，实施市场调查，并在此基础上以小组为单位完成不少于10 000字的《市场营销调研报告》，最终由指导教师点评。

3. 实训内容

本项目实训内容包括 调查问卷设计、实地调查、调查问卷统计等三项基本技能训练。

项目3　目标市场策划

项目目标

【知识目标】

●SWOT 分析法。

●市场定位的内涵。

●市场定位策略。

【技能目标】

●市场分析能力。

●市场机会的把握能力。

●定位的技巧。

【实训目标】

●通过练习，使学生掌握市场分析方法。

●通过案例学习和市场分析，模拟某一产品完成一份目标市场策划案。

项目导入

河南思念食品股份有限公司面对竞争激烈的速冻水饺市场，想要寻找一个好的市场机会，开发新的速冻水饺产品，以便能够将品牌做大做强。新产品的市场机会该如何寻找？其新产品的目标市场又该锁定在哪儿？面对竞品和消费者，产品该如何定位？目标市场策划将帮助您找到答案。

项目实施

目标市场策划需从市场机会分析、市场细分和目标市场选择三个方面入手，层层推进，本部分将通过知识的分析与技能的训练，结合思念速冻水饺的目标市场策划，帮助学生认识、寻找和发现市场营销机会，使学生掌握目标市场策划技能。

任务 3.1　运用 SWOT 分析法分析市场营销机会

市场营销机会实质上是“未满足的需求”。伴随着需求的变化和产品生命周期的演变，会不断出现新的市场机会。寻找市场机会常用的方法是 SWOT 分析法。

3.1.1 SWOT 分析概述

SWOT 分析是市场营销的基础分析方法之一，包括分析企业的优势（strength，S）、劣势（weakness，W）、机会（opportunity，O）和威胁（threat，T），其中，S 和 W 是内部因素，O 和 T 是外部因素。优势、劣势分析主要着眼于企业自身的实力及其与竞争对手的比较，而机会和威胁分析将注意力放在外部环境的变化及对企业的可能影响上。在分析时，应把所有的内部因素（即优势和劣势）集中在一起，然后用外部的力量来对这些因素进行评估。因此，SWOT 分析实际上是对企业内外部条件各方面内容进行综合和概括，进而分析组织的优势、劣势、面临的机会和威胁的一种方法。通过 SWOT 分析，企业可以清晰地把握全局，分析自己在资源方面的优势与劣势，把握环境提供的机会，防范可能存在的风险与威胁，把资源和行动聚集在自己的强项和有较多机会的地方，对于企业获得成功具有非常重要的意义。

3.1.2 SWOT 分析的步骤

1. 找出企业的优势和劣势，发现面临的机会与威胁

运用各种调查研究方法，分析企业所处的各种环境因素，即外部环境因素和内部环境因素。外部环境因素包括机会因素和威胁因素，是对企业发展具有直接影响的有利和不利因素，属于客观因素。内部环境因素包括优势因素和劣势因素，它们是企业在其发展中自身存在的积极和消极因素，属于主动因素。在调查分析这些因素时，不仅要考虑到历史与现状，更要考虑未来发展问题。

（1）竞争优势。竞争优势是指一个企业超越其竞争对手的能力，或者指企业所特有的能提高企业竞争力的东西。例如，当两个企业处在同一市场或者说它们都有能力向同一顾客群体提供产品和服务时，如果其中一个企业有更高的盈利率或盈利潜力，那么，我们就认为这个企业比另外一个企业更具有竞争优势。可能的竞争优势体现在以下几个方面：

1）技术技能优势，包括独特的生产技术、低成本生产方法、领先的革新能力、雄厚的技术实力、完善的质量控制体系、丰富的营销经验、上乘的客户服务、卓越的大规模采购技能。

2）有形资产优势，包括先进的生产流水线、现代化车间和设备、丰富的自然资源储存、吸引人的不动产地点、充足的资金、完备的资料信息。

3）无形资产优势，包括优秀的品牌形象、良好的商业信用、积极进取的企业文化。

4）人力资源优势，包括关键领域拥有专长的职员、积极上进的职员、很强的组织学习能力、丰富的经验。

5）组织体系优势，包括高质量的控制体系、完善的信息管理系统、忠诚的客户群、强大的融资能力。

6）竞争能力优势，包括较短的产品开发周期、强大的经销商网络、与供应商良好的伙伴关系、对市场环境变化的灵敏反应、市场份额的领导地位。

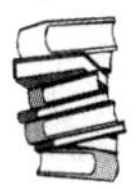

（2）竞争劣势。竞争劣势是指企业缺少或做得不好的方面，或指某种会使企业处于劣势的条件。可能导致内部弱势的因素有以下三个方面：

1）缺乏具有竞争力的技能技术。

2）缺乏具有竞争力的有形资产、无形资产、人力资源、组织资产。

3）关键领域里的竞争力正在丧失。

（3）企业面临的潜在机会。市场机会是影响企业战略的重大因素。企业管理者应当确认每一个机会，评价每一个机会的成长和利润前景，选取那些可与企业财务和组织资源匹配、使企业获得的竞争优势的潜力最大的最佳机会。潜在的发展机会可能是以下几种：

1）客户群扩大或产品市场细分。

2）技能技术向新产品、新业务转移，为更大客户群服务。

3）前向或后向整合。

4）市场进入壁垒降低。

5）获得购并竞争对手的能力。

6）市场需求增长强劲，可快速扩张。

7）出现向其他地理区域扩张、扩大市场份额的机会。

（4）危及企业的外部威胁。在企业的外部环境中，总是存在某些对企业的盈利能力和市场地位构成威胁的因素。企业管理者应当及时确认危及企业未来利益的威胁，做出评价并采取相应的战略行动来抵消或减轻它们所产生的影响。企业的外部威胁可能是以下几种：

1）出现将进入市场的强大的新竞争对手。

2）替代品抢占公司销售额。

3）主要产品市场增长率下降。

4）汇率和外贸政策的不利变动。

5）人口特征、社会消费方式的不利变动。

6）客户或供应商的谈判能力提高。

7）市场需求减少。

8）容易受到经济萧条和业务周期的冲击。

2．优势、劣势与机会、威胁相组合，形成SO、WO、ST、WT策略

（1）SO策略（优势+机会）。依靠内部优势，利用外部机会。SO又称增长战略，对企业产生杠杆效应。杠杆效应产生于内部优势与外部机会相互一致和适应时。在这种情形下，企业可以用自身内部优势撬起外部机会，使机会与优势充分结合并发挥出来。然而，机会往往是稍纵即逝的，因此企业必须敏锐地捕捉机会，把握时机，以寻求更大的发展。

（2）WO策略（劣势+机会）。利用外部机会，弥补内部劣势。WO又称扭转战略，对企业面临的威胁采取影响与控制的措施，以阻止或减小它对企业产生不良后果。当环境提供的机会与企业内部资源优势不相适合，或者不能相互重叠时，企业的优势再大也得不到发挥。在这种情形下，企业就需要提供和追加某种资源，以促进内部资源劣势向优势方面转化，从而迎合或适应外部机会。

（3）ST 策略（优势 + 威胁）。利用内部优势，规避外部威胁。当环境状况对企业优势构成威胁时，优势得不到充分发挥，出现优势不优的脆弱局面。在这种情形下，企业必须克服威胁，以发挥优势。

（4）WT 策略（劣势 + 威胁）。减小内部劣势，规避外部威胁。WT 又称为防御战略，当企业内部劣势与企业外部威胁相遇时，企业就面临着严峻挑战，如果处理不当，就可能直接威胁到企业的生死存亡。

3．甄别和选择，确定企业应该采取的具体战略与策略

SWOT 分析法不是仅仅列出四项清单，而是通过评价公司的强势、弱势、机会、威胁，对 SO、WO、ST、WT 进行甄别和选择，并最终得出结论，即在企业现有的内外部环境下，如何更好地运用自己的资源，如何建立公司的未来资源，以便更好地利用市场机会，规避市场风险（威胁）。

【案例 3－1】

中国移动通信集团公司产品与市场分析

一、移动通信市场分析

15～25 岁的年轻人已成为中国移动通信市场发展一个迅速膨胀的重要推动力量。他们有属于自己的沟通方式、族群语言和通信消费习惯。

在 M－ZONE 出现之前，还没有哪一家通信供应商按年龄细分通信市场，更不用说针对 15～25 岁人群的“只属于年轻人”的通信品牌了。

几个通信服务商之间的竞争一直来自于价格和促销。中国移动的主要（或者说唯一）竞争对手中国联通选择了姚明（NBA 球星）担任 CDMA 的代言人，通过代言人的确立逐步获得了消费者的认可，开始为品牌建立“年轻和创新”的品牌形象。

联通与美国高通公司成立合资公司，各占 50% 股份，推出 CDMA1X 业务。

联通 BREW 无线数据技术较中国移动 JAVA 技术兼容性强。

避免竞争陷入无序的价格战。

“全球通”“神州行”“移动梦网”竞争优势不明显。

二、中国移动 SWOT 分析

中国移动的优势：优秀的语音通话服务，丰富的无线数据业务（超值短信、铃声下载、移动 QQ、时尚游戏），GPRS 支持。

中国移动的劣势：中高价位，技术支撑单一。

中国移动的威胁：竞争集中在对中高端用户的诉求上，竞争对手市场空间不断拓展。

中国移动发现的市场机会：潜在市场空间巨大，尤其是 15～25 岁的年轻人。

【分析提示】

中国移动通过市场分析发现了自己的优势与劣势，同时也找到了市场机会。

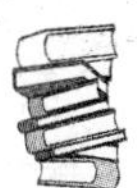

◆技能训练3.1

训练背景

尼采是一家手机生产商，请搜集有关手机的市场资料，运用SWOT分析对尼采品牌手机进行市场分析。

训练要求

以小组为单位进行讨论，通过评价该公司，列出其优势、劣势、机会、威胁，分析在公司现有的内外部环境下，如何最优地运用自己的资源，确定公司目前可以采取的具体战略与策略。

任务3.2　目标市场策划

在市场分析的基础上，确定企业或产品的销售（服务）对象，即选择目标市场。本任务的基本思路是市场分析—市场细分—目标市场选择，由于市场细分与目标市场的一些基础知识在《市场营销学》中都有详细的讲解，在此不再赘述。重点放在通过实战案例，对目标市场的选择进行分析。案例3-1中，中国移动通信集团公司通过市场分析，按年龄细分市场，选择15~25岁的年轻人为目标市场。目标市场选定后，对该消费群体仍需进一步的分析。15~25岁年轻时尚一族，他们要么是大学高年级或刚毕业，要么是中等学历和较早进入社会的年轻人及家庭条件好的中学生。他们崇拜新科技，追求时尚，对新鲜事物感兴趣，凡事重感觉，崇尚个性，思维活跃；喜欢娱乐休闲社交，移动性高；有强烈的品牌意识；容易互相影响的消费群体；收入不高，追求时尚潮流、与众不同的品牌理念和文化内涵。

以下是曹献存教授策划的蓝堡湾项目的部分内容（全案可参考附录2），文中所提本案是指蓝堡湾。

3.2.1　房地产市场社会购买人群分析

按照收入水平和文化层次两个指标，以低、中、高三个水平层次，可以将社会人群划分为9个组群。

（1）高收入、高文化的顶级贵族阶层：数量很少，购买力极强，强调享受，注重社区品牌、文化。购买动机多为享受型，是高档住宅的主要购买者。

（2）高收入、中文化的社会精英阶层：数量不多，但购买力强，落定迅速，是一期大户型的主要购买者，对产品档次、品牌形象形成强有力的提升和拉动。购买动机为自住型。

（3）高收入、低文化的暴发户阶层：数量少，购买力强、市场跟进心理强，看重社区的品牌和购买人群，以满足其攀龙附凤、显示身份的心理。注重享受，购买动机为享受型。

（4）中收入、高文化阶层：年龄在35岁左右，职业以高级专业人才（尤其是自由职业者）、高级管理人才（尤其是职业经理人）和高级公务员为主。规模最大，是社区文化和生活方式的主要参与者、促进者，也是高档住房的消费主力。购买动机为常住型。

(5) 中收入、中文化的高级白领阶层：是普通商品房购买的主力军，是今后高档住房的后备军。

(6) 中收入、低文化的普通市民阶层：数量少，其作用是补充性的，是小户型的购买者。

(7) 低收入、高文化阶层：这类人群年龄在30岁上下，收入不太高，但年轻、前卫、时尚、新潮追求新的生活方式，属于超前消费一族，但不属于高档楼盘的消费者。

(8) 低收入、低文化的清贫工薪阶层：这类人群购买力最低，购买户型小，多以经济适用房或限价商品房为主。

(9) 低收入、低文化的社会阶层：这类人群购买力低，购买户型小，多以经济适用房或限价商品房为主。

3.2.2 目标市场选择

1. 目标市场

对于本案来说，主要应针对高收入、高文化和高收入、中文化两个群体。将这两个群体整合后，我们的目标客户群选定为城市财智阶层。

核心客户：城市财智阶层。

重点客户：泛塔尖、投资客户、中产阶层的高端客户。

首先以“城市财智阶层”为主要目标客户锁定，并以其行为特征为价值典范适时向下（泛塔尖、中产阶级高端客户）延伸和横向扩展（投资类客户）。

整个客户阶层结构呈“倒三角形”，以社会的上层客户群体为主要构成，少数处于社会中层。

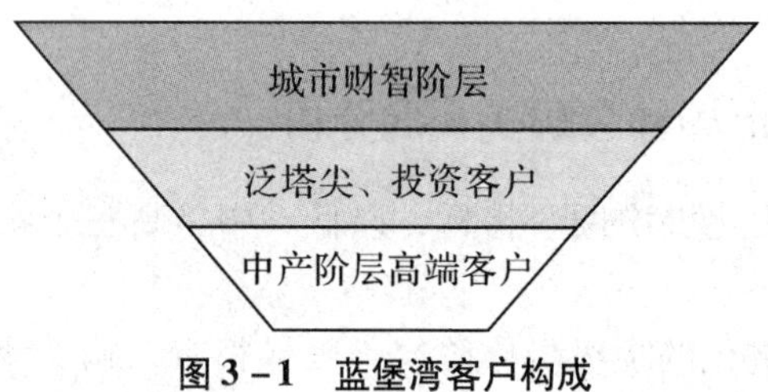

图3-1 蓝堡湾客户构成

2. 客户群体描述

(1) 郑州本地客户：

1) 年龄主要集中在35~40岁，家庭成员在3人或以上。

2) 以金融、证券、能源、媒体等行业的私营业主、大型企业高层管理人员、政府公务员为主。

3) 购房经验相当丰富，至少为二次置业，多为多次置业。

4) 通过自主意识的转变来提升居住品位，是购房而非“够房”，出手大方，资金丰裕。讲究社区整体质素，追求纯粹社区环境。追求产品设计时尚，具价值质感，既

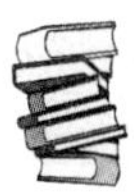

有实在品质又有身份象征。追求个性化、品位化的生活方式。购置物业已经不是简单满足居住需求而是有更高层次的精神文化追求。

这类客户在购置物业时特别看重物业的地段、配套和服务。

（2）外地客户：

1）年龄主要集中在35～45岁。

2）以郑州周边城市（如洛阳、开封）为主，部分为外省客户（如山西、上海）。

3）以煤炭、贸易、金融等行业的私营业主、大型企业高层管理人员、政府公务员为主。

4）大部分在郑州经商或者有长期生意往来，有在郑州购置物业的需求。

5）拥有自己的生产或服务获利机构，财富积累扎实并有不断扩容的趋势。

6）购房多为满足某种程度的保值或投资需要，兼具接待、商务形象等其他需求。

7）以提升居住品位为主要购房目的，出手大方，资金丰裕。

8）追求产品设计时尚，具价值质感，既有实在品质又有身份象征。

9）购置物业已经不是简单满足居住需求，而是有更高层次的精神文化追求。这类客户在购置物业时特别看重物业环境、品质和服务。

（3）投资客户：

1）年龄主要集中在35～45岁。

2）具有雄厚的资金实力，投资意识强。

3）长期关注房地产市场并具备丰富的购房经验。

4）以获取投资收益为主要购房目的。

5）对物业的品质、形象档次和服务有较高的要求。

6）上海、北京等全国一线城市的客户，以投资为主。

7）涉及投资资金运作的“全球性”客户，看好郑州市场，有强大的机构作为背景，资金实力雄厚。

这类客户在购置物业时看重物业品质、形象档次和服务，特别看重物业的升值潜力和投资价值。

◆技能训练3.2

训练背景

苹果公司的智能手机iphone4风靡全球，而iphone4s 2011年10月一推出，又受到“果迷”的追捧和期待，请分析苹果智能手机的消费群体即目标市场。

训练要求

以小组为单位进行讨论，通过网上资料搜集、市场调查及身边使用苹果手机用户调查，理清苹果公司智能手机目标客户，并分析苹果智能手机成功的因素。

任务3.3 市场定位策划

企业在确定的目标市场上，将面临竞争对手的挑战。在买方市场条件下，目标顾客在购买它所需要的产品和服务时，具有较大的选择性。市场定位则是要在目标顾客心目中树立独特的形象，使顾客产生特殊的偏爱，是顾客在竞争品中做出选择的理由。准确的市场定位，有助于企业获得稳定的销路和市场占有率。

3.3.1 市场定位释义

市场定位的解释非常多。

菲利浦·科特勒认为，定位就是一种对公司的供应品和形象进行设计，从而使其能在目标顾客心目中占有一个独特的位置的行动。

里斯和特劳特认为，定位起始于产品。一件商品、一项服务、一家公司、一个机构，甚至是一个人……然而，定位并非是对产品本身做什么。定位是指要针对潜在顾客的心理采取行动，即将产品在潜在顾客心目中定一个适当的位置。

市场定位是根据竞争者现有产品在细分市场上所处的地位和顾客对某些产品属性的重视程度，塑造出本企业产品与众不同的鲜明个性或形象传递给目标顾客，使该产品在细分市场上占有强有力的竞争位置。亦即，塑造一种产品在细分市场上占有的强有力的竞争位置。

分析各种解释可对市场定位做出如下概括：

（1）核心理论、主张：创造心理位置，强调第一。

（2）方法和依据：类别的独特性。

（3）沟通的着眼点：心理上的认同。

【案例3-2】

广州餐饮业的定位

广州酒家：食在广州第一家。

广州莲香楼：莲蓉第一家。

广州头啖汤酒楼：头啖汤即第一口汤，煲出来第一口吃的汤。吃头啖汤的人就是第一个品尝美味的人。

泮溪酒家：江南第一家。

北园酒家：北园饮早茶，仿佛到家中，瞬息出国门，归来再饮茶，其味无穷，味道之腴。

【分析提示】

在广州，饮食业非常兴旺发达，各酒楼走出了一条细分市场之路，利用市场定位的策略，突出各自的优势，吸引广大的目标消费群体。

3.3.2 市场定位的步骤

市场定位的关键是企业要设法在自己的产品上找出比竞争者更具有竞争优势的特性。竞争优势一般有两种基本类型：一是价格竞争优势，即在同样的条件下比竞争者定出更低的价格。这就要求企业采取一切努力，力求降低单位成本。二是偏好竞争优势，即能提供确定的特色来满足顾客的特定偏好。这就要求企业采取一切努力在产品

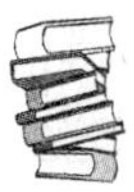

特色上下功夫。因此，企业市场定位的全过程可以通过三大步骤来完成，即确认本企业潜在的竞争优势、准确地选择相对竞争优势和明确显示其独特的竞争优势。

1．确认本企业潜在的竞争优势

这一步骤的中心任务是要回答三大问题：一是竞争对手的产品定位如何？二是目标市场上足够数量的顾客欲望满足程度如何以及还需要什么？三是针对竞争者的市场定位和潜在顾客的真正需要的利益，要求企业应该和能够做什么？要回答这三个问题，企业市场营销人员必须通过一切调研手段，系统地设计、搜索、分析并报告有关上述问题的资料和研究结果。通过回答上述三个问题，企业就可从中把握和确定自己的潜在竞争优势在何处。

2．准确地选择相对竞争优势

相对竞争优势表明企业能够胜过竞争者的能力。这种能力既可以是现有的，也可以是潜在的。准确地选择相对竞争优势就是一个企业各方面实力与竞争者的实力相比较的过程。比较的指标应是一个完整的体系，只有这样，才能准确地选择相对竞争优势。通常的方法是分析、比较企业与竞争者在下列七个方面究竟哪些是强项，哪些是弱项。

（1）经营管理方面。主要考察领导能力、决策水平、计划能力、组织能力及个人应变的经验等指标。

（2）技术开发方面。主要分析技术资源（如专利、技术诀窍等）、技术手段、技术人员能力和资金来源是否充足等指标。

（3）采购方面。主要分析采购方法、存储及运输系统、供应商合作及采购人员能力等指标。

（4）生产方面。主要分析生产能力、技术装备、生产过程控制及职工素质等指标。

（5）市场营销方面。主要分析销售能力、分销网络、市场研究、服务与销售战略、广告、资金来源是否充足及市场营销人员的能力等指标。

（6）财务方面。主要考察长期资金和短期资金的来源、资金成本、支付能力、现金流量及财务制度与人员素质等指标。

（7）产品方面。主要考察可利用的特色、价格、质量、支付条件、包装、服务、市场占有率、信誉等指标。

通过对上述指标体系的分析与比较，选出最适合本企业的优势项目。

3．显示独特的竞争优势

这一步骤的主要任务是企业要通过一系列的宣传促销活动，使其独特的竞争优势准确地传播给潜在顾客，并在顾客心目中留下深刻印象。为此，企业首先应使目标顾客了解、知道、熟悉、认同、喜欢和偏爱本企业的市场定位，在顾客心目中建立与该定位相一致的形象。其次，企业通过保持目标顾客的了解，稳定目标顾客的态度和加深目标顾客的感情等努力来巩固与市场相一致的形象。最后，企业应注意目标顾客对其市场定位理解出现的偏差或由于企业市场定位宣传上失误而造成目标顾客模糊、混乱和误会，及时纠正与市场定位不一致的形象。

3.3.3 市场定位的策略

1. 对峙定位（迎头定位）

对峙定位是指企业选择靠近于现有竞争者或与现有竞争者重合的市场位置，争夺同样的顾客，彼此在产品、价格、分销及促销等各个方面差别不大。2001 年，在受人瞩目的新康泰克面世的第二天，以保健品起家的太太药业公司底气十足地宣布推出自己的感冒药“正源丹”，并且要在两三年内成为中药感冒药市场的第一名。这就是对峙定位的范例。太太药业公司之所以采用这种定位方法，主要是考虑到市场上没有一个真正纯中药的全国性感冒药品牌，而且没有一个真正针对特殊人群的全国性感冒药品牌。而“正源丹”源于宋代古方，针对的是老人、妇女、儿童、体质虚弱者这一特殊感冒群体。

2. 回避定位（避强定位）

回避定位是指企业回避与目标市场上的竞争者直接对抗，将其位置定在市场“空白点”，开发并销售目前市场上还没有的某种特色产品，开拓新的市场领域。2000 年时，上海徐家汇广场有三家大商场，东方商厦面向中高收入顾客，突出品牌档次；太平洋百货以追求时尚的青少年为目标市场；第六百货则以实惠、价廉吸引顾客。同样是彩电产品，东方商厦主营大屏幕彩电，第六百货经营国产彩电，而太平洋百货则不经营彩电。回避定位的结果是三方均大获其利。北京的燕莎、赛特和世都等新兴商场成功的原因之一，也是避开和王府井、西单等老字号正面竞争，采取回避定位的结果。

【案例 3-3】

2008 年 1 月 15 日，苹果电脑公司在美国旧金山 MacWorld 大会上发布了震惊世界的 MacBookAir 笔记本电脑。对 MacBookAir 来说，其所面向的用户群与 6 000 ~ 10 000 元价位段机型的截然不同。有业内人士认为：面向高端移动市场的 MacBookAir 在设计思路上超前 2 ~ 3 年，最明显的则是体现在无线网络的应用方面，MacBookAir 这款产品明确面向无线网络很成熟的高端市场。虽然苹果 MacBookAir 价格很高，但由于市场中此类超轻薄产品空缺，苹果很好地找到了其他厂商的空白点，另辟蹊径，通过产品独特卖点去吸引消费群体，开拓新的发展路线，这在一定程度上增强了其在市场上的竞争力，也能迎合市场的消费需求。

【分析提示】

由于竞争市场中某产品空缺，企业可以采取补缺者定位的策略，从而成为市场上成功的补缺者。

3. 重新定位

重新定位是指企业变动产品特色，改变目标顾客对其原有的印象，使目标顾客对其产品新形象有一个重新的认识过程。

市场重新定位对于企业适应市场环境、调整市场营销战略是必不可少的。企业产品在市场上的定位即使很恰当，但在出现下列情况时也须考虑重新定位：一是竞争者推出的市场定位在本企业产品的附近，侵占了本企业品牌的部分市场，使本企业品牌

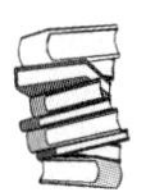

的市场占有率有所下降；二是消费者偏好发生变化，从喜爱本企业某品牌转移到喜爱竞争对手的某品牌。

企业在重新定位前，尚须考虑两个主要因素：一是企业将自己的品牌定位从一个子市场转移到另一个子市场时的全部费用；二是企业将自己的品牌定在新位置上的收入有多少，而收入多少又取决于该子市场上的购买者和竞争者情况，取决于在该子市场上销售价格能定多高等。

（1）产品重新定位的原因。影响产品重新定位的主要因素有两个：一个是外部环境，另一个是企业内部因素。通常有以下几种具体表现形式。

1）消费者的需求变化影响产品的重新定位。产品的原有定位是正确的，但由于消费者的选择标准发生了变化，由企业的忠实消费者转变为竞争对手的消费者。他们可能受到产品价格、款式等的影响，也可能是受到观念转变的影响，比如原来注重产品的功能，现在注重产品的形象。在这种情况下，有必要对自己的产品进行重新定位。

“莎菲尔”是北京的老牌童装品牌，但该公司突然宣布引进新西兰童装品牌“南瓜芽”，并计划逐步代替公司原有主力品牌“莎菲尔”。为什么呢？因为童装市场正在经历一个需求升级的过程。随着人们家庭生活逐步富足，家庭结构的改变，独生子女越来越多，导致目前儿童服装的消费正由中低档向中高档迁移。同时，巨大的市场潜力所招致的越来越多的国内外新进入者，也对这场升级起到了推波助澜的作用。

这时，只有那些适时改变品牌定位和营销策略以适应用户新需求和新竞争态势的厂商，才能取得或继续保持在市场的地位。显然，“莎菲尔”有四种策略可供选择：一是保持原来的定位，确立平民化的形象，为那些希望以不太昂贵的价格买到高品质且有知名度的童装的用户提供一个选择，但同时丰富产品线，并在现有的市场开辟更多的销售渠道和开辟新的地区市场，尤其是二、三级市场，这是大多数国内品牌的一个比较现实的选择；二是再定位品牌，将品牌定位于中高档的消费，但须在产品设计和销售渠道上也进行相应的再定位，耗资巨大且风险最大；三是引进现成的中高档品牌，主要是洋品牌，并逐步放弃原有品牌，但面临一个渠道和公司形象再建设的问题，且从长远来看使公司面临失去代理权的风险，“莎菲尔”采取的就是这条策略；四是实行多品牌经营，一方面在中低档市场继续保持原有品牌，同时在中高端自建或引进新品牌，但如果走相同的渠道，容易混淆品牌形象。到底应该选择哪一种呢？这主要取决于市场需求的现状，企业现有的资源和优势，投资者的回报预期、愿景和风险承受能力。

2）原来定位失误。企业的产品投放市场后，如果市场对产品反应冷淡，销售情况与预测差距太大，这时企业就应对市场进行调查和分析，对企业进行诊断，如果是产品定位不恰当，就应该对产品进行重新定位。

3）原来定位阻碍企业市场开拓。在企业的发展过程中，原来定位可能会成为制约因素，阻碍企业开拓新的市场。或者由于外界环境的变化，企业有可能获得新的市场机会，但原来的定位与外界环境难以融合，因此企业出于发展和扩张的目的，需要调整和改变原有定位。

在中国市场已经给人以高档形象的著名瑞典家居品牌宜家，在瑞典本土和北美市

场上却是以一贯的“家居便利店”形象获得巨大成功的，它的优势也主要体现在以低成本的家居解决方案为顾客提供质优价廉的便利家具，其市场也主要定位在中低端的大众市场。但是，当年宜家进入中国时，却放弃了在欧美大获成功的定位，转而将重点放在中国高端家居市场，并逐步树立起了高档时尚的品牌形象。事实证明，这种再定位的策略是明智的。

首先，低成本竞争虽然是宜家在欧美发家的法宝，但在进入中国的初期，这种策略是很难实施的，表现在：一方面，一旦走“家居便利店”的路线，就必须以规模制胜，考虑到家居行业特殊的成本结构，这对于宜家这样初到中国的家居品牌而言，是需要冒很大风险的；另一方面，由于采购、生产等环节一时还很难实现本土化，即便沿用欧美的低成本竞争策略，也不可能真正形成在中国的低成本优势，这时若仍然咬牙出血，对宜家这样一家私人企业而言，肯定是不能接受的。

其次，从当时家居市场的结构而言，国内品牌占绝对主流，而且主要集中在中低端竞争，这一市场必须依靠价格制胜，宜家与它们竞争一时很难占到优势。

最后，从可行性来看，宜家是来自欧洲的国际品牌，在当时中国的高端用户中，还是很值得向往的品牌，而且从竞争策略来看，采用高端的定位走差异化竞争的路线（但对宜家而言，很容易就会把用在低成本竞争策略中的做法照搬到高档定位中来，例如服务、包装等，它在这一点似乎做得不怎么成功），既可以增加在单位产品上的附加值，又可以不必急于扩张规模。

这一定位不但使宜家在中国获得巨大的知名度，而且也保持了不俗的增长业绩，每年的增长率都保持在了20%以上，其中，2000财年的增长率是50%，2001财年为43.6%，2002财年为25%左右，2003财年为24%。

4）原来定位削弱品牌的竞争力。企业在竞争中可能会丧失原来的优势，而建立在原有优势之上的定位也就会削弱品牌的竞争力，甚至竞争对手会针对企业定位的缺陷，塑造其自身的优势，比如推出性能更好的同类产品。企业如果死守原来的定位不放，就会在竞争中处于被动挨打的境地，最终丧失市场。在这样的情况下，企业必须对产品进行重新定位。

仍然以宜家为例。据说，2004年下半年以来，宜家对其原来的高档形象进行了再定位，正在努力改变其在中国市场的高档形象，包括大范围大幅度降价，以便恢复到导致其在欧美取得极大成功的“家居便利店”定位，希望借此扭转其在中国市场销售量逐年递减的趋势。9月1日，宜家中国区经理杜福延在上海宣布，在中国销售的1 000种商品全部降价销售，降幅均值达到10%以上，其中最大降幅达到65%左右。杜福延同时提出，在从9月1日开始的2004财政年度中，宜家公司中国市场的营销策略是将大众路线执行到底，即降价再降价，其未来目标顾客将锁定家庭月平均收入为3 350元以上的工薪客户群体。据说围绕这个新的定位，宜家正在酝酿一个系列性的品牌推广战役。

稍加分析不难发现，宜家的此一决策是明智的。经过几年的探索发展，宜家已经在哈尔滨、青岛、广州、云南和上海设立了5个采购中心，而且在2004年财政年度里，还把在欧洲生产的产品拿到中国来生产，这些都使宜家重新回归其最擅长的低成本竞

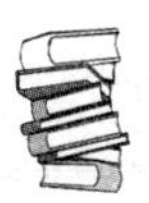

争有了基础。更重要的是，中国家居市场无论是高端还是中低端，竞争都已经相当激烈，此时，宜家必须回归到自己最擅长的方面展开竞争，而重新回归大众化的定位并采取低成本竞争，这既迫切也合时宜，但离真正实现欧美“家居便利店”的定位，则还尚需待以时日。

（2）重新定位的权衡。在做出产品重新定位之前，企业必须进行全面的权衡，权衡利弊，主要从以下三方面考虑。

1）新定位需要足够的资金投入。产品重新定位的代价是昂贵的，例如调研费用、营销推广费用等。一般来说，新的定位离原来越远，所需要的费用越高。重新定位的资金投入通常会超过第一次定位，因为企业要加大营销传播力度，消除原有定位给消费者留下的印象，同时让新产品取得消费者的认同，是否有足够的资金，就成为企业能否执行重新定位的重要因素。

2）对影响产品重新定位获得收益的因素进行调查分析。在进行重新定位之前，企业需要对目标市场上的消费者数量、消费者的平均购买力、竞争者的数量和实力等因素进行调查和分析，因为这些是影响产品重新定位后所获得收益大小的主要因素。

3）新定位面临的困难和风险。企业在重新定位的过程中，会面临一定的困难和风险，这些困难和风险突出表现为：a. 企业内部难以达成共识。重新定位需要在企业内部达成共识，需要全体员工齐心协力、分工合作、共担风险来完成。有时企业的一些部门或者一些高层管理人员没有意识到品牌重新定位的重要性，因而会阻碍重新定位的执行。b. 消费者不认同新的定位。如果品牌原来的定位曾经很成功，消费者已经喜欢它、习惯它，则新的定位可能不被消费者接受，甚至是反感。c. 评估重新定位的困难和风险，并只有确信有能力克服困难，承担风险时，才能进行下一步的决策和执行工作。

（3）重新定位的步骤。企业进行产品重新定位时，必须按照一定的程序操作，一般分为以下几个步骤。

1）确定产品重新定位的原因。产品重新定位有多方面的原因，企业应重新认识市场，从产品的销售现状、行业的竞争状况、消费者的消费观念变化、企业的发展目标等角度来分析市场，找出是什么原因促使企业对产品进行重新定位。

2）调查分析与形势评估。确定的企业对产品进行重新定位的原因后，必须对品牌目前的状况进行形势评估。评估的依据来源于对消费者的调查，调查内容主要包括消费者对品牌的认识和评价、消费者选择产品时的影响因素及其序列、消费者认知产品的心理价位、消费者认知产品渠道及其重要性的排序、消费者对同类产品的认识和评价等，并根据调研结果对现有形势做出总体评估。

3）细分市场，锁定目标消费群。细分市场有各种不同的细分方法和细分标准，但不管什么品牌，都会有它的目标消费群体，因而企业应该根据消费者特点，将市场划分为不同类型的消费者群体，每个消费者群体即为一个细分市场。重新定位的品牌应该针对哪个细分市场，企业应根据调研数据和产品特点及优势，锁定自己的目标消费群体。

4）分析目标消费群，制定定位策略。企业确定自己的目标消费群体后，还必须对目标消费群做进一步的分析，对目标消费群体的生活方式、价值观念、消费观念、审美观念进行广泛的定位调查，以确定新的定位策略。新的定位策略最好制定几个不同的方案，每个方案都进行测试，根据目标消费者的反应，来确定最好的方案。

5）传播新的定位。企业定位策略确定以后，要制定新的营销方案，将品牌信息传递给消费者，并不断强化，使品牌信息深入人心，最终完全取代原来的定位。企业制定营销方案应以新的产品定位为核心，防止新定位与传播脱节，甚至背离。

总之，产品重新定位与原有定位是截然不同的概念，它不是原有定位的简单重复，而是企业经过市场的磨炼之后，对自己、对市场的重新认识，是对自己原有品牌战略的一次扬弃。

【案例 3－4】

品牌再定位——麦当劳品牌“变脸”

2003 年 9 月 25 日，麦当劳中国全面更新品牌形象，其品牌 LOGO、口号、个性、电视广告及主题歌曲、员工制服等，由原来延续了近 50 年的“常常欢笑，尝尝麦当劳”的温馨感觉，全面更新为“I'm lovin' it”（中文版：我就喜欢）嘻哈一派，以时尚现代的价值观来重新阐释麦当劳的品牌理念。这次活动是麦当劳全球同步的更新活动，自 2003 年 9 月 2 日于德国慕尼黑首发，在短短十余天内全球 120 多个国家的麦当劳陆续加入了更新行列。

正如麦当劳所言，“我就喜欢”系列广告的推广在麦当劳的历史上是一个重要的里程碑，是麦当劳第一次在同一时间、在全球 120 多个国家联合起来用同一种广告、同一种信息来进行品牌宣传。从某种意义上来说，麦当劳此番兴师动众的品牌大调整并不仅是一次简单的“变脸”，事实上，它应是一次品牌“大换血”，因为在这次调整中，麦当劳居然冒险地放弃了其坚持了近 50 年的“家庭”定位立场，将目标集聚到了家庭母子消费群体上和 35 岁以下的年轻消费群体，并且将策略的中心放在了“年轻人”身上。此举一出，立时在业界掀起了轩然大波。

前　奏

众所周知，万宝路当年也是借力品牌再定位一举成名。最初的万宝路是一种女士香烟，以年轻时尚女性为目标诉求，在市场一筹莫展的情况下，大胆革新品牌定位，转攻男性市场，因切合男性烟民旷达野性的心理而使市场销路一路攀升。与万宝路有所不同的是，麦当劳的品牌再定位并不似万宝路潇洒的一步到位，它走的是“壳牌路线”，壳牌从 1887 年开始使用标志后，先后历经十次变化，但每次均保留了 LOGO 的核心元素——贝壳，它体现着壳牌对新观念、新产品和新方法的执着追求，这是一种典型的渐进式的品牌再定位，在循序渐进中实现品牌形象的更新，而不至于原有忠实顾客群和新集聚的目标市场在观念接受上感觉比较突兀。

显然，麦当劳在品牌再定位的实现方式上还是颇为审慎的。

但我们不禁要问，既然品牌再定位如此冒险，麦当劳又为何要走此招险棋。正所谓“山雨欲来风满楼”，麦当劳掀起此番风雨的背后实在是迫于诸多的无奈。

一、品牌利基市场转型

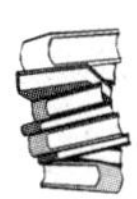

一直以来，麦当劳聚焦的都是以三元核心家庭为主的目标顾客群，并且成功地确立了“家庭”快餐的标杆品牌形象，但时至今日，麦当劳在以家庭为品牌利基的道路上行走得已颇为艰难。“家庭”市场的丰厚利润一直都为各大快餐品牌所觊觎，竞争者的大量涌入使得麦当劳吸引其顾客的举措显得越来越力不从心了，彼此间的“新品战”“促销战”等正使得这个行业的利润被逐步摊薄。而伴随着行业光景的日趋清淡，已趋成熟的消费市场却是日见挑剔，他们对产品和服务要求的苛刻迫使着企业不断增加对产品和服务附加值的投入。麦当劳是以“儿童”为标杆启动家庭市场的，这种方式的巧妙曾一度备受市场的推崇，但“儿童”并没有直接购买力，麦当劳要借力“非购买力”群体引动“购买力”群体，就必须在“非购买力”群体上投注大量的非营利性吸附成本，如游乐场、娱乐演员等，这部分成本会随着市场的挑剔而逐步走高。

成本高，利润低，“家庭”市场已是形同鸡肋。而在此间，麦当劳看到了一个不容忽视的消费群体正在快速崛起，这就是其双向定位中所聚焦的“年轻人”市场，年龄在24～35岁间的核心消费群体。随着近年来全球婚姻和家庭观念的改变，社会晚婚晚育和单身独处的现象日益普及，单身和无子家庭的群体正在迅速壮大，它与麦当劳的“家庭”市场定位形成了一种此消彼长的替代关系，与传统的利基市场相比，新兴的“年轻人”市场显得异常的“优质”，他们集聚着较其他细分年龄段顾客更为旺盛的消费能量，并且由于这一群体尚在建构成型中，他们显得并不挑剔，一般只要卖场的环境、氛围适合他们就可以了，因而，麦当劳需要额外摊付的成本并不沉重。

二、市场颓势“软着陆”

近一年来，麦当劳全球大幅的关店裁员吸引着世界的目光，自2002年12月5日，麦当劳公布股价三年内下跌了60%以上后，麦当劳声誉便开始陡转直下。为扭转颓势，重掌帅印的坎塔卢波于2003年4月宣布了他的“全球复兴计划”，计划中所推行的“不提高就出局”的评级系统，就是要过滤掉一切表现不佳的门店，麦当劳正式开始了“全球瘦身”。

麦当劳在整个2003年的上半年度中一直承受着大势关店裁员所带来的巨大阵痛。在2002年的第四个季度，麦当劳在全球关闭了175个快餐店，就连同相应的公司重组耗去了它3.9亿美元的巨额费用，这直接造成了其第四季度的亏损。但是毋庸置疑，在前任格林博格创造的遍布全球的121个国家的3万多家快餐店的神话中，真正表现不佳的门店又岂以百计，麦当劳若真的要大刀阔斧，一挥而就，伴随着门店压缩所产生的巨额市场退出费用将难以想象，一旦危机蔓延到资金链，麦当劳势将永无出头之日了。

强行着陆于麦当劳无疑是一场灾难，麦当劳显然不得不考虑基于现有市场基础上的求全之策。这里就不得不重提一下这个世界闻名的快餐巨头的利润构成。在麦当劳的收入中，有1/4来自直营店，有3/4来自加盟店，而总收入的90%来自房租。准确地说，这个快餐巨头更应是一家房地产公司，麦当劳在全球大约拥有9 000处房产，它的店面所占地皮的60%归其所有，这使它拥有着世界上最大的土地财产，而在麦当劳的土地资源中，有相当一部分郊区用地尤其是其美国本土主力市场，由于近些年的城市空心化而网罗了占绝大多数的工薪上班族，且这其中有很大一部分是年轻白领阶层。

也就是说，麦当劳已在争夺“年轻人”的市场上占有了先天的“抢点优势”，麦当劳若重新聚焦“年轻人”市场，并不需要在“选点”策略上大动干戈，而可以现成的借用其已经储备好了的土地资源，这无疑节省了一大笔的开支。

另外，在格林博格时代，麦当劳曾孜孜不倦地陆续推出过近30种的快餐新品，尽管这一些新品并未获得儿童的青睐，但它却吸引了相当一部分追新求异的年轻人的目光，如果在市场收缩中将之生生砍去，那么麦当劳在前期新品研发和推广上的巨额开支将付之东流；格林博格还有一项独特的新“壮举”，他曾在任期内巨资推行全美麦当劳连锁店厨房“大换血”，名曰“为您定做”，这套系统直接导致了麦当劳产品和服务质量的下降，它的速度和质量的不稳定一度引起了缺乏耐心的儿童和家长的反感，但它的致力于口味的创新追求获得了年轻人的肯定。面对如此棘手的选择，再度上任的坎塔卢波显然不想因为激进而有辱晚节，他将两种市场折中起来，进行了一场“暗度陈仓”式的过渡。

三、品牌形象亟待重塑

其实，麦当劳曾小规模的尝试过在不改变原品牌形象的前提下进行经营策略的调整，但结果证明并不成功。据基辅媒体报道，麦当劳在乌克兰16个城市共开办了52家快餐厅，乌克兰麦当劳原计划先在其中3个餐厅试点，出售乌克兰产的“切尔尼戈夫”清爽型啤酒，如果反应良好就考虑扩大销售范围，但这个于2003年5月初开始的试验并不成功。调查表明，大多数消费者认为，麦当劳是家庭聚会的地方，当着孩子的面喝酒不适宜，可见，麦当劳多年积淀的传统品牌形象是经营策略调整的最大阻力。

然而，麦当劳的难题是，如果不进行策略调整，麦当劳将难止下滑之势，如果在坚持原品牌形象下进行适度微调，又难有重大起色，更何况，如今这一全球第一快餐品牌早已锈迹斑斑，已难发出强势的品牌号召力。近两年，麦当劳品牌一直负面消息不断，从2002年年底卷入转基因食品事件，到2003年5月加拿大疯牛病引致麦当劳股价大跌，再到最近热传坊间的麦当劳“毒油外流”事件，麦当劳品牌形象已大为扭曲，早已不复昨日“健康欢乐”的笑容。此外，麦当劳的笑容持续的将近50年来，不少消费者已感厌倦，他们宁愿选择一家新开的快餐店，也不想再走进那经年不变的麦当劳。麦当劳品牌形象是日显老态，再加上这场史上未遇的全球性大亏损，麦当劳要在业界重新发出自己清晰的声音，就亟待重塑已趋“老化”和“扭曲”的品牌形象。

四、竞争优势风光不再

Q（quality，质量）、S（service，服务）、C（cleanliness，清洁）、V（value，价值），这是麦当劳一直颇为倚重的四原则，也几乎成为了整个快餐业身体力行的最高标准，麦当劳以此为核心在产品和服务上建构的竞争优势，曾一度让其在全球快餐第一品牌的宝座上享受无尽旖旎的风光。但今天这一切，随着麦当劳全球扩张精力的分散和环伺已久的竞争对手的崛起，早已不复留存。

如今，麦当劳引以为自豪的标准化和品质一致性策略正饱受批判，其食品被指责为“三高一低”（高脂、高糖、高盐，低纤维、低维生素）的非健康品，当人们对快餐的衡量标准从食用新鲜、规格统一等延伸到有益长期健康时，麦当劳的产品优势将随着大众消费趋势的变换和对手的创新而优势渐消；另外，在麦当劳，顾客可以享受麦

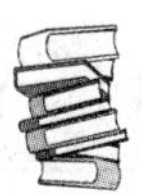

当劳提供的从基本需要到延伸欲求的一切服务，包括快速、整洁、卫生、方便等，但服务是易被复制的，当竞争对手也能做到并且在某些方面更有特色时，麦当劳的服务是否还有其优势呢？事实上，今日的肯德基、德克士、汉堡王等，在这方面早已与麦当劳不相伯仲。这样，麦当劳在与他们的角逐中，一是丧失了突出的竞争优势的支持，二是缺位了卓越的品牌形象的吸引，其在竞争中节节败退的丢城弃地，可谓毫不足奇。麦当劳要东山再起，其竞争优势的重构可谓时不我待。

进 行 时

自2003年9月起，麦当劳统帅全球的品牌推广活动开始在各地陆续上演。

麦当劳此举的难度是可想而知，它必须在新的品牌形象中寻找一个合适的切入点，以确保下辖的两大目标市场的共存共荣；它必须在尽可能短的时间内，以尽可能快的速度全方位的冲击目标市场的感官，以便快速地启动目标市场，避免因巨资投入的新品牌推广计划由于迟迟不见起色而动摇管理层的信心。

一、寻找品牌切入点

客观地说，家庭文化的“温馨和谐”与年轻文化的“时尚个性”是有着潜在冲突的，前者重“静”后者偏“动”，麦当劳就必须在一静一动中寻找一个合适的平衡。就目前来看，麦当劳找到了，也就是其一再强调的品牌精神——“永远年轻”。这样在“永远年轻”的统领下，麦当劳轻松地削去了两种文化的排斥部分，将目标集聚在了两类可以共存共荣的消费群体上：有年轻心态、时尚、开放、宽容、对个性文化认同的家庭消费群体和仍保有童趣的、活泼好动的年轻消费群体。

二、构建品牌立体传播系统

尽管现在尚处于麦当劳全球品牌推广的初始阶段，但麦当劳品牌推广的完善还是可以一窥端倪。

品牌推广目标：a. 给人朝气勃勃，充满活力，迈向成功的感觉（迎合“年轻人”的形象诉求，也能给处于市场颓势中的麦当劳员工和忠实顾客再度重生的信心）；b. 向消费者传达一种新思维方式和表达方式，以增强其品牌吸引力（赋予品牌所代表的目标市场的思维方式，能够拉近与消费者的距离，促进品牌与消费者的互相沟通）。

品牌推广内容：致力于品牌广告、公关、市场推广、餐厅展示等全方位的品牌传播，媒体宣传计划、新品研发和上市辅导、商业运作和内部市场营销等。

品牌推广活动主题：“我就喜欢”（年轻人的鲜明个性宣言）。

品牌LOGO：黑色背景，一改传统红色（黑色更有“酷”感）。

品牌口号：“我世代，我个性，以我为主”（替代了“常常欢笑，尝尝麦当劳”）。

品牌广告：风格动感、时尚、包括音乐、体育、时尚和娱乐元素。

品牌形象代言人：“超级男孩”贾斯汀担任麦当劳全球电视广告代言人，并在系列广告中演唱“I'm lovin' it”的主题歌；王力宏肩负麦当劳全球品牌广告华人地区的主题曲代言人（两大代言人均为全球或地区的青年时尚偶像）。

其他形象推广方式：a. 工作制服：所有员工均换为黑色圆领T恤衫，胸前和衣服上印有“我就喜欢”，管理层制服改为两件套，更显年轻活力。b. 流体形象宣传：临时招募一群年轻男女，穿上印有“我就喜欢”T恤，头戴棒球帽，在特定时段、特定路线，骑自行车在人群中穿梭；车体广告。

三、节奏性品牌推广

麦当劳这次品牌推广在节奏感把握上显得相当有分寸。在品牌传播的全球化和本土化的关系的平衡上，其以“我就喜欢”为主题的5个电视广告片段，规定全球同步发行，但在每个市场使用当地语言播出广告片段并且启用当地演员；在品牌推广的阶段分层上，其将“我就喜欢”定为两年计的推广计划，首期广告于2003年9月底亮相，另外三期则集中在2003年年底到2004年年初，以便留给消费者一定的缓冲接受时间，在市场基本形象确立后，再助以急风暴雨似的广告冲击，彻底占领消费者的心智；在处理两个目标市场的关系上，其品牌推广的第一阶段，仍保有三条专门针对妈妈和宝宝的广告，显然，它是想在这一市场缓慢地抽身。

【分析提示】

没有一劳永逸的“定位”，市场经济飞速发展的今天，各种产品之间的竞争日趋激烈，要想让自己的产品在竞争浪潮中有一席之地，甚至长期立于不败之地，就需要对产品不断的重新定位，用以满足广大消费者的需要，用以打破竞争劣势局面，从而获得新的活力和增长。

3.3.4 品牌定位

品牌定位是指企业在市场定位和产品定位的基础上，对特定的品牌在文化取向及个性差异上的商业性决策，它是建立一个与目标市场有关的品牌形象的过程和结果。换言之，即为某个特定品牌确定一个适当的市场位置，使商品在消费者的心中占领一个特殊的位置，当某种需要突然产生时，会立刻想起该品牌。品牌定位的方式非常多，企业可以根据自身需要进行选择。

（1）功效定位。这种定位方法是指购买任何产品，消费者都希望产品有所期望的功能、效果和效益，因而以强调产品的功效为诉求是品牌定位的常见形式。

（2）品质定位。这种定位方法是指以产品优良的或独特的品质作为诉求内容，如“好品质”“天然出品”等，以面向那些注重产品品质的消费者。

（3）情感定位。这种定位方法是指将人类情感中的关怀、牵挂、思念、温暖、怀旧、爱等情感内涵融入品牌，使消费者在购买、使用产品的过程中获得这些情感体验，从而唤起消费者内心深处的认同和共鸣，最终获得对品牌的喜爱和忠诚。

（4）企业理念定位。这种定位方法是指企业用自己具有鲜明特点的经营理念和企业精神作为品牌的定位诉求，体现企业的内在本质。

（5）自我表现定位。这种定位方法是指通过表现品牌的某种独特形象，宣扬独特个性，使品牌成为消费者表达个人价值观与审美情趣、表现自我的一种载体和媒介。

（6）高级群体定位。这种定位方法是指企业可借助群体的声望、集体概念的手法，打出入会限制严格的俱乐部式的高级团体牌子，强调自己是这一高级群体的一员，从而提高自己的地位形象和声望，赢得消费者的信赖。

（7）首席定位。这种定位方法是指强调品牌在同行业或同类中的领导性、专业性地位，如宣称“销量第一”。

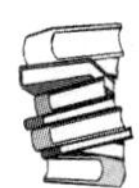

（8）质量定位。这种定位方法是指在开发、生产一个产品时，产品的质量控制在一个什么样的档次上。

（9）生活情调定位。这种定位方法是指消费者在使用产品的过程中能体会出一种良好的令人惬意的生活气氛、生活情调、生活滋味和生活感受，从而获得一种精神满足。该定位使产品融入消费者的生活中，成为消费者的生活内容，使品牌更加生活化。

（10）类别定位。这种定位方法是指与某些知名而又司空见惯类型的产品形成明显的区别，或给自己的产品定位于与之不同的另类，这种定位也可称为与竞争者划定界线的定位。

（11）档次定位。这种定位方法是指不同档次的品牌带给消费者不同的心理感受和体验。现实中，常见的是高档次定位策略。在这种策略中，高档次的品牌传达了产品高品质的信息，往往通过高价位来体现其价值，并被赋予很强的表现意义和象征意义。

（12）文化定位。这种定位方法是指将文化内涵融入品牌，形成文化上的品牌识别。文化定位能大大提高品牌的品位，使品牌形象更加独具特色。

（13）对比定位。这种定位方法是指通过与竞争对手的客观比较来确定自己的定位，也可称为排挤竞争对手的定位。在该定位中，企业设法改变竞争者在消费者心目中的现有形象，找出其缺点或弱点，并用自己的品牌进行对比，从而确立自己的地位。

（14）概念定位。这种定位方法是指使产品、品牌在消费者心中占据一个新的位置，形成一个新的概念，甚至一种思维定式，以获得消费者的认同，使其产生购买欲望。这种方法可以运用于以前的产品，也可以运用于新产品。

（15）历史定位。这种定位方法是指以产品悠久的历史建立品牌识别。消费者都有这样一种惯性思维，对于历史悠久的产品容易产生信任感，一个做产品做了这么多年的企业，其产品品质、服务质量应该是可靠的，而且给人神秘感，让人向往，因而历史定位具有“无言的说服力”。

（16）生活理念定位。这种定位方法是指将品牌形象和生活理念联系在一起，将品牌形象人性化。这样的生活理念必须简单而深奥，能引起消费者内心的共鸣和对生活的信心，产生一种振奋人心的感觉，催人上进，甚至成为消费者心中的座右铭，从而给消费者以深刻印象。

（17）比附定位。这种定位方法是指攀附名牌，以借名牌之光使自己的品牌生辉，主要有以下两种形式。

1）屈居第二，即明确承认同类中另有最负盛名的品牌，自己只不过是第二而已。这种策略会使人们对公司形成一种谦虚诚恳的印象，相信公司所说是真实可靠的。

2）攀龙附凤，其切入点如上所述，承认同类中存在某一领导性品牌，本品牌虽自愧不如，但在某地区或在某一方面还可与它并驾齐驱，平分秋色，并和该品牌一起宣传。

（18）形态定位。这种定位方法是指根据产品独特的外部形态特点来进行品牌识别。在产品的内在特性越来越相同的今天，产品的形态本身就可以造就一种市场优势。

（19）情景定位。这种定位方法是指将品牌与一定环境、场合下产品的使用情况联系起来，以唤起消费者在特定的情景下对该品牌的联想，从而产生购买欲望和购买行动。

（20）消费群体定位。这种定位方法是指直接以产品的消费群体为诉求对象，突出产品专为该类消费群体服务，来获得目标消费群的认同。把品牌与消费者结合起来，有利于增进消费者的归属感，使其产生“我自己的品牌”的感觉。

◆技能训练 3. 3

训练背景

“经常用脑，多喝六个核桃”已是家喻户晓的广告，河北养元的“六个核桃”饮品近两年风靡市场，而同类产品椰树椰汁、露露市场则表现不佳。请利用本节知识，对“六个核桃”的营销策略进行分析，通过分析掌握相关知识。

训练要求

以小组为单位，调查搜集“六个核桃”的有关资料，分析“六个核桃”的目标群体及其特征，然后指出其产品定位，每小组完成一份报告。

项目总结

本项目通过 SWOT 分析法、目标市场选择策划、市场定位策划等知识与案例的分享，使学生掌握营销策划的核心知识。任何企业、任何产品营销策划要想成功，都离不开目标市场的策划。下面用思念速冻水饺的案例来演绎本项目、完成本项目。

思念速冻水饺市场分析及产品策划

一、速冻食品的行业背景

速冻食品是指采用新鲜原料，经过适当的前处理，在 -25 ℃以下和极短的时间内（15 分钟以内）急速冷冻，再经过包装，在 -18 ℃以下的连续低温条件下送抵消费点的低温食品。速冻食品完全以低温来保持食品原来的品质，而不需要借助任何防腐剂或添加物，所以速冻食品具有味美、新鲜、方便、快捷、健康、卫生等特征。

速冻食品行业已经成为当今世界上发展最快的食品加工业之一，是一个具有蓬勃发展前景的朝阳行业，近年来以年均 10% ~30% 的速度快速增长，世界速冻食品的年总产量已达到 6 000 万吨，品种达 3 500 种。

中国速冻食品行业于 20 世纪 90 年代初期才开始逐渐形成规模，在 90 年代以前，我国只有外贸系统生产极少部分主要用于出口的速冻食品，国内冷冻冷藏企业的发展只是近几年的事情。在世界速冻食品工业中，我国速冻食品企业的地位是非常弱小的。目前，国内人均占有量仅为 7 千克，年消费量为 1 000 万吨，现有各类速冻食品生产企业近 2 000 家，年销售额为 100 亿元人民币。

近年来，由于速冻企业的市场培育和消费者消费习惯的改变，速冻食品在消费者生活中所占的比重越来越大。生活节奏的加快，使原先完全自制食品转向选择制成品或半成品成为可能，这种转换率越高，市场需求就越旺盛，行业潜力就越大。另一方面来自零售业的市场变革，新兴的大卖场、连锁超市的出现又大大增进了整个速冻行业的超速发展。冷冻冷藏技术的普及和发展使生产过程、运输过程、售点、家庭等环

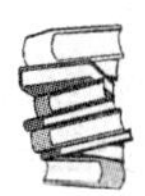

节的冷冻、冷藏形成了一个有机冷冻链条，保障了速冻食品的物流畅通。国内速冻食品市场自1995年以来以年均20%的速度递增成了不争的事实，但目前速冻产品结构比较单一，只有以水饺、汤圆、糕点为主的150多个品种，产品线的深度和宽度尚未得到充分开发。

目前市场销量最大的速冻食品是速冻水饺，“思念”“三全”“龙凤”位居速冻三甲之列，来自香港的“湾仔码头”则在高端水饺市场一枝独秀。国内知名度较高的企业还有“笑脸”“云鹤”等，另外还有几百个地方性小品牌，质量上也参差不齐，可以说“高质量与低质量共舞，大企业与小企业齐飞”，这样一个现实造就了速冻食品品牌鱼龙混杂，市场竞争也变得异常激烈。

二、行业竞争特点

（1）尽管速冻水饺品牌不少，但总括起来，其水饺产品的种类却趋于雷同，已经到了同质化的阶段，各大品牌之间消费者从产品品质上几乎没有多少挑选的余地，而且各品牌推出的新产品在品质上也没有大的创新。据调查，速冻水饺新产品的新颖独特程度低，这种评价除产品包装等外在的表现外，最主要的还是针对产品的品质。

（2）在同质化的前提下，市场竞争很重要的一点就是围绕产品的价格来做文章，因此，价格的竞争异常激烈。但从市场上各主要品牌的价格上看，包装产品几乎也没有很大的差别，基本上处于同质同价这样一种状态。

（3）主要品牌之间的差异性较小，行业中并没有具有绝对领导地位的品牌。调查显示：在全国市场上“思念”的饺子产品除了在郑州的品牌知名度非常高以外，在其他城市也不超过50%，由于缺乏行业领导品牌，众多水饺品牌只能在同一竞争水平上竞争，品牌的个性差异性较弱，因此，描绘品牌的形象要比强调产品的具体功能特征要重要得多。如何提升品牌的知名度和美誉度，在众多品牌中脱颖而出，正是“思念”努力的方向。

（4）主要竞争对手广告传播诉求重点为新鲜、美味、轻松等产品的经验属性特点，诉求方式雷同，同质化的传播内容。众多生产厂家的广告诉求忽略了鲜明的产品形象、产品的直观属性和差异化的品牌传播。

三、主要竞争对手描述

三全：与“思念”定位相似的主要竞争对手是“三全”。“三全”在成功导入了企业标志之后，空前加大了品牌传播力度，从2002年11月到2003年6月，“三全”的新版饺子广告、新版粽子广告在中央电视台采取高密度投放。从目前各地电视台户外媒体等传来的信息显示，“三全”下半年的投放力度也不会减少，其目标非常明确：通过强势广告确立大品牌形象，与市场占有率排名第一的“思念”一比高低。新版的“三全”水饺广告以“把轻松还给生活”为主诉求点，在产品品质、规格上逼近“思念”，是较强的竞争对手。

湾仔码头：主打高端水饺，大卖场的渠道建设较完善，以前不太注重广告，只注重终端，但从目前的市场情形看出，其广告投放力度并不少，2002年下半年的电视广告投放量位居第一大户。“湾仔码头”的目标非常明确，通过强势形象确立高端水饺的第一品牌，进而扩展下移到云吞、汤圆类产品，完成品牌拓展。

四、企业资源 SWOT 分析

优势："思念"，国产品牌，在速冻行业综合实力较强。企业富有活力，从 1999 年至今，"思念"每年以成倍的发展速度增长，"思念"水饺全国销量连续 4 年取得市场排名第一的骄人业绩。"思念"灌汤水饺在消费者心目中享有较高美誉度，许多消费者都是指名购买，并拥有较多的忠诚消费者；企业拥有完善的分布全国经销商网络。

劣势：缺乏鲜明的市场形象，强势产品不够突出，产品线不丰富，具有优势的"思念"水饺的高档产品形象尚未建立，处在中低端的市场竞争相当无序，无谓的价格竞争只会影响品牌的形象塑造。

机会点：速冻行业仍处于快速发展阶段，市场潜力巨大，而整个行业缺少真正的领导品牌。消费者的消费水平是多样的，可分为高消费和低消费两类趋向，但总体上是向前发展的，高端水饺将会有更大的市场空间。整体速冻食品产品品种不够丰富，差异化、个性化、多样化产品尚未得到充分开发。

威胁：速冻食品行业已进入品牌竞争的时代，低端水饺由于市场门槛较低，价格战异常惨烈，产品利润趋微。主要品牌都想超越竞争，充当行业的领导品牌，所以终端的市场争夺也十分激烈。

五、顾客的需求分析

构成速冻食品的消费主体，受年龄、家庭生命周期、收入、生活方式等多因素的影响，按这些因素的不同可划分为多种群体，而按 80/20 法则，思念速冻水饺的最有价值消费群体主要具有以下特点：

A 类：时尚女性，收入较高，注重口味和营养，追求生活的消费质量。

B 类：中青年，中等收入以上，单身或有独立家庭，有未成年子女。

C 类：中年以上，城镇工薪族，向往都市生活，喜欢在经济条件允许的情况下做消费创新。

这三类群体有一个共同特性就是食用速冻产品是追求一种轻松方便的生活，A 类群体的需求是理想主义的，对美味食品有着特别的嗜好，是典型的感觉消费者，她们喜欢通过消费商品证明，"生活的目的在于生活本身"是他们的格言。B 类群体，消费多于理性和成熟，他们的需求较为稳定，在满足美味的同时追求轻松方便的生活，是"思念"产品的主要消费群体，他们倡导美食，追求一种高质量的生活。C 类群体由于生活区域的限制，对速冻水饺的价格较为敏感，他们更注重实惠的消费。

进入 21 世纪，各种时尚气息弥漫在生活每一处，信息时代，个性时代，广告时代……五光十色，绚烂多彩，在大中城市的年轻人，特别是年轻的女性群体，她们热烈、独立、能干……她们懂得享受生活，她们有着挑剔的目光，她们追求感官刺激、喜欢挑战，她们浑身充满着激情的魅力……我们称之为彩色 & 激情时代已经到来！在这个时代，色彩成为一种个性的语言，感觉消费时代的来临，使个性得到充分张扬。彩屏手机，彩色短信，彩色眼影……我们把它称为色彩物语。彩色意味着时尚，意味着丰富的新生活。

六、目标消费者选择与描述

我们把目标消费者锁定在 25～35 岁的中等收入以上的女性，她们或是商务白领、

公务员，或是金融、教育等行业的高级雇员。这类群体有稳定的事业和工作收入，生活质量要求较高，生活观念时尚，具有丰富的生活情趣，并且关注自身生活品质的提升。这些人的生活关键词为：浪漫、休闲、事业、爱人、情人、密友、聪明、感性、时装、美食、忧虑、伤感、虚荣、攀比、健康、美容、减肥、时尚、个性、品位、流行、潮流、感觉、绚烂、音乐、旅游、休假、上司、下属、数码、刺激、VIP 卡、派对、前卫、激情、小资、SPA、高雅、品牌、宠物、网络、交友、健身、减肥、哈根达斯、聊天……

调查显示：目标群在消费速冻水饺时最关注的因素按重要性依次是：a. 味道鲜美；b. 营养价值高；c. 口味丰富；d. 安全卫生。

七、产品策略

高端产品是“思念”品牌扩展的重要发展方向，我们针对目标群体主推“彩之味”手工水饺和品质更加优良的香港手工水饺，价格上贴近“湾仔码头”，实行联合夹击的策略，进军高端市场。

有色食品一直是很多食品厂家不敢轻易涉足的禁地，因为一看到食品颜色，人们就自然想到人工色素。如何向消费者传达我们“彩色之道”，这是问题的关键点。在我们的调查中，用富含维生素的蔬菜汁勾兑的“彩之味”水饺，得到超过 2/3 以上的消费者认可，这说明“色彩消费”深入人心。但调查也显示出，彩色消费还不会形成主流，它还只是时尚类产品。

产品资源的特点，个性鲜明的产品形象——“彩之味”，产品优势为：天然蔬菜汁入面，色彩丰富；营养丰富，营养价值高；口味丰富，口感清爽；形式小巧玲珑，精致可爱。

综合实训

【案例分析】

案例 1：

在中国，如果谁提到“今年过节不收礼”，随便一个人都能跟你接着说“收礼只收脑白金”。睡眠问题一直是困扰中老年人的难题，因失眠而睡眠不足的人比比皆是。有资料统计，国内至少有 70% 的妇女存在睡眠不足现象，90% 的老年人经常睡不好觉，可见“睡眠”市场之大，脑白金功能定位准确。然而，在红桃 K 携“补血”、三株口服液携“调理肠胃”的概念创造中国保健品市场高峰之后，在保健品行业信誉跌入谷底之时，脑白金单靠一个“睡眠”概念不可能迅速崛起。

作为单一品种的保健品，脑白金以极短的时间迅速启动市场，并登上中国保健品行业“盟主”的宝座，引领我国保健品行业长达 5 年之久。其成功的最主要因素在于找到了“送礼”的轴心概念。

中国，礼仪之邦。有年节送礼，看望亲友、病人送礼，公关送礼，结婚送礼，下级对上级送礼，年轻人对长辈送礼等几十种送礼行为，礼品市场何其浩大。

案例讨论：脑白金是如何确定目标市场和进行市场定位的？

案例 2：

佐丹奴是中国香港的一家服装连锁店，专门出售男士便服、T 恤、牛仔裤。由于顾客平均滞店时间仅 10 ~ 15 分钟，大约相当于吃一个汉堡包的时间，因此佐丹奴服装连锁店被称为是服装界里的快餐店。

成立于 1981 年的中国香港佐丹奴服装连锁店，在香港服装界可谓后来居上，创始人黎智英凭借自己的商业天分，把快餐店的经营方式引入服装店，使佐丹奴服装连锁店在短短的十几年中迅速发展壮大起来。目前，在中国香港设有 36 家分店，在中国台湾设有 114 家分店，在新加坡设有 10 家分店，在菲律宾设有 8 家分店。

1992 年，佐丹奴开始进军中国大陆市场，并一举取得成功。香港佐丹奴服装连锁店经营成功的诀窍首先得益于正确的市场定位。与快餐店一样，佐丹奴为消费者提供的是标准化服务和大众化的商品，在这里，一件普通 T 恤四五十元，一套便装也不过二三百元，价格档次绝对是面向普通大众的。然而，开业初期的佐丹奴并没有想把普通收入的消费者作为自己的目标市场。

1981 年，以意大利式名字命名的佐丹奴服装店正式开业，黎智英一度想把佐丹奴塑造成一种高档的名牌。于是，他不惜花费巨额广告费，聘请名人（包括英国前首相的公子马克·撒切尔）为其大做广告。然而，广告虽然出了名，但服装却卖得不怎么样。几年下来，生意连连亏损。失败乃成功之母。面对每况愈下的业务，黎智英认识到这种高档名牌的市场定位不适合佐丹奴，应当迅速改变市场形象。于是，从 1986 年起，佐丹奴开始生产和销售大众化的便装和 T 恤，而且在客流量大的地点寻觅铺位开设连锁店。与此同时，佐丹奴的广告演员也改为普通人，表明佐丹奴的服装是大众的服装。这种市场定位的转变及相应营销策略的改变使佐丹奴起死回生。短短几年，在中国香港的连锁店已发展到 36 个。1991 年，公司营业额达 16 亿元，售出近 500 万件服装，几乎每两位香港人便拥有一件佐丹奴服装。

案例讨论：

（1）佐丹奴重新进行市场定位的主要原因是什么？

（2）为什么说佐丹奴服装连锁店是服装界的快餐店？

【实训操作】

1. 实训目的

通过本次实训，帮助学生掌握市场定位的操作步骤、方法和策略，培养学生的综合素质。

2. 实训组织和要求

将班级学生划分为若干项目小组，小组规模一般是 3 ~ 5 人，以实地调查为主，与图书馆、互联网查找资料相结合得出相关资料，集体讨论、分析，以报告形式得出结果，最终由指导教师点评。

3. 实训内容

假定自己是某产品的市场营销经理，针对你所经营的产品，分析研究“谁是你的客户”，找准你的目标市场，实施市场定位策略。在市场调研与分析的基础上，确定并

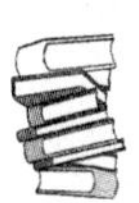

描述你的客户。

（1）描述你的当前客户：年龄段、性别、收入、文化水平、职业、家庭大小、民族、社会阶层、生活方式。

（2）他们来自何处：本地、国内、国外。

（3）他们买什么：产品、服务、附加利益。

（4）他们每隔多长时间购买一次：每天、每周、每月、随时、其他。

（5）他们买多少（按数量、按金额）。

（6）他们怎样买：赊购、现金、签合同。

（7）他们怎样了解你的企业：网络、广告、报纸、广播、电视、口头、其他（要注明）。

（8）他们对你的公司、产品、服务怎么看（客户的感受）？

（9）他们想要你提供什么（他们期待你能够或应该提供的好处是什么）？

（10）你的市场有多大（按地区、按人口、潜在客户）？

（11）在各个市场上，你的市场份额是多少？

（12）你想让市场对你的公司产生怎样的感受？

根据以上调研分析资料，确定这一产品的目标市场定位，并拟出市场定位建议书。

项目4　产品策划

项目目标

【知识目标】

●产品组合的概念。

●产品定位及规划。

●产品规划方法。

●卖点策划的思路。

●定位与卖点的关系。

【技能目标】

●分析及确定合适的产品规划的能力。

●卖点创意的能力。

【实训目标】

●通过教师策划实例，使学生能够进行产品规划。

●通过案例的学习和分析，使学生能够完成产品策划的卖点策划。

项目导入

晋城绿色养殖合作社主要产品是鸡蛋，由于其鸡种好、养殖环境好、饲料好等因素，其鸡蛋市场销售非常好。近年来由于鸡蛋市场开始了品牌化之路，也就是说许多蛋鸡养殖企业以及部分鸡蛋经销商有了自己的鸡蛋品牌，晋城绿色养殖合作社的鸡蛋出现了质高价低的问题，且他们也想走品牌化的道路，为此请我们对其产品进行策划。

项目实施

产品策划主要从两方面进行：一是对其产品组合进行规划，根据企业的市场定位确定企业的产品系列和产品项目；二是确定每一项产品向消费者卖什么也就是卖点。我们身边许多成功的产品如“王老吉”、“六个核桃”都是因为其产品规划和卖点提炼得好，成为市场上的热销产品。

任务4.1　产品规划

日益激烈的市场竞争对企业提出了越来越高的要求，成功取决于是否在各方面做

得比竞争对手更出色，这包括营销理念、渠道网络、资金、终端操作能力等，其中还有一个更重要方面：是否有一个高效的产品组合？

4.1.1 产品组合的概念

为了更好地理解产品组合的概念，必须先明确产品线和产品项目的含义。

1. 产品项目和产品线

产品项目就是产品的品种，或者说是列入企业销售目录的产品。例如，某汽车公司产品中的某一牌号的汽车，就是该公司许多产品项目中的一个。

产品线是指具有类似功能、能满足同类需求的产品。例如，电冰箱、果汁机、抽油烟机、煤气炉等产品都是为了满足做饭所需要的产品，因而构成厨房设备产品线。又如，一个大型服装工业公司生产各种服装，男装、女装、儿童服装构成了产品组合，其中女装即是一条产品线，这条产品线中的西装、大衣、连衣裙等分别是产品项目。

在一个企业中，可以只有一条产品线，也可以有多条产品线，每条产品线中产品项目的多少也各不相同，甚至一个企业只经营一条产品线中的一个产品项目。

2. 产品组合

产品组合是指一个企业所经营全部产品的质的组合与量的比例关系。它可以通过广度、深度和密度反映出来。

（1）产品组合的广度。广度是指一个企业所拥有的产品线数目的多少。产品线越多，产品组合就越宽，反之就越窄。如某一电子公司有厨房制品产品线、电视机产品线、空调产品线等。一般情况下，大型企业产品线较多，产品组合的广度就较宽；小型企业或专业化企业产品线较少，产品组合的广度就较窄。如宝洁公司拥有的产品线有纸巾、食品、化妆品、医药用品和个人保健品。

（2）产品组合的深度。深度是指一条产品线内有多少不同的产品项目。项目越多，产品线就越长，产品组合就越深，反之就越浅。如上面提到的厨房制品产品线，它有电冰箱、果汁机、抽油烟机、煤气炉等产品项目。就某一类商品来说，小型企业或专业化企业经营的商品，规格比较齐全，产品组合的深度就较大。大型企业采用标准化大批量生产，品种规格较少，产品组合的深度就较小。

（3）产品组合的密度。密度是指产品线之间的关联程度。一条产品线的产品与另一条产品线的产品，它们的最终用途、生产条件、技术要领、分配路线越接近，互相联系越紧密，产品组合的密度就越大，反之就越小。

4.1.2 产品组合规划

就像战争中的海、陆、空一样，一种产品在外部的市场营销中承担的角色和功能是不同的。有些产品是为了树立形象，提升档次；有些产品主要是用于获得利润；有些产品则是为了走量，快速获得现金流；还有些产品则是为了在市场上打击竞争对手。各类产品组合起来，才能发挥战争的集群作用。

具体来说，形象产品代表企业产品的形象与综合技术实力，是高端的代表者，为其他类别产品销售提供有力的支持。

利润产品是公司利润的重要来源，是企业的生命线，是产品组合中的重点。占量产品是确立企业市场角色的产品，代表着市场份额，为企业提供强大的现金流。狙击产品是战斗性产品 ，是企业的价格战产品，是阻击扰乱竞争者的产品。

【案例4－1】

一位经销商起步于一个很有名的地方白酒，经过几年努力，建立了广泛的分销网络，积累了很好的终端操作经验，在当地市场占了很大份额，也赚了不少钱。于是，他快速扩大了经销范围，接了很多其他产品，生意额也越做越大，可回头一算账，发现反而赔了钱。最后，他接受专家的意见，将经销产品砍了近一半后，很快又开始赚钱了。

为什么当初做一个品牌赚钱，增加了很多产品却赔钱？为什么砍了部分产品又赚钱呢？

让我们用一组简化的数据，说明到底发生了什么事。

第一阶段：起步期。

在起步阶段，这个经销商只经营一个在当地非常畅销的白酒，该品牌由于多年形成的消费习惯，有一大批忠诚消费者，在市场上所占份额很大。作为该品牌最大的经销商，其所占的市场份额就已超过30%，尽管销售量大，在终端也做了相当大的投入，但综合营销费用还不是很高，约15%，而净利润率只有5%，也不算高，但由于年销售额不低，超过了2 800万元，一年还是能赚近150万元。另外，由于出货快，经销商平均10天左右补一次货，资金周转较快，其中产品所占用的流动资金平均只有80万元左右，加上其他50万元用于经营与管理方面的周转，这样，年资金回报率也非常高，达到了110%。经销商在这个阶段的财务情况见表4－1。

表4－1　经销商在起步期的财务情况

产品类型	市场占有率	营销费用率	销售额（万元）	净利润率	年利润额（万元）	年周转数（次）	占用资金（万元）	其他资金（万元）	资金回报率
本地白酒	30%	15%	2 800	5%	140	36	78	50	110%

第二阶段：扩张期。

随着资金的积累，加上成功带来的自信，经销商做出了快速扩大经销范围的战略决策。首先，为了更密集的布防市场，并分散经营风险，他接了一款外地白酒，由于该产品在当地没有品牌基础，所以经销商需要投入巨大财力去打造品牌，并利用自己已建立起的终端和分销网络进行销售。通过他的努力和大力度投入，该品牌在当地很快占领了超过12%的市场份额，同时，由于注意力转移到了新的白酒上，原白酒出现了近30%的下滑。虽然，两个白酒品牌的综合销售额由原来的2 800万元提升到了3 200万元，市场份额也由此增加了几个百分点，使该经销商成为当地最大的白酒经销，但是，巨额的投入，却使该经销商在推广新品牌白酒上出现了近150万元的亏损。

另外，在增加白酒新品的同时，经销商还接了一款外地中档啤酒、一款低档果酒和当地低档啤酒的经销权。其中，外地中档啤酒处于市场培育阶段，市场投入相对不小，出现一定的亏损，但销售增长不错，利润潜力很看好；外地果酒单价低，消费者对品牌敏感度也低，所以推广难度不大，费用率还可以接受，因此利润率不错；而当地啤酒的销售量虽然很大，但利润太薄，加上经营与管理费用分摊，该产品实际上也亏损。

产品组合的调整给经销商的业绩带来非常大的影响，具体来讲，尽管所有品牌的销售总额加起来，由原来的2 800万元上升到5 500万元，几乎翻了一倍半，但其他所有财务数据均出现严重下滑：首先，市场费用由15%上升到22%，增加了近50%；其次，由于除当地低价啤酒外，所增加的产品均为新品，走货很慢，导致年资金周转次数由36次下降到28次，下降了近1/4，这使投入经营的资金由原来的130万元左右猛增到超过380万元；最后，年净利润率由5%下降到－1.2%，年利润额由原来的140万元恶化为亏损60万元以上，年资金回报率也由原来的180%严重下降到－14%。经销商在这个阶段的财务情况见表4－2。

表4－2 经销商在扩张期的财务情况

产品类型	市场占有率	营销费用率	销售额（万元）	净利润率	年利润额（万元）	年周转数（次）	占用资金（万元）	其他资金（万元）	资金回报率
本地白酒	21%	15%	2 000	5%	100	36	56		180%
外地白酒	13%	50%	1 200	－12%	－144	6	200		－72%
外地啤酒	5%	35%	500	－4%	－20	12	42		－48%
外地果酒	8%	25%	300	15%	45	6	50		90%
本地啤酒	15%	5%	1 500	－3%	－45	45	33		－135%
总计/加权平均		22%	5 500	－1.2%	－64	28	380	80	－14%

第三阶段：调整期。

经营状况的严重下滑使经销商慌了手脚。下一步到底应该怎么办？为此，他找到了专业咨询服务公司。咨询公司经过调研和分析后，提出了“放弃外地白酒和本地啤酒两个品牌，全力打造本地白酒、外地啤酒和外地果酒三个品牌”的产品调整方案。经销商接受了这一方案，并且经过一段时间的调整，情况果然实现好转。

虽然砍掉了外地白酒和本地啤酒，使这两个品类的市场份额和总销售额出现下降，资金周转次数也因为砍掉当地啤酒而进一步下降。但是，本地白酒的销售额却由2 000万元恢复到了2 800万元；利润很好的果酒的销售额也翻了一番；而利润潜力较好的外地啤酒销售额更是由500万元上升到了1 200万元，增长近1.5倍；此外，由于更加专注有限的产品，费用管理得到改善，费用率出现一定下降。调整后的净利润率由-1.2%恢复到了4.5%，年利润额由亏损60多万元大幅上升到盈利200万元以上，资金占有额由原来的380万元下降了100万元，使资金回报率由原来的-14%大幅提升到61%。调整后的财务情况，见表4-3。

表4-3　经销商调整后的财务情况

产品类型	市场占有率	营销费用率	销售额（万元）	净利润率	年利润额（万元）	年周转数（次）	占用资金（万元）	其他资金（万元）	资金回报率
本地白酒	30%	14%	2 800	5%	140	36	78		180%
外地啤酒	12%	32%	1 200	-3%	-24	12	100		-23%
外地果酒	16%	22%	600	15%	90	6	100		90%
总计/加权平均		20%	4 600	4.5%	206	26	278	60	61%

【分析提示】

以上例子告诉我们，怎样布局产品，对经销商的经营影响很大。那么，应该怎样组合产品？在谈产品组合策略之前，先让我们记住三个非常重要的经营概念。

第一个概念是“经营风险分摊”。经销单一产品有很大的风险，就像把所有鸡蛋放在一个篮子里，篮子掉到地上，所有鸡蛋就都没有了。所以，经营数个产品，可以降低经销风险，就像把鸡蛋分散到多个篮子里，即使一个篮子掉到地上，也不会对全局带来毁灭性影响。另外，多品种经销，可以分摊固定支出，如物流配送费用、人员费用和各种管理费用，降低单位产品经销成本。同时，把生意不断做大，这本身也是经销商的重要目标及发展的主要途径之一。

当然，产品多样化必须有一个合理的度，经销商必须结合自己的综合实力来选择这个度，否则，会因为其他资源不配套，如资金不足、人员不够、管理跟不上、物流能力有限等，反而降低效率，使单品成本上升，甚至带来更严重的后果。

第二个概念是“产品生命周期”。每个产品都有一个生命周期，从新品入市，到快速增长，再到市场成熟，最后开始下降甚至到退出市场，就像一个人由出生到长大，又到进入成年，最后到进入老年并逐步死去一样。

在产品生命周期的不同阶段，销售额、费用投入、资金、利润等的表现也是不同

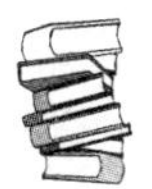

的。一般说来，新品上市阶段——导入期，销售额小，投入大，资金周转慢，利润低甚至赔钱；在快速增长阶段——成长期，销售额开始快速提升，但投入还很大，资金周转还比较慢，利润还很低甚至还赔钱；到了市场成熟阶段——成熟期，销售额已上升到最高点，这时投入小，资金周转快，利润丰厚；最后，进入老年阶段——衰退期，销售额开始逐步下降，这时投入非常小，资金周转很快，利润也很好。

经销商必须动态地看待自己经销的产品，在对经销的产品进行组合时，既要有能养活自己的利润产品（处于“成熟期”和“衰退期”的产品），又要培育新产品（处于“导入期”和“成长期”的产品）。一旦今天的利润产品死亡，起码还有能够取代它的新产品，也就是说，即要兼顾今天和也要考虑明天。

第三个概念是“流动资金管理”。流通资金对任何企业都至关重要。许多企业倒闭，不是由于经营太差，而是由于扩张太快，资金链出了问题。对于经销商来说，经销产品越多，对流动资金的需求就越大；产品组合中处于培育阶段（即“导入期”和“成长期”）的产品越多，对流动资金的需求就越大。

如果让我们用以上三个概念对前面例子做一个评价的话，应该是这样的：

第一个阶段，他经营的是一个“成熟期”的产品，销售额大，费用不高，资金周转快和利润非常好，但问题是，产品过于单一，经销风险大，并不利于长远发展。

第二个阶段，他增加了经销的产品，降低了经销过于单一带来的风险，但一下增加的产品过多，并且增加的产品在当地市场又多为新品，需要投入很大的前期费用去培育市场，所以占用资金过多，利润因此变为负数，最后导致公司的严重亏损。

第三个阶段，经销商砍掉了两个亏损产品。其中一个是外地白酒，与现在的主力产品（本地白酒）之间存在不必要的竞争，一个是利润前景不好的当地啤酒。这使亏损面有所减少，同时由于对保留的产品更专注，所以很快就扭亏为盈了。

现在让我们回到主题：经销商应该如何组合产品？

第一，一个产品组合。无论你现在经销的品牌多好，都不要只做一个品牌。对于经销商来说，不可控制的因素太多，例如，消费者需求发生变化，竞争对手加大营销力度，厂家调整策略等，都不只是自己的努力就可以决定自己命运的。永远不要把自己只捆在一辆战车上，你需要的是一支战车队。同时，经销商最大的资产是网络，如果建了网络，又没有去充分利用它，这本身就是巨大的浪费。通过一个很好的产品组合去谋求发展、巩固网络、提高市场占有率、分摊固定费用、降低单位产品成本和提高利润率，是经销商的战略性目标。

第二，产品生命周期衔接。如前所述，产品存在生命周期，要兼顾今天和明天，平衡好利润产品和需要利润来养的产品。如果给出一个可供参考的、比较保险的经验值，那就是，在产品组合中，新品为10%左右，成长品为20%左右，成熟品为50%左右，衰退品为20%左右。

第三，产品协同性要高。要尽可能做到“通通路”，也就是说，所经销的全部产品应适用于自己擅长的销售渠道和终端网点。如只做商场超市，经销流通产品是无益的；如只做流通渠道，终端产品可能由于单价偏高而很难出量。经销的产品要有利于“摊费用”，即所选产品的品类可以利用已有的内部资源，如现有业务员和促销员、办公场

所、仓库、物流车辆与路线等，这样，同样可以分摊固定费用，提升利润率。另外，要尽可能做到“补季节”，也就是说所经销的产品要在季度上形成一定的互补，只经销单一季节产品（如夏季或冬季旺销产品），就可能会在淡季消耗掉旺季赚的很大一部分钱。

第四，产品功能配套。在营销中，聪明的经销商（或厂家）会为不同品牌或同一品牌中的不同单品确定特殊的功能，如有的用于“建网络”，以极低价格或极高利润产品吸引二级批发商，搭建分销网；有的用于“冲销量”，通过大力度促销迅速增加销量，不注重产品的盈利性；有的用于“树旗帜”，经销一些大品牌，不为赚大钱，只为树立自己作为经销商的“品牌”，以吸引别的厂家上门或提高对现厂家的议价能力；有的用于“打竞品”，即以自我牺牲的态势，贴近主要竞争产品，通过大力度促销，冲削竞品销量和市场份额，巩固和提升自己的市场地位；有的用于“挣利润”，也就是说，以其他功能产品带动利润产品上量，这些产品通常为不降价的战略性产品或利润率奇高的新产品。

4.1.3 产品规划

产品规划是指某产品应该具备什么功能，产品内涵是什么。产品规划包含两个阶段：市场分析和产品定义。

1. 产品市场分析

规划产品要想成功，首先要明智地开展市场研究、预测及其他活动，这些活动的总和即是市场分析。新产品与老产品经常不是一对一的功能代换，多半除了原有功能还能提供其他显著不同的功能。要了解这些转变对于可能的潜在使用者的影响，就必须先做市场分析。例如，在推出传真电话前应研究在哪些情况下，互相以视觉接触可能会造成干涉隐私权的影响。

有效的市场分析及新产品的推出，不仅要注意实体产品，还要注意其与有关环境的关系，即要以系统观点来评价和衡量整个事件。例如，微波炉刚推出时所遭遇的一项阻碍是所烤出来的肉与一般人所习惯的烤肉色泽不同，使得生产者必须设法添加能使烤肉焦黄的功能（虽然这与实际烹煮无多大关系）。

市场分析工作，在于仔细比较即将推出的产品价格、市场大小、市场区隔及销售意愿是否符合所需。对于这种工作没有自动化的方法来判别其好坏，只能提出如下原则。

（1）分析时应保持内部一致性，否则将使资料及对问题的考虑在彼此之间产生差距，无法沟通。

（2）了解人们行为对于产品改变可能产生的抵制形式、对产品接受率的影响及如何克服这种抵制等。

（3）要时时注意分析的合理性。

2. 产品定义

市场分析的另一方面工作，即要对现有技术的能力及限制加以了解，以使这两项工作得以联系。这种沟通工作在于对产品的定义。由于在设计过程中，技术人员常就

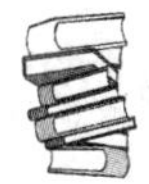

技术面而非整体的观念来决定，以至于有“过度设计”的情形，因此我们应为产品设置一些标准用以遵守。以下为几点建议。

（1）产品的品质不要因众多人士的参与而降低。

（2）产品的成功要兼顾技术面与营销面。

（3）随时调整及评估战略，以配合内、外在营销环境。

产品规划可以说是技术与营销间的中介，尤其在高技术公司的地位十分重要。产品规划需要特殊的技巧与责任。

◆技能训练4.1

训练背景

产品规划是企业营销的出发点。其实产品规划不仅存在于企业，我们学习的高校也存在系部规划与专业设置问题，他们和营销中的产品规划是否相通呢？结合你所在的高校分析。

训练要求

结合你所在的高校用所学产品规划知识分析其系部规划与专业设置，并对学校提出合理化的建议。

任务4.2　产品卖点策划

产品卖点是市场营销的前哨战，是市场营销的突破口。企业推出新产品或改造已有产品除了给产品品牌定好位外，为产品找个好卖点也是促进市场成功不可忽视的关键因素。

4.2.1　卖点的定义

卖点是罗瑟·瑞夫斯先生于20世纪60年代提出的。所谓卖点，其实就是一个消费理由，最佳的卖点即为最强有力的消费理由。为产品寻找（发掘、提炼）卖点，这已是现代营销学（广告学、公关学）的常识，随时挂在厂长、经理、广告人、策划人的嘴上了。显然，问题已不在于要不要为产品寻找卖点的问题，而在于怎样寻找到卖点的问题。卖点，在现在的市场经济环境里，早已是一个热点词汇，对于卖点的概念，也有无数的学术人士给了无数的定义，但在经济领域的实际应用过程中，我们总是那么难以把握准确。笔者根据十多年的实际经验，阐述一下自己对卖点的战略思考。

卖点又称独特的销售主张（unique selling proposition，USP），产品的卖点其实就是产品的最佳诉求点或者说是产品独特的销售主张。对消费者来说，卖点是产品满足目标受众的需求点；对厂家来说，卖点是产品火爆市场的一个必需的思考点；而对于产品自身来说，卖点是产品自身存在于市场的理由。

4.2.2 卖点的重要性

1. 好的产品卖点能够让产品销售快速成长

卖点好成就了许多知名品牌，并使其成为营销成功案例中的经典。如农夫山泉，“农夫山泉有点甜”让我们在其传播数年后依然记忆深刻，可以说农夫山泉是企业产品卖点提炼成功的经典案例。

农夫山泉是在水饮料市场已有众多强势品牌（如娃哈哈、乐百氏、雀巢等）的环境中进入市场的。农夫山泉的水源来自浙江千岛湖的天然矿泉水，区别当时市场中的所有强势品牌。于是农夫山泉在做了大量的消费需求调研后提出了“农夫山泉有点甜”的产品利益点和品牌传播口号。

“有点甜”既有效地区隔了饮用水市场所有的强势品牌，又恰好是消费者对天然水饮用需求的最佳利益点，这是农夫山泉与生俱来的天然优势。正是凭借“有点甜”的卖点提炼，农夫山泉在消费者心中留下了难以磨灭的深刻印象，销售一路攀升，很快成为我国瓶装饮用水市场的前三甲。

2. 卖点一般让市场增长乏力

主要因为没有提炼出产品最适合的卖点而使产品销售增长乏力的案例很多，如知名饮料品牌“椰树椰汁”和“承德露露”作为案例，应该更能说明产品卖点对市场增长的重要性。

“椰树椰汁”是一种含有天然椰果植物蛋白的饮料；同样“承德露露”的主要原料杏仁，也是一种含有丰富植物蛋白的饮料。正是主要凭借它们优秀的产品力，“椰树椰汁”和“承德露露”都做到了每年10亿元左右的销售规模。绝大多数消费者都喝过这两种饮料，但当问起“椰树椰汁”和“承德露露”的卖点是什么的时候，能回答出来的消费者却不太多。

在我们的记忆中，“椰树椰汁”的卖点有“正宗椰汁”“白白嫩嫩”等；“承德露露”的卖点有“喝露露真滋润”“冬天热了喝味道更好”等。我们的感觉是“椰树椰汁”和“承德露露”始终都没有提炼出一个清晰、准确、能让消费者牢牢记住的好卖点。目前，“椰树椰汁”和“承德露露”的市场增长都明显放慢，而且都有增长乏力的趋势，当然原因不止一个，但我们认为卖点一般是市场增长乏力的主要因素。

4.2.3 卖点的特征

（1）给客户带来的利益（好处）。卖点是满足目标受众的需求点，这是卖点定义的必要条件。

（2）与竞争对手有独特差异。优于竞品中的优于，是一种对比，显示其优势，如果在满足目标受众的需求的对比中体现不出优势，那么卖点也不能称之为卖点了。这里面的对比范畴同时是广义的，可能是产品或服务本身的价值上的优势，也可能是时间或者空间上的优势。所以在商品高度同质化的今天，卖点工作更需要研究目标受众的需求，需要将对比的工作做得更宽更深。这点说明，卖点并不局限于商品本身的优势。

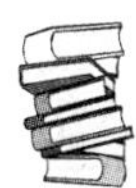

（3）具有优势支持点。你说自己有优势，就必须有优势支撑条件，也就是说你要能证明自己有优势。

4.2.4　如何提炼出好的产品卖点

创造产品卖点的过程，就是对产品进行定位的过程。所谓定位，不是指产品本身，而是指产品在潜在消费者心目中的印象，即产品在消费者心目中的地位。你的产品是什么并不重要，重要的是消费者认为你是什么。对于消费者来说，产品的卖点和定位，要能够满足他的物质和精神的需要，激发他现实的和潜在的需求，这样的产品才是好产品。

企业提炼好的产品卖点大致可以分成三个步骤：

第一步，要分析消费者对该类产品的需求。目标消费者为什么需要该产品，最看重该产品哪方面的优势或利益，从而分析出消费者对该产品的第一需求是什么。当然这一步需要通过专业的消费者市场调研来实现。

第二步，是要分析自身产品的特点、优势，与竞品的差异，能带给目标消费者什么样的利益，其中最根本的利益点是什么。

第三步，把该产品能给消费者的最佳利益点和消费者对该产品的第一需求点对接，找出利益和需求的重合部分，并以恰当的语言表达出来。

产品的卖点应是产品能带给消费者的利益与消费者对该产品实际需求之间的最佳连接点 。

通过以上三个步骤的分析与综合，符合消费者需求、能触动消费者购买并能在消费者心中留下深刻记忆的好产品卖点就提炼出来了。

【案例4－2】

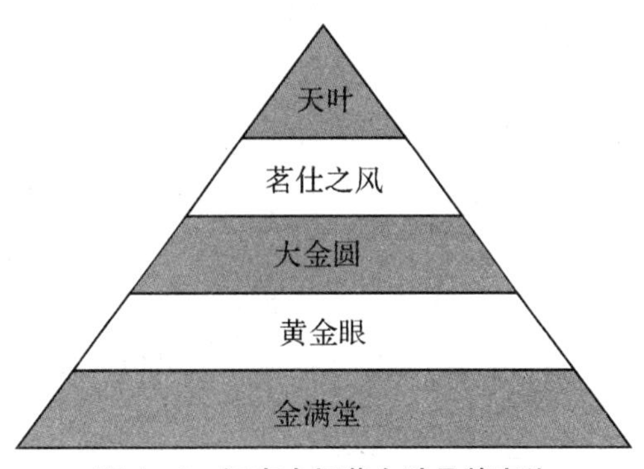

图4－1　河南中烟黄金叶品牌家族

图4－1是河南中烟黄金叶品牌规划，他们在市场定位的基础上分别提炼了不同品牌的卖点。

天叶卖稀缺：稀有、尊贵、独特；

茗仕之风卖价格：同档次品牌价格优势；

大金圆卖流行：借助“真正的烤烟”引导流行；

黄金眼卖特色：时尚、现代感；

金满堂卖实惠：温润口感，实惠价格。

【分析提示】

企业的产品规划中，产品定位不同卖点也就不同，不同的产品不同的利益诉求，可以满足不同消费者的需求。

◆技能训练 4.2

训练背景

学完本节内容，你是不是有种感觉，产品卖点有点忽悠消费者？卖点和忽悠的区别在哪里？这是我们每个营销人不能回避的问题。

训练要求

全班分成 2 ~4 个小组，以“产品卖点是否忽悠了消费者”为辩题，分为正方和反方，准备好资料，在课堂上进行辩论表演，通过辩论加深对产品卖点的理解。

项目总结

通过市场调查与分析，在与旭胜绿色养殖合作社充分沟通的基础上，我们形成了以下方案。

旭胜绿色养殖合作社产品规划与卖点提炼

一、旭胜鲜品产品规划

总目标：建立品牌体系下的产品线。分目标：a. 通过旭胜鲜品的塑造，与珏山牌鸡蛋共同占领市场；b. 尽可能地覆盖更多的人群；c. 将人群覆盖由中低端人群向高端人群扩展；d. 满足部分特定需求人群。

我们将其产品规划为五大基本系列（图 4 –2）。

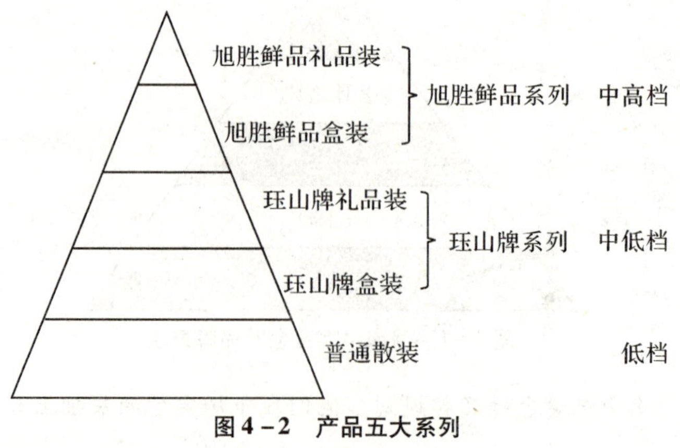

图 4 –2　产品五大系列

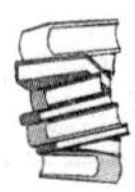

五大系列产品价格规划见图4－3。

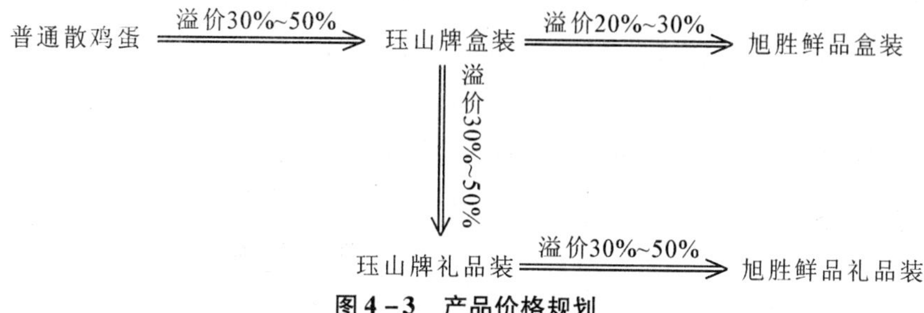

图4－3　产品价格规划

产品角色规划见图4－4。

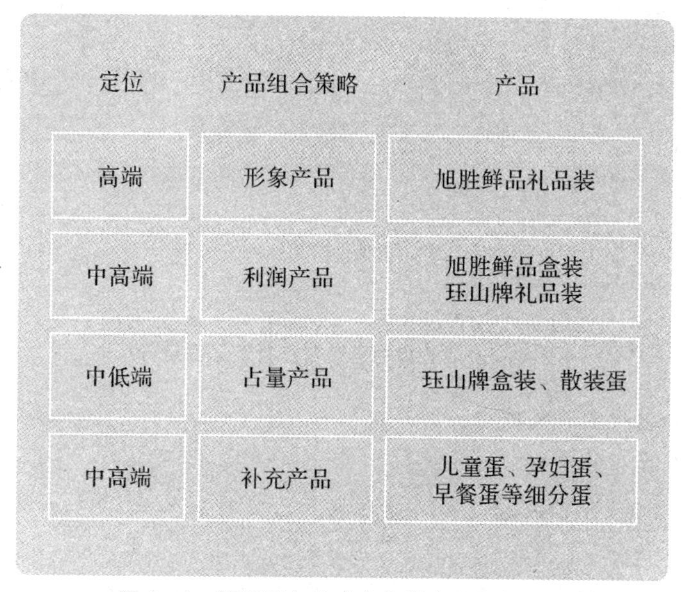

定位	产品组合策略	产品
高端	形象产品	旭胜鲜品礼品装
中高端	利润产品	旭胜鲜品盒装 珏山牌礼品装
中低端	占量产品	珏山牌盒装、散装蛋
中高端	补充产品	儿童蛋、孕妇蛋、 早餐蛋等细分蛋

图4－4　旭胜绿色养殖合作社产品角色规划

二、晋城旭胜绿色养殖合作社鸡蛋卖点的提炼

鸡蛋卖点的提炼也需要充分的市场分析（图4－5）。

1．看行业：保鲜是个大难题，新鲜决定品质

鸡蛋是容易变质的东西。鸡蛋的新鲜程度决定了品质的好坏。目前市场上出现了涂油、冷链等一些保鲜的技术，但是鸡蛋的保鲜还一直是难以攻克的难题。鸡是每天要下蛋，而且市场决定了销量，企业在面临销售时，鸡蛋新鲜保存是关键。

2．看消费者：新鲜是口味的基础，是关注的核心

鸡蛋的新鲜程度决定了口感，而鸡蛋的生产日期与运输时间决定了鸡蛋的新鲜。消费在购买鸡蛋的时候最关注的是鸡蛋的生产日期，也是关注的核心。根据我们对消费者选购鸡蛋的决定因素分析，主要是鸡蛋新鲜度、价格、促销活动、促销人员的推荐。新鲜最具有决定性的因素。

3．看竞争：外来品牌无法保证新鲜，也没有品牌在消费中占位新鲜

目前相对全国性的鸡蛋品牌神丹、德青源、圣迪乐村、咯咯哒，他们在市场上重点阐述的是安全与健康，但也达不到新鲜的鸡蛋标准。根据调查，神丹的鸡蛋在宣传上可以保鲜到60天以上，圣迪乐村也是在当地分装而打上生产日期，其产品其实是不能保证新鲜。大品牌也没有在消费心中占据一个新鲜的位置，目前消费者意识到的安全，觉得大品牌安全。那么新鲜是我们的一个很好的机会点。

4. 看企业自身：自己区域生产，自己区域销售，能最大程度地保证新鲜

作为企业自身，我们是当地的区域企业，可以完全发挥区域企业速度、成本的优势，保证我们产品的新鲜，保证产品的安全与健康。我们在自己的销售区域内能保证最大限度的新鲜，这就是我们取胜大品牌的最大优势。

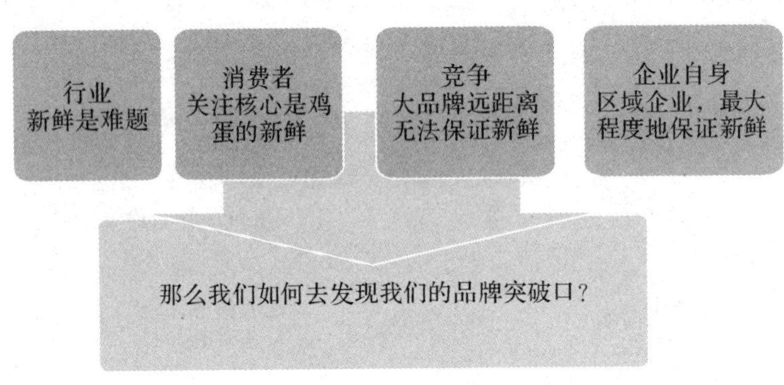

图4－5　旭胜绿色养殖合作社产品卖点分析

通过以上分析找到总突破口：

晋城第一个真正的“鲜”蛋品牌！

通过“鲜”的集中塑造，迎合消费者鸡蛋消费的最深层需求，迎合并引导消费者消费鸡蛋时关注新鲜。

通过“鲜”的集中塑造，让旭胜鸡蛋成为“新鲜”的代名词，成为消费者心中的一个占位，让消费者想到新鲜鸡蛋就联想到旭胜鸡蛋。

通过品牌、产品、传播推广的整合，建立起旭胜鸡蛋相对于其他竞争品牌的核心优势，并不断强化，从而建立起完善的以“鲜”为核心的价值体系。

旭胜鸡蛋的核心卖点：鲜

达成方式：打造最新鲜的鸡蛋。

客户需求：享受新鲜带来的健康生活。

旭胜鲜品鸡蛋的支撑理由有5个：新鲜环境，新鲜饲料，新鲜配送，新鲜消费，新鲜口感。

打造“鲜”鸡蛋的5大标准（图4－6），实现从鸡场到餐桌的“新鲜管理”。

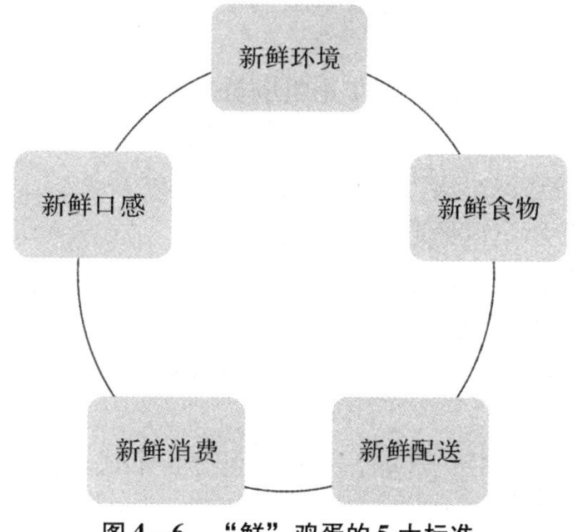

图4-6　“鲜”鸡蛋的5大标准

综合实训

【案例分析】

被誉为“创造内衣革命”的婷美内衣，大家都很熟悉。婷美内衣上市，创造了一个新的市场——美体塑身市场。人们称婷美集团董事长周枫带来了一个新产品，创造了一种新观念，发现了一个新行业。从婷美本身来讲，它既是美体修型的工具，更是传播行为医学的使者。通过穿衣戴帽改变人的健康状况，符合卫生组织对21世纪保健行业的要求。

在对产品的策划上，婷美也可谓用尽心思。当初，产品的卖点到底是美体还是保健功能，婷美人内部争执不下。婷美第一次策划的是“一穿就变”，光这四个字就讨论了四个月。还有人主张选择保健这个卖点，理由是，我们已经做了两年多的临床，产品的减肥、丰胸、排毒这些功能也都批了，不说可惜。

最后，将产品卖点定在“美体修型，一穿就变”，主打美体这一卖点。事实证明，这一决策是非常正确的。如果主打保健功能，人们势必要看保健效果，然而婷美内衣的保健效果并不是显效的。而主打美体功能，女性消费者能迅速跟进。北京市场上，买三套以上的有17万人，消费者中最多有一个人买了39套。

北京样板市场成功以后，全国各地的经销商蜂拥而至，很快形成了全国热销。

案例讨论：

（1）如何寻找市场空白点？

（2）该案例给你带来的启示是什么？

【实训操作】

1. 实训目的

通过本次实训，使学生能够根据实际的产品与市场条件找出产品的卖点，掌握打造产品卖点的方法，以提高学生的综合素质与专业技能。

2. 实训组织和要求

第一步，每班分成几个小组，每个小组成员 7～9 人。

第二步，以小组为单位，每人选择一种自己熟悉的产品，如眼镜、电视、MP3、手机等，结合所学的营销知识，找出产品的独特卖点。

第三步，以班级为单位讨论下列问题：

（1）产品的独特卖点是什么？

（2）如何发掘与打造产品的卖点？

（3）你将以什么样的方式让顾客了解产品的优点？

3. 实训内容

每个小组根据本小组选择的产品，通过市场分析形成产品规划方案，并定义产品、提炼卖点等。

项目5　价格策划

项目目标

【知识目标】

●价格策划的原则、程序与方法。

●价格策划的修订策略与具体形式。

●主动调整与被动调整策划的原因与技巧。

【技能目标】

●制定价格的策划能力。

●修订价格的策划能力。

●变动价格的策划能力。

【实训目标】

●通过案例学习和分析，使学生真正理解价格制定的方法和技巧。

●通过行业价格调查设计实训，使学生掌握价格策划的方法。

项目导入

商家打折大拍卖是常有的事，人们决不会大惊小怪，但有人能从中创意出“打1折”的营销策略，实在是高明的枯木抽新芽的创意。

日本东京有个银座绅士西装店，这里就是首创“打1折”销售的商店，曾经轰动了东京，当时销售的商品是“日本GOOD”。具体的操作是这样的：先定出打折销售的时间，第一天打9折，第二天打8折，第三天第四天打7折，第五天第六天打6折，第七天第八天打5折，第九天第十天打4折，第十一天第十二天打3折，第十三天第十四天打2折，最后两天打1折。

商家的预测是：由于是让人吃惊的销售策略，所以，前期的舆论宣传效果会很好。抱着猎奇的心态，顾客们将蜂拥而至。当然，顾客可以在这打折销售期间随意选定购物的日子，如果你想要以最便宜的价钱购买，那么你在最后的那两天去买就行了，但是，你想买的东西不一定会留到最后那两天。

实际情况是：第一天前来的客人并不多，如果前来也只是看看，一会儿就走了。从第三天就开始一群一群的光临，第五天打6折时客人就像洪水般涌来开始抢购，以后就连日顾客爆满，当然等不到打1折，商品就全部卖完了。

那么，商家究竟赔本了没有？你想，顾客纷纷急于购买到自己喜爱的商品，就会引起抢购的连锁反应。商家运用独特的创意，把自己的商品在打 5 折、6 折时就已经全部推销出去。“打 1 折”的只是一种心理战术而已，商家又怎么会亏本呢？

价格策划是市场营销策划的重要内容，制定合理、灵活的产品价格在市场经济活动中居于十分重要的地位。尽管现代市场营销过程中非价格因素的作用越来越突出，但价格依然被看作是最重要的交易条件。某房地产开发公司旗下一桃园项目后期销售策划已经全面展开，该小区规划住宅户数 758 户，其中住宅包括底商多层、普通多层、花园洋房和小高层四类，同时配有临街商铺和独立式商铺，地下车库及露天车位基本满足小区用户的停车要求。面对不同户型、不同楼层、不同区位的房屋，该如何定价？政府限购、楼市低迷、开盘在即，该如何促销优惠？面对竞争对手的调价，又该如何规避？这些都涉及了产品价格策划的问题。

项目实施

世界上没有两分钱不能抵消的品牌忠实。价格的变化直接影响市场对产品的接受程度，影响产品在市场上的竞争力，影响市场的需求和企业利润。随着同质化竞争激烈程度的加强和消费者需求的不断变化，产业和市场的日趋成熟，价格策划在市场博弈要素中的地位也日益凸显。企业要获得经营上的成功，必须重视价格这个既敏感又难以控制的因素，科学而艺术地制定产品的价格和熟练进行价格修正与调整。本项目将帮助我们很好地解决这些问题。

任务 5.1　制定价格的策划

价格策划是企业对定价和调价策略综合合理运用的过程。诺贝尔经济学奖获得者乔治·斯蒂格勒曾经说过：“价格作为营销战的一把利器，可以克敌，也可能伤己。”因此，企业在进行价格策划时，一定要把握一些基本原则。

5.1.1　价格策划的基本原则

（1）目的性原则。任何策划方案都是在目的的驱动下进行的，价格策划当然也必须遵循目的性原则，不同的目的应该使用不同的价格策略。企业在为了扩大市场占有率，或为了维持原有的市场份额，或在产品已经失去市场优势时清理库存，往往会选择相对低价的策略。相反，如果企业推出新产品，为了达到尽快收回投资的目的，就应该用撇脂定价策略。总之，价格策划方案必须同企业目的相匹配才能真正起到作用。

（2）出奇制胜原则。价格策划应该新颖独特，这样在实施时才能先发制人，出奇制胜，有效的达到目的。把握这一原则的要点是：早做准备，事前保密，届时突然出手，重创竞争对手，有效地拉动购买力。

（3）适时变动性原则。价格相对稳定是商家经营的基础，变化频率过高的企业会失去消费者的信任。但是相对稳定并不是说不能变动。适时变动性就是要求价格策划方案的出台要有效地把握适当的时机，价格要适时变化，以适应环境的变化。

（4）阈限适应性原则。阈限适应性是指企业在进行价格策划时要把握好产品的档次阈限和时间阈限。档次阈限是指产品价格的价格区间，时间阈限是指产品价格变动的时间区间。

企业定价有上限和下限的限制，价格变动应该在这个上下限规定的范围内变动，突破这个范围有可能带来巨大的副作用。如“长城”葡萄酒是红酒中的一般价位品，如果突然将其价位拉到与法国进口葡萄酒的价位相同，消费者肯定难以接受。相反，茅台、五粮液等国产名酒如果价格趋同于普通白酒的价格，则会降低名牌的品格，对企业的行销产生消极影响。

价格策划除了要遵循价格自身的区间变化外，还要兼顾价格变化的时间区间。通常讲，战术价格调整多数控制在1~3个月之间，或者是价格调整使得营销目的已经达到，商家就应该立即研究新的价格战术，采用新的价格策划方案。

5.1.2　价格策划的程序

在价格策划的过程中，首先要确定定价的程序。完整的价格策划程序包括以下内容。

（1）明确定价目标。每一个生产者或企业，在具体定价时都要明确其目标。企业的定价目标是以满足市场需要和实现企业盈利为基础的，它是实现企业经营总目标的保证和手段。企业制定营销价格的目标主要有：

1）利润目标，包括当期利润最大化目标、适度利润目标等。

2）销量目标，包括最大销量目标、保持或扩大市场占有率目标等。

3）竞争目标，包括应付和避免竞争目标、维持企业生存目标等。

（2）核算产品成本。产品成本是定价的主要依据和最低经济界限。因此，定价离不开对产品成本的核算。这一阶段的策划应重点掌握产品本身价值量的大小和产品的供求关系，尤其是产品的需求价格弹性、国家政策对价格的规定、货币的价值、货币流通规律的影响、消费者心理对定价的影响等。

（3）调查和预测竞争者的反应。在商品经济条件下，竞争是无处不在的。尤其是产品的营销价格，是市场上最为敏感的竞争因素之一，因此，企业价格策划时，必须充分考虑到竞争者的可能反应，尽可能多地掌握竞争者的可能反应，尽可能多地掌握竞争对手的定价情况，并预测其对本企业定价的影响，以调整和制定有利的价格策略和其他营销策略。

（4）选择定价方法。可供企业选择的定价方法很多，企业在分析测定以上各种因素的影响之后，就应该运用价格决策理论，选择出一定的方法来计算产品的基本价格，即根据产品成本、市场需求和竞争状况三要素来选择定价方法。

（5）确定定价策略：

1）定价与产品的关系。产品的质量、性能是制定价格的重要依据。如果产品质量好、功能多、信誉高、包装美，就能把价格定得比一般产品高；相反，价格就要低一些。

2）定价与销售渠道的关系。企业产品的直接销售对象和定价也有一定关系。如果把产品大量批发给中间商，则价格应当定得低一些；如果直接销售给消费者，价格就要定的高一些。

3）定价与促销的关系。产品花费的促销费用高，价格理应定得高一些；否则，价格就可以定得低些。

（6）确定最后价格。根据定价目标、选择某种定价方法所制定的价格常常并不是该产品的最终价格，而只是该产品的基本价格。为了提高产品的竞争力及对顾客的吸引力，还应考虑一些其他的因素，对基本价格进行适当的调整。

价格调整的方向有升有降，调整的时间有长有短，调整的幅度有大有小，调整的方法灵活多样，一切都要以市场为转移。调整也不可能一次就完成，市场环境再变化，价格就要再调整，直至产品生命周期结束，产品离开市场。

5.1.3 定价方法与策略

1. 定价方法

为了实现企业定价目标，就要相应地采取适当的定价方法，给本企业的产品制定出一个基本的价格，并在此基础上进行适当的调整。定价方法的选择和确定是否合理，关系到企业定价目标能否实现和定价决策的最终成效。

（1）成本导向定价法。它是以企业的生产或经营成本作为制定价格依据的一种基本定价方法。按照成本定价的性质不同分为成本加成定价法、盈亏平衡定价法和边际贡献定价法。

（2）需求导向定价法。它是以消费者对产品价格的接受能力和需求程度为依据制定价格的方法。在预计市场能够容纳目标销量的需求价格限度内，确定产品价格。具体分为可销价格倒推法、理解价值定价法和需求差异定价法。

（3）竞争导向定价法。它是以市场上竞争对手的价格作为制定企业同类产品价格主要依据的方法，可分为随行就市定价法、竞争价格定价法和密封投标定价法。

2. 定价策略

定价既是科学，又是艺术。如果说定价方法是从量的方面对产品的基础价格做出科学的计算，那么定价策略则是从艺术角度，根据市场具体情况制定出灵活机动的价格。由于企业生产经营的产品和销售渠道以及所处的市场状况等条件各不相同，所以，应采取的定价策略也会有所不同。

（1）高价攻入策划。企业在进入市场过程中，以产品为基础，采用高价攻入市场，获取一定的市场份额，进而建立长期的市场统治地位。这种策略的基础是高质量创新产品，多为有名的大企业所采用，也适用于中小企业。

例如，施乐公司以高价推出新型复印机。美国施乐公司 1946 年研制了干式复印机——施乐 914 型复印机。当时市场上所有的复印机均为湿式。湿式复印机在使用时，必须使用专门涂过感光剂的复印纸，而印出来的是湿漉漉的文件，十分麻烦。相比之下，干式复印机就要便利多了，不仅可以直接印出干燥的文件，而且成本也不高。该公司老板威尔逊决定把价格定为 29 500 美元，这个价格比成本高十多倍。他认为，只有高价才能体现其独特性。到了 1960 年，干式复印机畅销起来，公司拼命生产，仍然供不应求。仅 1960 年一年，公司出售干式复印机的营业额就高达 3 300 万美元，市场占有率 15%。5 年后，营业额高达 39 263 万美元，市场占有率 66%。

（2）低价攻入策划。企业在进入市场过程中，以低成本产品为基础，采用低价攻入市场，获取一定的市场份额，进而建立长期的市场统治地位。这种策略是以长期的市场占有率为目标，有时甚至以初期的市场损失为代价，并视之为开发长期市场的投资。

例如，船王的低价秘方。1955 年，包玉刚成立了环球航运公司，耗资 377 万美元买了一艘已经使用了 27 年的旧货船，开始了航运的经营事业。那时世界经济兴旺，单程运费很高，但包玉刚不为暂时的高利润所动摇，从经营一开始就坚持采取低租金、长期合同的定价方法和经营方针。他不仅希望用低价策略吸引顾客，增强竞争能力，而且还希望用这种方式避免投机性业务，最大限度地减少风险。包玉刚正是在这种经营思想的指导下获得成功的。他将刚买到的第一艘船以比同行低得多的价格长期租给一家信誉好、财务可靠的租船户，然后再凭这长期租船合同向银行申请长期低息贷款。这样，包玉刚利用诚实低价不仅获得了顾客和银行的青睐，而且依靠这种经营艺术使得他在短短的 30 年内一跃成为世界船王。

（3）优价攻入策略。企业在进入市场过程中，以优质产品为基础，采用中等价格攻入市场，使顾客以中等价格买到优质产品，获取一定的市场份额，进而建立长期的市场统治地位。这种优价攻入策略的基础是产品质量高于其价格，这种策略可被所有参与竞争的企业利用。

例如，在举世瞩目的可乐战中，百事可乐成功利用优价攻入策略打入了被可口可乐独霸的可乐市场。关键在于同样花 5 美分，顾客能够买到一瓶 12 盎司的百事可乐，而买可口可乐只能买 6.5 盎司。百事可乐在利用优价策略攻入市场的同时，还充分利用广告以树立品牌形象。

【案例 5 －1】

休布雷公司：巧妙定价

休布雷公司是美国生产和经营伏特加酒的专业公司，其生产的史密诺夫酒在伏特加酒市场上享有较高的声誉，市场占有率达23%。20 世纪60 年代，其竞争对手推出了一种新型伏特加酒，其质量不比休布雷公司的史密诺夫酒差，每瓶价格却比它低 1 美元。面对这一情况，休布雷公司如何应对?

按照惯常的做法，休布雷公司有三种对策可以选择：一是降价 1 美元，以保住市场占有率；二是维持原价，通过增加广告费用和推销支出与竞争对手竞争；三是维持原价，听任其市场占有率降低。

但是，不论休布雷公司采取哪种策略，都会使其处于被动地位。难道没有第四种策略吗?

【分析提示】

休布雷公司的决策是将原来产品的价格再提高 1 美元，同时推出一种与竞争对手的新型伏特加酒价格一样的“瑞瑟加”酒和另一种价格更低一些的“波波”酒。其实这三种酒的品质和成本几乎相同，但如此一来，既提高了史密诺夫酒的地位，使竞争对手的新产品沦为一种普通的品牌。结果，休布雷不仅渡过了难关，而且还利润大增，真可谓是一举多得。

◆**技能训练 5.1**

训练背景

理解价格策划的基本原则、程序和方法之后，选定某一新上市的产品项目，对其定价方法和策略进行分析。

训练要求

以小组为单位，对所选产品项目的定价方法和策略进行分析，并向全班同学进行讲解交流，加深对所学知识的理解。

任务 5.2　修订价格的策划

5.2.1　地区性价格的策划

企业的产品不仅要销售给本地的顾客，还要销售给外地的顾客。产品运达地点不同，需要支付的费用不同。费用由谁承担，如何承担，对于不同地区的顾客是制定相同的价格还是不同的价格，这些都是企业需要面对的问题。地区性定价策划的形式主要有以下几种。

（1）原地交货定价。企业可要求每一个购买者支付从工厂到目的地的运输成本。原地交货是将商品放到一个运载体（船、火车、汽车等）上，表明所有权和责任已转移到顾客手中，顾客就要支付从工厂到目的地的运费。采用此方法能公平合理地分派运输费用，但对偏远地区的顾客来讲，购买产品的价格则会上升。

（2）统一运费定价。俗称邮标定价，不管地理位置的远近，向所有顾客收取同样价格加上运费，这个运费是按平均运输成本来定的，采用此方法，对企业营销者来说容易管理，利于巩固和发展企业的远距离目标市场占有率，但容易失去较近位置的部分市场。适合运费在总价格中所占比重较小的产品。

（3）区域定价。介于原地交货和统一运费两个定价方法之间。企业将销售市场划为若干区域，同一区域内的用户所付价格相同，较远区域的用户的价格略高一些。不同价格区域的两个相邻用户，对价格差异的存在具有较强的敏感性，所以在划定区域界线时，要注意价格差异程度，否则会引起消费者的不满。例如时令性强保鲜要求高的农产品，就是分区定价的鲜明例子。

（4）基点定价。卖方选定以某个城市为基点，向所有用户收取该城市到用户所在地的运费，无论货物实际运输的长短。有些卖方为了提高灵活性，选定许多个基点城市，按照买方最近的基点计算运费。基点定价比较适合下列情况：产品运费成本所占比重较大；卖方产品市场范围较大；在许多地方都有生产点进行生产；产品的价格弹性较小。

5.2.2　价格折扣与折让的策划

为了鼓励顾客及早付清贷款及大量购买、淡季购买，还可以酌情降低其基本价格。

价格折扣和折让的形式主要有以下几种。

（1）现金折扣。这是企业给那些现金付款或提前付清货款的一种减价。这种做法有利于鼓励顾客按期或者提前支付货款，加快企业资金周转。例如，顾客在30天必须付清货款，如果10天内付清贷款，则给予2%的折扣。

（2）数量折扣。这种折扣是企业给那些大量购买某种产品的顾客的一种减价，以鼓励顾客购买更多的货物，分为非累计数量折扣和累计数量折扣两种。前者是对一次购买超过规定数量或金额给予的价格优惠，目的在于鼓励买方增加购买量，便于卖方企业组织大批量生产。例如，顾客购买某种商品100单位以下，每单位10元；购买100单位以上，每单位9元。后者适用于长期进行的交易活动，按照同一顾客在一定期限内所购买的商品总量给予一定的价格折扣。数量折扣的关键在于合理确定给予折扣的起点、折扣的档次和每个档次的折扣率。

（3）功能折扣。这种价格折扣又叫贸易折扣，它是生产商或者批发商为鼓励其他中间商为其大力推销，给某些批发商或零售商的一种额外折扣，促使他们愿意执行某种市场营销功能（如推销、储存、服务）。一般是先定好零售价，然后按照一定的倒扣率，依次制定各种批发价以及出厂价。

（4）季节折扣。这种价格折扣主要用于季节性强的商品，是企业给那些购买过季商品或服务的顾客的一种减价，有利于鼓励买主早期进货或在商业淡季进货，有利于企业减少资金负担和仓储费用，使企业的生产和销售在一年四季保持相对稳定。例如，滑雪橇制造商在春夏季给零售商以季节折扣，以鼓励零售商提前订货；旅馆、航空公司等在营业下降时给顾客以季节折扣。

（5）折让。折让也是一种降低产品价格的方法。在购买企业新产品时，如同时交回旧货即给予降低售价的优惠待遇。如电视机、洗衣机的折让法，目的是树立一种处处为用户着想的企业形象。

5.2.3　促销价格的策划

为了促进销售，有时将其销售价格修订得低于目录价格，甚至低于成本费用，这就是促销价格。促销价格的形式主要有以下几种。

（1）削价促销。商店暂时大大削减几种产品价格，当作为招徕顾客而亏本出售的商品，以吸引顾客购买，并带动其他正常定价产品的销售。

采用这种做法一般要注意：

1）所用产品要质量好、知名度高。若是质量低劣的处理品，就没有吸引力。

2）削价的产品种类太少，对多数顾客没有吸引力；范围太广，对企业又不一定合算。一般以顾客能有一些满足为宜。

3）削价幅度要足以引起顾客的注意和兴趣，刺激购买动机，才有促销作用。

4）数量要有一个合理的限度。美国有一家商店名叫“九十九仙”，所有商品都以0.99美元的价格出售，价值较高的商品也不例外，但它每天只供应少量高价值的商品。

（2）季节性削价。企业在某一段时间内，比如季节更替之际或节假日，采取特殊事件定价，降低某些商品价格，以广泛招徕、吸引那些“厌倦购买的顾客”。

(3) 心理折扣。企业对某种产品定价很高，然后大肆宣传大减价。比如原价 359 元，现价 299 元。

(4) 回扣和津贴。回扣是间接折扣的一种形式，企业从其销售收入中，提取部分返还买主，此法多用于滞销产品及新产品。例如，在产品包装上说明，从何时到何时，凡购买该产品的消费者，把购货发票及包装上的某种特殊标记寄回厂家，将可收到多少数额的回扣。津贴是企业为了某些特殊目的，对特殊顾客以特定形式所给予的价格补贴或其他补贴。如当中间商为企业产品提供了包括刊登地方性广告、设置样品陈列窗等在内的各种促销活动时，生产企业给予中间商一定数额的资助或补贴。

5.2.4 差别定价的策划

通过制定两种或两种以上不反映成本比例差异的价格来推销一种产品或者提供一项服务，这就是差别定价。它有以下几种形式。

(1) 顾客差别定价。对同样的产品或服务，不同顾客支付不同的数额。如公交公司对成年人和 120 厘米以下的儿童收取不同的费用。企业也可以根据顾客消费的次数、方式等因素制定出差别价格。

(2) 产品差别定价。产品的品种、规格和样式不同，制定的价格也不同。如自行车、服装款式吸引人的话，价格会比同类产品高。

(3) 地点差别定价。在实际生活中，同一种商品在不同地理位置的市场上，其需求强度是不同的，因此可制定不同的价格。另外，不同地点、区域、场所、位置、方位等制定的价格也可以不同。如戏院的包厢收取的费用就高；剧场中间和前面座位票价高，边座和后座价低；飞机前舱票价高于后舱票价。

(4) 时间差别定价。不同季节、不同日期甚至不同钟点的产品或服务，都可以制定不同的价格。如长途电话在晚间及节假日比平常便宜一半，旅游区在淡季和旺季的收费不同。

5.2.5 心理定价策划

心理定价是根据不同类型消费者的不同心理需要和对不同价格的感受，有意识地采取多种价格形势的一种定价策略。心理定价有以下几种形式。

(1) 尾数定价。也称零头定价或缺额定价，即给产品定一个零头数结尾的非整数价格策略。大多数消费者在购买产品时，尤其是购买一般的日用消费品时，乐于接受尾数价格，如 0.99 元、9.98 元等。消费者会认为这种价格经过精确计算，购买不会吃亏，从而产生信任感。同时，价格虽离整数仅相差几分或几角钱，但给人一种低一位数的感觉，符合消费者求廉的心理愿望。这种策略通常适用于基本生活用品。

(2) 整数定价。整数定价与尾数定价正好相反，企业有意将产品价格定为整数，这种舍零凑整的策略实质上是利用了消费者按质论价的自尊心理和炫耀心理，一般多用于价格较贵的耐用品或礼品，以及消费者不太了解的产品。对于价格较贵的高档产品，顾客对质量较为重视，往往把价格高低作为衡量产品质量的标准之一，容易产生“一分价钱一分货”的感觉，从而有利于销售。

(3) 声望定价。声望定价即针对消费者“便宜无好货、价高质必优”的心理，对在消费者心目中享有一定声望、具有较高信誉的产品制定高价。对性能优良、独具特色的名牌产品采用高价，更易增强产品吸引力，增强购买欲望，因为购买这些产品的人，往往不在乎产品价格，而最关心的是产品能否显示其身份和地位，价格越高，心理满足的程度也就越大。不少高级名牌产品和稀缺产品，如豪华轿车、高档手表、名牌时装、名人字画、珠宝古董等，在消费者心目中都享有极高的声望价值。

例如，劳斯莱斯汽车公司（Rolls - Royce）是以一个“贵族化”的汽车公司享誉全球的。虽然说美国的通用、福特，德国的宝马、奔驰，法国的雷诺、雪铁龙等，都是消费者心仪的名牌，但是这些名牌中的名牌，当属劳斯莱斯。据说该车的许多部件都是纯手工制作的，精益求精。其完美的质量令世人瞩目，其价格的昂贵也令人咋舌，某些车的价位高达几百万甚至上千万美元，高出其他品牌汽车价位几倍甚至几十倍。劳斯莱斯汽车是订货供应，福特汽车1916年生产了50多万辆，到1982年年产量已达400多万辆，而劳斯莱斯汽车公司年产量只有几千辆，连世界大汽车公司产量的零头都不够。从1904—1963年的60年间，总产量只有4万辆！但从另一个角度看，却物以稀为贵。劳斯莱斯轿车之所以成为显示地位和身份的象征，是因为该公司要审查轿车的购买者的身份及背景条件。劳斯莱斯一共有三个系列，它的“银灵”以蓝黑两色为主调，只卖给国家元首、政府高官和有爵位者，“银魅”为中性颜色，卖给绅士名流，“银影”为灰白色，卖给一般的富豪。劳斯莱斯汽车的售卖，选择权在公司。公司要先对顾客资格进行审查，之后才能决定其可以订购何种系列的车。由于供应量太少，就连美国前总统艾森豪威尔想拥有一辆劳斯莱斯轿车都未能遂愿，这更使劳斯莱斯的身价倍增。

(4) 招徕定价。这是适应消费者“求廉”的心理，将经营的部分产品价格定得低于一般市价，个别的甚至低于成本，以吸引顾客，目的是招徕顾客购买低价商品的同时，也购买其他商品，从而带动其他商品的销售。采用这种策略，虽然几种低价产品不赚钱，甚至亏本，但从总的经济效益看，由于低价产品带动了其他产品的销售，企业还是有利可图的。该策略往往适用于以经营日用消费品为主的大型零售企业。

(5) 习惯定价。有些产品在长期的市场交换过程中已经形成了为消费者所适应的价格，成为习惯价格。企业对这类产品定价时要充分考虑消费者的习惯倾向，采用“习惯成自然”的定价策略。对消费者已经习惯了的价格，不宜轻易变动。降低价格会使消费者怀疑产品质量是否有问题；提高价格会使消费者产生不满情绪，导致购买力的转移。在不得不需要提价时，应采取改换包装或品牌等措施，减少消费者的抵触心理，并引导消费者逐步形成新的习惯价格。

5.2.6　新产品定价策划

新产品定价分为受专利保护的创新产品的定价和仿制新产品的定价。其中创新产品的定价又分为撇脂定价、渗透定价和满意定价三种。

(1) 撇脂定价。它是指在产品生命周期的最初阶段，把产品的价格定得很高，以攫取最大利润，有如从鲜奶中撇取奶油。企业之所以能这样做，是因为有些购买者主观认为某些商品具有很高的价值。从营销策划角度看，在以下条件下企业可以采取撇脂定价：

1）市场有足够的购买者，他们的需求缺乏弹性，即使把价格定得很高，市场需求也不会大量减少。高价使需求减少一些，单位成本增加一些，但不至于抵消高价所带来的利益。

2）新产品具有明显优势，拥有专利权或技术机密，竞争者在短期内无法推出类似产品。

3）新产品对顾客有较强的吸引力。

4）市场需求大，或企业的生产能力有限，短期内不能满足所有需求。

撇脂定价由于定价较高，企业可在短时间内获得较大利润，因而回收资金也较快，使企业有充足的资金开拓市场，并成为市场领先者。当产品逐渐为消费者广泛接受、竞争对手大量进入市场时，根据市场情况的变化，能够及时改变策略实行降价，增强企业的竞争能力，也不会造成大的损失。但是高价往往伴随着高风险，一旦产品不能提供新颖优异的品质，消费者则难以接受，产品也难以在市场上推广。另外高价带来的高利润会刺激大量的竞争者加入，加剧市场竞争，也相对缩短了产品的生命周期，迫使价格很快下跌。

（2）渗透定价。渗透定价是指企业把它的创新产品的价格定得相对较低，以吸引大量顾客，获得最高的销售额和最大的市场占有率。从营销策划角度看，企业采取渗透定价需具备以下条件：

1）产品市场容量大，并能替代市场上已存在的同类产品。

2）市场需求显得对价格极为敏感，因此，低价会刺激市场需求迅速增长。

3）企业具备大批量生产的能力，且生产成本和经营费用会随着生产经营经验的增加而下降。

4）低价不会引起实际和潜在的竞争，便于企业长期占领市场，树立良好的企业形象。这一策略的本利收回期较长，价格变动余地小，难以应付在短期内骤然出现的竞争或需求的较大变化。

（3）满意定价。这种定价策略介于前两者之间，是指为了建立企业产品的良好形象，企业将价格定在适中水平的策略。由于撇脂定价价格过高，对消费者不利，既容易引起竞争，又可能遇到消费者拒绝，风险较高；渗透定价价格过低，对消费者有利，对企业最初收入不利，资金的回收期较长，若企业实力不强，将难以接受。因此，如果新产品特点优势不强，又不可能大量投资扩大生产能力，并且不存在适合前两种策略的环境时，企业便可采取这一中间水平的价格。其最大的优点就是“稳”，通过对前两种策略的调和及折中来避免前两者的明显缺点，但同时也在很大程度上将两者的优点抹杀。采用此策略最应注意的是避免商品没有特色而打不开销路。

（4）仿制新产品定价。它需要决定：在产品质量和价格上，其产品应定位于何处。就新产品质量和价格而言，企业有以下九种可供选择的方式：a. 优质高价；b. 优质中价；c. 优质低价；d. 中质高价；e. 中质中价；f. 中质低价；g. 低质高价；h. 低质中价：i. 低质低价。如果市场领导者正采取优质高价，新来者就应采取其他策略。

5.2.7　产品组合定价策划

大多数企业生产或销售的是多种产品，这些产品构成了该企业的产品组合。各种产品需求和成本之间存在着内在的相互联系。企业要实现整个产品组合利润的最大化，就要考虑到各种产品之间的关系，系统地调整产品组合中相关产品的价格，充分发挥每种产品的作用。

（1）产品线定价。产品线是一组相互关联的产品，企业必须适当安排产品线内各个产品之间的价格梯级。若产品线中两个前后连接的产品之间价格差额小，顾客就会购买先进的产品。此时，若两个产品的成本差额小于价格差额，企业的利润就会增加；反之，价格差额大，顾客就会更多地购买价低的产品。

（2）任选品定价。任选品是指那些与主要产品密切相关的可任意选择的产品。许多企业不仅提供主要产品，还提供某些与主要产品密切关联但又可独立使用的任选产品。企业为任选品定价常用的方法有两种：第一，把任选品价格定得较高，靠它盈利多赚钱；第二，把任选品的价格定得低一些，以此招徕顾客。

最常见的例子是，顾客去饭店吃饭，除了要饭菜以外，还会要酒水等，在此酒水便为任选品。有些饭店饭菜的价格定得较低，而酒水的价位则较高；另一些饭店则正好相反，饭菜的价格定得较高，而酒水的价位则较低。

（3）连带品定价。连带品是指必须与主要产品一同使用的产品。例如，胶卷是照相机的连带品，计算机软件是计算机的连带品。许多大企业往往是主要产品定价较低，连带品定价较高，以高价的连带品获取利润，补偿主要产品低价所造成的损失。例如，索尼公司出品的PSP游戏机价格较低，但是一张游戏碟却十分昂贵。这样既提高了游戏机的销量，又保持了一定的利润水平。

（4）副产品定价。在许多行业中，如发电、养殖、石油等行业，在生产主产品的过程中，往往会有副产品。如果企业不能加以利用，那么就要花钱来处理这些副产品，这会影响企业主要产品的定价。因此，如果这些副产品对某些客户群有价值，只要买主愿意支付的价格大于企业储存和处理这些副产品的费用，都是可以接受的。副产品收入的增多，将使企业更易于为其主要产品制定较低的价格，以便在市场上增加竞争力。

（5）产品束定价。产品束是指为了促进销售，企业将有连带关系的产品组成一束，一并以低价销售，其价格低于分别销售时支付的总额。例如，把红酒、酒杯、开瓶器组成一束一起销售，搭配销售的餐具等。这种定价策略，可以利用低价的刺激进而带动产品束中所有产品的销售。

【案例5-2】

吉列公司在19世纪末开始投产剃须刀架和刀片时，质量并非最好，且制造成本比竞争对手高许多。当时竞争对手给剃须刀架定价为5美元，给刀片定价为2美分，这种价格是与生产这两种产品的成本相适应的。然而5美元的刀架在当时太贵了，因为当时一般工人一天也挣不到1美元，价格显然成了“自己动手”剃须修面的一项障碍。

吉列在定价时，力图寻求一种全新的定价方法。吉列刀架的零售价为55美分，批发定价为20美分（这仅为制造成本的1/5）。但吉列的刀架却只能使用吉列自己设计且已获专利的刀片，这种刀片成本不足1美分，但吉列却将之价格定为5美分。采用这种定价方式，吉列公司大获成功。

【分析提示】

吉列公司这种独到的定价方法，尽管每把刀架都亏本很多，但由于刀架价格已不再是障碍，使得吉列获得了大量的顾客，刀架的亏损可以从销售量很大的刀片中得到补偿并盈利。相较于竞争对手的产品而言，吉列公司的刀架和刀片并无优势，但却通过定价赢得了顾客，因为顾客觉得购买到了便宜而有价值的东西，使顾客觉得他们的这项花费是值得的，也使吉列公司在剃须刀市场上垄断了近40年。

◆技能训练 5.2

训练背景

结合所学知识，对每种定价方法策略的优缺点进行比较，列出2~5种使用该种定价方法的产品或品牌进行分析。

训练要求

采取小组讨论的方式，结合身边的例子，选举2~5种采用某种定价方法的品牌进行讨论，讨论内容包括所讲价格策划的全部内容，在课堂上进行展示交流，最后教师进行点评。

任务 5.3　变动价格的策划

企业给产品定价以后，由于情况变化，经常需要对价格进行变动调整。变动价格主要有两种情况：一种是市场供求环境发生了变化，企业认为有必要调整自己的价格；一种是竞争者价格有所变动，企业不得不做出相应反应，以适应市场竞争的需要。

5.3.1　主动调整价格的策划

1. 主动调整价格的原因

主动调整产品价格的策划，不外乎从两方面着手：一是降价，二是涨价。

（1）降价常见的原因：a. 企业生产能力过剩，需要扩大销售，但又无法通过改进产品和加强销售工作来达到目的，只好考虑降价。b. 在强大的市场竞争压力下，企业的市场份额下降。如当日本小汽车以明显优势大量进入美国市场后，美国通用汽车公司在美国市场份额明显减少，最后不得不将其超小型汽车在美国西海岸地区降价10%。c. 企业的成本费用比竞争对手低，试图通过降价来掌握市场或提高市场份额，争取在市场上居于支配地位。企业用较低的价格来增加销售量和扩大生产，也降低了成本。

（2）涨价常见的原因。涨价虽然会引起消费者、经销商和推销人员的不满，甚至会丧失竞争优势，但是一个成功的提价也可以使企业的利润大大增加。在下列两种情况下，企业会考虑涨价：a. 通货膨胀。这是一个全球性的问题。材料、燃料、人工费、运费、科研开发费、广告费等不断上涨，导致企业压缩了利润的空间，因而也引起了公司要定期地提价，提高的价格往往比成本增加得要多。b. 供不应求。当企业的产品在市场上不能满足所有消费者的需要时，可能会涨价，减少或限制需求量。企业在涨价时，应通过一定的渠道让消费者知道涨价的原因，并听取他们的反映，企业的推销人员应帮助顾客找到经济实用的方法。c. 竞争者提价等。

2. 主动注意对价格变动的反应

（1）购买者对变价的反应。企业变价之后，要注意分析各方面的情况，特别是购买者对价格变动的反应。由于购买者对变价不理解，可能会产生一些对企业不利的后果。降价本应吸引更多的消费者，但有时对某些消费者却适得其反，这些消费者可能会认为降价是为了处理积压存货，降价的产品一般无好货；或者认为企业财务困难，该产品今后要停产，零配件将无处购买，价格可能还会进一步下跌，故造成持币观望的局面。因此，不适当的降价反而会使销售量减少。

产品提价应该是抑制购买，但购买者可能认为提高售价是因为这种产品是畅销货，不及时购买将来可能买不到；或者以为该产品有特殊价值，值得购买；或者认为该产品可能还要涨价，赶快去买。结果是涨风越大，抢购风越大。

因此，企业在产品涨价、降价之前和之后，都应尽可能地向消费者介绍清楚，让消费者了解情况，以便对变价做出正确的购买反应。

（2）竞争者对变价的反应。企业在营销中往往还会受到竞争变价的攻击，这就需要企业分析竞争变价的目的、持久程度和对本企业的影响并及时做出反应。选择方法如下：保持价格不变的同时，改进质量、样式、包装等，用非价格手段来进行反攻；降价以扩大销售量；提价，同时研制新品牌以攻击对方；等等。

3. 主动调价的方法

（1）降价对企业来说具有相当的风险。出于“一分价钱一分货”的心理，消费者认为降价产品的质量可能会低于竞争对手的产品质量。同时，降价也有可能引发价格战，造成不必要的过度竞争。所以企业在采取降价策略时应该谨慎。

1）降价的时机。不同的商品的降价时机不同，通常日用品选择节日前后，季节性商品选择节令相交之时。

2）降价的方式。降价的方式有明降和暗降。企业采用明降的方式时最主要的就是要一次降到底。暗降的方式有增加商品的附加服务、给予折扣和津贴、实行优待券制度、予以实物馈赠、退还部分货款和以新产品面貌出现等。

3）降价的幅度。幅度一般不宜过大，尽量一次降到位，切不可出现价格不断下降的情况，以免引起消费者产生持币待购的心理错觉。

（2）从一般意义上理解，消费者一般都不欢迎产品提价。许多产品在价格上涨很长一段时间后才慢慢地被人们接受，其损失的市场是可想而知的。但同时人们又存在买涨不买跌的心理，因此企业在提价时要讲究策略，合理掌握提价的时机、幅度及方式。

1）涨价的时机。为避免顾客和中间商的不满，可以限时提价，在供货合同中写明调价的条款。

2）涨价的方式。常见的有：a. 明调，即公开宣布提高价格，而其他条件不发生任何变化。b. 暗调，具体包括减少产品包装数量、更换商品型号种类、取消优惠条件等手段。一般的做法是避免明调，采用暗调。c. 事先放风，在经销商或消费者没有任何准备的情况下突然提价容易引发抵触情绪，因而企业可以在提价前向经销商有意无意透漏信息，使经销商可以提前进货，有一个心理接受过程。d. 先试点，后推广。即根据细分市场的不同情况，选取具有代表性的地区，实行新价格，观察市场反应，对提价后出现的问题进行补救和完善，待时机成熟后再大面积推广。

3）涨价的幅度。涨价的幅度不宜过大，也可参照竞争者的价格变化。

5.3.2 被动调整价格的策划

1. 一般市场者的对策

被动调价是指企业对率先进行价格调整的竞争者的价格行为所做出的调价反应。在市场经济条件下，价格竞争随时都可能爆发，企业必须随时做好准备，建立自己的价格反应机制，始终关注市场价格动向和竞争者的价格策略。

（1）应对措施。面对竞争者率先调整价格、被动跟随竞争者调整的情况，对于不同的产品市场，其应对措施可以有如下几种。

1）对于同质产品，如果竞争者降价，企业也要随之降价，否则，顾客就会购买竞争者的产品。如果竞争者提价，企业可以灵活面对，或者提价，或者不变。

2）对异质产品，由于顾客考虑产品的品质、服务水平、品牌信赖等因素，这些会抵消顾客对价格的敏感程度。企业有较大的余地对竞争者调整价格做出反应，如不改变原有价格水平，采取提高产品质量和服务水平、增加产品服务项目、扩大产品差异等来争夺市场竞争的主动权。

（2）探析问题。在采取行动之前，企业应当先比较不同反应的可能结果，一般要分析研究以下问题。

1）竞争者为什么要变动价格？是想扩大市场，以充分发挥它的生产能力？还是为了适应成本的变化？或者是希望引起全行业的一致行动，以获得有利的需求？

2）竞争者的价格变动是暂时的，还是长期的？

3）对竞争者的价格变动置之不理，企业的市场占有率和利润等会受到什么影响？其他企业又会怎么办？

4）对企业每一个可能的反应，竞争者和其他企业又会有什么举动？

（3）主要对策。由于企业市场地位和营销成本、产品特性及市场环境的实际情况不同，企业被动调价时的策略也应有所不同。可供企业选择的对策主要有以下几种。

1）随之调整价格，尤其对于市场主导者的降价行为，中小企业很少有选择的余地，只能被迫应战，随之降价。

2）反其道而行之，同时推出低价或高价新品牌、新型号产品，以围堵竞争者。

3）维持原价不变。如果随之降价会使企业利润损失超过承受能力，而提价会使企业失去很大的市场份额，维持原价不失为明智的策略选择，同时也可以运用非价格手段进行回击。

2. 市场领导者的对策

市场领导者有如下对策可供选择。

（1）价格不变。部分市场领导者认为，削价会减少太多利润；保持价格不变，市场占有率也不会下降太多，必要时也很容易夺回来。

（2）运用非价格手段。比如企业改进产品、服务和市场传播，使顾客能买到比在竞争者那儿更多的东西。很多企业都发现，价格不动，但把钱花在增加给顾客提供的利益上，往往比削价和低利经营更合算。

（3）降价。市场领导者之所以这么做，是因为削价可以增加销量和产量，从而降低成本费用。同时，市场对价格非常敏感，不削价会丢失太多的市场占有率，而市场占有率一旦下降，就很难恢复。

（4）涨价。有的市场领导者，不是维持原价或削价，而是提高原来产品的价格，并推出新的品牌，围攻竞争者品牌。

【案例5－3】

解剖伊兰特2004年降价策略

“跳水”“割肉”也不能笼络消费者，这让许多汽车厂商在2004年有“说不出的痛”。当然，在降价中尝到甜头儿的企业也不是没有，北京现代就是一家。北京现代伊兰特在2004年9月初大幅降价后，效果瞬显：2004年8月，北京现代在国内汽车厂商中的单月月度排名第五，9月份上升到第四名，10月份继续上升到了第三名。之后，“九月行动”的效能持续释放，影响和决定了这家汽车新军的业界位置。

为什么北京现代能成为运用价格策略引人注目的少数汽车企业之一？如何降价？降价时机如何选择？降价幅度又如何确定？降价策略最终如何成功实施？并不是每一个汽车企业都能把握和运用好的。因此，解剖伊兰特成功的市场策略尤其是价格策略，对于其他汽车企业就具备了案例价值和普遍意义。

一、价格起点：认为自己是“后来者”“弱势品牌”

2004年是中国汽车市场的一个战略拐点，国内的主流汽车厂商通过不断降价来增加销量，但是，许多汽车厂商的降价并没有促进销量，相反愈发让消费者更加持币待购。

北京现代的降价策略却为自己争得了不少市场份额。北京现代被业界认为是2004年进步最快的汽车企业之一，据北京现代的高层介绍：“2004年的成功主要有三个主要因素：正确认清了自己的优势、劣势；在引进车型上正确判断了细分市场；对国内汽车市场变化的及时反应与正确应对。”

其中最重要的是对自己优势、劣势的认识。北京现代作为国内汽车市场的“后来者”，与大众、通用相比是“弱势品牌”。于是，在产品的价格制定上，他们在市场份额与利润之间选择了前者，因为没有相当的市场份额，就没有话语权，品牌在中国就不具备影响力，更不具备持续增长的潜力和基础。伊兰特在上市之初的定价比同一档次竞争车型凯越的价格低了1.3万元左右。

在车型的选择上，北京现代对进入哪个细分市场及其成长性也做出了正确判断：进入中级车市场。于是他们在2003年年底推出了伊兰特，结果这款产品在2004年获得了超出预料的成功，成为进入国内畅销车排行榜前五名的两款新车之一。2004年的市场业绩表明，中级车是当年增长最快的细分市场。

对于市场变化的及时反应与成功处理，在北京现代的市场策略中最鲜明的一条是“以快制胜”。2004年9月份北京现代的全线产品降价，在产品销量增长时主动降价，就是对市场反应“以快制胜”的经典举动，是奠定公司进入第一阵营的“关键一役”。

二、降价砝码：在产品销量增长时选择降价

2004年9月的降价行动为北京现代进入汽车厂商中的第一阵营立下了汗马功劳。在同样的市场环境下，为什么很多厂商降价效果不太理想，而北京现代的降价效果却为业界高度关注和羡慕？

主动出击，以价格换市场是北京现代谋划市场的初衷和砝码。2004年9月，北京现代旗下全线产品平均降价10%，其中伊兰特降为11.28万~15.18万元。这样，最低售价在12万元以下，由此冲破消费者的心理底线。以更低的售价、高性价比来占据更多的市场份额，是韩系车和现代集团在全球汽车市场的一贯策略，这个策略在我国继续得到了进一步的完整体现。

在产品销量增长时主动降价、“割肉”，北京现代伊兰特开了业界先河。而在此之前，国内的很多汽车厂商一般是在产品销量下滑时才被动降价。

北京现代这种在产品销量增长时主动降价的做法，是不是有点犯傻？产品在销量增长时主动降价，与产品销量下滑时被动降价有什么不同？

在产品品质一定或者相当的情况下，汽车价格低、降价幅度大，则销量高或者上升，反之汽车销量低或者下降。同样道理，厂家在一种产品销量增长时主动降价，在同样的市场环境下产品的销量一定增长；而当产品销量下滑时，厂家被动降价，产品的销量则不一定增长。2004年的中级车销量走势与比较，证明了这些观点和事实。北京现代认为，这些理由是当时他们决定主动“割肉”的原因，这种做法除了能抢到实惠之外，还能获得消费者良好的口碑，出乎竞争对手意料，从而在争夺市场时比较容易占据主动。

降价之后效果明显。2004年9月北京现代销量比上月增长超过23%；2004年10月继续保持迅猛势头，伊兰特销量稳居中级轿车第一名的位置。

三、降价时机：趁许多厂商把货压给经销商时降价

降价时机的选择，首先要看竞争厂家是否有可能跟进、是否有实力跟进，因为竞争车型跟进的时间长短和车型多少决定着自己的降价效果。

北京现代高层人士认为，他们选择在2004年9月初降价，时机的选择不早不晚。如果在8月份降价，有可能引发其他厂商降价跟进，不仅自己降价的效果难以体现，而且加快了价格这个“魔鬼螺旋”的转速，于己于人于整个行业都不利；而如果是在9月中旬或者下旬降价，则自己降价的效果要差好几成，因为一位准消费者从知道降价消息到真正去买车，一般会有3~10天的时间，选择在9月初降价能促使更多的人在当

月去买车。

那么，为什么北京现代在9月初降价，而其他厂商没有降价跟进呢？或者说，北京现代选择在9月初降价，凭什么保证其他厂商不会或者无法降价跟进呢？

北京现代之所以这么有把握，是基于对国内汽车市场的理解和深入把握。按照往年的惯例和经验，国内汽车厂商照例会把每年的9、10月份视为“金九银十”，指望在这两个月多卖车，于是会集中在8月份向经销商大幅度压货。一般来说，在每年8月底、最晚在9月初，汽车厂家就会把高于月均销量50%～80%的车子压到经销商手中，或者购车合同已经签订。

在经销商大幅压货的情况下，汽车厂家一般是很难降价跟进的。因为按照厂家和经销商的汽车销售政策和合同，如果厂家在把车子卖给经销商之后再调低汽车的市场指导价，厂家要赔偿旧价格与新价格的差额；如果合同另有约定，汽车厂家还需要另外向经销商支付违约金。如果厂家在此时降价就意味着，汽车厂家在约定的付款时段内不仅要向上游的供应商付款，同时还要向下游的经销商付款，这么多车子的付款额度，将让汽车厂家的财务不堪重负，难以承受。当时的情况是，上海通用、南北大众分别在2004年6、7月份刚刚降过价，包括上海通用、南北大众在内的国内汽车厂商不是不想跟进，而是跟进不了、赔不起了。

降价时机不能只选择自己的市场份额足够高了才降价，同时更要考虑遏制新的竞争车型成长。比如爱丽舍，现在回头看该车型2004年4月份的第一次降价行为就是动手太晚了，如果爱丽舍在2003年9～12月份之间降价，将非常具有竞争力，凯越和伊兰特可能就不会成长这么快。而如果等到新车型成长起来、消费者认可之后再去降价拼抢，这时就很难遏制新车型的增长势头。

与降价时机相关的一个重要的问题是：降价周期如何把握？如果降价周期太短，容易打击消费者的信心，反而造成新一轮的持币待购；降价周期太长，产品销量有可能受到更大的抑制，等于是把市场拱手让给了竞争对手，而且容易错失降价的最好时机。

四、降价幅度：在降价前先理性调研和真实演习

降价幅度的确定，首先应该以消费者的期望值而不是自己公司的期望值为主要指标；其次要参考同一细分市场上竞争车型的价格，确保自己的车子在同档车型中具备竞争力；最后考虑的才是自己的利润空间。北京现代高层人士认为，这个“降价三原则”是他们确定降价幅度时的主要坐标，也应该是现阶段国内厂商确定降价幅度时值得参考的基本原则。

在降价之前，北京现代进行了理性的调研和真实的演习。众所周知，现在国内厂商事实上有两个指导价，一个是“指导”消费者的，另外一个是“指导”经销商的。他们在2004年8月实施了更为大胆、更为主动的价格策略，加大了针对经销商的优惠力度，结果2004年8月的销量即从上个月的8 172辆上升到9 600辆。这次试探坚定了北京现代降价的信心，也基本上确定了他们的降价幅度。

在2004年9月的降价行动中，伊兰特的平均降价幅度在10%左右。对于一款销量

节节上升的畅销车，降价幅度再低一些行不行？比如6%、8%左右，是否也会实现同样的效果？就伊兰特1.6AT自动豪华型这款车来说，很多经销商也都认为当时降价幅度即使在1万元左右，这款车子在同档次的车型中竞争力就非常厉害了，但却降了1.4万元。当时伊兰特已经连续5个月销量持续增长，即使伊兰特在2004年9月初不明降，或者明降的幅度小一些，销量也会继续增长。

北京现代的降价力度之所以那么大，还在于他们不仅想通过此举奠定伊兰特新型中级车市场上的龙头位置，而且希望确立在新老中级车型中的领先位置。依然以1.6AT自动豪华型这款车为例，这款车降价1万元，足以对包括凯越、福美来、爱丽舍在内的新一代中级车形成很大压力；如果降价1.4万元，则还可以对桑塔纳、捷达、富康形成一定冲击，能从老三样手里抢到一块市场份额。事实上，降价后的市场效果表明，伊兰特达到了这样的目的。

五、价格实现：依靠整个“后台系统”的反应能力

从准备降价、正式降价到降价效果真正成功，实际上还有赖于一家企业整个后台系统的反应能力。

价格问题在最开始就不仅仅是单一环节、孤立的问题，而是企业所有环节中最关键的一环，在降价之前，企业就需要通盘考虑采购、生产、物流、销售和售后服务等整个系统的反应能力，这种能力最终左右着降价的能动性和市场效果。

北京现代“九月行动”的价格策略之所以具备了“快速响应市场变化的柔性特质”，还有赖于这家公司“单一供应商”的采购和供应模式。与国内相当一部分汽车企业不同，北京现代伊兰特除了轮胎有韩泰和锦湖两家供应商之外，其他零部件供应商只选择一家。

其他汽车企业选择两家或者两家以上的供应商，主要是出于零部件供应稳定性和配件价格的考虑，此时整车企业处于优越和主动位置，此类整车企业降价时会以“二选一”的天然优势和无形压力更多地达到自己的目的。

北京现代的“单一供应商”模式尽管有不足之处，但是在降价面前这种模式的优势就显露出来了，北京现代不是以“二选一”的强势去挤、去压、去逼供应商同意，而是会把自己伊兰特的市场目标告诉供应商，在说服供应商降价的同时，也让出了自己很大的一块利润空间，以实际行动表明了自己的诚意和决心，从而使“九月行动”变成了现实，超越了预期。

【分析提示】

中国的许多行业，价格战频繁发生，如果说哪个企业的产品没降过价，基本上就是个奇迹。价格战的利弊也被分析得极为透彻，被称为“杀敌一千，自损八百”式的战术。但即便如此，降价策略依然将在未来很长一段时间内流行。

因为当一个市场主要是机会型市场时，大多数企业就不可避免地要跟风。一个企业做功能性饮料“脉动”成功了，就会引来无数跟风；一家公司做VCD赚钱了，就会有无数公司千方百计进入这个行列。这也就培养出两种能力：市场炒作和价格战。当然，我们不能过分苛求其中的企业，因为当这些领域大赚特赚时，不跟风岂不是傻子？

所以，对许多企业而言，也许最现实的问题是在通过降价“杀敌”的同时如何让自己的损失更小。既然许多厂商把降价比喻为跳水，这里我们不妨借鉴跳水的一些技术要领。

跳水是我国的一个强项，中国跳水队的一大法宝就是“压水花”的能力。作为外行，我们在欣赏比赛时，判断跳水动作完成好坏的标准通常是溅起水花的高度。但其实，“压水花”不仅仅是入水瞬间的技术问题，它与起跳、空中动作、身体打开的时机都有关系，一步扣一步。如果前面技术动作没做好，入水时肯定压不住水花。

仔细想想企业的降价也是这么回事。以伊兰特为例，如果北京现代没把自己清醒地定位为“后来者”“弱势品牌”，能在市场份额与利润之间选择前者吗？如果不是明确地知道自己现阶段要的是市场份额，能在产品热销时就主动降价吗？如果不是对中国准汽车消费者的深入了解，能知道他们从知道降价消息到真正去买车，一般会有3～10天的时间吗？如果不是知道对手都会趁着“金九银十”把货压到经销商处，很难再对汽车价格做出改动，能选择九月初降价吗？如果在降价之前，北京现代没有通盘考虑采购、生产、物流、销售和售后服务等整个系统的反应能力，伊兰特的降价策略能如此成功吗？

也许，我们过去总把目光盯在××企业通过降价获得了什么成功这个表象上，而忽略了其背后的支撑降价的系统工程。“跳水”的经验也告诉我们，没有从起跳开始的一系列动作的协调，也不会有完美的小“水花”。

◆技能训练5.3

训练背景

随着竞争的日益加剧，很多产品不得不走上价格竞争的老路，但是价格竞争的方式千差万别，请选定某几个竞争品牌，利用所学知识，对其价格竞争策略进行分析。

训练要求

以小组为单位，对所选择的竞争品牌之间价格策略的运用展开调查分析，指出利弊，每小组最终形成一份报告，在课堂上展开交流，并由教师做出点评。

项目总结

本项目通过定价方法和制定、修订、变动价格策划等知识与案例的分享，使学生掌握了价格策划的核心知识。下面用桃园房地产项目价格策划案的一些细节内容来演绎本项目，以加深对知识的理解，提高实战能力。

桃园房地产项目价格策划案

一、项目概述

1. 项目背书

项目主要经济技术指标见表5－1。

表 5-1　项目主要经济技术指标

规划总用地面积：63 509 平方米	住宅总户数：758 套
总建筑面积：112 426.90 平方米	其中：普通多层住宅：390 套
其中：住宅建筑面积：97 720.17 平方米	花园洋房住宅：148 套
商业建筑面积：5 298.07 平方米	小高层住宅：220 套
车位建筑面积：9 408.61 平方米	商铺总数：48 套
公建面积：	车位总数：377 个
建筑密度：0.33	其中：地下车位：261 个
容积率：1.94	地上车位：116
绿化用地面积：	会所说明：
绿化率：48%	景观情况说明：

2. 项目情况介绍

在项目情况介绍中，主要从以下六个方面（图 5-1）对项目做出描述。

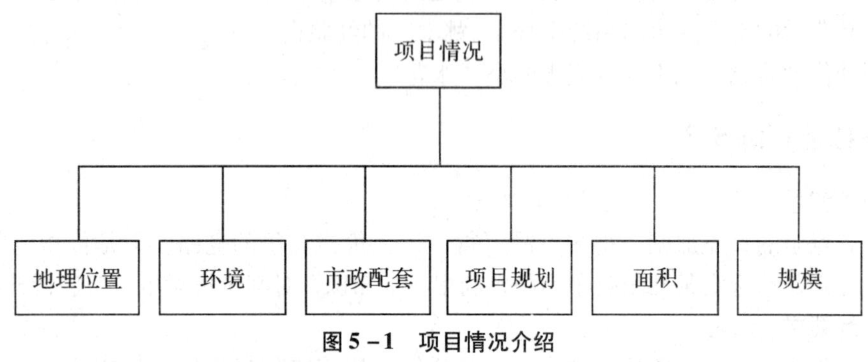

图 5-1　项目情况介绍

（1）地理位置：位于××区××片区××路与××路交接位置，紧邻××路延长线。

（2）项目环境：目前小区周边正在兴建几个住宅小区，同时项目距离 1 千米位置，大商汇正在筹建中。

（3）市政配套：教育配套、金融配套完善，但医疗配套和商业配套较为欠缺。

（4）项目规划：建筑主题为道路包围景观、景观包围建筑。

（5）面积：项目占地约 66 670 平方米（100 亩），属中等规模住宅小区。

（6）项目规模：规划住宅户数 758 户，其中住宅包括底商多层、普通多层、花园洋房和小高层四类，同时配有临街商铺和独立式商铺，地下车库及露天车位基本满足小区用户的停车要求。

二、项目产品分析

1. 项目产品介绍

项目产品介绍主要从影响项目产品定价的十个方面（图 5-2）描述。

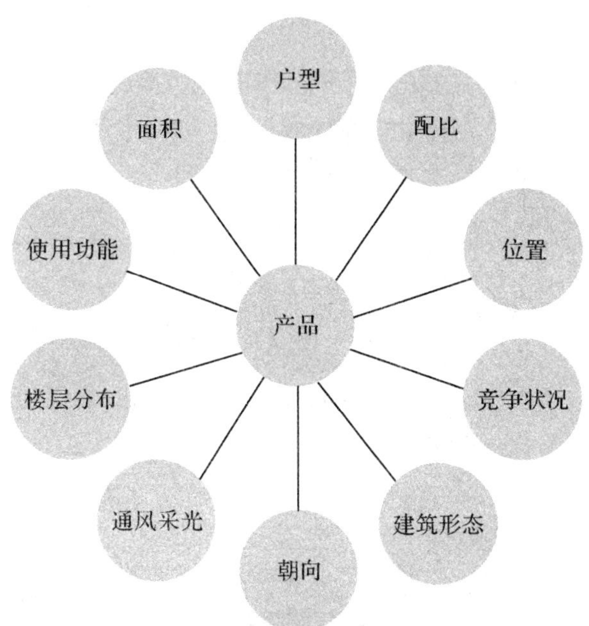

图5-2 项目产品介绍

表5-2 项目情况介绍

面积：产品面积为86.17～229.94平方米	户型：户型共计24种，多数方正实用
配比：缺四室房源，主力三室2厅2卫	位置：整个小区精良景观包围建筑
竞争状况：小区同类房源较多，内部竞争严重	建筑形态：多层、小高层、花园洋房相结合
朝向：除小部分底商多层和2个单元小高层外，其余皆为南北朝向	通风采光：目前小区周边无高层建筑，多为平地，小区间距适中，通风采光效果良好
楼层分布：3、4楼房源最多	使用功能：使用功能齐全，十分利于居家使用

2. 项目产品配比分析

桃园项目待售产品类别有：底商普通多层、普通多层、多层花园洋房、小高层。各类产品的住宅套数及面积占比见图5-3。

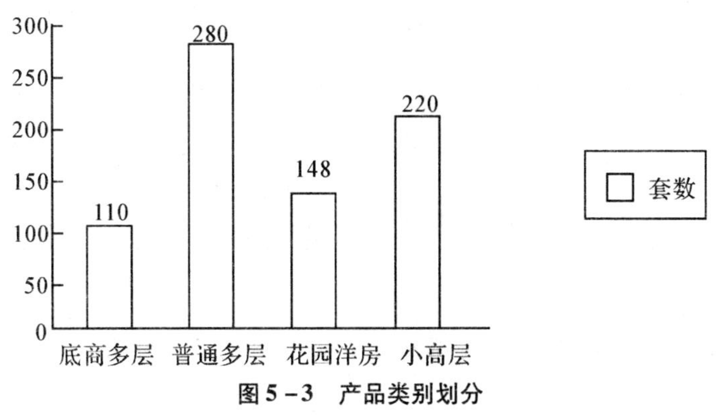

图5-3 产品类别划分

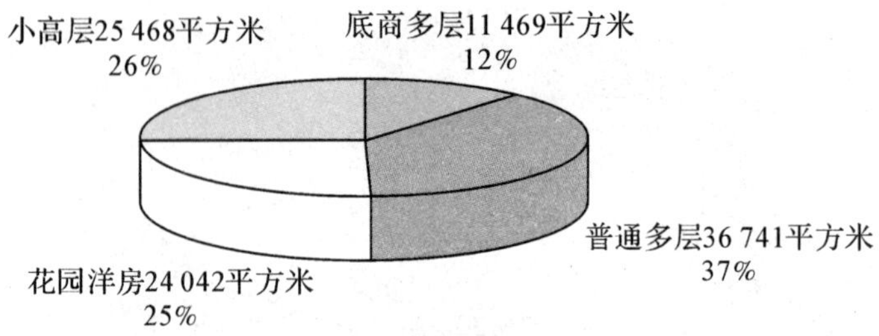

图5－4 分类面积划分

由上面得出：桃园项目花园洋房和小高层所占面积比例基本接近，故产品定价时可以用花园洋房的价高比例平衡小高层的低价比例，底商多层和多层均价要基本达到项目总体均价。

3. 户型分析

项目758套住宅中，共计有24种户型。各户型所占比例，见表5－3。

表5－3 户型分析

户型	建筑面积（平方米）	套数	套数占比	面积占比	户型	建筑面积（平方米）	套数	套数占比	面积占比
A	107.57	100	13.9%	11.95%	A跃	194.40	20	2.64%	3.98%
A1	110.45	50	6.6%	6.14%	A1跃	200.65	10	1.32%	2.05%
B	100.79	126	16.62%	13.07%	B跃	170.40	29	3.83%	5.06%
B1	103.17	32	4.22%	3.39%	B1跃	175.77	7	0.92%	1.25%
F	106.38	16	2.11%	1.74%	F跃	171.44	4	0.53%	0.70%
C1	220.73	22	2.9%	4.97%	C1山	229.77	14	1.85%	3.29%
C3	121.18	22	2.9%	2.73%	C3山	126.05	14	1.85%	1.80%
C4	120.34	22	2.9%	2.71%	C4山	125.11	14	1.85%	1.79%
C5	194.27	22	2.9%	4.38%	C5山	203.62	14	1.85%	2.92%
E	86.17	80	10.55%	7.05%	E跃	137	8	1.06%	1.12%
G	129.93	80	10.55%	10.64%	G跃	190.30	8	1.06%	1.56%
D	120.51	40	5.28%	4.93%	D跃	185.29	4	0.53%	1.76%

4. 面积分析

产品面积决定了购买总价，故项目产品的面积分析，对项目产品定价影响深远，以下将对项目产品的面积区间、不同区间住宅产品的总面积分布做出表述，详细划分见图5-5。

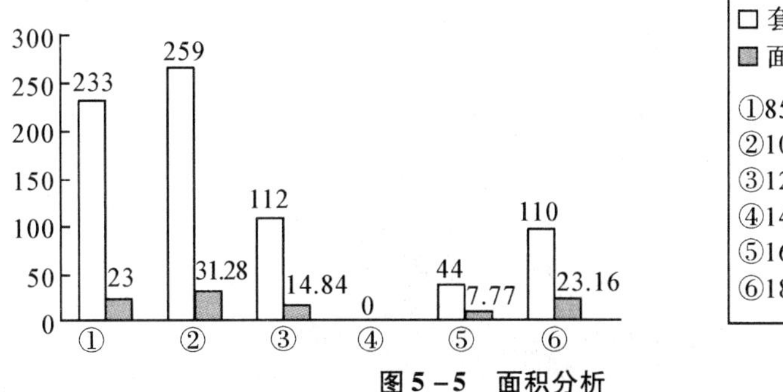

图5-5 面积分析

由图5-5可知，有近500套住房面积在125平方米以下，套数占比近65%，但面积占比仅为54.28%，所以在定价时要充分考虑整体利润指标因素，避免出现销售套多但价少的现象，即销售套数多，但总销售额少。

5. 位置分析

桃园项目的整个建筑格局是景观包围建筑，整个小区都有活水包围，可以说，活水是项目产品景观的一大亮点，而且可以保证整个项目的每一套住宅都可以享受片区景观的支持。为了避免项目所邻的污水沟影响，已经将污水沟旁用车库和会所与住宅间隔，故无位置缺陷较大的劣质房源。

三、产品房号编排

1. 房号编排基本原则

遵从传统房号编排原则：

(1) 栋数号按照按照测量报告的安排（但其中的4、13、14、24这四栋舍去）。

(2) 单元号遵从面对单元入口从左至右递增原则。

(3) 楼层号从地面一层算起，若是底商，则房号编排从2楼起算。

(4) 房号编排：多层、花园洋房面对楼梯左一右二；小高层为出电梯顺时针方向1、2、3、4。

2. 房号编排规避事项

(1) 栋数号避免出现4、13、14、24这种有购买抗性的栋数号（栋数号相应增加即可）。价格表栋数与测量报告栋数对照，见表5-4。

表5-4 价格表栋数与测量报名栋数对照

测量报告栋数号	1~3栋	4栋	5~11栋	12栋	13栋	14栋	15~20栋	21栋	22~25栋
价格表栋数号	相同	5栋	6~12栋	15栋	16栋	17栋	18~23栋	25栋	26~29栋

(2) 房号编排要充分考虑传统习惯，便于客户识别。

四、定价原则概述

1. 定价流程

整体定价流程见图5-6。

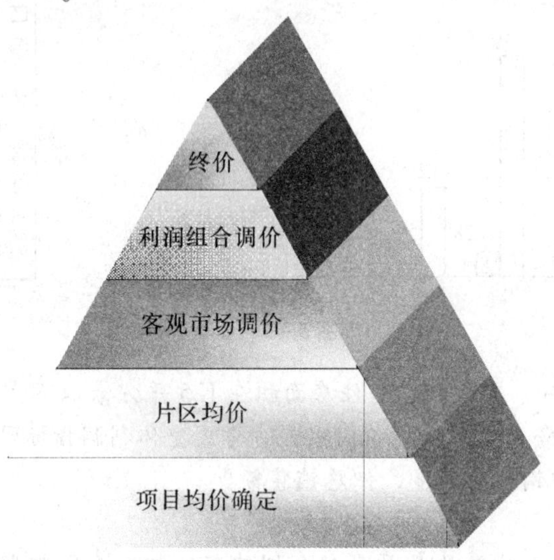

图5-6 整体定价流程

说明：首先确定项目的整体均价，整体均价确定的基础上，进行项目的片区划分，确定项目的片区均价。片区均价确定后就开始项目758套住宅的客观市场调价，内容包括影响项目个体产品价值的各种因素调价，然后进行实现项目利润最大化的利润组合调价，目的是通过这一调价，充分实现项目的快速销售和保证开发商的快速回款要求，同时确保开发商实现项目利润最大化。最后得出项目最终单价（包括758套住宅的销售单价）。

2. 定价原则

(1) 利润最大化原则。

(2) 客观原则。

(3) 市场接受原则。

(4) 影响因素全方位原则。

(5) 销售阶段性调价原则。

(6) 公正性原则。

详细定价原则阐述参看五、六部分内容。

3. 项目市场均价的确定

从资产评估原则及标准市场分析得出，桃园项目的市场接受均价为6 685元/米^2，而开发商的心理目标均价为6 750元/米^2，两者间有一定的差距，这就需要项目策划及销售有充足的准备，项目市场推广投入力度加大，因而相应的营销费用需要增加，本案属于我公司对代理楼盘项目的价格确定，开发商的目标要求是首位的，故桃园项目的项目均价确定为6 750元/米^2。但在此衷心提醒，此价格是与市场接受均价有一定差距的，为了保证可以实现开发商要求的销售预期，不仅要求营销策划及销售执行相当到位和成功，同时要求开发商对整个项目的销售过程有充足的支持和配合，并加大市场推广力度和营销费用预算。

4. 片区均价的确定

根据项目栋数分布位置，首先将项目小区划分为8个区域，见图5－7。

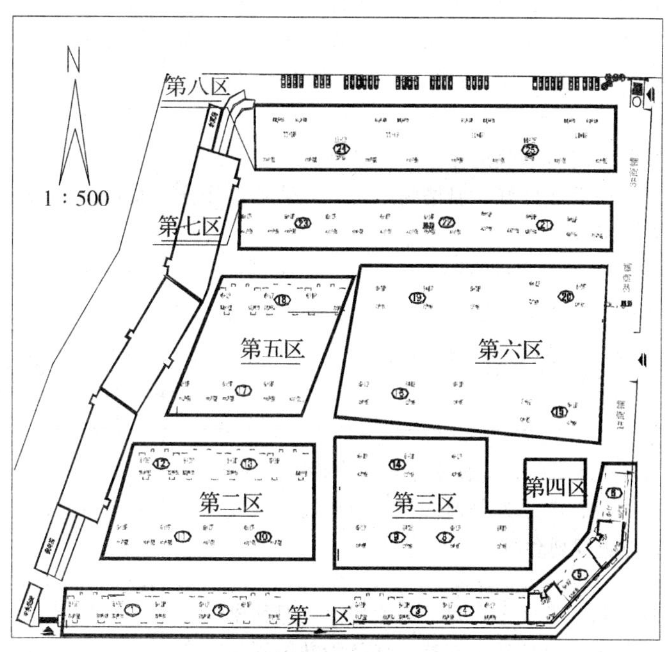

图5－7 桃园项目定价分区图

各区包含栋数见表5－5。

表5－5 各区栋数

区位	1区	2区	3区	4区	5区	6区	7区	8区
栋数	1～7	11～16	9、10、17	8	20、21	18、19、22、23	25～27	28、29

片区均价的确定见表5－6。

表5－6 桃园项目片区均价确定

区域	特征分析	调价指向	片区均价（元/米²）
1区	紧邻市政道路，毗邻人流入口，交通便捷，但受烟尘及噪音影响，产品为底商多层住宅，景观支持较小，公摊比例较其余同类产品略大，户型实用但无亮点体现，采光通风效果较好	均价－400元	6 350

续表

区域	特征分析	调价指向	片区均价（元/米^2）
2 区	与入口相邻，交通便捷，间离市政道路，有普通小区片围景观支持，产品为普通多层，户型设计完善，与规划会所相邻，但通风采光受部分影响，公摊比例适中	均价 -200 元	6 550
3 区	与入口相邻，间离市政道路，片区景观优良，产品为花园洋房，户型设计良好，但楼间距不大，采光受部分影响，公摊比例适中	均价 +400 元	7 150
4 区	独栋，间离市政道路，优良景观包围，四面环水，产品为花园洋房，户型设计良好，量少，私密性佳，但公摊比例略大	均价 +550 元	7 300
5 区	远离入口及市政道路，优良中心景观支持，间距充足，通风采光效果好，产品为普通多层，户型设计精良，公摊比例小，靠近规划会所	均价	6 750
6 区	间离市政道路，紧接主入口，交通便捷，但私密性受一定影响，有优良中心景观支持，产品为花园洋房，户型设计良好，楼间距很大，通风采光效果良好，公摊比例小，3 楼以上居住效果佳	均价 +600 元	7 350
7 区	不靠近入口，与市政道路垂直间离，产品为普通多层，有一定的小区景观支持，楼栋布局紧密，户型设计精良，采光一般	均价 -250 元	6 500
8 区	远离市政道路和入口，栋数布局紧密但不舒畅，小区景观支持力度较小，有部分东西朝向房源，产品为小高层，公摊比例较大，户型设计有一定缺陷，7 楼以下房源通风采光受到较大影响，极容易受多层房源冲击	均价 -350 元	6 400

5. 定价需注意的焦点问题

(1) 定价需在确保均价的基础上确定增减幅度，同时避免出现为保证项目均价而进行小片调价，而应该整个小区统一调价。

(2) 在定价时要充分参考有购房意向的公司同仁的意见，如哪一个户型最受欢迎，哪一楼层最有抗性，哪一片区最受瞩目。

(3) 定价时除已经存在的影响因素外，还需考虑预期影响因素，即将来会有什么样的变化，这种变化对业主而言是否有利，以便于销售时的销讲。

五、客观市场定价

1. 影响价格确定的各因素的调价说明

片区均价已经确定，故仅需对同一片区不同位置的房源进行差价调整。

(1) 位置差异调价（表5－7）：

表5－7　位置差异调价

位置特征	调价说明
靠山墙，与直线建筑间距大	+30元/米^2
靠山墙，与直线建筑间距小	+0元/米^2
不靠山墙	-60元/米^2

(2) 景观差异调价（表5－8）：

表5－8　景观差异调价

景观特征	调价说明
景观水木结合，观赏效果强	+30元/米^2
景观片面，观赏效果一般	+0元/米^2
只能享受远景景观，近无观赏效果	-30

(3) 朝向差异调价（表5－9）：

表5－9　朝向差异调价

朝向特征	调价说明
正南北朝向	+30元/米^2
偏南北	+0元/米^2
正东西	-60元/米^2

(4) 楼层差异调价。项目有四种建筑形态，故需对不同建筑形态有不同的楼层差价，见表5－10～表5－13。

表5－10　底商多层楼层差异调价

楼层	调价说明	楼层	调价说明
2	-60元/米^2	5	-30元/米^2
3	+30元/米^2	6	+150元/米^2
4	+10元/米^2		

表 5-11　普通多层楼层差异调价

楼层	调价说明	楼层	调价说明
1	+60 元/米^2	4	+10 元/米^2
2	-60 元/米^2	5	-20 元/米^2
3	+30 元/米^2	6	+150 元/米^2

表 5-12　花园洋房楼层差异调价

楼层	调价说明	楼层	调价说明
1	+90 元/米^2	4	-120 元/米^2
3	-90 元/米^2	5	+120 元/米^2

表 5-13　小房层楼层差异调价

楼层	调价说明	楼层	调价说明
1	-180 元/米^2	7	+0 元/米^2
2	-210 元/米^2	8	+120 元/米^2
3	-150 元/米^2	9	+150 元/米^2
4	-120 元/米^2	10	+180 元/米^2
5	-60 元/米^2	11	+300 元/米^2
6	-30 元/米^2		

（5）通风采光差异调价（表 5-14）：

表 5-14　通风采光差异调价

通风采光特征	调价说明
无平行建筑遮挡，可远眺	+60 元/米^2
正常栋数间距	+0 元/米^2
被垂直建筑包围，近无景观欣赏效果	-60 元/米^2

（6）户型差异调价：仅针对划分的同一片区有不同户型进行差异调价，见表 5-15。

表5-15 户型差异调价

户型	调价说明	户型	调价说明
A	+60元/米^2	E1	+30元/米^2
B	+0元/米^2	E2	-30元/米^2
F	-60元/米^2	D	+0元/米^2

(7) 使用功能差异调价(表5-16):

表5-16 使用功能差异调价

使用功能说明	调价说明
客厅、主卧朝南	+60元/米^2
客厅、主卧朝北	-30元/米^2
无朝南向的房	-60元/米^2

(8) 私密性差异调价(表5-17):

表5-17 私密性差异调价

私密性说明	调价说明
私密性好	+30元/米^2
私密性中	+0元/米^2
私密性差	-30元/米^2

(9) 交通便捷度差异调价(表5-18):

表5-18 交通便捷度差异调价

交通便捷度说明	调价说明
交通条件便捷	+30元/米^2
交通条件一般	+0元/米^2
交通条件差	-30元/米^2

(10) 公摊差异调价(表5-19):

表5-19 公摊差异调价

公摊比例大小(相对)	调价说明
公摊比例大	+30元/米^2
公摊比例适中	+0元/米^2
公摊比例小	-30元/米^2

2. 销售时的注意事项

分析目前项目片区市场的同类或同质产品价格区间及市场反应，得出销售时应注意以下事项。

(1) 注意不同公摊比例的价格差异销讲。

(2) 注意楼层差异的销讲。

(3) 注意小高层户型功能调整的销讲。

六、利润最大化的项目组合调价

1. 优惠提价

目前尚未确定优惠措施，故相应的优惠提价待优惠措施确定后进行，可以肯定的是，桃园项目的上表销售价格必将比本次提交的价格高出50元以上（包括开盘2%的优惠提价等）。

2. 挤压调价

为了促进开盘当日的销售，同时保证开发商的销售回款速度，在制定开盘执行价时，需要通过价格的挤压调整，最终得出项目终价。

3. 供求关系调价

整个项目共有758套房源，这其中，没有145~165平方米的房源，严重欠缺4室房源，故对于容易装修改造为4室的户型及面积在140平方米左右的房源可以适当加价，加价幅度不超过80元/米^2。

4. 竞争规避调价

由于项目同质产品过多，项目的定价过程中必须要注意尽量避免内部竞争，具体的竞争规避调价措施为：

(1) 在确保整体均价的基础上，将小高层E2户型的价格整体调低，相应提高普通多层中A户型的价格，以此确保E户型的跑货。

(2) 为了促进花园洋房的开盘销售，故需要对花园洋房进行无理由调价，让客户自己发现同质差价，借以提高花园洋房的挤压跑货。

(3) 为保证大面积房源的销售，在价格制定时，需要进行严格的总价控制原则，即确保单套房源总价在一个易接受的区间，如总价502 340元的房源，需进行小幅度调价，使得总价为499 999元。

5. 促销策略调价

促销策略调价，其主要目的是为了加快销售速度，同时缩短回款时间，主要手段就是在销售期间，对剩余房源进行阶段性调价，调价原则为只升不降，因为房地产市场有一个定性规律“买涨不买跌”。常见市场因素指标包括宏观政策变化导致房价下跌等。

综上所述，项目定价保证的是低价入市，同时价格具备后期涨价的空间，保证开盘当月的销售回款速度。

综合实训

【案例分析】

推销怪才巧定价格

吉诺·鲍洛奇是20世纪六七十年代的美国食品零售业大王，他的一生给我们留下了无数宝贵的商战传奇。

鲍洛奇的推销才干在他10岁那年就显露出来了。那时他还是个矿工家庭的穷孩子，他发现来矿区参观的游客们喜爱带些当地的东西作纪念，他就拣了许多五颜六色的铁矿片向游客兜售，游客们果然争相购买。不料其他的孩子立即群起仿效，鲍洛奇灵机一动，把精心挑选的矿石装进小玻璃瓶，阳光之下，矿石发出绚丽的光泽，游客们爱不释手，鲍洛奇也乘机将价格提高了4倍。也许正是这个有趣的经历，使得鲍洛奇对销售与定价总有独到的见解，以至于在他一生的商业生涯里，他都注意制定销售价格的艺术。

鲍洛奇认为，以降价促进销售、击垮竞争对手，是零售业重要的销售手段，也是他常用的一种手段。但是，他绝不一味地搞降价销售。如果产品的品质的确比别人高出一筹的话，按优质优价的原则，价格当然要比别人高；再者，有许多因素促使顾客购买某件商品，一件商品定价与别人雷同，是不能吸引顾客的注意力的，哪怕定价稍高，若消费者体会到物有所值的话，一样会趋之若鹜的。

鲍洛奇深知，优质高档产品所带来的利润是低档产品所无法比拟的，高档高价便有所回报。所以，鲍洛奇绞尽脑汁，在怎样才能使顾客对其产品形成高档产品形象上大做文章。

一方面，他在产品的品质和广告宣传上下功夫。鲍洛奇曾生产一种中国炒面，为了给人耳目一新的感觉，他在口味上大动脑筋，以浓烈的意大利调味品将炒面的味道调得非常刺激，形成了一种独特的中西结合的口味，生产出了优质的中国炒面。同时，使用一流的包装和新颖的广告展开大规模的宣传攻势，打出“中国炒面是三餐之后最高雅的享受”的口号，把中国炒面暗示成家庭财富和社会地位的象征。鲍洛奇这一做法相当成功。他把注意力主要集中在大量中等收入的家庭上。他认为，中等收入的人家，一般都讲究面子，他们买东西固然希望物美价廉，但订单只要有特色，哪怕价钱贵一些，他们也认为物有所值。他们是中国食品生意的主要对象。为此，鲍洛奇在包装和宣传上花了很多精力。果然不出所料，中等家庭的主妇们皆以选购中国炒面为荣，尽管鲍洛奇的定价很高，她们依然不以为贵。

另一方面，鲍洛奇很会揣摩顾客的心理，常常利用较高的价格吸引顾客的注意力。由于新产品投放市场之初，消费者对这种相对高价格商品的品质充满好奇，很容易就激发了他们的购买欲，并且，一种产品的定价较高，可以为其他产品的定价腾出灵活的空间，企业就能占据主动。当然，这一切都是建立在产品的品质的确不同凡响的基础上的。有一次，鲍洛奇生产的一种蔬菜罐头上市的时候，由于别的厂商同类产品的价格几乎全在每罐5角钱以下，所以公司的营销人员建议将价格定在4角7分到4角8

分之间。但鲍洛奇却将价格定在5角9分。一下子提高了20%！鲍洛奇向销售人员解释说，5角钱以下的类似商品已经非常之多，顾客们已经根本感觉不到每一种商品有什么特别，并在心理上潜意识地认为它们都是平庸的商品。如果价格定在4角9分，顾客自然会将之划入平庸之列，而且还认为你的价格已尽可能地定高，你已经占尽了便宜，甚至产生一种受欺诈的感觉；若你的产品定价5角以上，立即就会被顾客划入不同凡响的高级货一类，定价至5角9分，既给人感觉与普通货的价格有明显的差别，从而品质也有明显差别，还给人感觉这是高级货中不能再低的价格了，从而使顾客觉得厂商很关照他们，顾客反而觉得自己占了便宜。经鲍洛奇这么一解释，大家恍然大悟，但总还有些将信将疑。后来在实际的销售中，鲍洛奇掀起了一场大规模促销行动，口号就是“让一分利给顾客”，于是更加强化了顾客心理中觉得占了便宜的感觉，蔬菜罐头的销售大获全胜。这5角9分的高价非但没有吓跑顾客，反倒诱惑了顾客选购的欲望，公司的营销人员不得不佩服鲍洛奇真正工于心计。

后来，随着鲍洛奇经营中国食品的成功，效仿者日益增多，这已对鲍洛奇的高价策略宣传带来了严重的威胁。即使这样，鲍洛奇也决定不轻易降低产品的价格。道理很简单，如果商品价格总是下降，谁还敢抢先购买这种产品呢？而且，高价商品降到低价商品的价格，在消费者心中还有什么信誉？顾客还会有一种被欺骗的感觉。一旦处于该产品积压的不利情况，许多平庸的商人都会选择降价推销的老套路，但鲍洛奇决不轻易如此，降低价格似乎永远不属于他思考的范围。那么，如何处理积压的产品呢？他采取赠送奖券、发放纪念品等形式，将产品堂而皇之地赠送给顾客。这样，既吸引了顾客，又保护了产品的定价。鲍洛奇的这种做法维护了自己的产品声誉，并为公司以后的发展留下了后路，是似拙实巧的一步妙棋。合理地运用定价艺术，使他在竞争中获得了相当大的主动权。

鲍洛奇是个不折不扣的推销天才，在他看来，推销根本就是一门艺术。有一个小例子可以进一步说明这位天才是如何善于用心。一次，面对一款销售严重爆冷的豌豆罐头，鲍洛奇把许多老客户请到自己的办公室。大家一进门，见办公室里人来人往，忙碌的搬运工人进进出出地搬着豌豆罐头，各家公司的代表正在与鲍洛奇大声地争吵。把整个办公室搞得乌七八糟。当然这是事先安排好的。鲍洛奇挥舞着手中的订单站在办公室上大声地叫喊取货人的名字。这些老客户正在犹豫不定之际，又听到其他人正纷纷议论马上就要涨价的消息。老客户们这才恍然大悟，随之也加入了抢购的队伍。就这样，不到一天，300箱豌豆罐头一抢而空，价钱比平常的时候还要高出一截，正好应验了涨价的传言。所有的一切，在鲍洛奇的精心安排下，滴水不漏，天衣无缝。

案例讨论：

（1）鲍洛奇将产品价格定高的基础是什么？

（2）鲍洛奇是如何使用撇脂定价策略的？

（3）鲍洛奇为什么不轻易降价？

（4）你如何评论鲍洛奇成功推销豌豆罐头这一事件？

【实训操作】

1. 实训目的

通过本次实训，不仅要加深学生对各种价格策划方法的理解，进一步了解价格制定、修订和变动的原因，还要培养学生实际价格策划的能力。

2. 实训组织和要求

第一步，把班级学生分成若干个小组，每个小组成员为4~6人。

第二步，以小组为单位，选定具体的手机品牌作为调查对象，对其手机价格展开调查，并分析其价格策略。

第三步，以小组为单位完成评析报告。

3. 实训内容

通过对手机市场价格策划现状的调查，对某品牌手机价格策划进行评析。

项目6　渠道策划

项目目标

【知识目标】

●渠道的基本模式与类型。

●渠道模式的建立方法。

●渠道的运作方法。

●渠道的创新与发展。

【技能目标】

●渠道的创建能力。

●渠道的运作能力。

●渠道的管理能力。

【实训目标】

●通过本项目学习，能够分析具体影响企业渠道建立的各种因素，根据实际情况，完成一份完整的渠道策划方案，并能进行初步的渠道运作。

项目导入

晋城旭胜绿色养殖合作社旭胜鲜品鸡蛋产品策划完成后，就需要解决下一个问题——在哪儿卖？也就是渠道问题。

项目实施

关于渠道，营销界有几句经典说法：“得渠道者得天下”“形象支撑价格，网络支撑销量”“渠道等于活路，终端等于销量！”营销人员工作的主战场也是在渠道上，可见渠道无论对企业或者对营销人员都至关重要。本项目将通过渠道策划、渠道运作（市场开发）、渠道的发展与创新几个任务的学习与训练，使学生掌握渠道策划与运作的技能与方法。

任务6.1　渠道策划的流程

6.1.1　分析影响分销渠道选择的因素

企业在渠道选择中，要综合考虑渠道目标和各种限制因素或影响因素，主要有以下制约因素。

1. 市场因素

目标市场的大小。如果目标市场范围大，渠道则较长；反之，渠道则短些。

目标顾客的集中程度，如果顾客分散，宜采用长而宽的渠道；反之，宜用短而窄的渠道。

2. 产品因素

产品的易毁性或易腐性。如果产品易毁或易腐，则采用直接或较短的分销渠道。

产品单价。如果产品单价高，可采用短渠道或直接渠道；反之，则采用间接促销渠道。

产品的体积与重量，体积大而重的产品应选择短渠道；体积小而轻的产品可采用间接销售。

产品的技术性。产品技术性复杂需要安装及维修服务的产品，可采用直接销售；反之，则选择间接销售。

一般来说需要注意的有：

（1）产品价格的高低。

（2）体积和重量。

（3）易损性和时尚性。

（4）技术性和售后服务。

（5）标准化程度。

（6）新产品。

（7）实用品。

3. 顾客特性

在渠道设计中，顾客人数的多少、分布的地理位置、购买东西的频率高低、购买数量等都会影响渠道的模式、长短。

4. 生产企业本身的因素

（1）企业实力强弱。主要包括总体规模、财务能力、产品组合、渠道经验、营销策略等。如果企业实力强可建立自己的分销网络，实行直接销售；反之，应选择中间商推销产品。

（2）企业管理能力强弱。如果企业管理能力强，又有丰富的营销经验，可选择直接销售；反之，应选择间接销售。

（3）企业控制渠道的能力。企业为了有效地控制分销渠道，多半选择短渠道。反之，如果企业不希望控制渠道，则可选择长渠道。

5. 政府有关立法及政策规定

政府有关立法包括专卖制度、反垄断法、税法等。还有税收政策、价格政策等因素都影响企业对分销渠道的选择，诸如烟酒实行专卖制度时，这些企业就应当依法选择分销渠道。

6. 中间商特性

各家中间商实力、特点不同，诸如广告、运输、储存、信用、训练人员、送货频率方面具有不同的特点，从而影响生产企业对分销渠道的选择。

7. 竞争者特性

当市场竞争不激烈时，可采用同竞争者类似的分销渠道；反之，则采用与竞争者不同的分销渠道。

6.1.2 渠道策划

1. 确定渠道目标

渠道目标也就是在企业营销目标总体要求下，选择合适的渠道来实现企业的营销目标。这种目标一般要求建立的渠道达到总营销目标规定的服务产出水平，同时把渠道费用减少到最低程度。一般的渠道目标有以下几种。

（1）提高渗透率，如将现有的经销店由100家扩充为180家。

（2）开辟新的销售渠道。企业开发出新的产品，或利用新的市场机会，需要开发新的销售渠道。

（3）确定各种销售渠道的销货比率组合。企业可依据各种销售渠道的获利状况、政策需要、竞争策略等，设定销货比率组合目标，如：百货公司25%，超级市场40%，量贩店15%，特殊销售渠道20%。

（4）提高经销店的销售周转率，这是企业提高经营效率的重要目标。

（5）确定物流成本及服务质量目标

（6）确定企业及经销商保有存货的目标。

（7）确定不同销售渠道的投资报酬目标。

（8）确定流通信息化的建立目标。

2. 确定渠道模式

（1）直销模式。厂家不利用中间环节，直接面对最终消费者。

（2）直营模式。厂家只利用终端环节，减少渠道层次，加强对终端的掌控。

（3）分销模式。厂家通过分销商将产品分销出去，是一种较长的渠道模式。

（4）复合渠道模式。利用以上三种模式的优势，可以是直销与直营的结合，也可以是直营与分销的结合，还可以是分销与直销的结合，或者是直销、直营与分销的结合。

3. 假定可供选择的渠道方案

渠道选择方案由中间商类型、中间商数目及每一渠道参与者的条件和相互责任等

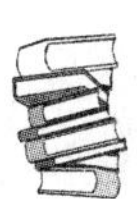

三因素构成。

（1）选择中间商类型。中间商大致可分为批发商和零售商。企业制定间接渠道的备选方案一般首先考虑短渠道方案，然后再考虑长渠道方案。此外，企业还应设法寻求更多创新的分销渠道方案。

（2）确定中间商数目。公司必须确定每一渠道层次里中间商的数目。由此形成所选择分销网络的宽度类型，即密集式分销、选择性分销或独家经销。

（3）规定渠道成员的条件与责任。生产企业与中间商结成一定关系，共同完成营销任务，必须确定网络成员的参与条件和应负责任。

4. 评估选择分销方案

分销渠道方案确定后，生产厂家就要根据各种备选方案，进行评价，找出最优的渠道路线。通常渠道评估的标准有三个，即经济性、可控性和适应性，其中最重要的是经济标准。

（1）经济性的标准评估。主要是比较每个方案可能达到的销售额及费用水平；比较由本企业推销人员直接推销与使用销售代理商哪种方式销售额水平更高；比较由本企业设立销售网点直接销售所花费用与使用销售代理商所花费用，看哪种方式支出的费用大，企业对上述情况进行权衡，从中选择最佳分销方式。

（2）可控性标准评估。一般来说，采用中间商可控性小些，企业直接销售可控性大，分销渠道长，可控性难度大，渠道短可控性较容易些，企业必须进行全面比较、权衡，选择最优方案。

（3）适应性标准评估。如果生产企业同所选择的中间商的合约时间长，而在此期间，其他销售方法如直接邮购更有效，但生产企业不能随便解除合同，这样企业选择分销渠道便缺乏灵活性。因此，生产企业必须考虑选择策略的灵活性，不签订时间过长的合约，除非在经济或控制方面具有十分优越的条件。

【案例6－1】

某空调厂每台空调的成本是1 300元，现在计划开发上海市场，拟采取直接和间接两种分销渠道。直接分销每台空调价格为1 900元，月销售费用为3 000元；间接分销出厂价格为1 600元。假如你是营销策划人员或是渠道经理，请分析月销售量处在什么水平时应采取什么政策（直接分销或是间接分销）。

分析：首先假设采取直接分销的方式，那么保本的销售额假设为X台，则

$$(1\,900-1\,300)X-3\,000=0$$

$$X=5$$

就是说，如果直接分销的话，每月至少要销售5台，才能保本。那么直接分销的利润率方程为：$Y=600X-3\,000$，见图6－1。

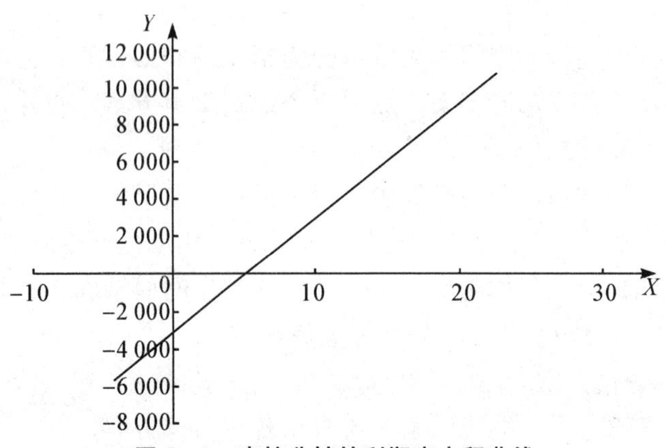

图 6 –1　直接分销的利润率方程曲线

同样道理，我们也可以把间接分销的利润方程式写出来下：$Y=(1\ 600-1\ 300)X$，即 $Y=300X$。间接分销的利润方程曲线见图 6 –2。

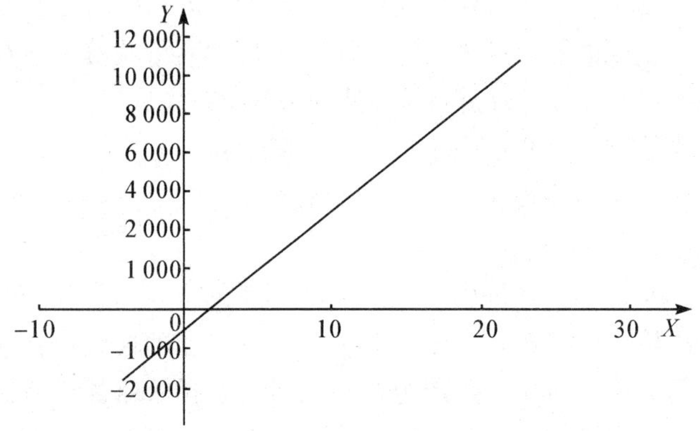

图 6 –2　间接分销的利润率方程曲线

我们把两图做个比较，如图 6 –3 所示。在 $X=10$，就是销售量为 10 台时，两种方案效果一样；如果销售量大于 10 台，则显然直接分销的利润大；如果销售量小于 10 台，则间接分销（代理）的利润大。

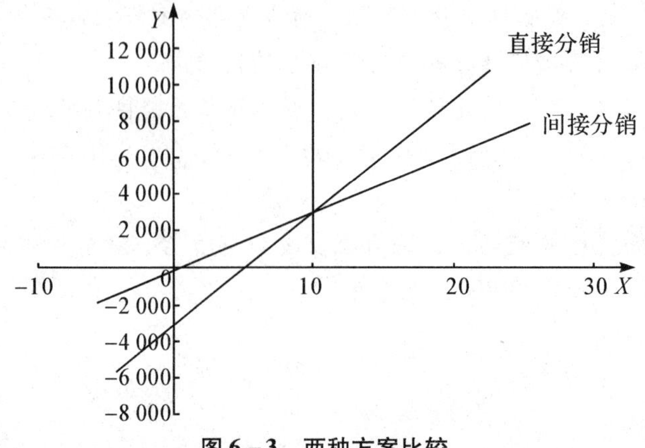

图 6 –3　两种方案比较

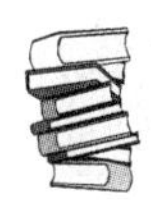

【分析提示】

经过上述分析和计算，可以发现，对该空调厂的策划和分销渠道经理来说，如果销售量大于10台，则显然直接分销的利润大；如果销售量小于10台，则间接分销（代理）的利润大。直接分销，就是自己直接派业务员销售；间接分销，就是做代理商。

◆技能训练6.1

训练背景

掌握了以上的知识点，会发现每一家企业因为自身的条件、经营的产品和所处的市场环境都不相同，没有两家一模一样的，所以渠道的设计业因“人”而异，找到适合企业本身的渠道才是必胜之道。

训练要求

根据所学内容，每3~5人一个小组，分析影响旭胜绿色养殖合作社渠道建设的各种因素，罗列下来，并根据这些影响因素，为合作社创建一个完整的渠道模式。

任务6.2　渠道运作

6.2.1　经销商的选择

1. 正确看待厂商关系

（1）业务人员在厂商关系问题上的认识误区：

1）极左派（目前这种业务人员已经越来越少）观念：厂家和经销商之间是买卖关系、贸易关系。

2）极右派（80%以上业务人员属此行列）观念：经销商是客户、客户是上帝。显然上述两类业务人员在经销商管理方面问题上都不会有好结果：极左派会只顾压货没有服务，经销商甚至会对厂家（业务代表）产生轻视、怨恨的情绪；极右派与经销商私人关系倒是不错，但对经销商的管理只停留在“讨好”客户的层面；最终两种做法都有殊途同归的结果：厂家业代的市场工作仅限于经销商拜访，对经销商下线市场的网络、库存、价格一无所知，市场完全被经销商反控。厂家的各种终端促销资源完全交给经销商执行，没有辅导、没有监控，导致促销不能有效落实，终端表现无法提升。经销商的冲货砸价等恶意操作不能有效制止，市场价格秩序混乱。目前营销界非常流行的话语——厂商之间是“鱼水关系”“夫妻关系”“双赢关系”，甚至有些销售经理会回答“经销商是厂家的衣食父母”“不是亲人胜似亲人”！但是厂商之间绝对不可能是单纯可爱的“鱼水关系”“夫妻关系”“双赢关系”。

（2）分析厂家和经销商的利益差异：

厂商交易之中，经销商最想跟厂家要的是什么？

1）尽可能减少资金风险。如先赊货，后付款；低价格，高返利；单次进货量少，回转快；随时可以退货。

2）更大的独家经销权，最好是“中国总代理十年不变”。

3）更多的支持。如厂家更多的人力投入和更多的推广费、广告、促销支持。

4）更好的服务。如产品质量没问题，客诉出现厂家及时出面处理；及时的送货、不良品调换。

厂商交易之中厂家最想要求经销商做的是什么？

1）降低厂家成本。如先付款、后提货；按厂家价格执行，不得砸价、抬价；最好整车进货，减少厂家的配送成本；产品销售和库存管理细致，尽量别出现退货。

2）更专注的投入。我给你“独家经销权”，但你最好“经销独家”，只专心做我这一种产品。

3）更大的市场推广力。经销商最好有成熟的网络，充足的人力、物力，厂家不必有太多的投入，经销商就能自行推广市场。

4）更好的配合力度。经销商最好能“完全配合”厂家的市场策略，还要做到不串货、不砸价、全品项销售、认真执行厂家的促销方案。

通过如上对比大家可以很清楚地看到，厂家和经销商这两个所谓“夫妻关系”“鱼水关系”的个体，实际上很多根本利益是矛盾的。很多企业希望建立直营渠道，避开经销商，但是成功的很少。厂家为什么要用经销商去开拓市场，因为经销商为我们提供了：稳定的社会库存；相对平稳的回款；我们无法完全由自己覆盖的区域；我们甚至还不知道的销售点和销售机会；送货支持；较多的市场信息和竞争信息；可能的展示机会。厂家不可能完全跨过经销商，过去、现在、将来厂家都会在一定层面上依托经销商做市场，其发展趋势为：企业刚刚进入陌生市场，直营成本太高，所以利用经销商的力量低成本进入市场实现销量。

随着企业的实力和对当地市场熟悉程度的加强，大多数企业不会受控于大经销商，而是会逐渐加大厂方人员投入，划小经销权执行密集分销，继而成立办事处、分公司、直营市场，增加市场主控权。

厂家对市场只可能“有限直营”，大多数超市的供货和千千万万零售店的配送还是要依靠经销商来完成。

2. 剖析厂商关系的实质

（1）经销商是厂家进入陌生市场的入场券。

（2）经销商是厂家的销售经理。

（3）经销商是厂家的商业合作伙伴。

洞悉厂商关系的三重含义，业务代表才能摆摆自己和经销商的关系：厂方业务代表和经销商之间就像是共产党（厂家）的特派员（业务代表）和地方武装力量（经销商）的关系，共产党（厂家）派特派员（业务代表）去地方武装力量（经销商）那里，就是要特派员（业务代表）通过自己的智慧、自己的专业沟通技巧对地方武装（经销商）发生影响力，使地方武装（经销商）跟党（厂家）走，地方武装的十几个人、七八条枪（经销商的人、车、货、钱、网络）都朝着党的路线方向（厂家的市场策略）去努力。厂方业务代表管理好经销商的最高标准和终极目的就是：通过业务代

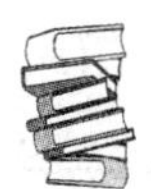

表的专业技巧，协调厂商和经销商这两个根本利益不同的个体之间的利益，引导经销商的人、车、货、钱更多的投入到厂家的市场工作上来（即经销商有十个人，八个人在卖我们的产品；十辆车，八辆车在送我们的产品），在实现厂方根本利益（如：经销商守约付款，不冲货乱价、不截流市场费用，全品项推广等）的前提下，帮经销商创最大效益，实现相对意义上的厂商双赢。

6.2.2　选择分销商的原则

许多成功企业的经验说明了这样一个基本道理，明确选择分销商的目标和原则，并且做好深入细致的调查研究工作，全面了解每一个将被选择的分销商的情况，是选择分销商的起点和前提条件。明确目标是选择分销商的前提之一。这里有两个层次的目标要加以区分：第一个层次为基本目标，即选择中间商，建立分销渠道要达到什么分销效果；第二个层次为手段目标，即要建立怎样的分销渠道，它在实现第一层次目标的过程中应当发挥什么作用。建立分销渠道的目标明确之后，这些目标就被转换成选择分销商的原则，成为指导分销商选择工作的纲领。一般来说，应遵循的原则包括以下几个方面。

1．把分销渠道延伸至目标市场原则

这是建立分销渠道的基本目标，也是选择分销商的基本原则。企业选择分销商，建立分销渠道，就是要把自己的产品打入目标市场，让那些需要企业产品的最终用户或消费者能够就近、方便地购买，随意消费。根据这个原则，分销管理人员应当注意所选择的分销商是否在目标市场拥有其分销渠道（如是否有分店、子公司、会员单位或忠诚的二级分销商），是否在那里拥有销售场所（如店铺、营业机构）。

2．分工合作原则

即所选择的中间商应当在经营方向和专业能力方面符合所建立的分销渠道功能的要求。尤其在建立短分销渠道时，需要对中间商的经营特点及其能够承担的分销功能严格掌握。一般来说，专业性的连锁销售公司对于那些价值高、技术性强、品牌吸引力大、售后服务较多的商品，具有较强的分销能力。各种中小百货商店、杂货商店在经营便利品、中低档次的选购品方面力量很强。只有那些在经营方向和专业能力方面符合所建分销渠道要求的分销商，才能承担相应的分销功能，组成一条完整的分销通路。

3．树立形象的原则

在一个具体的局部市场上，显然应当选择那些目标消费者或二级分销商愿意光顾甚至愿意在那里出较高价格购买商品的分销商。这样的分销商在消费者的心目中具有较好的形象，能够烘托并帮助建立品牌形象。

4．共同愿望和共同抱负原则

联合分销商进行商品分销，不单是对生产厂商、对消费者有利，对分销商也有利。分销渠道作为一个整体，每个成员的利益来自于成员之间的彼此合作和共同的利益创造活动：从这个角度上讲；联合分销进行商品分销就是把彼此之间的利益“捆绑”在一起。只有所有成员具有共同愿望、共同抱负，具有合作精神，才有可能真正建立一个有效运转的分销渠道。在选择分销商时，要注意分析有关分销商分销合作的意愿、与其他渠道成员的合作关系，以便选择到良好的合作者。

上述原则是从实现建立分销渠道的目标来提出的。它们是一个有机整体，反映着建立商品分销系统、厂商共同合作、共享繁荣的要求。按照这些原则来选择分销商，将可以保证所建立的分销渠道成员的素质和合作质量，提高分销渠道的运行效率。这些原则也是分销渠道成员达成合作协议的基础。

6.2.3 评价分销商

在具体选择分销商之前，要根据上述原则对各个可选择的分销商进行全面调查和认真分析。大量的资料应当来自于企业的市场调查而不是对方的自我介绍。尤其是对于长期合作伙伴，必须彻底弄清楚他是谁、他是如何经营的、发展潜力究竟有多大。不了解分销商，就谈不上选择。有的分销商长期从事某类产品的市场销售，熟悉该类产品市场特点和营销要点，但是对于超出该类别范围的其他产品，他可能缺乏市场知识和营销经验，因而难以承担分销功能；有的分销商诚实经营，有良好的商业信誉，但是也有一些不法之徒打着“中间商”的旗帜，骗人钱财。不少生产厂商急于销售产品，以“饥不择食”的方式寻找分销商，结果上当受骗，落得个钱物两空，要害问题在于不了解对方，这些应当成为前车之鉴。对分销商不仅要彼此面熟，而且要“知根知底”，全面了解。这是选择中间商建立分销渠道时必须具备的前提。通过了解分销商，企业可以从中得到“候选人”名单。

接着要对各个“候选人”进行评价。在现实市场环境中，有多种类型的中间商，各个中间商对选择原则的满足程度是不一样的。百货商场购物环境优良，客流量大，能提升商品档次，分销能力强，往往被很多生产厂商选择作为商品分销的主要零售商。但是，大型百货商场数量有限，分布密度极小，而且需要顾客在拥挤的城市交通中花费不少时间。对于许多便利品、中等档次的选购品及消费者远离闹市的情形来说，百货商场可能不是最佳的零售商，因为它们不能保障目标消费者方便购物。相比之下，一些街头小店、位于居民区的杂货店，对于各种便利品和中档选购品来说，常常是更好的零售渠道。不同的商品有不同的分销要求，不同分销商具有不同的商品分销优势与劣势。因此，必须经过考察和评价环节，把各个分销商的优势与劣势弄清楚，以便于选择。

为了做出客观评价，有必要把各个分销商的分销优势和劣势，按其来源或性质予以分类，见表6－1。

表6－1　分销商的分销优势与劣势

原因 优势	历史原因	管理原因
分销优势	静态优势	动态优势
分销劣势	静态劣势	动态劣势

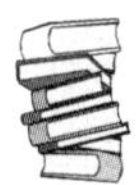

1. 来自历史原因的分销优势

历史优势是在过去的经营中取得的，属于当前已经存在的有利条件，例如分销商的地理位置、经营历史和经验、经营规模，以及经营范围和业种业态。

（1）地理位置可成为一些分销商的分销优势。可以从分销商进货和销售两个方面来评价其地理位置的“优势程度”。如果分销商处于交通干线，或者接近于工厂或商品仓库，进货必然容易；如果分销商处于目标消费者购物活动范围之内，或者说目标消费者能够方便地从分销商那里购买，那么该分销商也有优势。

（2）经营某种商品的历史和成功经验，是分销商自身优势的另一个来源。长期从事某种商品的经营，通常会积累比较丰富的专业知识和经验，因而在行情变动中，能够掌握经营主动权，保持销售稳定或乘机扩大销售量。一般来说，经营历史较长的分销商早已被周围的顾客或消费者熟悉，拥有一定的市场影响和一批忠实的顾客，大多成为周围顾客或消费者光顾购物的首选之地。

（3）分销商的经营范围和业种业态。分销商的经营通常有批发、零售、批零兼营之分；业种通常有产品（或系列）专业型、顾客专业型和非专门化型三类。随着零售形式的不断创新，零售商业中出现了多种业态，例如购物中心、超级市场、仓储式商场、折扣商店、便利店。分销商的经营范围和业种业态对有关商品分销具有重要的影响，不仅影响到商品分销范围和数量，而且影响到商品定位。那些符合企业商品定位的相关业种业态的分销商，无疑具有分销优势。

（4）分销商的经营实力。经营实力表现为分销商在商品吞吐规模上，在市场开发的投入上的行为能量。经营规模大的分销商销售流量也较大，而在市场开发方面能够保持较高投入的分销商，其商品销售流量也绝不会小，因而它们在商品分销方面具有优势。

上述优势是由过去的经营形成，而且在目前也具备的，因而称之为由历史原因决定的优势。这些优势一般来说是静态的，随着市场环境的变化、时间的推移，它们会发生改变。

2. 来自管理的分销优势

（1）经营机制和管理水平。经营机制是企业存在与经营的基础，它是指企业经营者在所有权的约束下，对市场机会或威胁灵活制定对策，并组织企业职工努力提高经济效益的制度性安排。可以从企业制度形式、经营者拥有多大经营决策权、对所有者和职工承担多大责任等方面来认识和区别不同类型企业。管理水平主要是指计划体系、组织结构、激励机制及控制系统的完善程度、现代化水平。管理已被认为是现代企业运行的核心推动力量之一。一般来说，经营机制和管理的优劣主要从是否能适应市场变化，保持企业经营稳定与发展，能否提高资本收益等方面来评价。

（2）自有分销渠道和商圈。一些批发商、连锁商业企业、仓储式商店等拥有自己的零售商店（分公司、子公司或连锁店）和固定的零售商顾客群，相当于拥有自己的分销渠道。不管是什么类型的分销商，都应当经常保持一定的顾客流量，以维持其商品销售额水平。这个顾客流量就是商圈，与商店的地理位置、经营特色、促销力度、商业信誉及声望有关。商圈越大，说明该企业商品销售量也越大。在商店林立、竞争激烈的当今市场上，能否经常保持和吸引一定的顾客流量，主要取决于经营管理。

(3) 信息沟通与货款结算。分销渠道应当承担多方面的功能，包括信息沟通与货款结算。良好的信息沟通和货款结算关系是保障分销渠道正常连续运行的重要条件之一，因而也可以成为分销商的分销优势之一。

由管理决定的分销优势是一种动态的优势。只有那些科学管理、重视合作与协调、灵活经营的分销商才能拥有这些优势。

与优势分析相对应的，我们也可以从历史原因角度、从经营管理角度来分析有关"候选人"的劣势。例如，地处偏僻小镇的分销商可能没有较大的商圈；规模太大的分销商机构复杂、人事臃肿，管理费用很高，需要生产厂商多"让利"；与目前供应商保持良好关系的分销商可能过于忠诚，不愿意与新的生产厂商合作而"伤害"老供应商；与现有供应商关系不好的分销商也可能存在"自高自大、目中无人"或者缺乏信誉的毛病。对于每个"候选人"从事有关商品分销的优势劣势进行分析和评价，将有利于准确地预测和客观地说明他们能够承担的商品分销功能，为正确地选择分销商奠定基础。

6.2.4 选择分销商的方法

如何选择合适的经销商呢？经销商选择的思路就像是选员工，要严进宽出。选择经销商还要全面考评。

1. 强制评分选择法

基本原理是：对拟选择作为合作伙伴的每个分销商，就其从事商品分销的能力和条件进行打分评价。由于各个分销商之间存在分销优势与劣势的差异，因而每个项目的得分会有所区别。注意到不同因素对分销渠道功能建设的重要程度的差异，可以分别赋予一定的重要性系数（或者称为权数），然后计算每个中间商的总得分，从得分较高者中择优"录用"。

例如，一家洗衣机制造工业公司决定在某市采用精选的一级分销渠道模式（即厂家直接把自己的产品销售给零售商，再由零售商销售给普通消费者）。考察后，初选出3家比较合适的"候选人"。洗衣机公司希望有关零售商占有理想的地理位置、有一定的经营规模、前来光顾的顾客流量较大、在消费者心目中有较高声望、与生产厂商合作关系融洽、主动进行信息沟通、货款结算信誉好。各个"候选人"在这些方面都有一定优势，但是没有一个"十全十美"者。因此，洗衣机公司采用强制打分法对各个"候选人"进行打分评价。见表6-2。

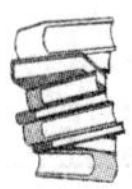

表6－2　强制打分法的应用

评价因素	重要性系数（权数）	“候选人”1		“候选人”2		“候选人”3	
		打分	加权分	打分	加权分	打分	加权分
1. 地理位置	0.20	85	17	70	14	80	16
2. 经营规模	0.15	70	10.5	80	12	85	12.75
3. 顾客流量	0.15	90	13.5	85	12.75	90	13.5
4. 市场声望	0.10	75	7.5	80	8	85	8.5
5. 合作精神	0.15	80	12	90	13.5	75	11.25
6. 信息沟通	0.05	80	4	60	3	75	3.75
7. 货款结算	0.20	65	13	75	15	60	12
总分	1.00	545	77.5	540	78.25	550	77.75

通过打分计算，从表6－2的“总分”栏可以看出，第二个“候选人”得到最高的加权总分，因而是最佳的“候选人”，该洗衣机公司应当考虑选择它作为当地的分销商。强制评分选择法主要适用于在一个较小地区的市场上，为了建立精选的分销渠道网络而选择理想的零售商，或者选择独家经销商。

2. 销售量分析法

销售量分析法是通过实地考察有关分销商的顾客流量和销售情况，并分析其近年来销售额水平及变化趋势，在此基础上，对有关分销商实际能够承担的分销能力（尤其是可能达到的销售量水平）进行估计和评价，然后选择最佳“候选人”的方法。

3. 销售费用分析法

联合分销商进行商品分销是有成本的，主要包括分担市场开拓费用、给分销商的让利促销、由于货款延迟支付而带来的收益损失，以及合同谈判和监督履约的费用。这些费用构成了销售费用（或流通费用），它实际上会减少生产厂商的净收益，降低利用有关分销渠道的价值。当然，销售费用的大小主要取决于被选择的合作伙伴的各方面条件和特征。可以把预期销售费用看作是衡量有关“候选人”优劣程度的一种指标。比较的办法有三种。

（1）总销售费用比较法。在分析有关“候选人”的合作态度、营销战略、市场声誉、顾客流量、销售记录的基础上，估算各个“候选人”作为分销渠道成员，执行分销功能过程中的销售费用。然后，直接选择总分销费用最低的“候选人”

（2）单位商品（单位销售额）销售费用比较法。考虑到商品销售量对销售费用的影响，在评价有关分销商的优劣时，需要把销售量与销售费用两个因素联系起来综合评价。方法之一就是用选用某分销商的预期总销售费用与该分销商能够实现的商品销售量（或销售额）的比值，即单位商品（单位销售额）销售费用，作为比较的依据，来选择最佳的分销商作为分销渠道成员。

（3）费用效率分析法。此方法的原理与单位商品（单位销售额）销售费用比较法相同，也是以销售业绩与销售费用的比值作为评价依据，来选择最佳分销商的。与前者不同的是，此方法采用的比值是某分销商能够实现的销售业绩（销售量或者销售额）除以该分销商总销售费用，称为费用效率。

费用效率=某分销商的总销售额（或总销售量）/该分销商的总销售费用

不难发现，费用效率是单位商品销售费用的倒数。

当然，也可以进行量-本-利综合分析，这需要利用盈亏平衡分析原理和曲线图。

6.2.5 渠道运作

1．一级批发商推动法

产品从生产出来，最后到达用户手中，一般都要经过这样的流程：生产企业的营销部门→一级批发商（区域总代理）→二级批发商→三级批发商（不一定有）→零售商→顾客。它就像一列火车，每个环节都是一节车厢。要使这列火车运行起来，最常规的办法是前端推动法，即由生产企业的营销部门去推动一级批发商，一级批发商再推动二级批发商，二级批发商推动三级批发商（如果有的话）和零售商，直到顾客最末一端。

一级批发商是区域总代理。一般来说，一级批发商在当地都有着健全的网络、良好的信誉、广泛的人际关系和雄厚的实力。当生产企业的产品进入某个区域市场时，应当积极借助当地一级批发商的力量。尤其是那些实力不够强的生产企业，在短期内无法建立起自己的销售网络，必须依赖一级批发商。

那么如何推动一级批发商呢？

（1）价格上给予较大优惠。对经销商来讲，最直接的动力就是能取得较丰厚的利润，并且根据“量大从优”的原则，也应该给一级批发商尽可能低的价格。一级批发商在较大差价带来的较丰厚利润的驱动下，会积极地把货物铺下去。实践证明，调动一个一级批发商的积极性与调动五个二级批发商的积极性相比，前者更迅速见效且成本更低。

（2）根据销售量给予返利或其他奖励刺激。根据当地的市场容量计算出一个“销量基数”，超过这个基数时，每一件货给批发商一定比例的返利或其他奖励。

（3）广告上给予支持。生产企业在当地做广告时，应充分听取和采纳一级批发商的意见建议，共同商定有关问题。具体来讲，包括以下几个方面。

1）广告的诉求和内容要入乡随俗，适合当地民俗风情。

2）广告的媒体、时间和频次要听取一级批发商的建议。因为他们更熟悉当地哪种媒体、哪个时间及多少频次为最佳。它还包括另一种含义，就是当一级批发商有特殊需要（如开业周年纪念日之类）时，生产企业也应在广告上给予积极配合。

3）可能的话，在广告中标明一级批发商的名称，例如“本产品由×××总经销”之类。这样等于在为自己做宣传的同时，也宣传了批发商。

（4）产品概念及包装上给予特殊照顾。在传统的CIS（企业识别系统）理论中，力求产品及企业标志和形象的统一，不允许在不同的地区用不同的产品概念和包装。但实际上，只要作为CIS核心的要素（即商标）保持统一，其他要素都是可以而且应

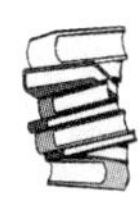

该因地制宜地变化的。各地区的风俗习惯和消费心理都不完全一样，在甲地受欢迎的产品概念及包装，投放在乙地不见得也受欢迎。然而意识到这一点并且付诸行动的企业不多。与改变产品概念相比，改变包装要更容易做到。例如有的地区喜欢大方气派的包装，那就可以专门为该地区做出大包装；有的地区喜欢红颜色，就专门为该地区做出红色包装等。

（5）在人员培训、售后服务上给予配合。一级批发商在做售后服务和使用指导时，除了考虑生产企业之外，更要考虑自己的利益。因为如果这些配套工作做得好，顾客除了增强对生产企业的信任外，还会增强对经销商的信任和好感，这样有利于一级批发商树立自己的信誉和形象。所以，人员培训和售后服务关系到生产企业和一级批发商的共同利益，当然二者应相互配合，不要只把产品交给一级批发商经销后就什么都不管，而要为批发商提供人员培训和售后服务上的配合。

（6）尽量保证所有货物都经总代理商中转。生产企业不直接供货或销货给二、三级批发商、零售商和顾客，这样才使总代理商的独家代理名副其实，才能让它放心去经销，而不必担心被冲击和取代。而且由生产企业直接供货给二级批发商、零售商和顾客（实际上生产企业充当了一级批发商），必然要求建立一整套机构和配置许多人员，这会大大增加销售费用，往往造成得不偿失。

（7）加强与一级批发商的感情联络。争取在单纯的买卖关系之外建立一种人情关系，除了赤裸裸的金钱关系外，人情也很重要，甚至有时人情占主导地位，其作用至关重要。

（8）产品适销对路、有市场。如果产品没有市场和竞争力，绝对不可能调动批发商的推销积极性。

2. 零售商推动法

（1）以较丰厚的利润驱动零售商。根据有关的调查研究，在决定顾客购买哪种产品的因素中，有25%的人选择“营业员介绍推荐”一项，足见零售商对产品销售的影响力。零售商直接面对消费者，在一般人心中，营业员是有关商品的行家，营业员的意见带有较强的权威色彩。因此，一位营业员就相当于一位优秀的推销员，相当于一位强有力的口碑宣传员。零售商数量多、范围广，影响面也就大。这是各级批发商所不具备的优势。零售商不同于批发商。后者要按合同约定经销，而零售商一般都没有合同义务，它完全可以不受约束地随时自由改变自己的选择，因此，如果零售利润不能令它满意，它就会少销或不销这种产品。

导致零售利润下降的主要原因是零售价的混乱，即零售商之间为竞争而争相降价。如何有效控制零售价，就成为生产企业必须解决的问题。有的企业在产品外包装上印上统一零售价，例如佳洁士牙膏。但实践中零售商并不一定遵守这个“统一价”，反而利用它当作自己降价优惠的证明。

（2）设计一套激励措施，驱动零售商多向顾客推荐本产品。除了保证零售利润之外，销量奖励措施也很重要。普遍的做法是：选择那些规模较大的零售商，规定其进货必须由生产企业指定的渠道（以便确定销量），确定一个双方都能接受的标准销量，约定每超标完成1件（或1盒）货就奖励多少。具体操作如下所述。

1）一般以1个月为一个周期，也可以1季度或半年或1年为一个周期。

2）标准销量的确定应考虑淡旺季、市场成长状况、同类其他产品销量、本产品上周期销量等。

3）奖励方法不限于现金，还包括实物礼品、免费旅游、获得参加抽大奖的机会等。实际上，现金奖励的效果往往还不如非现金方式。

4）零售商必须从规定的渠道进货，例如由某一特约经销商，甚至生产企业直接供货。这样才能准确查出零售商的销量。但聪明的零售商会钻空子：它的零售额达不到标准，就纠集其他零售商，把多家的进货都集中在一块儿，由一个零售商进货。生产企业的对策是派人多检查监督，这就要求生产企业有自已强大的营销网络，不然是较难实施这种激励措施的。

(3) 在广告宣传上给予支持。除了前面提到的具体措施外，广告宣传品还包括制作精美的产品说明书、使用指南、海报、店堂招牌、彩旗、灯箱广告、广告礼品等。

(4) 在人员培训、售后服务、产品概念及包装等事项上给以配合。尤其是人员培训上，必须给以指导配合，因为如前所述，零售商的营业员起着“准推销员”的作用，甚至比生产企业的专职推销员作用更重要。要让营业员说服顾客购买，必须先对营业员培训，让他们了解熟悉产品知识。这样，不仅有说服顾客的作用，甚至一些基本的售后服务工作也由营业员承担。不过要注意，营业员毕竟不是生产企业的员工，对他们的培训必须“特殊问题特殊办”，时间上、方式上、内容上都要简略些、非正式些。

(5) 对零售商的感情投资。批发商的进货权由负责人掌握，其他员工不起多大作用，因此只需拉拢住负责人即可基本达到目的。而零售商负责人和营业员对于产品的销售都具有举足轻重的作用，负责人掌握着进货权，营业员掌握着推销权，二者同等重要。因此，必须对零售商的负责人和营业员进行感情投资。负责人由于数量很少，进行感情投资较易做到。营业员数量很多，进行感情投资比较复杂难办，在操作上需要细致、周到。

【案例6-2】

零势品牌“斩径”狙击战

——可口可乐冰露水渠道运作上市启示录

在大多数人眼中，可口可乐似乎更像是一家擅长品牌运作的公司，他们总是试图通过品牌营造来制造销售奇迹。唯有这一次，冰露纯净水在北京市场的上市破例了。

在冰露纯净水（有的销售区域叫水森活）北京上市的方案中，没有一分钱市场费用的投入，在实际执行中也没用一分钱进行品牌培植，依靠的完全是渠道运作。业务部门在渠道上大做文章，在2001年12月底上市，杀出早已被几大巨头包围封锁的瓶装水市场，销售一路奏凯。同时，冰露的上市使瓶装纯净水市场价格整体下降至少3元/箱，这不得不让几大巨头重新上市低价的新品，以确保市场稳定。

这是北京可口可乐公司第一次利用业务部门来操作品牌的上市和销售，并且是一个销售奇迹！因为在年底做销售总结时，冰露水的销售达成是计划的整整3倍。

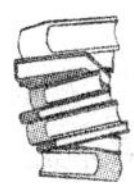

在成熟的22条渠道中，可口可乐公司能扬长避短，发挥自己渠道运作的优势，从中找到冰露水应该上市的主渠道，并舍弃其他渠道，的确需要魄力。

计划：透彻而不复杂

众所周知，瓶装纯净水市场一直由几大品牌主宰，这几大厂家又都是专业瓶装水制造商，操作市场也有多年。北京市场基本上也是由此几厂家瓜分，而此时，可口可乐公司在中国只有"天与地"矿物质类水一个品牌。

这至少表明，冰露水上市的最大劣势在于流通渠道基础薄弱，靠其他成功品牌的优势进行搭售或硬性派任务给经销商，极有可能因投入期过长而错过销售旺季，或令销售不温不火；与此同时，在强大的竞争对手面前，冰露水几乎相当于零势（由于从来没涉及，所以连弱势都没有）品牌，想靠短期内狙击其成熟的流通渠道来获得市场份额，可能会惹来对手疯狂的灭杀和封锁，造成致命性打击。竞争产品的市场覆盖率和占有率见表6-3。

表6-3 竞争产品的市场覆盖率和占有率

竞争产品	市场覆盖率	市场占有率
A	>90%	>55%
B	>75%	>25%
C	>60%	>10%

从以上可以看出，有些产品的市场覆盖率已达到垄断，市场占有率遥遥领先。而可口可乐公司推出的任何一个品牌，绝不会以"站稳脚跟，以图明年或后年取得一定成绩"为目标，因为在每一个新产品的计划书里都可以看到："必须达成同类产品市场占有率第×位"字样（注：×从1至3）。这是一个相当大的课题。

竞争产品的市场状况见表6-4。

表6-4 竞争产品的市场状况

竞争产品	产品容量	产品包装色	价格	渠道	促销
A	<600毫升	红	>20元/箱	批发流通渠道	低值渠道促销
B	<600毫升	蓝	>20元/箱	批发流通渠道	低值渠道促销
C	<600毫升		>20元/箱	批发流通渠道	低值渠道促销

虽然这张竞争对手状况表较简单，没有深层次的定位、价格体系、渠道结构、经营状况等我们熟练运用的分析项目，但还是给我们传递了以下清晰的信息。

（1）瓶装水是市民消费品，大容量产品应该受大众欢迎，而对手均是低于600毫升的产品，以可口可乐公司运用娴熟的加大包装产品操作，应该还是有机会获得消费者的青睐。

(2) 零售终端陈列一直在可口可乐公司的销售策略中占重要地位，产品的外包装主体颜色是应该考虑的差异性问题，我们的产品外包装主体颜色能否与对手的挂起钩来并有所区别呢？这样才可以在零售终端表现出良好的生动化陈列。

(3) 我们考虑的渠道价格问题主要是：每级渠道所能获得的利润（价差）必须要算得很清楚，这有利于提高各级渠道成员的积极性。同时，我们还是希望产品渠道流通价格能比对手稍微要低一点，以便于体现产品的物超所值和竞争优势。

(4) 竞争对手在瓶装水市场上多年的流通渠道运作经验和资源是冰露水上市的巨大障碍，但可口可乐公司的渠道系统也有相当的独到之处，要通过业务系统而非市场系统来上市该品牌，渠道系统的分析、思考、运用、控制等应该是我们重点考虑的。

(5) 可口可乐公司的促销虽花样多多，但向来有的放矢，从不把促销当作变相降价，这种优势一定要在冰露水上市时发挥出来。

机会：点点成金

可口可乐公司从以下简单的资料（表6-5）中找到了自己的机会点。

表6-5　冰露产品机会点分析

产品	产品容量	产品包装色	价格	渠道	促销
冰露	600毫升	绿	<20元/箱	先铺货，零售店牵引渠道进货销售	灵活促销
采取原因	低值产品如加大包装，更物超所值	陈列位置上的绿/红/蓝，易于产生联想	战斗品牌价格必须具有挑战性，体现竞争优势	缩减渠道流通层级，能加大各成员获得利润，能有益于消费者	不让促销变成降价，保护品牌，促进销售

特别在渠道方面，作为快速消费品的冰露水，不可能达到全部直销，又不能与对手强大稳固的流通渠道抗争。最后，我们用“斩径”这两个字确立了渠道运用思路：斩断以前全渠道（所有渠道）上市的方式，只用一个渠道；缩减冰露水在市场上的流通路径，最好达到一级流通，并且此级流通要可控，业务员能完全掌握产品的流向；除年底的返利外，基本实现产品到零售终端之前是平进平出，不产生渠道利润空间；前期坚决禁止由大批发商批发，产生流通；由于没有市场投入费用，所有销售的推力和拉力均要汇集到零售终端……

这些机会点被引入到产品的实际上市和销售中，最终均极大地吸引了渠道上需要被调用的层次成员。

削弱竞争：寻找对手渠道最弱点

那么，在具体对渠道进行思考的时候，可口可乐公司又是如何避开竞争对手的雷区，强调运用了自己的优势，打破牢不可破的封锁，从而在上市乃至一步步的执行过程中走向胜利呢？我们从以下分析（表6-6）中，可以看到可口可乐公司的渠道分析全过程。通过这种分析和运用，完全确定了冰露水上市和销售的绝对性的渠道竞争优势。

表6－6　渠道分析

A、B、C产品	运用方式	弱点	可口可乐公司应对策略
渠道结构	总经销—各级分销商—二级批商—零售商—消费者等较完善的渠道结构	渠道结构太长，各级成员利润分配低	单纯的零售商—消费者结构
渠道成员管理	在真正管理体系里，只有几个总经销商，销售政策及管理只到几个总经销处，没有更深入的管理	基础不稳，渠道上游强下游弱，控制力差	不从总经销等上游下手，攻其渠道下游，控制每个重点零售商的操作即可
渠道销售策略	给总经销商以相当优惠，由其控制下游渠道策略	总经销商相互比拼，互相砸价，分销商及二批商到处找便宜货，流通网络混乱无序	给大经销商政策，由其推动转变为通过消费者和零售商拉动，最后吸引大经销商

所以，通过以上的具体分析，在渠道甄选及运用上，可口可乐公司最终采取了做单渠道，并坚决杜绝“泡大户”，而是进行精细化的、尽量缩短与终端接触的渠道运作方式（表6－7）。

表6－7　可口可乐公司的应对策略

A、B、C公司	弱点	可口可乐公司应对策略
1. 全渠道运用，批发、直销齐上阵，谁能进货就给谁 2. 泡大户，大户库存，贸易式销售	1. 没有渠道重点，无法控制手段 2. 大户要更多条件，一步步将价格卖低	1. 先以单渠道先进入，市场做好再做其他渠道 2. 不泡大户，而是精细化进行零售商—消费者一对一式销售

其时，北京市还有一大型企业，其一品牌纯净水D品牌，曾号称北京第一品牌，沉寂几年后又想东山再起，卷土重来。该公司下定决心，孤注一掷，一定要将曾经失去的市场夺回来。于是，它采取了对各级经销商、超市、零售商和零售终端全面出击，大投入、不计成本式的销售方式（表6－8）。可口可乐公司又通过抓住对手渠道的软肋，将这种搅局式的销售大败于手下。

表 6－8　可口可乐公司应对 D 产品的策略

D 产品渠道	渠道策略	弱点	可口可公司应对策略
超市渠道	选取十大超市所有门店，进行产品堆头；同时进行折扣 10 送 3	超市直接将折扣变成降价；超市堆头需要大量广告支持和生动化用品支持	先放弃，冰露已经被卖火的时候再在超市退出
批发渠道	进货达一百箱并在批发市场门店进行产品堆头，折扣 10 赠 4	大批发商不会主动推广新品牌；对高利润低销量产品他们一般稳着卖，临时卖不掉再找厂家要条件处理	先放弃，等批发商被下线客户吵着要货的时候再给他们
零售终端	货架摆 5 瓶赠 1 瓶	好方式，但执行不到位，反而使终端老板怨声载道	先用销售利润（价差）吸引他们销售，然后再做摆赠

执行：丝丝入扣

在可口可乐公司，产品销售不只是销售部门的工作，还是全公司所有员工应尽的义务。因此，在业务部和市场部全体人员的努力，冰露水几乎在一夜之间遍布北京的零售终端！

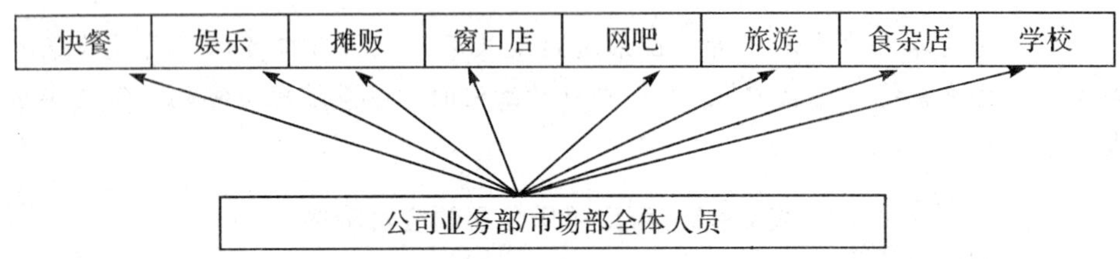

一、选取渠道和选取经销商（表 6－9）

表 6－9　冰露水的渠道选择

类别	运输	服务	利润	掌控	布局
条件	1. 最靠近售点的 2. 最有小批量运输能力的 3. 市区运输灵便，没有交通限制的 4. 公司以提供送货工具的	1. 最快捷的 2. 与售点有良好稳定客情的	1. 能达成按进货价出货，不扰乱市场价格体系的 2. 能最大缩短渠道层级，一级便可到终端售点的	1. 业务代表服务最能被掌控的 2. 出货途径最明朗的	1. 区域布局合理 2. 能迅速覆盖目标市场
最符合条件成员	合作伙伴	合作伙伴	合作伙伴	合作伙伴	合作伙伴
结论	101 合作伙伴				

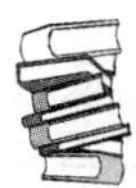

有了“斩径”这种清晰的渠道选取方针，有了对各个渠道功能的具体分析，有了对竞争对手渠道状况最深切的分析，在抓到竞争对手软肋的同时，可口可乐公司也找到了最合适自己的、与消费者距离最短的上市渠道。101合作伙伴最终成了此次冰露水上市的唯一渠道，零售终端则成为承担销售产品和市场表现双重功能的载体。零售终端老板也在无形之中成为冰露水铁杆推销员。

以上是选取冰露水销售渠道客户层次的基本原则。其实，在12月底产品下生产线时，公司已经将部分产品铺到了一些敢于吃第一只螃蟹的客户仓库里。这也说明，101合作伙伴自己有这种合作的意识，有先入为主的胆识，更重要的是，他们看到了自己的优势。

二、开发终端可利用资源

由于渠道成员中只有零售终端老板能赚取一定的利润，而101合作伙伴的产品平进平出，只赚取配送费用，所以，冰露在整个渠道系统流通到零售终端之前，没有产生任何渠道利润“损耗”。零售终端老板一计算，销售冰露水比竞争对手的产品划算得多！此时，送货老板无形中又成了公司业务员，他们主动为可口可乐公司推销冰露水。

这样，在北京市场，近两万个零售终端中，就多出了近两万业务员。他们将冰露水摆在最显眼的位置，有的陈列架上只有冰露一种产品；他们用所有的冰柜或水柜来冰冻冰露水并向消费者极力推荐。这是冰露水能一下子旺销的真正原因。

三、渠道促销，激活所有渠道销售

由于没有设置品牌推广费用，所以，产品最初投入市场时，除“可口可乐公司荣誉出品”几个略显醒目的字体之外，渠道客户并不能真正感到冰露水还给他们的实惠。因为在没有真正销售到下线零售终端之前，没法计算利润。特别是101合作伙伴，在产品销售进入正常阶段，只能平进平出，吸引他们进货的只能是渠道促销手段。

公司还掌握了渠道成员进货需要刺激的愿望，分析了能刺激其他渠道进货必须要用哪些工具。于是，在适当的时候，公司推出了以下几项渠道促销（表6-10）。在具体运用时，都打了绝妙的时间差，不但使货物不在渠道之间截留，还刺激了其他渠道成员极大的进货积极性。

表6-10 几种渠道促销方案

时段	开始将货铺给合作伙伴时	渠道上的良好销售反映到大批发商，大批发商想进货时	货源充足并旺销时
对象	合作伙伴	大批发商	其他渠道的客户
促销力度	买x箱赠1箱等	买$2x$箱赠1箱等	特殊价格申请

【分析提示】

从以上案例可以看出，渠道策划是可口可乐冰露水成功上市的关键，但是仅有策划还不够，策划案的执行、市场的开发也是渠道成功非常关键的因素。渠道策划与执行必须两手抓，两手都要硬。

◆**技能训练 6.2**

训练背景

渠道策划方案已经完成，如何真正运作起来，进行市场开发才是从纸上谈兵到真正实战的过程。

训练要求

各组同学根据上一任务写出的旭胜合作社的渠道方案进行探讨，根据当地的市场情况，提出自己的市场开发思路。

任务 6.3　渠道的发展与创新

6.3.1　渠道创新的市场背景

渠道设计并非一劳永逸，随着环境的改变，企业实力的增强，渠道应相应的发展或创新，具体因素（背景）有以下几种。

（1）市场发展进入新阶段，旧模式难以适应新要求，从渠道成员的地位变化角度来看，中国市场销售渠道发展经历了从重视厂家阶段到重视经销商阶段，最终进入重视消费者阶段的过程。重视消费者阶段的特征是一切围着消费者转，一切以消费者的满意为目标。这就要求产品要以最方便的途径让消费者购买，要求厂家要以最快捷的速度对消费者的购买需求和评价做出反应。然而，松散型的、间接型的传统渠道模式由于中间商与厂家一般不是一对一的关系，且利益关系是相对独立的，属于买卖型关系而非合作型关系，每个环节上的保价行为都会使双方形成对立，制约了厂家与消费者的直接沟通，影响了渠道效率。

（2）竞争激烈，企业利润变薄，渠道成本的控制举足轻重。（一个行业商品或服务的价格构成中分销渠道通常占 15% ~40%，这个数字反映出渠道变革对提高竞争力和利润率的潜力。）

（3）企业规模越来越大，对渠道的辐射力和控制力要求更高。我国较大规模的企业，在经营前期，产品进入市场之初企业弱小、资源缺乏，利用经销商的网络资源推广产品是一种合理、有利的方式，当然付出的代价是对经销商的依赖惯性（如长虹曾过分依赖郑百文）。当企业规模越来越大，品牌影响力不断扩大，为了规避渠道风险，厂家对通路辐射力和控制力要求更高。一些企业甚至可以凭借自身的财力和市场管理经验组建自己的分销网络。从市场竞争的需要和企业的长远的利益来看，掌握渠道的主动权具有十分重要的意义。

6.3.2　渠道创新的基本表现

目前我国渠道创新的基本表现有以下几方面。

（1）渠道结构扁平化：从多层次长渠道向扁平方向发展，甚至直面终端，掀起了终端争夺战。以家电行业为例，据深入调查，不少企业都面临同样的问题：中间商协

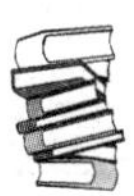

助产品推广的作用已越来越小，而厂商冲突却越来越大，表现在中间商对渠道的反控制、利润截留、促销执行走样等方面，直接控制零售商是厂家提高市场辐射力和控制力的关键。

（2）渠道关系由商业利益（利用）关系向供应的合作伙伴关系变化，即双赢。表现形式上并未改变传统的渠道结构，但本质上却由松散的、利益相对独立的关系变为紧密的、利益融为一体的关系，简单地说，即由“你”和“我”的关系变为“我们”的关系。这种公司式的合伙关系可以消除厂家遇上价位追逐各自利益而造成的冲突，厂家与商家结成利益共同体，共同致力于提高营销网络的运行效率，由于优势互补，减少重复服务而增加经营利润。

（3）渠道策略由单一化向复合化发展。

（4）渠道运作由中间商操作为主向制造商操作为主变化。

（5）渠道重心由大城市为中心向地、县级为中心下沉。

（6）渠道激励由短期刺激向长期激励变化 。

6.3.3 分销商的战略与策略

许多企业的通路创新，矛头指分销商或经销商，他们该怎么办呢?

1. 分销商的困惑

不少客户凭当年胆子大、下手早、吃苦多进入批发领域，在计划经济体制下享受差价利润，很快脱贫变成大户，到了今天手上有几百万上千万的资金，十几个品牌的代理权，有人、有车、有钱，却发现生意一天比一天难做，钱一天比一天难赚。是什么原因?

（1）零售行业结构发生了变化。连锁零售业已迅速发展成为零售业的主流。连锁零售企业对1%净利润的追求让整个供应量发狂，低价成了连锁零售企业的本能。为了获得低价，他们开始越过分销商直接与生产商对话，以便从厂家直接进货。

（2）制造商的需求已发生了变化。20世纪80年代，制造商对分销商的需求只有三点：接货、回款、把货批给下游。随着市场经济的成熟，尤其是国际知名企业的进入，导入了高水平的市场竞争手段，制造商纷纷开始强调终端销售，密集分销也成了大家“追捧”的营销改革方向。厂方抢走了分销商的饭碗。随着我国暴利时代的结束，向渠道要效益已成为生产商的共识，而最简单的办法就是减少中间环节。电子商务运动曾经在这方面做过人所共知的最富想象力的努力——取消所有的分销环节，实现彻底的直销——但终因为想法过于乌托邦而自掘坟墓。但减少中间商的想法始终在制造商和零售商的脑袋里盘旋。纵观国际渠道业的演变，渠道的短平化已是大势所趋。在此背景下，分销商患上了“失业恐惧症”。制造商都直供零售店，分销商岂不无处容身?难道分销商终究无法逃脱搬运工的角色?甚至连搬运工都没得做?或者，只能去做那些边远的、没有多少油水可捞但又吃力不讨好的落后市场，做个“为国民经济拾遗补缺”的边缘角色?

随着厂商渠道战略的调整、渠道的再造，外资分销商的加入，我国的渠道业正在经历着一场严峻的考验。“不经历风雨，怎能见彩虹”，分销商必须适时做出战略决策，选择符合自己发展的道路，才能在不断变化的市场环境中茁壮成长。

2. 分销商的战略出路

可供分销商选择的战略类型有密集型增长战略、一体化增长战略和多元化战略。

（1）密集型战略。分销商采用该战略可以从增值服务、网络分销、代理多品牌等方面做文章。培训，在现在的分销业增值服务中是最成熟的。目前国外较流行的E-learning，即通过互联网平台并引入语音、音响等先进技术进行培训，已在中国被分销商成功地运用到培训当中，Cisco与晓通就利用互联网推出了在线学习服务。网络分销，即分销商利用自身与产品厂商紧密的合作关系，了解客户具体的资源优势，结合自身资金、技术优势，建立起完备、规范的分销体系及网络技术支持和服务体系。以互联网技术去构建分销、服务和管理模块，将传统业务转移到互联网平台上，这样可以更好地向客户提供服务及提高自身的竞争力。用户只需登录到网络平台就可以进行订货；点击相应的表格，订单会自动传送到预订中心，并进行统一的调配及确认；在订单确认之后，用户可随时在平台上查询货物的动态，提供及时、准确的信息。基于互联网的平台能够最大限度地发挥分销功能，供货厂商和客户都会在互联网平台出现，这样不仅向用户提供了方便、快捷的服务，而且提高了自身的竞争力。最后在传统的业务中挖潜，比如代理多品牌。其一，可减少来自产品厂商的风险；其二，可以在市场竞争中，在市场风险越来越大的今天，游刃于各种险滩之间，同时可以促使一个企业向综合的分销大户转变。

（2）一体化战略。包括前向一体化、后向一体化和横向一体化。分销商采用该战略可以从与经销商整合（或自建零售网络）、分销商和生产商一体化经营、分销商之间的横向联合等方面做文章。

1）前向一体化，即与零售商整合（或自建零售网络）。迅速发展的“连锁超市经济”使零售业竞争日益加剧，连锁业的规模采购也同时加大了分销商生存、发展的压力。能否在超市渠道拥有自己稳定强大的客户网络、良好的客情关系和有力的业务队伍，对于分销商以后的销售成长会产生深远的影响。分销商可以通过自建零售终端直接掌控终端市场，增加与制造商谈判的筹码。分销商欲在明天的市场上不被制造商抛弃，不被同行淘汰，自身终端网络建设是必由之路。

终端建设，从开发到管理到形成固定的网络需要很大的投入和较长的时间，这个过程中也许经济效益不佳，但这是对企业未来核心竞争力提升的一种投资，是一个必然经历的过程，在这个过程中需要勇气、需要恒心、更需要理智和决心，因为这是市场环境发展的要求，无法回避。

2）后向一体化，即分销商和生产商一体化经营。分销商与生产商是一种双赢的战略合作伙伴关系，共同为目标顾客服务，而不是传统的交易关系，分销商利润的主要来源将不再是产品，而是为产品提供的服务，产品变成了分销机构为生产商和下游客户提供服务的平台和载体。分销机构以后以服务的形式存在，以专业物流企业、社会化配送中心及两者混合的物流配送企业为主要形式，以信息技术为手段，通过快速响应，为上游生产商和下游零售商提供高效率的专业服务，使商品在流通过程增值。在这一模式下，分销机构提供的价值环节包括：市场开拓，包括市场覆盖和市场推广；

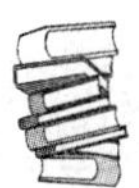

物流服务，包括仓储、线路等方面的运营；资金管理，包括对销售人员佣金的支付、对分销服务佣金的支配等；信息平台，使市场和厂商能够有效的沟通；服务和支持的平台，例如对零售店的培训和支持等。

同具备先进管理理念的生产商合作，分销机构的角色将由以前以获取产品销售利润为导向的传统商人角色，向以提供市场分销覆盖、实施补货保证物流供应以及帮助生产商进行在零售终端店内管理和资源争夺、以服务佣金为导向的现代化专业服务提供商转变。分销机构提供的增值服务全面代表了生产商和分销机构合作方式、利润分配方式以及分销机构本身内部管理方式。与此同时，各级分公司和销售机构的管理也在不断演进，销售分公司成为生产商增值服务链中的一个最紧密环节，成为生产商控制其他市场覆盖合作伙伴的枢纽。

在服务商模式下，厂商合作的形多，如网络共享、信息共享、流程优化、共同的成本控制管理培训等。生产商从这一转变中获得了巨大的利益，生产商对销售渠道的有效控制和对物流环节的管理在“分销机构——服务商”的概念和模式转变中真正得到了实现。

“服务商”模式是一种双赢的选择，因为分销机构也将从该转变中得到好处。生产商要依据分销机构对市场发展所做出的贡献（依据生产商所设定的衡量标准）支付佣金，分销机构拥有了更可靠的利润来源。作为服务合作网络中的一员，分销机构还将享受到来自生产商的巨大支持，他们在整体管理上所投入的精力和风险也因此将大大减少。采用这一模式的生产商很多，宝洁、康师傅等企业做得都很成功。以宝洁为例，1999年7月，宝洁推出了“宝洁分销商2005计划”。该计划指明了分销商的生意定位和发展方向，详细介绍了宝洁公司帮助分销商向新的生意定位和发展方向过渡的措施。在宝洁的计划中，分销商将扮演三个重要的角色：首先，分销商是向其零售和批发客户提供宝洁产品的首要供应商；其次，分销商是现代化的分销储运中心，是向生产商提供覆盖服务的潜在供应商；最后，分销商同时也是向中小客户提供管理服务的潜在供应商。

3）横向一体化，即分销商之间的横向联合 。分销商通过横向并购或松散联合，实行联合采购、信息共享、降低成本，以增强竞争力。如郑州通利、广州东泽、深圳铭可达等成立横向一体的中永通泰公司，刚开始是一个松散型的联合，是会员单位联合采购和信息共享的平台，现在正探索一条通过资本联合将区域性的家电连锁企业整合为全国性家电连锁企业的路子，他们将以资本为纽带，逐步向集团化、企业一体化方向发展。

（3）多元化战略。由于企业发展的需要、规避渠道变革中的风险，分销商可通过扩大业务范围，增加新的利益增长点。如国美由家电到信息技术，世纪中鑫由通信到网站，有的企业甚至将资本直接注入生产领域向上扩张，如苏宁等。这样做的劣势是资本使用分散，导致削弱主业的竞争力。

以上三种发展战略模式在分销企业中都有应用。具体采用何种战略，分销企业需根据本行业的特点、企业的实际情况、上下游企业的特点、渠道发展的趋势等诸多因素做出慎重的选择。

纵观国内外分销渠道的变革，只要抓住机会，适时做出战略调整，分销商仍然有很好的生存发展空间。

（4）外埠市场的开发：

1）开发外埠市场的原因：

①外埠市场是制造商“手伸不到”的地方。中心城市人口集中、消费力强、购买力强，同时也是商家必争之地。制造商渠道精耕第一步，就是大城市的密集分销和直营。在这里他们的投入才有回报，经营利润才可以消化高昂的销售费用。外埠市场（尤其是农村市场）虽然分布稀散，集中购买力不强，但不论从人口、面积乃至市场容量上都远远大于中心城市。总销量大但不集中、不均匀、单位产量又低，这就是外埠市场的特点。对制造商的“渠道精耕政策”而言，外埠市场是一块鸡肋。表现在：a. 食之无味：如果在三级市场乃至城市市场渠道精耕，广设经销商，送货就成了问题。每个经销商单次吃货量太小，厂车无法配送，如果没有直营分公司、办事处，更要赔本。这种市场的销量集中程度根本不能消化直营机构的运作成本。b. 弃之可惜：继续执行大户代理制或干脆放弃农村市场都会使自己在竞争中处于劣势，甚至丧失一大半的销量。在外埠市场，绝大多数厂家的渠道精耕、厂家直营思路成了一种心有余而力不足的奢望。于是，选择有实力、有终端营销意识的“好经销商”，利用当地武装的力量在广大农村市场上构建自己的销售网络，通过间接控制市场、强化终端、实现销量就成了各厂家唯一的选择。

②对分销商而言，外埠市场有较高的投入产出比。当你着手开发外埠市场时，你的角色就变成了上游供应商。你和你的下线分销商的关系类似于厂商和你的关系，外埠市场不需要你长期翻山越岭拉着货去挨门挨户的搞零售拜访。分销商不能局限于自己所在的城市，也不能把拓展周边市场理解为找几个大户做下线。厂方是奉行深度分销政策，但能够全面精耕市场，在所有二、三级城市、农村市场都执行深度分销，广开经销户，甚至设直营处、分公司的企业毕竟不多，大多数厂家还是需要分销商来覆盖农村市场。所不同的是厂家现在要求的不仅是销量，更多的是终端表现。所以对周边市场的开拓，要做到：a. 寻找当地的合作伙伴做固定的下线分销商，帮自己管理市场；b. 自己的业务人员对该市场形成固定拜访；c. 对该市/县各渠道重点客户熟悉；d. 能协助该下线分销商管理市场，掌握终端；e. 推广新产品培育市场。真正能做到这几点你才算掌握了周边市场。也许因此，你就能更多的保留（或争取到新的）大区代理权。

相对于你的精耕区域（所在城市），外埠市场更多投入的是技能、方法、管理，而非资金。销售区域广、单次成交量高加上运作得当，投入产出比一定会高于你的大本营。

◆技能训练 6.3

训练背景

市场竞争白热化，渠道比拼越来越激烈，精细化渠道运作、深度营销是未来渠道发展的趋势。

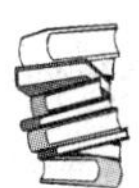

训练要求

每个班分成8~10人一个小组，用头脑风暴法讨论现在鸡蛋市场上大多数企业的渠道模式的优势和弊端，并提出渠道创新的新思路。

项目总结

渠道设计与运作是营销人员的必修课，其中渠道设计属于策划范畴，而渠道运作就属于市场开发，渠道发展与创新要求企业以变应变，物竞天择适者生存。

晋城旭胜绿色养殖合作社的“珏山牌”鸡蛋和“旭胜鲜品”鸡蛋，对以下因素进行了分析：销售区域主要在晋城，属于区域品牌，目标群体是晋城市的中高端消费者，市场相对集中；鸡蛋属于鲜活产品，保鲜对鸡蛋很重要；鸡蛋不太适宜长距离运输；价格相对较高，不太适宜长渠道；晋城市场竞争相对不太激烈，品牌鸡蛋全是外地品牌；本土品牌具有保鲜、运输、市场熟悉等优势。通过分析我们建议采用厂家直营模式，即厂家直接向卖场和连锁超市供货，与商超签订供货协议。市场开发时采用了资源借用的办法，公司聘请了一位与商场超市有良好关系人担任销售经理，由他出面与商场超市沟通，产品很快在全市铺开。运转半年后由于旭胜促销活动多、产品好，商场超市内经常与竞品发生冲突，最后对渠道策略进行局部调整，大卖场独家买断。目前旭胜鸡蛋基本垄断晋城市场。

综合实训

【案例分析】

TT公司的渠道建设

TT公司是国内著名的食品企业之一，营销网络遍布全国，进入湖北市场近十年。由于武汉是九省通衢，价格敏感，再加上串货、批发渠道等因素，武汉分公司要想取得持续的发展，必须对渠道进行新的整合。

由于湖北三大重点城市的经销商的素质、业态模式和分公司投入的比重也存在着差异，分公司采取了“不同城市采取不同的营销渠道”这一渠道多元整合创新模式，从而取得了分公司全年销售额增长的丰硕成果。在武汉、襄樊、宜昌三个地方根据不同情况经进了多元化渠道整合。

一、武汉：选择终端直营模式

(1) 原因：终端经销商实力强；公司人力资源丰富。

(2) 终端直营渠道策略规划：主要分销力量为大型卖场和连锁超市。销售政策重点是给零售商提供更多服务和支持，维持稳定价格和提高相应毛利。

(3) 终端直营渠道成员分工：武汉分公司为一级批发商、市场管理者。其任务包括：库存相当数量的货，并快速把订单送到各零售店；提供专柜促销员，并负责其招聘、培训和管理；执行总公司市场部制定的市场推广计划；承担相应的产品售后服务；对有账期的大零售店，处理相应财务手续，控制市场价格。零售商（高效分销渠道）的任务包括提供陈列位置、产品销售和按时结款。

(4) 终端直营模式优劣分析：

1) 优点：快速有效掌握终端市场，避免渠道波动，稳定扩大销量；节省中间环节，有效控制串货，提高渠道利润水平；创造卖场有利位置，在一定程度上限制竞争对手销售活动；推广与服务深入终端，有利于品牌建设；销售人员直接参与零售店经营活动，对市场反应快；与零售商建立了长期稳定的关系，降低营销成本。

2) 弊端：初期需消耗大量资源，零售业竞争激烈，可能导致大耗费和高风险；建立零售网络需要很长时间，终端直营收效较慢难以迅速打开市场；管理难度大，物流工作和财务管理复杂。

二、襄樊：选择合作分销

(1) 原因：襄樊当地与分公司合作的经销商有着整体实力强的优势，还有完善的销售体系；高效的物流运营体系和强大的深度分销能力。而襄樊办事处与武汉相比人力有限，无法控制所有终端渠道。

(2) 合作分销渠道策略规划：选择的渠道政策是经销商向分公司支付预付款，派业务员开发市场，深度营销，铺货到售点，从而有效控制产品市场价格，襄樊办事处以陈列、促销和获取订单为主要工作，将一般终端交由合作经销商维护。

(3) 渠道成员分工：

1) 经销商：负责深度分销（由公司办事处向其供货，再由其向零售商铺货）。

2) 襄樊办事处：负责促销、店内形象管理，保留了价格、促销、服务和市场管理工作。

3) 合作内容：共同承担售后服务和产品的退换货问题。

(4) 合作分销渠道模式优劣分析：采取此渠道模式后，销售额增长130%，铺货率由10%增加到70%，效果明显，但是也有利有弊。

1) 优点：降低营销成本，促使办事处将更多的精力；在市场建设和品牌维护上利用经销商的资金以转移分公司风险；充分发挥渠道的渗透能力。

2) 弊端：渠道不稳定，容易失控。

3) 对策：不过分依赖经销商，将其视为公司产品的物流中心，控制经销商下线的重要客户。

三、宜昌：选择区域代理模式

(1) 原因：宜昌没有建立办事处，因此在区域内寻找一个较有实力的经销商作为当地总代理。

(2) 区域代理渠道策略规划：双方定位明确，分公司与代理商销售目标达成一致，双方确定结算价格，由代理商管理区域内产品销售。代理商自行决定发展下线批发或直接向零售商供货，自由制定区域内分销策略区域内零售商自己定价，保证毛利 。

(3) 渠道成员分工：

1) 代理商：根据市场状况，选择相应产品完全负责分销工作大部分促销活动由代理商管理。

2) 分公司地区专员：协助代理商开展促销活动给予售后服务支持，缓解代理商与零售商矛盾。

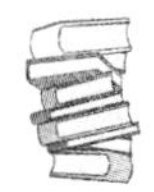

（4）区域代理渠道模式优劣分析：

1）优点：借助代理商的网络迅速提升销量；利用代理商的资金并转移风险，实现资金及时回笼。

2）弊端：分公司将失去主导地位，容易出现影响市场发展的短期行为，不利于品牌建设。

3）对策：采用合作分销渠道模式，以有效控制代理商；积极寻求代理商，增加现任代理商压力。

案例讨论：

（1）讨论上述的三个地区渠道建立的策略，你有什么收获？

（2）选择一个地方的渠道策略，如果你是当地的负责人，根据策略，具体的市场开发办法是什么？

【实训操作】

1. 实训目的

通过本次实训，使学生能够根据企业的自身条件和所在行业的竞争情况，为企业设计出合理的渠道方案，并具备初步市场开发的能力，全面提高学生的实践能力。

2. 实训组织和要求

第一步，每班分成几个小组，每个小组成员8～10人。

第二步：在教师的指导下，选择当地熟悉的某家食品企业，搜集该企业相关资料。

第三步，以班级为单位讨论下列问题：

（1）影响该企业的渠道因素有哪些？

（2）企业可以选择渠道模式有哪些？

（3）充分分析每种渠道的利弊，到底哪一种是适合该企业的？

3. 实训内容

每个小组根据本小组选择的食品企业，通过市场分析完成渠道策划方案，并提出初步的渠道运作思路。

项目 7　促销策划

项目目标

【知识目标】

●促销方式与方法。

●各种促销方式的优缺点。

●狭义促销。

●促销策划的要点。

【技能目标】

●促销策划创意。

●编写促销策划方案的能力。

●促销活动的执行能力。

【实训目标】

●通过头脑风暴等实训，使学生掌握促销创意的方法。

●通过案例学习和分析，完成一份促销策划案。

项目导入

业内人士的普遍认为：科技为企业提供动力，促销则为企业安上了翅膀。促销对企业非常重要，可以说是产品成功的临门一脚。

山西晋城旭胜绿色养殖合作社计划在 2011 年新年期间，在晋城上市公司新品“旭胜鲜品鸡蛋”，为保证新品成功上市，邀请我们策划、组织一场较大规模促销活动。该公司的基本情况在前面已有叙述。促销要成功，首先是形成一个好的促销策划案，然后是较好地把方案实施到位。

项目实施

各种各样的促销活动随处可见，商场、报纸、互联网等媒体发布着各类促销信息，既有买赠，又有有奖销售等各种促销活动，而且赠品奖品也五花八门，很多学生给企业做过临时促销参与过一些促销活动。促销策划一般要涉及促销地点、信息发布、活动形式、活动内容、持续时间等方面。旭胜鲜品在形成独到创意的基础上，如何整合这些内容形成一个好的策划案，为产品上市来个开门红并持续影响产品销售呢？这些活动项目是如何出台的？详细的活动方案是什么样？如何保证策划案的落地？实施中又要

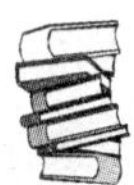

注意什么问题？本项目将帮助你很好地解决这些问题。

任务7.1　促销策划方案的制定

要做好促销策划，必须熟知并熟练运用相关知识。促销策划涉及的知识相当广泛，既包括必要的市场分析（前面已有讲解），还需要掌握各种促销的方式、策划要素等内容。

7.1.1　广义促销与狭义促销

1. 广义促销

（1）广义促销的含义。促销（promotion）是指企业应用各种信息沟通方式与手段，向消费者传递企业及其产品或服务的信息，使消费者对企业及其产品或服务产生兴趣、建立好感与信任，进而做出购买决策，产生购买行为的活动。其主要促销方式包括如图7－1所示。

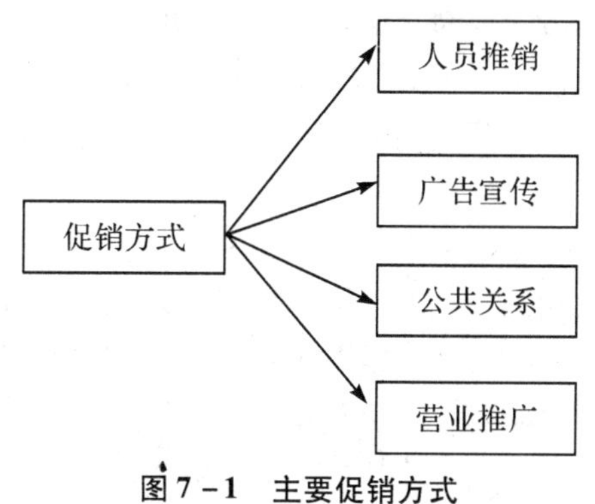

图7－1　主要促销方式

（2）各种方式的优缺点。每种促销方式既有优点又有不足，详见表7－1。

表7－1　各种促销方式的优点和缺点

促销方式	优点	缺点
人员推销	双向沟通信息，针对性强，可及时促成购买	人力难得，占用人员多，费用高，宣传面窄
广告	传播面广、快，形象生动，可将信息艺术化，引起注意，加深印象	说服力较小，针对性差
公共关系	影响面广，信任程度高，容易得到顾客的信任，可提高企业知名度、美誉度和信赖度	花费力量较大，效果难以控制
销售促进	吸引力大，能激发购买欲望，可促使消费者当即采取购买行动	有局限性，有时会降低产品身价

（3）促销组合。促销组合是指企业在促销活动中，把公共关系、广告、销售促进和人员促销有机结合，综合运用。

2．狭义促销

（1）狭义促销的含义。狭义促销（selling promotion）又称销售促进、营业推广，简称SP，是指企业在短期内刺激消费者或中间商对某种或几种产品或服务产生大量购买的促销活动。它具有效果维持短、强刺激、诱导、降低身价等特点。

（2）狭义促销的对象和具体形式。不同的促销对象，促销目的、促销形式、广告目标与策略也不尽相同。详见表7－2。

表7－2　狭义促销的对象和具体形式

不同对象的促销活动	促销活动形式	促销活动目的	广告目标与策略
对消费者的促销活动	产品生动化陈列、展览会、价格折让、赠品、奖金、光顾鼓励、免费试用、产品保证、产品示范、消费信用、演示促销、服务促销等	与产品广告等其他促销手段一起使用，引导消费者需求，拉动其购买产品或服务	配合促销活动，提前告知活动信息，强调促销主题的利益点，增强购买信息
对渠道的促销活动	购买折让、现金折扣、免费产品、合作广告、联合促销、广告与陈列折让、促销资金提供、特许经营、销售展示会等	通过拉动渠道成员的合作积极性、发挥通路销售体系的作用来保障通路的销售能力，从整体营销效果来看，是一个推力	根据不同促销活动的意图，向渠道成员进行告知与说服，强调企业的促销优惠政策、推广支持与服务及企业形象与良好信誉，以增强渠道的销售积极性与忠诚度
对销售人员的促销活动	推销竞赛、销售提成、特别销售奖金等	推动销售人员取得更好的销售业绩	

7.1.2　促销策划（本项目主要指狭义促销）

前面简要介绍了各种促销形态与促销方法。当企业评估形势，内部达成共识，欲借促销以提升业绩时，此时举办促销活动应注意下列要点。

1．确认促销活动目标

促销目标是营销目标的细分目标，并协助达成营销目标。每一项促销工具包括广告、公开报道、人员推销以及促销等都必须有具体的目标。例如“市场占有率提高5%，品牌知名度提高15%”“8周内销售业绩提升至8 000万元”。

明确的促销目标确定后，如何达成任务，要按照目标管理办法分别拟订全公司、分公司、业务部、业务员的个别目标，化整为零加以实施。

2. 促销活动的经费预算

确定促销预算的惯常做法就是在估算竞争对手促销预算的基础上来确定自己的促销预算。对竞争对手的促销预算的评估，其目的是以它为借鉴，在此基础上，根据具体情况，做出适合本企业实际的促销预算方案。

另一种更为准确的方法是先将计划采用的促销手段列出一份清单，可暂时不考虑钱的问题。然后根据各个项目的收费标准，对清单列出所有促销项目总的预算，并根据实际情况对方案进行调整，直到你认为调整的预算方案对自身的企业而言可以接受为止。

有了"促销目标"与"促销预算"，才能对执行后的"促销成果"加以具体评估与奖惩。

3. 确认促销对象

只有确认并了解了促销对象，才能采取最有效的促销手段，所以要确认促销活动的对象并描述对象的特征，主要包括：市场的幅度；购买者的地域性描述；购买者的地理位置；社会心理特征；购买的理由；谁是现场购买者；谁影响其购买；何时购买；如何购买等。

全球第一大快餐品牌"麦当劳"在创业之初提出了明确的目标："吸引家庭顾客，从孩子入手。"家庭顾客这一群体，是单个消费者的几倍，吸引家庭顾客比让年轻人泡在餐厅里更有收益。家庭顾客的光顾，要归功于家庭中的那些孩子。为了争取到这些小顾客，"麦当劳"配合赠送一些小礼品，服务员也被要求对小顾客格外热情周到。这一举措非常奏效，这就不难理解如今"麦当劳"对"六一"这样的节日的热衷了。

【案例7－1】

●某葡萄酒新品，在新开区域几个月的销量不尽如人意。通过市场调查了解到该产品的再次购买率比较低，原因是不符合大部分人的口味。于是公司在改动配方后希望通过一次大型的促销来提高再次购买率。备选的促销方案有：让利、捆绑赠品、开瓶有奖、集×个瓶盖抽奖、购买该产品一瓶凭超市小票可兑换10元超市购物赠券（选取多家大型超市）。最后，经过分析他们选择了购物赠券方案。首先是通过各大超市的DM（direct mail，直邮广告）宣传，其次是通过场外促销人员的免费品尝活动，最后是利用了各超市的高配合度（其实超市是有利可图的，所以有些还提供了免费地堆，结果该促销做得非常成功）。

●某小食品集团公司，有一市场领导品牌A。在该集团推出另一品类的产品B时，该公司试图利用A产品的影响力来推动消费者对B产品的尝试。从两个产品的目标消费群来讲是比较接近的。于是公司设计了一个"集7个A产品的盒子即可免费换取B产品一个"的促销活动。当时公司有很大一部分人还相信该活动不但能使A产品的消费者得到免费品尝B产品的好处，而且也会使A产品的销量得到提升。活动做出去后，结果让人啼笑皆非：公司设在各地办事处的兑奖处每天来的不是他们期望的A产品的忠实消费者，而是收破烂的小贩！问：这些标贴怎么来的？答：捡来的。问：换了后准备干吗？答：卖给小店。

【分析提示】

当电台记者问起新拳王击败老拳王的秘诀是什么时，新拳王笑着摇了摇拳头：这个。促销其实是一样的，怎么做完全是看你掌握的时机和尺度。靠的就是对对方的了解。这两个例子同样是新品推广的促销，为什么第一个会成功？因为他们更了解消费者。

4．确定促销的时间

（1）促销的时间。事先规划好年度促销活动计划进度表，检查其方法、经费、目的等。至于个别实施的每一次宣传、促销活动，要详细确定其实施次数、天数、期限等。

（2）促销的时机。促销活动的举办时机，通常有以下几种情况。

1）节假日：如春节、母亲节、端午节等。

2）公司的节庆：如开业庆典、周年庆典等。

3）目前流行的、有新闻性的话题：如奥运会、亚运会等。

4）季节性：如寒假、暑假、淡旺季等。

5）公司策略性决定。

【案例 7－2】

●某地方名牌洗发水踌躇满志地在各大超市推出了买 400 毫升装送精美浴刷的促销。依照去年成功的经验，这样的促销至少能够提高 80% 左右的销量。4 周过去了，销售结果让人大跌眼镜：销量只提高了 12%！在新任的市场部经理抓耳挠腮百思不得其解的时候，一个经销商的电话道出失败的原因：联合利华和宝洁的促销装我还没卖光呢！

● 6 月下旬，某杀虫水公司为处理一批改换包装的老产品，设计了一个与新包装捆绑在一起的买一赠一活动（定价已考虑了老包装产品的成本）。第一批货上架后就发现不对，几个星期下来销量竟没怎么提高。公司紧急研究对策，发现原来消费者担心这 2 大瓶（买一赠一）杀虫水一年用不完，所以宁可选择单瓶装的竞品。于是公司马上下令回收了买一赠一的包装，并随同剩余老产品以较低的价格卖给了偏远省市的农村市场批发客户。虽然这样做也造成了当地传统渠道在一段时间内的价格混乱，但总算第二年可以轻装上阵了。

【分析提示】

从上面的例子可以看出时间对促销计划的重要性。如杀虫水这个例子，如果是厂方是在一个月前的 5 月份甚至 4 月份推这个促销应该是会很成功的。同样，如果洗发水的厂家如果事先进行详细的市场调查，它完全可以用别的促销方式来代替赠品促销。当然，除了竞品促销情况和产品销售季节这两点外，影响促销活动的时间因素还有很多，比如：产品处于什么样的成长周期、促销主题与大环境是否合拍等。

5．确定促销商品（服务）

阐明欲透过促销活动推销的主要商品，例如“刺激季节性商品甲的销售”“促进商品丙的销售，避免造成库存积压”。促销活动所需要的工具，其种类、数量均要事先备齐。一般通用的物品有广告、宣传车、直立招牌、广告纪念品、奖品等。

6．确定促销的方法

作为信息的发送者，必须选择最有效的促销手段，以便准确传达促销信息。常用

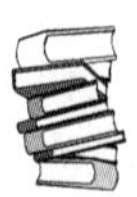

的促销手段有以下几种。

（1）广告。对在电视、杂志和报纸上登载广告，要考虑三方面的因素：广告成本、各媒体的独特性及媒体形象。

（2）销售推广。销售推广的方式多种多样，其中包括有奖竞赛活动、优惠销售、特供品销售和样品赠送等。确定最有效的销售推广方式的唯一途径就是事前进行试验性操作对其做出实际检验。

（3）公共关系与宣传。策划和实施公共活动的目的就是通过媒体免费的正面宣传报道，达到提高社会知名度及强化公司形象的目的。

（4）直接营销。直接营销的目的是为了与客户进行更具人情味、更富个性化的促销沟通。

7．确定促销的信息与口号

促销信息实质上就是企业在与顾客沟通时用以吸引顾客所采用的文字和形象设计。当在与顾客进行促销沟通时，必须在促销信息中以充足的理由向潜在的客户表明，为什么他们应该对你所传达的促销信息做出反应。我们所提供的产品能够给用户带来的最大的益处是什么，这是促销信息中最关键的内容。像麦当劳餐厅不仅营造了家庭的温馨氛围，还有一整套儿童故事，以及卡通人物形象，比如家喻户晓的麦当劳叔叔、汉堡神偷、麦克警察和奶昔小精灵等，他们都成为了麦当劳广告中的主角，深受孩子们的欢迎，麦当劳的文化正是随着这些具有鲜明个性的人物在大众中传播开的。

促销活动口号的制定，必须注意到以下几点。

（1）口号要响亮、具吸引力。

（2）促销活动内容要推陈出新。

（3）表现方式要简洁、易懂。

（4）避免会招来反感的表现。

8．确定信息送达的方式

企业还必须决定如何将促销活动传递给促销对象。假如促销活动是一张减价15元的折价券时，则至少有四种途径可使顾客获得折价券：一是放在包装内；二是在商店里分发；三是邮寄；四是附在广告媒体上。每一种途径的到达率和成本都不相同。

9．确定促销地点

要考虑促销活动的实施地区，是全国大规模活动，还是在限定地区内实施。由于大量的广告多半与促销活动同时进行，为加强执行效果，应该将广告示范与促销活动实施地区相一致。

具体地点一般定在人流量大和知名度高的商场或广场，注意现场要有足够的人员活动空间。

10．确定预期效果

利用“计划—执行—评估”的机能，对促销活动效果加以考核。

（1）对促销效果制定明确的目标。

（2）事先估计可能的效果，并在公司内部公布。

（3）在实行期间，均随时公布促销战绩多寡。

(4) 检验效果，并对有关单位加以奖惩。

7.1.3 促销方案的制定

开展促销活动时，必须从整体上确立促销方案，以便有效实现预期的促销目标。促销策划案应提出具体的行动项目，以利掌控。一般包括：问题与机会点、促销目标、具体的促销计划、促销活动的管理、促销活动的评估等。促销策划案的框架如下。

促销策划案

一、促销环境

1. 前期计划的回顾

(1) 促销目标

(2) 促销对象

(3) 创意大纲

(4) 促销工具组合

(5) 预算汇总

(6) 执行成果

2. 当前的环境

(1) 产品或服务的加强

(2) 配销的特性

(3) 销售的特点

(4) 竞争品牌的促销活动

(5) 组织的特性

二、促销策略

(1) 问题：确认状况并分析问题

(2) 机会：确认状况并分析机会点

(3) 促销对象

(4) 促销目标

1) 情报与说服

2) 品牌的认知与接受

3) 刺激购买

三、促销计划

1. 推销方案

(1) 产品诉求

(2) 产品特性

(3) 产品定价

(4) 产品实用性

2. 创意大纲

(1) 文案主题

(2) 图案编排

3．促销工具

（1）说明书

（2）公告与展示

（3）中间商的协助

（4）样品

（5）优待券

（6）产品推销者

（7）奖金

（8）价格折扣

（9）推销奖金

（10）竞赛

（11）搭配销售

（12）产品目录与推销手册

（13）价目表

（14）产品使用方法及示范

（15）陈列与展览

四、促销管理

1．组织与促销活动

2．促销活动的协调

（1）制造程序

（2）协调程序

3．促销活动的管制

（1）计划预算

1）编拟

2）管理

（2）绩效测定

1）情报与说明

2）刺激销售

3）品牌认知与接受

4）吸引顾客

（3）纠正行动

1）程序

2）偶发性计划

（4）计划的核准

五、促销活动的评估检讨

1．促销活动的目标成果

2．促销活动的实际绩效

3．检讨与改进

◆技能训练 7.1

训练背景

在掌握了促销策划的有关知识，并对促销案例有些了解以后，试着为中国移动或联通在校园策划一次促销活动，也可以结合课余在校外做促销的经历给一家商场或某一商品设计一份促销策划案。

训练要求

以小组为单位，各选一项促销项目，小组成员分头准备进行创意，然后采取小组讨论的方式，讨论内容包括所讲促销策划的全部内容，并通过讨论，每小组完成一份促销策划案，然后在课堂上进行展示交流，最后教师进行点评。

任务 7.2　促销策划的实施

促销策划只完成了促销工作的重要一步，要想达到预期的效果，必须抓好实施这一重要环节。策划方案实施还有大量的工作要做，作为营销人，可以不会策划，但不能不会实施。实施中不仅有许多工作要做，如促销场地的洽谈、上货与场地布置，宣传品、赠品等的设计与制作，促销人员的招募与培训，促销过程中的监督检查与反馈，促销信息的发布，事后总结，等等；还会出现许多意想不到的问题或突发事件。

7.2.1　活动前的准备工作

1．信息发布

（1）报纸：

1）活动信息一定要在当地发行量大、影响力高的报刊发布。

2）在当地报刊种类很少，无选择余地的情况下，可在发行量最大的报刊直接发布指定广告。

3）提前确定广告发布日期，活动举办时间和广告时间间隔不超过 5 天，最后一期广告在活动前 2 天内刊出，不可与活动时间相隔太长。

4）刊发可提高参与热情和人数的信息，例：活动在 11:30 开始，请不要太早排队。

5）注意要在广告边角上加上“活动解释权归××公司所有”内容，以避免招惹一些不必要的麻烦。

（2）电视：电视广告以滚动字幕或尾板方式配合，内容以介绍活动为主，辅以简单的产品介绍或干脆不提产品的功能。

（3）电台：电台没有电视直观，更没有报纸拿在手中长时间翻阅的优势。用电台传播信息一定要反复强调具有吸引力的内容，以及活动的时间地点，其他一概免谈。

2．现场布置

活动现场布置得好，可以使活动进行得有条不紊，增加活动气势和氛围，吸引更多人参与。以下物品在大型活动中一般是必备的。

（1）写有活动主题的大幅横幅。

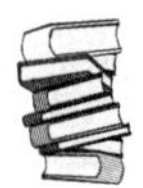

(2) 突出产品形象和活动主题内容的大幅展板和背板。

(3) 挂旗、桌牌、大幅海报、宣传单。

(4) 咨询台、赠品（礼品）发放台、销售台等。

3. 人员安排

(1) 安排足够数量的服务人员，并佩戴工作卡或绶带，便于识别和引导服务。

(2) 现场要有一定数的秩序维持人员（有时可与公安片警及保安联络让其派员协助）。

(3) 现场咨询人员、销售人员，既要分工明确又要相互配合。

(4) 应急人员（一般由领导担任，如遇政府职能部门干涉等情况应及时公关处理）。

4. 公关联络

提前到工商、城管等部门办理必要的审批手续。

7.2.2 现场执行

(1) 工作人员第一个到达现场，各就各位。

(2) 宣传人员派发宣传单，介绍活动和产品，引导顾客至销售台。

(3) 掌握好活动节奏，维持好现场秩序，防止出现哄抢和其他意外，以免造成负面效应。

(4) 销售人员准备销售事项，介绍销售产品。

(5) 赠品在规定时间发放，不宜太早太晚，发放时登记个人资料、签字。

(6) 主持人宣布活动结束，现场暂时保留至可能时间。

(7) 现场销售台继续销售。

(8) 现场清理，保留可循环物品以备后用。

7.2.3 活动总结

评估活动效果及得失是十分重要的一环。只有不断地总结，才能避免走弯路。

7.2.4 促销活动的条件

根据各类促销活动的经验，总结出下述促销活动成功必须具备的8个条件。

(1) 活动创意到位：坚持“三新四性”原则。

1) 三新方针：新由头、新卖点、新活动形式。

2) 四性原则：促销性、公益性、权威性、新闻时事性。

(2) 前期宣传造势到位。

(3) 政府公关到位。

(4) 组织分工到位。

(5) 现场气氛到位：

1) 现场宣传品一般有横幅、彩旗、展板、桌椅等。

2) 人员形象（市场部业务人员全部身着公司统一制服）。

3）现场组织。

（6）人员培训到位。

（7）终端建设到位。

（8）新闻报道到位。

【案例 7-3】

2010 年 4 月 6 日，中国肯德基推出“超值星期二”三轮秒杀活动，计划在 10 时、14 时和 16 时这 3 个时段，相应发布上校鸡块、香辣鸡腿堡或劲脆鸡腿堡、外带全家桶 3 款半价产品。结果在上午第一轮秒杀活动开始后不久，一些城市的肯德基餐厅就出现了原本应该在下午 4 时出现的“外带全家桶”优惠券。当天下午 1 时半，肯德基向全国餐厅下发通知，临时叫停第二轮、第三轮秒杀促销，这一事件被称为“秒杀门”。

“超值星期二特别秒杀优惠券”被各家肯德基店拒收，引发了一场被市民笑称为“迟到的愚人节礼物”的闹剧，同时也引爆了顾客对于肯德基的信任危机。

【分析提示】

2010 年 4 月 12 日，肯德基优惠网发表了致消费者的公开信，就“超值星期二”秒杀活动向消费者致歉。在百度搜索关键词“肯德基秒杀门”，得到了 93 400 个页面，这是肯德基的一次优惠券促销 + 事件营销 + 公关营销 + 网络营销的组合营销活动。

“秒杀”不是肯德基的原创，2009 年 9 月，淘宝网为庆祝成立 6 周年，搞了一次“一元秒杀”活动，颇受争议。营销圈从来不缺乏创新，也从来少不了争议。这次肯德基也难逃争议，但争议的背后是良好的营销活动效果。

“秒杀”一词出自网络营销的创意，就像“时彩族”一词，通过网络事件的传播，用来推广网络彩票品牌“时时彩”。肯德基优惠网的及时公开信，顺其自然地把活动程序推到了下一步的公关环节。其诚恳地表态：“我们将广泛寻求政府指导及公众意见，如有合适方案，将在合适机会推出”，来进一步吸引消费者群体的关注。

这是一次绝好的营销组合活动，包含了几种常用有效的促销宣传手段，而且做到了无缝的结合。促销活动的主题是：“超值星期二”秒杀活动，而设计的营销活动主题却是：肯德基“秒杀门”。

此次营销活动的程序是：

（1）首先以一个销售促进活动方案为引导，起一个比较时尚的主题：“超值星期二”秒杀活动。

（2）方式是使用电子优惠券的形式，在网络进行宣传。

（3）活动开始，店面销售火爆，出现“限量和不限量”“真优惠券和假优惠券”等质疑，随即取消后续的几轮活动。

（4）“原活动欠周详”用来遮蔽策划的痕迹，真假电子优惠券的争议引来媒体广泛关注并持续报道。

（5）接下来在肯德基优惠网发表致歉公开信，进行媒体公关，继续吸引关注。

（6）此时，肯德基优惠网已经被事件营销抬升了点击率。

（7）网络评论开始大量出现，推波助澜，继续提高肯德基的曝光率和关注度。

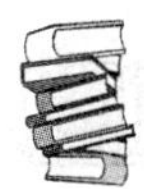

(8) 更多的消费者将在未来学会使用电子优惠券购买肯德基，而且知道去哪里下载。

肯德基秒杀门事件绝不会减少肯德基的消费者数量，短期内也不一定会增加很多消费者数量。但是，肯德基优惠网却大大提高了被关注度。肯德基的电子购物券是结合了优惠券促销和网络宣传为一体的销售促进形式，可以预见，在未来，肯德基优惠网的电子优惠券使用率将会增加。

◆技能训练7.2

训练背景

在学会制作促销策划案并初步掌握促销实施中的操作要领后，就需要锻炼实际操作的能力，这是每个营销人都应该掌握的技能。

训练要求

以小组为单位，将各小组的策划案，做进一步的分解，完成一份更具操作性的方案，然后在校园内模拟推广或联系有关厂家，做一次实际的促销推广活动。如河南商业高等专科学校营销系汽车协会的学生，就在校园策划并组织了大型的北大学城汽车文化节，学生从项目提出、项目策划、项目实施得到了教师的指导，活动效果极佳，是一场生动的促销策划实战课。

项目总结

本项目通过策划基础、策划程序、策划创意与策划书的撰写，带你进入了精彩的策划世界。下面介绍策划案的一些细节，以加深对知识的理解、提高实战能力。

旭胜鲜品2010年新年超市促销活动策划案（要点）

一、促销主题：年到福到，抢“鲜”有礼（全城抢鲜，旭胜鲜品）

成功的促销离不开一个旗帜鲜明的主题，一组与众不同的精美礼品，一句通俗易懂的促销口号。

1. 活动主题

元旦是新年的第一天，群众有新年祈福的心理暗示，过年送礼送福迎合群众心理需求，而抢“鲜”则一语双关，既有旭胜鲜品寓意，又有抢先送礼超越别人之意。

2. 活动礼品

礼品设计既要突出吉祥祝福与实用价值，还要具有保存价值与长期的宣传效果。

(1)“福”字礼。新年送福，吉利，而且可以保存至春节作为年画贴在门上，具有长期宣传效果。

(2)“福”字挂历。新年送福，吉利，字美有欣赏价值，挂历实用可起到长期宣传效果。

(3) 蛋品。蛋品实惠看得见，让渡价值明显，而且可通过体验消费引导重复购买。

二、促销对象：家庭主妇

如果把促销的对象比喻成靶子，促销本身就是箭。促销这只“箭”直中“靶心”，

威力才够大、够猛。找准促销对象，促销礼品、促销口号、促销话术才有的放矢。根据旭胜公司促销产品定位，结合对目标消费者进行认真的细分，把本次促销活动对象锁定为有一定经济基础的家庭主妇（当然也包括部分男性）。

三、活动内容

1. 抢“鲜”送

（1）一次购买旭胜鲜品鸡蛋满50元，赠送6枚装旭胜鲜品鸡蛋2盒。

（2）购买旭胜鲜品鸡蛋礼盒，送高档“天下第一福”挂历一副/每盒。

（3）一次购买旭胜鲜品鸡蛋满30元，送精美“天下第一福”挂历一副。

（4）只要购买旭胜鲜品鸡蛋，即送吉祥“福”字一个。

（5）赠品凭当日购物小票到旭胜鲜品专柜领取。

2. 抢“鲜”换

市民家中的鸡蛋若存放时间过长、储存不当，鸡蛋营养价值将流失。家中的不鲜鸡蛋可到指定超市一对一兑换旭胜鲜品鸡蛋，每人限兑6枚，兑换时间2011年1月1～3日9：00～12：00。

注：鸡蛋兑换在指定超市入口处，烂鸡蛋不予兑换。

3. 限时抢购

原价18元的旭胜鲜品鸡蛋（盒装，15枚），特价10元。抢购时间2011年元月1～3日9：00～12：00。特价商品不参与抢“鲜”送活动。

四、活动时间

2011年1月1～3日，即元旦三天的公众节假日。

五、活动地点

选择标准：地理位置好，交通便利，客流量大，客情关系好。具体有晋城市凤展、金辇、福旺多、万德福古矿店、万德福矿务局店等5家超市。

六、活动的执行步骤

1. 平面设计与终端布置

（1）平面设计。有了宣传口号，还要有好的设计和传播表现。拟采用条幅、海报、吊旗：

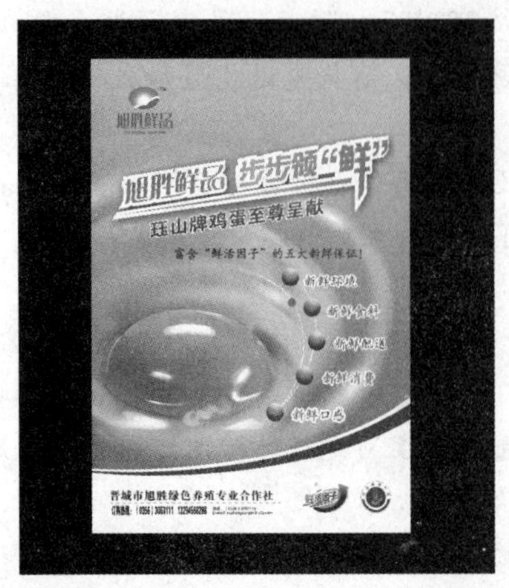

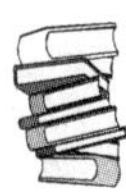

条幅：年到福到，抢“鲜”有礼

全城抢鲜，旭胜鲜品

旭胜鲜品，步步领“鲜”

旭胜鲜品，领“鲜”生活每一步

吊旗、横幅可参照以上图案操作。

(2) 终端布置。好的宣传设计是吸引顾客的第一步，要让顾客从店外走近你的专柜，看到你的产品，就必须在媒体信息发布和现场布置与包装方面下功夫。

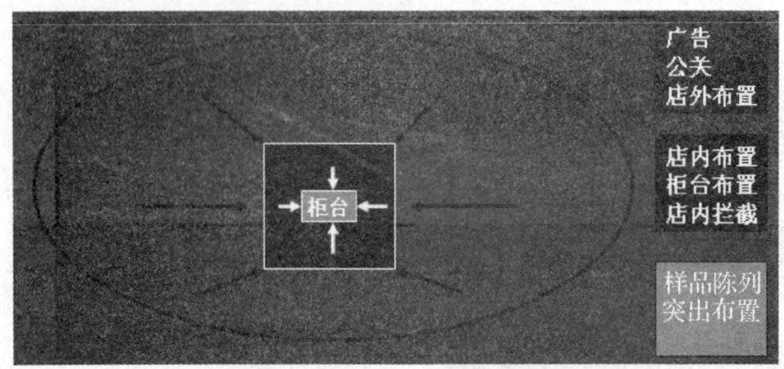

1）店外布置。一目了然的店外布置就是让消费者鬼使神差一般走到这个店里来。也可使用条幅，纵（竖）着挂。

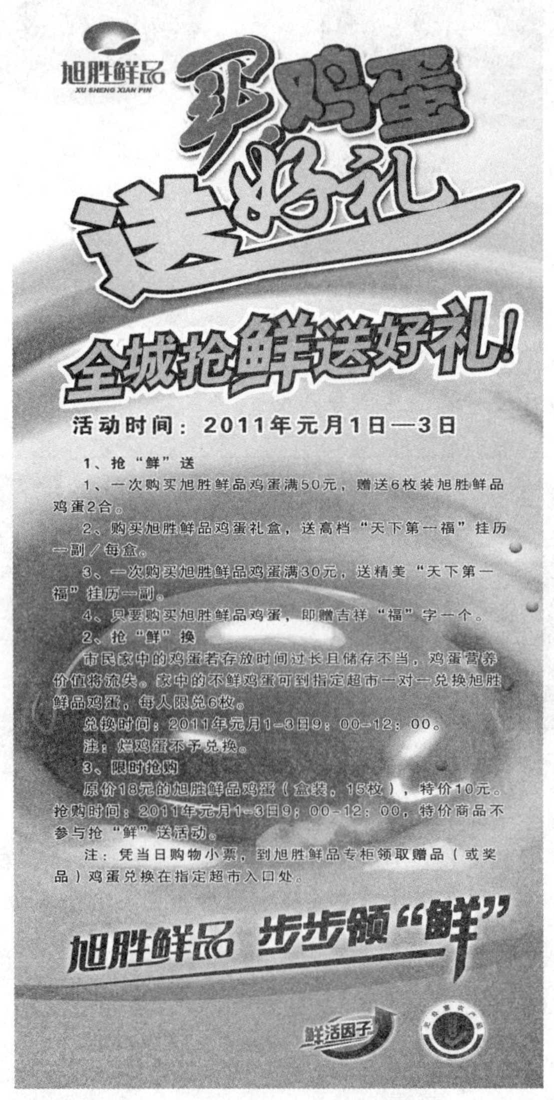

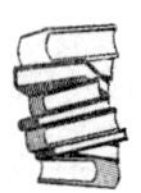

2）店内布置。店内布置的目的是将已经进店的消费者“吸引”到你的柜台前。除了使用常规的海报之外，我们可用两层 KT 板吸引顾客。

高层 KT 板，挂在最高处，吸引 10 米外仰视的顾客；中层 X 展架立于货架旁，内容为促销海报，吸引 5 米内平视的顾客；低层 KT 板吸引 3 米内俯视的顾客。

执行标准：一是设计“抢眼”，吸引顾客眼球；二是悬挂“挡眼”，遮断顾客视线。参照下图。货架旁设烹饪台，烹饪台用海报包裹，现场煎蛋试吃，超市入口处设 X 展架和堆码箱。

3）堆头布置。礼盒装产品堆头，做到四个突出。一是突出产品，把产品做个红丝带；二是突出价格，把价格签做大；三是突出“鲜”，把独特卖点写出来；四是突出促销，展示促销礼品。

2. 终端人员拦截

每个超市设临时促销员 2 ~ 3 人，一人在超市入口处，散发海报，向顾客讲解活动内容，必要时可引导顾客到指定地点。另一人在本公司促销工作台前宣传（包括烹饪），引导顾客试吃品尝和购买。

3. 超市（终端）现场传播

（1）广播传播。旭胜鲜品 × × 超市向各位来宾送上新年祝福，预祝大家在新的一年中，吃好喝好，安康幸福！现在，在我司促销及现场演示活动，有多种礼品等着你呢！

（2）利用各超市的 DM 邮报，印上旭胜鲜品的促销活动，由卖场散发 。

（3）利用超市入口公用的活动告示栏，张贴活动海报。

七、整合传播

传播的形式：报纸广告、报纸软文、终端物料、产品包装、卖场邮报。从 2010 年 12 月 28 日至 2011 年 1 月 3 日，在晋城 4 家卖场轰轰烈烈地展开，一经入市即表现了强大的生命力，掀起了一场抢“鲜”风暴。

1. 报纸广告

利用太行晚报，2010 年 12 月 28、29 日连续两天进行活动宣传。

文案内容：新年福到，抢“鲜”有礼；旭胜鲜品蛋品于 2011 年 1 月 1 ~ 3 日在晋城市凤展、金辇、万德福古矿店、王德福矿务局店等 4 家超市，举行迎新年大型促销活动。

2. 软文

2010 年 12 月 26、27 日在太行晚报上，刊登恐吓性软文，重点披露鸡蛋不鲜的危害，顺势推出鸡蛋一定要鲜的概念。2011 年 1 月 4、5 日或 5、6 日，推出后续软文，报道抢“鲜”盛况。

软文稿可邀请记者撰写。

3. 卖场邮报

利用卖场的 DM 或本公司自印 DM。自印 DM 正面为活动内容及五鲜说明；背面印上鸡蛋的挑选与储藏常识、企业产品系列等。

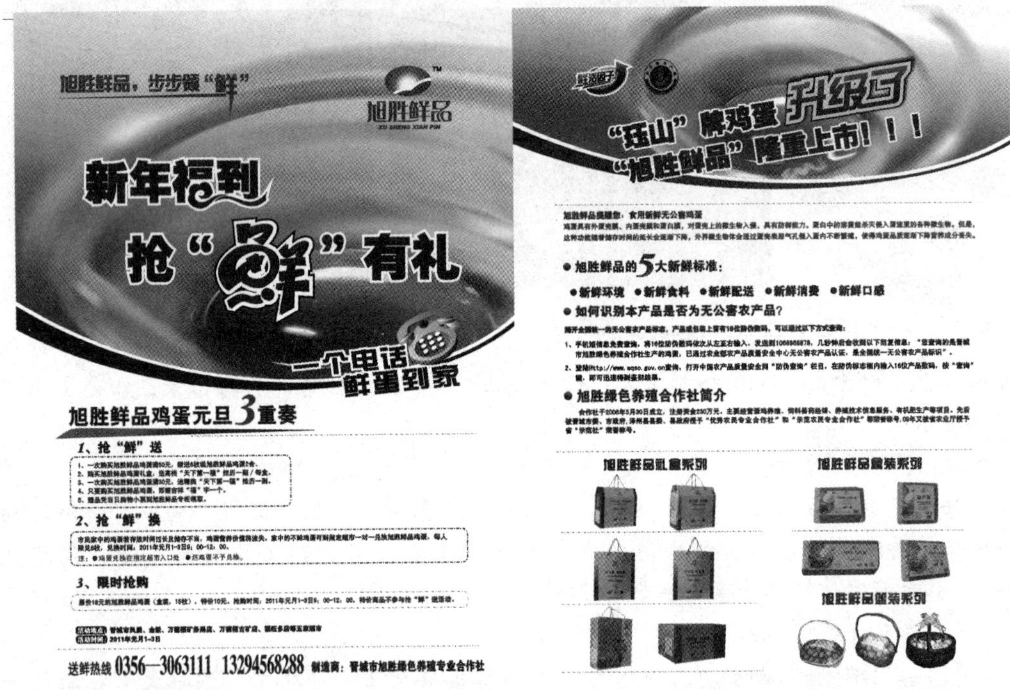

4. 终端物料

前面已有叙述。

5. 产品包装

已经形成。

八、卖点提炼与导购培训

1. 产品卖点

所谓产品卖点，就是能够吸引消费者眼球的独特利益点，也是广告诉求点和独特的卖点主张。旭胜鲜品鸡蛋的卖点即是“鲜”，鲜的支撑点有以下五方面。

（1）新鲜环境，保证生长环境的新鲜。来自太行山风景区的天然林区，氧气负离子含量是城市的 100 倍，环境清新，空气新鲜，健康的鸡下健康的蛋。

（2）新鲜食物，坚持使用新鲜食物。每天保证鸡妈妈吃到新鲜的粮食、优质的蛋白、新鲜的维生素、饮新鲜的深层水。

（3）新鲜配送，确保最短时间配送。24 小时内，保证所有出生的鲜鸡蛋配送到各

个销售网点。

(4) 新鲜消费，承诺销售周期小于10天。严格销售半径规划，确保每一枚鸡蛋达到消费者手中的时间不超过10天。

(5) 新鲜口感，提供口感倍鲜的新鲜蛋品。每一枚鸡蛋香气足而味甘甜，自然清新，鲜爽生津。

2. 促销流程与导购技巧

对于临促（导购员）来说成交的机会稍纵即逝。因此，要通过系统培训统一接待顾客的流程，提高讲解效率、加快成交速度。为此，导购员可采用“六子促销理论”。

(1) 主动相迎“给面子”。要快速成交就要主动相迎，给足“面子”。导购员话术：奶奶（大爷、阿姨、大姐、大哥等）您好！欢迎您鉴赏旭胜鲜品鸡蛋或欢迎您品尝旭胜鲜品鸡蛋。

(2) 了解顾客“摸底子”。导购员要眼观六路，耳听八方，善于观察，精于提问，摸清顾客的“底子”，即需求。摸底子话术：您讲究养生，每天都吃鸡蛋吧？一看就知您是行家，用眼一看就知道鲜不鲜！

(3) 介绍产品“省票子”。导购员要让消费者感觉到现在购买省票子，不立即购买就会遗憾，元旦后买则执行原价。

(4) 处理顾客疑虑“戴铐子”。顾客可能对产品持怀疑态度，可通过试吃、看、触摸等方式解除消费者疑虑。戴铐子的话术有：您不妨尝尝看！不鲜包换！等。

(5) 建议顾客购买“下套子”。“下套子”就是让顾客捡便宜。比如，公司规定一次购买旭胜鲜品鸡蛋满50元，赠送6枚装旭胜鲜品鸡蛋2盒。此外还可以再送一个“福”字或“天下第一福”挂历一幅。但是导购员不能轻易告诉顾客。等顾客提出时，要半推半就假装给领导打电话申请，并叮嘱顾客千万别告诉他人——目的就是让顾客感觉到占了便宜。

(6) 面对拒绝“留面子”。如果顾客不买，准备离开，导购员一定要刨根问底，问他为什么不买，并继续讲解，可问：“您认为购买鸡蛋主要看什么?”如果顾客坚决不买，“留面子”话术是“阿姨，您慢走!”等，为下次购买留下机会。

九、终端工作守则

(1) 临促人员要与超市工作人员及其他品牌促销员保持和睦的关系，不得争执、吵闹，也不得嬉笑打骂。

(2) 确保终端品牌陈列的货架及特装效果，确保特装整洁安静。

(3) 积极热情的帮助消费者兑换礼品，不得顶撞消费者，如有异常情况，可向经理或主管汇报，请他们协助出面解决。

(4) 确保促销礼品的安全性，确保促销礼品足量。

附表 1：终端物料分配表

名称	规格（厘米）	物料布置数量/店	总量
KT 板		4－4（上、下）	32 个
活动海报	80×60	2～3 张	12 张
全场吊旗（双面）	80×60	10～12（柜台上方）	48 个
活动单张 DM	32 开	10 000 张	40 000 张
堆码箱	45×45	2 个	8 个
功能贴或双面胶	64 开	6 个	24 卷
X 展架	130×60	3 个	12 个
烹饪台		1 个	4 个
不粘锅、铲		1 套	4 套
地贴			
电源线		1 套	4 套
签字笔、销售台账等			若干
合计			

附表 2：临时促销员每日表现星级评定

姓名		性别		学校		
所在卖场						
临时促销员每日表现星级评定						
级别	最差	较差	一般	较好	优秀	促销员签名确认星级
星级	☆	☆☆	☆☆☆	☆☆☆☆	☆☆☆☆☆	
1 月 1 日						
1 月 2 日						
1 月 3 日						
业务经理综合评议（工作态度、劳动纪律、促销效果、能力展现）						
业务经理签名：						
营销专家签名				旭胜公司（盖章）		

十、几点补充说明

（1）海报纸印单面，主要印促销活动内容。

（2）DM 邮报，可正反印，正面印促销活动、鲜品介绍、五大理由，背面可印产品

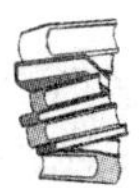

系列、鸡蛋挑选常识、公司有关图片。

(3)“打个电话送蛋到家”活动可放到下次实施，目前条件尚不成熟。

(4)详细导购话术将进一步细化，稍后形成。

旭胜鲜品 2011 年新年促销散记

谋划多日的旭胜鲜品鸡蛋上市促销活动于 2011 年 1 月 1～3 日在晋城市凤展、金辇、福旺多、万德福一店、二店成功举行。这次活动不但完成了旭胜鲜品成功上市，还是旭胜鸡蛋品牌化的里程碑。

一、成功做法

1. 立体交叉，打基础

本次促销活动开始前，我公司对卖场进行了精心设计，实施了卖场生动化策略，根据每个卖场我公司产品所在位置，进行了堆头、展架、操作台的设计与布置，并根据卖场环境设计悬挂或张贴了与之对应的 POP（point of purchase，意为“卖点广告”），具体有上端 KT 板、下端柜台包装、中间吊旗悬挂、过道指示牌引导以及入口与柜台处的 X 展架。与生动化相匹配，实施了人员拦截，主要是在超市入口和公司产品柜台前，拦截手段包括散发传单、宣传产品引导顾客购买、促销诱导购买、现场鸡蛋烹饪品尝、鸡蛋比较与识别等手段。由于活动前对促销员进行了系统培训，并给促销员印制了促销说明，促销员能够迅速进入角色，执行到位。卖场生动化、终端拦截等策略的有效实施，为促销成功打下良好基础。

2. 善于观察，巧施计

活动开始后，工作重点应放在活动的执行与控制上。我深入各大卖场进行观察研究，观察各大卖场的客流情况，包括消费层次、消费心理、顾客数量、高峰购物时期，观察顾客对公司宣传与促销活动的反应以及公司促销中存在的问题与不足，及时总结以便对策略进行调整。当晚，公司进行总结，尽管公司领导指出由于铺货不到位当天销售不理想是客观原因，并对当天活动予以肯定，但公司领导心中对新年促销能否达到预期效果已打上了一个大大的问号，随后我把当天看到的情况进行了总结，并提出了第二天的策略，公司领导才又重拾信心。

3. 一店一策，出奇迹

一店一策，总有一招适合您。晋城鸡蛋上市促销第一天只有凤展卖场活动准时开始，其余四个卖场由于有关事宜没有谈妥，直至下午才勉强开始，致使当天无论是销售效果还是宣传效果均不理想。我根据各点观察到的情况，针对终端拦截与促销的三种客户：促销品（本品）的消费者、竞品的消费者、普通客流，提出了一店一策的营销战术，一经应用果然旗开得胜。

凤展店（基本策略做大）：属于大众卖场，位于商业中心，人流量大，里面人挤人，日均客流 5 万以上。该店人流多为中低端消费者，企业的目标顾客很少，我采取了巡游拦截与柜台拦截两点结合、来就送与买就送两种促销手段，根据客流、目标客户情况灵活应用的策略。一个临促（曲范锋）巡游拦截，散发传单，提示顾客旭胜鲜品鸡蛋有促销，邀请去旭胜鲜品专柜去看一看，一个临促（李意茹）专柜拦截。低端顾客、普通客流限时段来就送“福”（新年“福”字礼），准目标顾客来就送挂历，目的是扩大宣传，为以后购买奠定基础；实现购买的客户送鸡蛋、外送挂历与“福”字礼，给其多重惊喜，获得更多价值。当天完成销售促销装120盒，礼盒两个；1月3日上午，该策略继续，当天上午，促销品50盒销售一空，礼盒一个，礼篮一个。

金辇店（基本策略做强）：位于高端社区，属高端卖场，客流量小，但公司目标客户集中，购买目的明确，基本不受价格诱惑，顾客根本不接受传单，不在意促销、特价产品不受欢迎，属促销不敏感人群。为此我公司的策略是，专柜拦截，凡是到鸡蛋区的消费者，临促主动相迎“给面子”，新年送福（挂历），使之不便拒绝，达到宣传的目的；对买鸡蛋的客户实施人员拦截，通过宣传吸引客户购买我公司产品，宣传重点是“无公害鲜品”，使之转换品牌。结果是效果非常好，2日整个鸡蛋礼品销售共6盒，礼篮3个，全部是旭胜鲜品。3日上午销售两盒。

福旺多（基本策略做透）：社区店，百姓店，各种客户都有，中低端居多。策略一：借光换蛋。由于该店1~5日每天有两个时段推出普通鸡蛋特价促销活动，我们通过宣传影响市民用普通蛋6枚换我们的鲜品蛋，每人限换6枚，促使其接受新品牌，改变购买习惯。策略二：多点拦截。其他时段则开展多点拦截、品尝、来就送、买就送等活动。活动现场火爆两天共实现销售礼盒6盒，促销品约250盒，换蛋60余盒。

万德福二店（基本策略温水煮青蛙）：二店位于矿区，消费属中高端，人流少，购买时间集中，而且该店没有鸡蛋零售，消费者没有到该店买鸡蛋的消费习惯，改变习惯何其难。刚开始没将其作为重点，只派了一个临促。第一天由于开始太晚，且人流较少，促销效果不理想。我提出温水煮青蛙，先亮相，再上量，第二天情况有所好转，销售促销品约50盒，但仍不尽如人意，公司甚至将责任归到临促身上，我不以为然。3日上午我直奔二店，观察完基本情况以后，找出问题症结：专柜单点拦截效果不好，势没造出。我安排临促做好专柜工作，又亲自到超市入口实施拦截：卖鸡蛋特价还送礼，买不买去看就有礼。很快，专柜前面人头攒动，产品销售一空，只得临时调货，许多消费者等待了两个小时。活动达到空前高潮。当天上午销售礼盒1个，促销品120盒。

万德福一店（变废为宝）：万德福一店不仅客流量较小，我公司柜台位置非常差，柜台位于后门进货口，从没有被公司利用过，远离鸡蛋、礼品销售区，附近主要是卖锅，而且位于风口，很冷，不聚人。我们采取单点拦截（由于没有人手，该店只派了一个促销）、变废为宝的策略，将柜台进行生动化布置，并通过现场品尝、赠品发放等方式实施拦截，果然见效。2日销售促销品60盒，3日上午礼盒2个，促销品30盒。

4. 话术微调，藏玄机

在原来的话术中，因公司领导强调“鲜品卖点”，所以，当时的话术为“旭胜鲜品鸡蛋，我们的鸡蛋鲜，是因为……”“买鸡蛋送“福”字，买鸡蛋送挂历”等，导致不少人迷惑，街上的鸡蛋不都是鲜的吗，为什么你的好？送个“福”字甚至挂历根本不以为然。后来，我公司及时调整为无公害鲜品鸡蛋，其支撑为进口品种鸡、专家研制饲料配方、国家绿色无公害认证……；旭胜鲜品买鸡蛋送“福”，来就送“福”，您

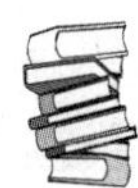

不买也送“福”，顾客听了非常舒服，各个层次的消费者都能接受“福”，买与不买至少宣传效果极好。

二、存在不足

1. 前期宣传，没效果

本次活动计划中的前期宣传，基本没有到位，报纸广告、车体广告均没有来得及做，DM倒是随报纸发了17 000份，但时间太晚（12月30日）且次数少（仅一次），对本次活动均没有影响，没有顾客根据前期宣传到卖场参与促销活动就是例证，这倒反过来证明了终端拦截模式的魔力。

2. 终端建设，不到位

由于本次活动，前期准备时间太短，五大超市终端建设都不到位，内容包括陈列、生动化、产品。风展店促销活动准时开始，主要是生动化不到位，本应前一天晚上做好的生动化直至1日上午10时多才搞完；凤辇店与店方磋商不到位，直至下午两时多，活动才开始，福旺多也是同样原因下午才开始活动。最糟糕的是万德福一店和二店，万德福一店不但位置不好，开始的更晚，又是单点拦截，效果很不好；二店位置较好，第一天基本没开张，再加之单点拦截，第一天效果也不好。由于第二天策略得当，销售火爆，第三天延续第二天策略，部分店微调，当天上午促销产品基本全线告罄，这又出现了铺货量偏少、铺货不到位的现象。

3. 后续宣传，力度小

原计划活动当中能安排媒体采访，通过活动后续新闻与软文的宣传，持续扩大活动影响，为团购、下次促销做很好的铺垫，但由于前期准备仓促，未能很好落实。

三、建议

(1) 再接再厉，稳步发展。尽管活动存在不足，但总体来说本次活动取得了极大成功，宣传效果、促销效果、形象效果都达到了预期目的，旭胜鲜品成功上市，并为旭胜鲜品的今后的发展奠定基础。然而，品牌成功打造非一日之功，更忌一曝十寒。尤其是本次活动引起竞争对手警觉，他们会制定相应对策，他们虽不至于把我们遏制于萌芽状态，但会影响旭胜的发展，故应再接再厉，先稳定后发展。

(2) 更新机制，组建团队。

(3) 市场精耕，滚动发展。

(4) 做好规划，长短结合。

综合实训

【案例分析】

这个夏天不太晒

——金星啤酒夏季促销实战方案

进入4月份以来，经过几个月淡季煎熬的啤酒企业，像刚出笼的饿虎，到处奔跑觅食，和自己的同伙争夺有限的食物。又一场市场大战在啤酒业拉开了帷幕。

众所周知，我国啤酒业经过十余年的高速发展，目前已发展成为世界第二大啤酒生产国，啤酒年产能超过了3 000万吨，而我国2001年的啤酒总产量只有2 274万吨，啤酒的供求矛盾异常尖锐，啤酒产量出现了相对“过剩”。金星啤酒作为行业的后起之秀，将积极应对市场上出现的各类竞争，寻求更多的市场空间，以求进一步发展壮大自己。为此，金星啤酒将推出一次规模宏大的夏日促销活动。

然而，面对目前市场上出现的各种竞争手段，如专销制、开瓶有奖、集盖有奖、喝啤酒中奖等千篇一律效果不太明显且企业促销费不断增高的情况，能否有新的、更具吸引力的促销方法出现，是摆在现实面前的重要课题。

首先必须回答的一个问题是：什么样的促销手段才是有效的促销手段，是我们所期望的？衡量的标准是什么？我们认为应该达到以下几个方面的目的才算是好的促销方法。一是销售额的大幅度提升；二是市场占有率的扩大；三是有效地扼制竞争对手；四是不仅对品牌没有伤害，反而进一步提高了品牌的知名度与美誉度；五是活动过后还有持久效应。

那么采取何种促销方式来实现这一目的，企业策划人员开始筹划和思考。啤酒作为清凉饮品，在夏天饮用既有解热防暑的作用，同时又能止渴。若能找到在防暑、防晒上与啤酒有关联的产品，作为赠品与金星啤酒进行捆绑销售，效果一定不错。不经意间我们在马路上看见一位女士骑一辆装有遮阳伞的自行车，伞固定在自行车的把上，而且可前后灵活移动，十分抢眼，不时引来旁人的注目。出于职业的敏感，我们眼前突然一亮，为什么不来个“喝啤酒送自行车遮阳伞”的促销活动呢？我认为这是一个极好的促销载体。理由是：

(1) 啤酒与伞都有防暑作用。

(2) 夏天炎炎烈日，或是大雨倾盆，人们普遍对伞有需求。

(3) 伞作为户外人们遮阳（同时也能避雨）的工具，为户外流动物，若与制伞厂（名牌厂家最好，如杭州天堂伞厂）联系定做一批设计精美的金星啤酒特制伞，将会起到很好的宣传效果。

(4) 自行车族是一个非常庞大的群体，有关它的媒介潜力业内人士早已垂涎三尺，可就是没有好的方法、措施来实现。而且在自行车上安装遮阳伞创意独特，个性突出，吸引力较强。

(5) 赠伞与啤酒销售将会产生持续互动，啤酒销量越高，伞赠的越多，反过来伞越多，对啤酒的销售促进越大。

(6) 不会对品牌造成伤害，相反会进一步树立品牌的良好形象。

这个主意得到大家的一致认同后，就开始着手起草方案。以下就是本次活动的操作方案框架。

一、活动的目的与意义

进一步促进销售，扩大市场占有率，扼制竞争对手，树立金星啤酒在消费者心目中的品牌地位。

二、活动时间

××年×月×日至××年×月×日。

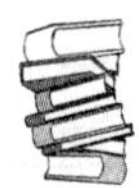

三、活动主题

金星啤酒盛夏防晒工程。

四、活动原则

(1) 活动与宣传互动，活动促宣传，宣传促销售。

(2) 选择名牌制伞厂，走强强联合的道路。

(3) 活动与常规工作相结合，不可将二者割裂开来。如通常的渠道与终端工作不但不能放松，相反一定要强化。

五、广告宣传语

这个夏天不太晒。

六、活动的细则

(1) 凡一次性购买（或累计消费）金星啤酒×瓶，均可获得特制精美天堂伞1把。

(2) 兑奖地点为金星啤酒各销售点。

(3) 活动的解释权归金星啤酒集团。

七、活动目标

在河南省17个地市全面展开，预计3个月内实现销售量同比增长30%。

八、活动前期筹备

(1) 成立活动领导小组由销售总公司总经理任总指挥，副总经理任副总指挥。

(2) 策划中心指派专人负责媒体宣传方案制作和促销伞的设计采购及其他有关物资的准备。

(3) 各区域销售公司经理自亲负责并组织业务人员和经销商协助本市场活动的开展。

九、活动执行

(1) 广告宣传：在河南卫视黄金时间和各地市有线台打字幕广告，在《东方家庭报》、《大河报》上做1/4版广告。

(2) 区域市场经理配合策划中心人员组织业务员和经销商在各区域市场开展活动，利用节假日在闹市区广场集中搞文艺演出配合活动开展，有条件的请当地媒体记者的进行采访报道。

(3) 在各经销商店头和终端店头悬挂印有活动主题和奖励方式的横幅加强宣传，现买现赠。

十、活动控制

(1) 市场管理中心派人对各区域市场活动的开展情况进行监督和检查，对人员的到位情况、活动次数、参与人数、宣传力度、POP广告布置、赠品发放到位情况进行监督和检查，每项满分值10分，根据落实情况进行打分。

(2) 各区域市场上的策划中心外派人员及时对活动执行中出现的问题向策划中心汇报，及时对活动方案进行修正。

(3) 各区域市场将活动情况写成书面总结材料上报策划中心。

(4) 活动全部结束后策划中心对本次活动进行全面总结，找出问题和不足，在以后的活动中改正和提高。

(5) 制定处罚措施，对因内部员工、经销商或终端原因而产生的消费者投诉、活动开展不力等问题，应及时对相关责任人进行处罚。

案例讨论：

(1) 分析进行此次促销的创意。

(2) 分析促销活动的实施。

【实训操作】

1. 实训目的

通过本次实训，不仅要使学生掌握促销策划的技能，还将要求学生在校内进行相应的促销活动，做到能够策划、善于操作。

2. 实训组织和要求

第一步，每班分成几个小组，每个小组成员7~9人。

第二步，以小组为单位，结合学校以往企业在学校搞促销活动的项目，如康师傅饮料促销、中国移动动感地带促销活动，大家酝酿后，确定一个项目。

第三步，以小组为单位完成以下训练：

(1) 写出促销策划案。

(2) 细化方案实施步骤。

(3) 在校园实战促销（可邀请企业赞助）或模拟促销。

3. 实训内容

任课教师可邀请其他教师组成专家考评组，全程参与每个组的活动项目，活动结束后，可参照“赢在中国”项目进行评比总结。

项目8　终端策划

项目目标

【知识目标】

●铺市步骤。

●终端拦截策略。

●卖场生动化实施途径。

【技能目标】

●铺市策划能力。

●终端拦截策划能力。

●终端生动化的执行能力。

【实训目标】

●通过实例，使学生掌握铺市方法和策略。

●通过案例学习和分析，完成一份终端促销策划书。

项目导入

J 牌啤酒针对啤酒终端市场竞争越来越激烈、终端问题越来越突出、终端地位越来越重要的发展趋势，准备加强对终端市场的运作力度。其中加强终端生动化营销就是其加强终端营销的重要举措之一。终端营销的生动化是针对市场竞争形势的发展而产生的一种营销新思维、新方法，它顺应了市场发展的要求，是终端营销发展的新内容。

啤酒终端营销生动化不但能满足消费者对啤酒本身的需求，更使消费者从精神上、心理上得到享受，对品牌产生和加深良好的印象，提高消费者对品牌的忠诚度，并利用口碑效应和直接的消费行为影响身边的其他消费者，逐渐产生更多的具有较高忠诚度的消费者实现持久消费，从而从根本上提高终端的销售量，带动整个营销网络的壮大和发展。

项目实施

市场运作往往有自己的特色，不同时期，市场运作的方式是不同的。

20 世纪 80 年代企业运作市场靠“胆量”：哪个企业能率先做广告，敢大胆搞促销活动，哪个企业的产品就会在一夜之间名扬天下。那时，靠广告，可以响遍全国；靠有奖销售，可以走俏市场。

90 年代企业的市场运作模式是“炒作”：公关热、形象热、品牌热、策划热，炒作的热潮一浪高过一浪，哪个企业搞个企业标志，争个标王，产品就会走俏四方，市场演绎了一幕幕的喜剧和悲剧。但是，也因为这个问题，“太阳神”升起又落下；因标王，“爱多”一直在努力避免破产，可惜还是失败了。整个 90 年代，企业一直是在“轰轰烈烈”地“炒市场”。

21 世纪的中国企业，未来市场运作的方式将会是什么？

今天企业做市场销售有没有秘诀？其实，秘诀是没有的，但成功企业的经验值得我们借鉴，那就是：终端铺货，终端促销，良好的服务。

为什么众多企业在“轰轰烈烈”做市场时、销售网络却不健全？销售渠道却不畅通？终端市场铺开率不高？……那是因为市场销售上的本质问题被表面的热闹掩盖了。

真理从来都是简单的：消费者是在商店里买东西的，如果商家不能使消费者在零售店里见得到、买得到、乐得买，产品就永远无法卖出去。

其实，产品的销售首先要解决两个问题：一是如何把货铺到终端去，摆在消费者的面前，使消费者买得到；二是如何把货铺进消费者的心中，让消费者乐得买。终端建设就是要解决这两个问题。

终端就是消费者可以看到、拿到、买到商品的地方，是将产品转化为商品的地方，是公司通过宣传、陈列产品，与消费者进行有声与无声的沟通，告知、说服消费者购买商品的地方。

终端分为硬终端与软终端。硬终端是指生产者或者经营者在产品或商品销售场所，或其他地点设置的一种面向消费者传达信息的有效宣传形式。软终端就是指经常活动、变化的人，主要包括促销员、导购员、理货员、营业员、专家、零售店的管理者等。

总之，强化终端建设，搞好终端市场销售，已经成为企业今后销售运作的发展方向。随着我国市场经济的逐步发展，未来营销市场服务的成功必将以质量归宗。在当今的市场上，已经有许多企业吸取了教训，开始实施营销战略的转变，正由重视广告宣传转向重视销售渠道的建设上来，努力提高零售终端的铺货率和创造终端商品的占有率。用一种畅通的语言去与市场沟通，其实，当今市场营销的实质也就是“互动沟通”。

任务 8.1　铺市策划

通过终端工作的实践，可以培养思想、业务、理论、管理都过硬的干部和骨干，提高销售分支机构的战斗力，把它培养成为具有丰富的创新能力，具有言之有物、言之有理、言之有术的表达能力，具有会造势、善借势、逢山能开路、过河能搭桥的实战能力，具有勇往直前、坚韧不拔、坚强毅力的高素质营销团队。

8.1.1　铺市的特点、形式、阶段及原则

铺市是厂家与商家（或上线经销商与下线经销商）之间相互协作，在短期内开拓目标区域的一种经营服务推广活动。

铺市是市场开拓中尤为重要的一环。其优势在于：铺市有利于产品的快速上市及其市场价的初步形成；有利于建立产品的终端及产品品牌的潜意识渗透；有利于在销售渠道上，企业与批发商、零售商、消费者的情感沟通；有利于造成“一点带动一线，一线带动一面”的联动局面。但如果铺市失败，将会打击营销人员和经销商推销产品的积极性，增加企业后续工作的难度。

1. 铺市的特点

（1）短暂性。一个目标区域的铺市一般在1~3月内结束。

（2）快速性。铺市是企业集中优势人力、物力、财力等，高效、快捷地在目标区域开拓批发商、零售商和消费者的销售活动。速度上要求具有即时性。

（3）多维性。铺市时企业通过人员推销产品、试用产品、招贴广告、赠送促销品等，给大小批发商、消费者留下较深刻的印象，所以其营销活动又具有多维性。

2. 铺市的具体表现形式

铺市分为前期准备阶段、中期实施阶段和后期服务阶段。具体表现形式多种多样，最基本的有扫街式，又叫地毯式轰炸大行动，同时还有踩点式、混合式等。

通常是企业营销人员与经销商所派人员协同，一道驾乘装载一定数量的企业产品、促销赠送品的汽车，按照计划的铺市销售路线，拜访目标区域内经营同类产品或相关联产品的代理商、批发商、零售商，并积极主动地向他们介绍企业的有关情况和产品特色，以及经销商的有关情况等。此外，还有张贴广告、销售企业产品、赠送促销品，通过口头调查和实际勘测，了解企业和竞争企业的情况等。以上这些方式均为铺市的具体表现形式。

3. 铺市的准备阶段

（1）掌握目标区域批发市场和零售市场的特征，包括产品批零差价、货款支付方式、消费趋势及其共性等，从而制定相应的策略和运营机制。

（2）了解目标区域地方特色和风俗人情。例如，广州人喜欢吃夜宵，珠海人喜欢网鱼，湖南、四川、重庆、贵州人喜欢吃辣椒，潮汕人喜欢喝功夫茶、闲聊，梅县人极其喜欢红色等。

（3）企业营销人员与经销商进行若干次恳谈，按照企业对目标区域总的指导方针，协商好铺市的产品品种、规格、数量、价格及渠道选择等。

（4）根据目标区域的市场特定情况和企业需要，决定进入市场联系枢纽的桥梁——促销品。这包括确定哪几种产品为促销品，促销品的品种、规格、数量及促销配比率（促销配比率指促销品与产品的数量比例）等。

（5）制订铺市计划、目标区域整体市场和局部市场计划，以及货源的调度计划。其中货源可考虑从经销商仓库调度或从企业仓库装货或两者相结合，甚至考虑物流公司帮助。

（6）铺市人员的选拔、培训、安排激励和考核是铺市成功与否的一个重要因素。

4. 铺市的实施阶段

（1）铺市人员应抓住有利时机，讲好开场白，抓紧时间销售产品、鼓励顾客和终端商试用产品、赠送促销产品、张贴广告等。

（2）根据实际销售情况，铺市人员应调整好心理状态，恰当改变口头表达的内容和方式，调整说话声音、速度、节奏，协调动作，注意外表形象等，并总结出一套高速、高效的推销通用语，加以推广和调整。

（3）现场推销中铺市人员应注意以下几种方式的灵活运用：

1）观念灌输的推销法，即营销人员善于把纯粹的推销产品观念上升到企业理念的推销。

2）主讲和次推人员应根据铺市实施情况及时轮换位置，并默契配合。

3）迂回推销和人情推销。例如，通过帮客户搬商品引起客户好感而成交，通过逗客户小孩引起客户注意，引至情感上的沟通而成功铺市等。

4）在仔细观察客户反应和认真倾听客户意见时，铺市人员可以巧妙运用“木已成舟法”造成既成事实，即在客户犹豫不决时，主动给客户订货，并立即卸货，让其处于被动的局面而不加推诿，顺意地接收，达到成交的目的。

（4）营销人员应及时准确填写好《铺市一览表》。

5．后期的服务阶段

（1）营销人员针对铺市实施情况，每天坚持写出书面性总结报告。同时，注意跟踪和联络客户。

（2）营销人员根据《铺市一览表》安排好电话访问的内容，安排好人员的第二次拜访、第二次供货，以及第三次拜访和第三次供货，认真填好《市场调查跟踪表》。

（3）营销人员应进行反复研讨，针对铺市较差区域，重新审定铺市思路和方法等，确定该区域是补铺重铺或自由发展。

（4）切实、及时地履行商业承诺，妥善处理商业纠纷。

6．铺市的原则

（1）自负费用，毛利归他。即铺市中的各项费用（包括汽车过路费、过桥费、油费、停车费、午餐费、茶水费等）由企业承担，销售中所产生出来的毛利差额（即铺市市场价和供应经销商价的差额）全部归经销商。

（2）钱账归他，风险归他。销售货款应由经销商所派人员收取，客户欠款也须经销商所派人员同意，欠单归经销商所派人员保管，铺市后所产生的货款风险一概由经销商承担。

（3）配比一致，价位统一。企业营销人员铺市时统一产品价格，保持二级批发商供应价、三级批发商供应价、大中型零售商店供应价、中小型零售商店供应价的价差，以及促销配比率的一致。

此外，铺市前的电视媒体宣传广告、报纸广告，铺市时铺市人员的气势，铺市后营销人员的跟踪调查等直接关系到铺市的成功与否。

8.1.2 有效铺市的优点

（1）有利于产品的快速上市及其市场价的初步形成。

（2）有利于建立产品的销售点及产品品牌的潜意识渗透。

（3）有利于在销售通路上，企业与批发商、零售商、消费者的情感沟通。

（4）有利于形成点线面的联动局面。

（5）铺市本身是一次很好的广告形式。

（6）有利于培训员工的沟通、谈判、协调等能力。

（7）有利于对市场更深入地了解。

8.2.3　铺市失败的影响

（1）铺市失败会打击营销人员的积极性。

（2）铺市失败会打击经销商及分销商的积极性。

（3）铺市失败也会打乱企业的销售计划，增加企业后续工作的难度。

（4）铺市失败常常使企业与经销商之间的合作难度增大。

（5）铺市失败浪费企业和经销商的人、财、物等资源。

8.2.4　铺市成功的关键

要使铺市成功，企业必须以终端商为主，充分发挥企业自身优势和营销人员的主观能动性，仔细规划，灵活运用各项政策。铺市的步骤包括确立营销机构、划分区域市场、制定铺市方案。

1．确立机构的职责和制度

企业首先必须明确一点，要有效开发一个市场，必须要有企业自己的销售队伍，并把销售代表派驻当地进行协助经销商的工作，销售代表必须参与企业产品的所有营销活动。但销售代表的派驻主要是根据对经销商所在市场规模和企业对该市场的营销目标决定的。另外，不同的产品的利润空间不同，对销售代表人数的确定也不同，如 OTC 药品、保健品、化妆品等与食品、饮料等产品在同一地区、同一销售目标的情况下，前者肯定比后者多。

（1）职责。一般来说，铺货的机构主要由经销商的经理、业务经理、片区主管、业务员、仓管员、财务人员、司机、企业的驻地销售主管和相关的协销员组成。

1）经理：主要确定机构组成、铺市方案的制定并决策，召集重要会议，处理铺货中的一些特殊问题等。

2）业务经理：参与机构制定、方案制定，召集铺货例会，处理铺货过程中的一些日常问题。

3）片区主管、业务员：主要职能是铺货、记录、宣传、装卸货、收款等。

4）仓库员：及时统计库存，及时供货，及时提醒补充库存等。

5）财务人员：及时开出发票，及时做出铺货的已收账款、应收账款的日报表、周报表和月报表及财务分析表等。

6）司机：随叫随到，保证不延误送货。

7）厂家驻地市场代表：参与机构设立、方案制定并决策，发起召集重要会议，共同处理铺货中的一些特殊问题。与经销商的业务经理召集铺货例会，处理铺货中的一些日常问题，决定企业有关支持品的合理调度。

8）厂家、商家协销员：与经销商的片区主管、业务员共同参与铺货、记录，参加铺货例会，宣传、装卸货物等，切记不参与钱账的管理，只做必要的记录和分析。

（2）制度。建立制度是确保铺货高效的保证，一般主要有以下制度。

1）报表制度，报表必须如实及时填写并及时上报，一般一式三份，厂家一份、经销商一份、铺货员一份，这样有利于及时总结经验教训，达到日清日结、日清日高的目的，同时有利于掌握铺货进度和规模，及时调整。

2）例会制度：早上的铺货动员会，应仔细强调铺货的注意事项，强调目标和进度，以确保铺货的顺利进行；晚上的总结会，总结铺货中的得失，目标完成情况，遇到什么困难，需要如何支持。

3）沟通办法：要确保铺货过程中的及时沟通，如预告线路和具体时间，呼机、手机的开通，以便及时处理相关问题。

4）请示规定：在铺货过程中遇到自己职权范围内无法解决的问题，不允许私自做主，必须请示上级。否则，造成损失，必须赔偿。

5）纪律规章：必须严格按时上班，按时开会，按要求进行操作，否则要处以罚款。

6）奖励政策：中途要及时表扬，铺货完毕要实施奖励，可开设多个子项目进行奖励，如铺货冠军（个人）、优秀团队、最佳建议奖、最优报表奖、最佳配合奖等。

7）培训机制：开展铺货工作要非常成功、顺利，减少摩擦，必须实施培训，对培训的内容及要求详细规定，以使培训成功。

2. 划分区域市场

根据市场调查分析所得的数据可以将铺货市场分为三类：批发终端、量贩店、便利店。其中批发终端主要指城市的中心批发市场、周边批发市场，以及国有二、三级批发门市部；量贩店主要是指城市及近郊的商场、百货店、超级市场、量贩店、专业店等；便利店主要指在城市市区和小街道旁的小商店。

一般来说，量贩店可以造势，便利店却实惠。批发市场相对集中，铺货不存在较严格的区域划分，主要是指对店铺市场和便利店市场的划分。在区域的划分上有以下几种划分法：按城市中心、近郊、周边县城及重点城镇划分；按城市行政区域划分市场；按主要街道进行街区市场划分。

不管是哪种划分，都要根据产品的性质、经销商的资源、企业的资源来划分，但一般来说，任何产品的铺市都存在以下几种铺货的形式：先城市后农村，或先农村后城市，或城市农村一起进行。

在通行的做法上以先城市后农村为主，在城市主要按街道区域进行划分。但目前国内许多医药保健品企业有“以农村包围城市”的趋势，成功的案例相当多。

在城市按主要街道进行铺货是根据线路原则来进行的，即使在任何一个区域，县城和镇都必须遵循这个原则，否则，铺货没有原则性、系统性，就会出现凌乱的现象，铺货的效率必然不高。

3. 制定铺市方案

详细的铺货方案是铺货顺利与否的关键，铺货方案中必须具备以下因素。

（1）确定目标区域的铺市推进计划，即目标区域的突破，即是先铺城区，还是先铺县郊市场；是先铺批发市场，还是先铺终端零售市场。但不管怎样一定要主次分明，循序渐进，否则，眉毛胡子一把抓，必然铺市难以成功。

（2）确定铺市的产品种类和规格、数量等，一定要突出主铺品种、次铺品种，以便于启动市场。第一次铺市品种最好为同一类型。

（3）确定详细的铺货路线，可以节约时间，从而提高铺货的效率。

（4）确定铺货的价格。可以根据一次进货量的多少分2～3个等级的价差来刺激终端进货，尤其是批发市场的分销商、大卖场和连锁店的进货。但如果是赊销则要尽量控制赊销量（赊销即代销，是不付款的代销、风险比较大。）。

（5）铺货要先易后难，重点抓重要卖场，主要根据二八原则或三七比例来确定。同时也要广种薄收相结合，主要靠产品本身的质量为自己打广告，尤其是日用消费品。

（6）促销品的选择与配备。礼品可以笼络人心，可以培养感情。只有详细配备促销品的品种、规格、数量，以及促销品配比率等，才能取得理想的效果。

（7）制订目标区域整体市场和局部市场的铺市计划和货源的调度。其中货源可考虑从经销商仓库调度或企业仓库装货，或者两者结合，甚至可以全权委托专业性物流公司来代理。

（8）确立货款回收的形式及控制，应收账款的控制、管理及回收等。同时，现款进货与赊销必须有区别，但必须是同一进货量对比上的区别。否则，不仅无意义，而且容易造成混乱。再说，对便利店和小型个体店严格遵守现款现货原则，也可以对这些小店在铺货时给予一定的铺货奖励，如“卖几送一”等。对于在启动期实在难以铺进的便利店，也不用急，待市场启动后，只要有利可图，不愁货铺不进去。

（9）铺货目标要数量化，目的是便于考核，尤其A、B类店的铺货要严格考核。

（10）第一次铺货数量不宜大，待摸清月销售量情况后，然后再制定详细的铺货量。对于现金拿货，可以适当加大铺货量，但也不宜过大。

（11）铺货人员的选拔、培训、安排激励、考核等是铺市成功与否的一个重要因素，必须制定相应的机制。

1）铺市人员应经验丰富，有强烈的冲劲和持续的原动力，具备熟练的推销技能、良好的口头表达能力、敏锐的洞察力，以及市场反应的良好感应能力，有较强的应变力等。人力竞争是成功的关键，也是别人难以模仿的。

2）企业的协销代表和经销商应仔细研究分析实施工程中可能遇到的各种困难，并迅速决定应对措施。可采取人员讨论和情景演习两种方式进行训练。

3）铺市人员按功能由以下几种专业人士构成：主讲人＋次推人＋张贴广告、卸货人＋收款人（或收欠单人）＋司机。在实际运行中可能同一个人同时兼以上几种人士的职能，但在推销过程中任何一种功能都不可少。

4）系列图表的设计与使用。营销人员应设计好《铺市一览表》和《市场调查跟踪表》，包括客户名称、地址、负责人姓名、电话、商业性质，第一次进货品种、规格、数量、时间，第二次拜访时间和注意事项，第三次进货时间和注意事项，以及进货品种、规格、数量等。

表 8-1　铺货记录表

客户名称					电话			
详细地址					邮编			
负责人姓名		柜组长姓名			商业性质			
商店类型	A		B		C		D	
支付形式	现金		现金支票		汇票		其他	
赊销的最后付款日								
品种	价格		数量		金额			
总计金额（大写）								
铺货代表			客户代表					
			年　月　日　时					

注：客户编号在实际使用中用电话号码区号区分不同城市终端客户；商业性质是指国营、集体、民营、个体，以及是否连锁等，在实际运用中还可以加注一个大大的备注栏，便于将铺货中的注意事项和建议写进去，也可以加注一些其他项目，以便于以后的管理。甚至，在备注的旁边加上一个主管人员批示，可以作为考核和总结的依据。

表8-2　铺货失败记录表

<table>
<tr><td>客户名称</td><td colspan="8"></td><td colspan="2">电话</td><td colspan="3"></td></tr>
<tr><td>详细地址</td><td colspan="8"></td><td colspan="2">邮编</td><td colspan="3"></td></tr>
<tr><td>负责人
性别</td><td></td><td>性别</td><td></td><td>年龄</td><td></td><td>联系
方法</td><td></td><td>爱好</td><td colspan="5"></td></tr>
<tr><td>柜组长性别</td><td colspan="13"></td></tr>
<tr><td colspan="14">铺货不成功的原因</td></tr>
<tr><td colspan="10">1. 怕卖不出去</td><td>是</td><td></td><td colspan="2">否</td></tr>
<tr><td colspan="10">2. 怕无广告支持</td><td>是</td><td></td><td colspan="2">否</td></tr>
<tr><td colspan="10">3. 产品价格高</td><td>是</td><td></td><td colspan="2">否</td></tr>
<tr><td colspan="10">4. 产品的包装差</td><td>是</td><td></td><td colspan="2">否</td></tr>
<tr><td colspan="10">5. 已经营同类产品</td><td>是</td><td></td><td colspan="2">否</td></tr>
<tr><td colspan="14">6. 其他原因</td></tr>
<tr><td>商业性质</td><td>国营</td><td></td><td>集体</td><td></td><td>民营</td><td></td><td>个体</td><td></td><td>连锁</td><td>是</td><td></td><td>否</td><td></td></tr>
<tr><td>商店类型</td><td>A</td><td colspan="2"></td><td>B</td><td colspan="2"></td><td>C</td><td colspan="2"></td><td>D</td><td colspan="3"></td></tr>
<tr><td>铺货代表</td><td colspan="6"></td><td colspan="2">客户代表</td><td colspan="5"></td></tr>
<tr><td>客户编号</td><td colspan="4"></td><td colspan="9">年　　月　　日　　时</td></tr>
</table>

注：填写此表选择部分用“√”选择，客户编号用城市电话区号区分不同城市终端；写此表的目的主要是为了市场信息的搜集，同时为以后铺进此终端研究对策之用。此表后可以加一个备注栏和批示栏，便于分析问题和总结经验，也可以作为一个考核依据。

表 8－3　市场跟踪服务表

<table>
<tr><td>客户名称</td><td colspan="6"></td><td colspan="2">电话</td><td colspan="3"></td></tr>
<tr><td>详细地址</td><td colspan="6"></td><td colspan="2">邮编</td><td colspan="3"></td></tr>
<tr><td>负责人姓名</td><td></td><td>性别</td><td></td><td>年龄</td><td colspan="2"></td><td colspan="2">联系方法</td><td></td><td>爱好</td><td></td></tr>
<tr><td>柜组长姓名</td><td></td><td>性别</td><td></td><td>年龄</td><td colspan="2"></td><td colspan="2">联系方法</td><td></td><td>爱好</td><td></td></tr>
<tr><td>商业性质</td><td colspan="3"></td><td colspan="2">商店类型</td><td colspan="6"></td></tr>
<tr><td>现　　款</td><td colspan="3"></td><td colspan="2">赊销及期限</td><td colspan="6"></td></tr>
<tr><td>第一次进货</td><td colspan="2">品种</td><td colspan="2">价格</td><td colspan="3">数量</td><td colspan="4">金额</td></tr>
<tr><td></td><td colspan="2"></td><td colspan="2"></td><td colspan="3"></td><td colspan="4"></td></tr>
<tr><td></td><td colspan="2"></td><td colspan="2"></td><td colspan="3"></td><td colspan="4"></td></tr>
<tr><td colspan="12">第二次拜访时间：　　　年　　月　　日</td></tr>
<tr><td colspan="12">详细情况：</td></tr>
<tr><td colspan="12">第二次进货时间：　　　年　　月　　日</td></tr>
<tr><td>详细事项</td><td colspan="2">品种</td><td colspan="2">价格</td><td colspan="3">数量</td><td colspan="4">金额</td></tr>
<tr><td></td><td colspan="2"></td><td colspan="2"></td><td colspan="3"></td><td colspan="4"></td></tr>
<tr><td></td><td colspan="2"></td><td colspan="2"></td><td colspan="3"></td><td colspan="4"></td></tr>
<tr><td>客户编号</td><td colspan="4"></td><td colspan="3">企业营销代表</td><td colspan="4"></td></tr>
</table>

注：商业性质和商店类型直接注明，现款或赊销用“√”选出，第二次拜访注意调查宣传品情况，如价格怎样、库存多少、货架位置等，以便于分析销售、广告等相关情况等。另外，在铺货前还应设计铺货结构分析表，主要分析产品在不同类型商店的铺货情况，以便于研究营销战术和促销组合，从而达到战略整合的高度。

表 8－4　市场结构分析表

项目				产品				价格				数量				金额			
				a	b	c	d	a	b	c	d	a	b	c	d	a	b	c	d
A 类店铺调查数		A 类店铺进数																	
B 类店铺调查数		B 类店铺进数																	
C 类店铺调查数		C 类店铺进数																	
D 类店铺调查数		D 类店铺进数																	

铺货起始日		铺货终结日	
铺货城市名		企业销售主管	

分销商	产品	价格	数量	金额

分析结果及建议：

【案例 8－1】

“天地同春酒”新海市铺市计划

订立时间：　　　　　　订立人：

天地同春简装新品上市，为快速实现高市场覆盖，在进行了 5 天的前期调查和准备后，将在 2003 年 8 月 20～27 日完成简装新品铺市工作。

一、计划时间

（1）2003 年 8 月 20～27 日，共计 8 天。

（2）一线执行人员与后勤配合人员取消所有休息日，活动结束之后由行政部安排轮休。

（3）每日工作时间为 7 时到 20 时。

二、参与人员

直销部全员、商超部、酒店部部分员工与，计 12 人，分 4 队，各队名单见附件。

三、铺市区域

新海市四区与周边镇。（各队责任区域见下发的分区图）

四、目标终端

（1）目标终端类型：小批发店，烟酒门市，低档酒店，大排档。

（2）目标终端量：650 家。

五、铺市目标

（1）市场覆盖率达 80%。

(2) 达成有效铺货520家。

(3) 烟酒门市、大排档要达成90%的达成率。

(4) 日达成量标准：20家/队。

六、单店铺货量

450毫升装1件，250毫升装1件（赠品酒不计在内）

七、结算方式

现结（按零利润铺市的促销政策执行）。

八、促销品与宣传品配发标准

烟酒六市店：张贴画2~6张/店，销售联系贴卡3个/店，小皮灯2个/店。

餐饮店：桌卡2个/店，张贴画2~6张/店，销售联系贴卡3个/店，小皮灯2个/店。

九、预算

(1) 补助费。

(2) 油费。

(3) 其他费用。

十、上架陈列要求

(1) 进货必上架，要由业务员亲自执行开箱上架。

(2) 开箱刮刮卡要由老板亲自刮开。

(3) 餐饮店：450毫升装上架2~4瓶，250毫升装上架2~4瓶。

(4) 门市场店：450毫升装上架4~6瓶，250毫升装上架4~6瓶。

(5) 超市：450毫升装上架6~8瓶，250毫升装上架6~8瓶。

(6) 瓶身正标向外，整齐一致。

(7) 其他见附件中的天地同春终端生动化标准。

十一、宣传品留置位置要求（略）

十二、员工工作形象要求

(1) 按员工日常工作行为规范执行。

(2) 中午不允许饮酒。

十三、工作表格

各工作队长需填报的表格：工作日报表、终端档案表。

行政部填报的表格：铺市工作推进表。

十四、货品破损处理规定

十五、意外事件处理规定

十六、行政部、财务部工作要求

十七、铺市期间补助规定

十八、铺市工作考核规定

十九、附件

【分析提示】

以上案例只是一个简单的铺市计划，仅供参考。

◆技能训练8.1

训练背景

了解了以上关于铺市的知识点，会发现建设终端市场的一项很重要的工作就是做铺市策划。熟悉铺市的阶段，实施铺市工作流程是每个业务员应具备的基本技能。

训练要求

根据所学内容，每3～5人一个小组，分析郑州东大学城冰淇淋市场，为蒙牛做一份在该市场上详细的铺市策划方案。

任务8.2　终端拦截策划

顾客选购的过程就是一个不断思考、反复比较分析的过程，终端拦截就是整合终端所有的广告、促销、产品、渠道等资源，用这些资源来影响顾客的选购意向，通俗地说就是“引、抢、围、逼”，即引导顾客的思路，从竞争对手那里抢顾客，以更多的产品信息来对顾客心理进行包围式的诱导、来强化的顾客的选购意向，用各种手段“诱逼”促成顾客迅速成交。

8.2.1　终端拦截的意义

终端拦截的风险小、监控性高、机动性强，适合于小成本风险投入，启动市场。其目的是为了提高产品在终端市场的铺市率及占有率，提高本产品在终端的销量，压制竞品的终端市场，创造消费者的最佳接触性消费环境等。

为何终端拦截现在比较受欢迎呢?

首先从影响消费者做出购买决策的媒体广告来说，进入买方市场以来，随着竞争的加剧，广告不仅无法直接促成销售，还有可能为其他商品做“嫁衣”。尽管媒体广告从长期来看，不仅可以影响销售，还可以创造品牌价值；但在短期内，它难以起到立竿见影的效果。广告至多是吸引消费者到卖场，消费者最终是否购买广告品牌则无法控制，这就给成功进行终端拦截提供了机会。

其次，广告影响力日益下降。主要体现在以下几个方面。

（1）媒体不断分裂，媒体受众不断分散，单一媒体覆盖率不断下降，产品广告覆盖率也降低。

（2）广告信息过度传播，某一品牌广告容易被泛滥的商业信息淹没，真正传达到消费者的广告商品信息十分有限。

（3）消费者日益成熟，购买行为受广告诱导的作用在降低。

（4）消费者对新品牌购买选择缺乏紧迫感，广告推动产品的周期不断延长，使企业投资回收周期加长。

（5）大众媒体广告覆盖广泛，缺乏针对性，效果难以控制，风险加大。

(6) 广告媒体价格不断上涨，加大了企业的营销成本。

第三，终端推广的威力更为突出，终端推广的独特优势使终端拦截成为可能。从消费者的购买心理和终端作用两方面来说，商品只有被消费者“亲眼目睹”和“亲身试用”过，消费者的商品认知才会更深刻，而终端推广具有广告所无法比拟的销售力。

推广是出现在消费者做出最终购买决策的销售现场，它是消费者购买前最后接触的媒体，而“终点广告”对消费者的“终点行为”具有决定性作用。所以终端推广对消费者最终购买决策的影响也就最有效，这是大众媒体广告所无法比拟的。终端推广可以直接促成销售，能最直接地促进消费者“即时即地”的现实购买，特别是能刺激消费者的随机购买和冲动购买。成功的终端推广不仅可以改变顾客购买习惯，而且还可以把竞争对手的消费者争夺过来，从而在终点线瓦解竞争对手。

8.2.2 终端拦截的原理

1. 环节制胜

在产品出厂→代理商→批发商→零售商这个链条上，终端拦截是在最末梢环节进行销售推广工作。其核心意义是“一通百通”的销售原理。

2. 互动制胜

终端拦截模式是典型的互动式营销，它包括“促销员导购”“销售活动”等形式，采用了人与人的“一对一”营销和“多对一”营销。其核心意义是：应对说服、递进说服的销售原理（死宣传打不过活促销）。

3. 深度制胜

终端拦截最大的优势是，能够与消费者之间进行深度宣传及沟通。深度宣传的优势表现为为顾客提供个性化促销、服务型促销和解疑式促销。

4. 自主制胜

它不同于媒体广告促销，在宣传及沟通过程中，没有诸多约束，可以进行多种形式的自主宣传。如举例法、原理法、比喻法、对比法等。

5. 无险制胜

一般情况下，营销需要两个必须元素，即“宣传+渠道”，宣传成本要远远高于渠道成本，而终端拦截营销模式的元素与渠道元素是复合性的，即不需要另外的宣传元素投入。

6. 基础制胜

终端拦截模式是一种基础性模式，可与目前任何传统营销模式相互嫁接，是一个基本功模式，有利于企业做任何模式的转型或对接。

7. 平台制胜

终端拦截同时也是一个营销平台，它不同于传统创建型营销模式，对增加的产品品类不但没有巨大的新增费用，而且还可以进一步摊派营销平台的建设成本，节省费用，减少风险。

8.2.3 终端拦截的表现形式

(1) 派员驻店促销——促销员导购。在各大卖场常见许多厂家促销，从大件商品到小商品几乎都在使用。别的企业柜台前有导购，如果你没有就会受损失。

（2）开展各种促销活动，如低价、赠品、奖品、抵值、抽奖、服务等。

（3）挂金。主要是给零售企业或营业员各种提成或奖金鼓励多卖某企业产品，如给酒店的服务员开瓶费。

（4）买断。支付终端若干费用，使终端商只销售本企业产品而拒销竞品。

（5）店招。为终端店做招牌或免费提供展示用的物品，如冰柜、太阳伞等。

8.2.4　终端拦截策略

1．高空拦截

大家经常在媒体上看到很多产品的促销广告，质量如何好，价格如何优惠等，这就是高空拦截，即利用电视、报纸等媒体在相应区域发布终端促销广告，使促销信息更先一步地传输给更多的消费者。一方面，高空拦截能充分起到先入为主效应，在消费者未到终端之前进行消费诱导和品牌灌输；同时也能避开终端竞争激烈、信息庞杂、消费者容易迷失选购方向的缺点，更容易、更清晰地记住该品牌的相关信息；高空拦截还能借媒体的辐射力在更广的范围内吸引更多的目标消费群，即“结大网捉大鱼”。

单一兵种打仗，往往没有海陆空的三位配合更容易打胜。终端如果再加上有效的高空拦截，一定会比竞争对手“道高一丈，更胜一筹”。做好高空拦截，首先要考虑销售费用，其次是高空广告策划的有效性，再者就是充分与终端配合的问题，比如说把广告报样报在终端柜台放一些，这样会把终端与柜台连接起来，对消费者起到双重强化的效果。或者是在报纸广告上注明“凭此样报可到××柜台领取礼品或参加某项活动”等内容，这样做就巧妙地使高空拦截与终端“水乳交融”。

2．源头拦截

源头拦截就是在目标消费群的生活区或工作区所进行产品宣传和促销拦截，有营销专家称该方式为终端的进一步延伸，也有人称之为“后终端”。因其更直接、最明了、更快捷、更有针对性，目前对医药保健品和家电、家居类产品使用此招较多，效果也比较明显。目前比较常见的方式有以下几种。

（1）社区服务活动。在居民点进行该品牌系列家电产品的上门维修与养护指导，通过优质的服务提高美誉度，带来回头客。

（2）社区促销演示或文化娱乐活动。如医药品的周日义诊活动等。比较突出的例子是九阳豆浆机经常在大的居民点做促销演示，制作五谷豆浆、消暑豆浆及益智豆浆等多种口味，经常吸引很多中老年消费者观看，有时还能在现场达成数目可观的直接销售。

（3）居民点的产品广告牌。这些大家稍有留意就会注意到有很多的，比如大门边挂个“红桃K”，紧接着就会有一个家居装修的条幅出现，最多的是楼梯间张贴的各式各样的广告。

（4）促销DM和广告，有的直接夹在门缝里，有的是通过夹报送到工作单位，有时是专人在门口发宣传品。

虽然现在很多城市的居点区加强了管理，严禁在社区搞促销活动，但还是“野火烧不尽，春风吹又生”，而且招数也越来越先进。因此，只要努力想办法，总会把社区促销搞好的。

3. 阵前拦截

阵前拦截是指顾客从商场门口到柜台前的促销指引和宣传说服活动，这个过程是消费者“登堂入室”的过程，也是影响消费者的购买意向的重要阶段，因而阵前拦截也不可缺少。阵前拦截主要体现在商场的门口的形象广告牌、门口的促销活动、商场内的导购牌和广告牌等。大家会经常看到，在许多商场门口或者是门头等位置都会有很多相关产品的广告牌，有时还会挂巨幅广告牌，甚至连门前梯形台阶上也贴上厂家的广告，这些广告牌以醒目的形象给潜在消费者以强烈的视觉冲击，不过费用也比较高；在双休日及重大节日，许多商场门口总是锣鼓喧天、车水马龙，这是许多品牌在争先恐后地搞促销活动，包括文艺演出、产品介绍或者有奖竞猜等内容。商场内部的促销导购牌也比较多，比如小推车、吊旗、收银台、导购牌、公共广告位等很多只要不影响形象的地方都会有相应厂家的广告牌出现，来有效地引导并影响消费者进行商品选择。从商场门口到商场内每一空间都可以说是“寸土寸金”，因此，企业需要从品牌自身的费用情况和产品特点来量体定做有效的广告活动，从而加强阵前拦截。

4. 联合拦截

在竞争激烈的终端，如被孤立或围攻，无疑是极其危险的。联合具有相关利益的品牌同步联合促销，达成统一战线，以提高终端竞争力的拦截方式就是联合拦截。这种方式因其进攻性较强，有些是光明正大进行的，有些则是偷偷在背地进行的。常见的有三种形式。其一是与非同类且有相关利益的品牌进行的联合促销，如史密斯热水器和奥普浴霸在2003年11月份组织的“两大专业卫浴电器品牌首度联手”促销活动，由于热水器和浴霸是关联购买和使用产品，而且这两个品牌是具有相同的消费群，这样这些消费者买奥普浴霸时就会优先选择史密斯热水器，买史密斯热水器时则会优先选择奥普浴霸，同时也使活动的声势更大，更引人注目，更能提高达成率。其二是与同类但不同档次的品牌进行的联合，比如高价位的A品牌与中价位的B品牌联合，当顾客对A品牌多次讲解仍因价格高而兴趣不高时可顺带介绍一下B品牌，同样有类似情况时B品牌可顺带介绍一下A品牌，两者联合，各取所需，共同提高。其三是与同类同档次的竞争品牌联合，有时需要收买竞争品牌的促销员来达到“损人利己”的目的，有时则表现为扎堆效应的联合活动。

5. 人员拦截

人员拦截是一项最基本的拦截方式，即通过促销员的认真观察、细心劝说来强化消费者的购买意向。作为厂家或商家都要重视促销员的培训，包括产品知识、促销技能和沟通技巧等，同时要制定合理的激励制度，经常加强与促销员的沟通，确保促销员的良好的心理状态。作为促销员本身，要学会“眼观六路、耳听八方”的技巧，比如从顾客进入商场同类产品柜台时，要远远观察其顾客的反应，揣摩消费者的消费心理及对同类产品的反应，做到有的放矢；在顾客走近我产品柜台时，要想办法留住顾客尽可能多的时间，不能让顾客轻易走掉，时间越多胜算的把握就越大，比如顾客带有小孩的话，要备个小气球等小礼品送给小孩，如果有老人的话，帮其准备凳子等行为，争取其好感；在介绍产品时要注意察言观色，根据顾客反应给以合适的促销话术。这些很多厂家或商家都有其系统的技巧，关键是如何培训促销员，指导其巧妙运用。

6．产品拦截

如何在较短的时间内将产品的功能与特点充分展示给顾客，吸引顾客层层深入了解产品呢？这就要根据产品自身的特点研究一些产品自身的拦截技巧。对于家电业来讲主要指生动化陈列和多方位演示两个方面。生动化陈列指产品在展台、POP的装饰下，巧妙摆放从而充分显示出产品的形象、功能与卖点等特点。生动化陈列要注意人气机型（富有竞争力且比较吸引人的机型）与主推机型的呼应，还可以根据促销主题的需要设计主题陈列，如五一临近可围绕婚庆对产品陈列进行包装。现在比较流行的还有生活提案式陈列，充分展示出时尚化的生活需要。

美国有句广告格言：卖牛排的关键是卖炸牛排的嗞嗞声。这正说明产品演示的重要性。多方位演示常用的原则有“能动则动起来，能体验就体验一下，能说话在就放出声来”。如亚都加湿器，在演示柜上不停地喷出湿气如仙境一样；九阳豆浆机常常在柜台上摆着制作好的喷香豆浆，顾客可以随意品尝；桑普电热水器为了显示其工艺的先进性，干脆在机身上挖了个洞，让消费者对其内部构造看得更清楚；阿里斯顿则在电热水器机身开个能放在电视机的小口，顾客可以边听促销员讲解边在电视上看到更全面的操作演示，同时电视的播放还能吸引更多的消费者驻足咨询产品。

7．POP拦截

“人靠衣裳马靠鞍”，终端的POP布置对产品的销售能起到较好的促进作用。终端POP布置要做到：看得见，平看有海报、台牌、灯箱、水牌、电视播放宣传片，仰看有横幅、吊旗，俯看有产品陈列；摸得着：资料架、展架、展台、样品等；听得到：促销员推荐、营业员介绍、电视播放宣传片等；带得走：手提袋、单张、宣传页、自印小报、促销小礼物等。这些POP的制作和布置要新颖、引人注目，要注意与产品和展柜的搭配，还要注意与竞争对手的差异化。POP平时维护也是很重要，要对损坏的及时更换，也要根据不同的销售需要制作更换不同的内容。除了做好平时POP的制作与布置，还要根据促销需要策划一些POP的主题布展，如节日堆卖活动、反季商品处理活动、新品推广节等，这些活动需要大量的主题POP来装饰和渲染，做到形象好、气势大，与竞争对手形成鲜明对比，从而更好地体现POP拦截作用。

8．借势拦截

经销商场对品牌的重视度是体现品牌销售推力的重要方面，对产品的销售有直接且重要的影响，因此还要注意加强与商场客情的培养，取得所在商场有形或无形的支持，使产品在终端得到真正的主推。业务员或促销员等都要做好与商场人员的沟通与公关，不仅包括商场经理、主管、促销组长，甚至保安、杂工、清洁工、司机等，哪一个都不能忽视，正如“进庙要烧香，见了神仙要拜神”一样，有时他们的一句话会在销售中起很大作用。通过客情培养，还能获得更多的上货优惠政策、更便宜的广告位等，为终端促销提供良好的人际环境。为了加强借势拦截的力度，要注意厂家的各项促销活动，确保在终端实施到位，还要经常参加经销商场的节日促销活动，如赞助DM广告、特价活动、馈赠活动或抽奖活动等，或者联合厂商进行双赢促销活动，例如国美某分店曾举行过“国美海尔家电节”活动，海尔借国美之势，霸气十足地开展促销。这些活动都是较好的形象展示和产品促销机会，压制和打击竞争对手的机会，以及实现有效拦截的机会。

9. 人气拦截

如果柜台边经常人头攒动，人气较旺，那就会有更多的顾客受到吸引与感染使人气更旺，成交率更高。如何营造这样良好的气氛实现人气拦截呢？除了产品生动化陈列与演示、POP的充分应用外，一方面要从促销员着手，想办法吸引顾客在柜台逗留尽可能多的时间，而不是一闪而过，能留住人，人气肯定会好；另一方面是策划一些调节气氛的小活动，如掷飞镖中大奖、摇转盘活动等，彩电音响类产品可以播放一些大片吸引人来看，附带有奖知识问答等。有些产品在重大节日为提高重点卖场人气干脆采取“人海”战术，除了有“托儿”外，还会把机动的促销员调过来，这样一个卖场内该产品的促销员就有好几个；还可以策划一些新颖的产品演示活动，如用微波炉爆玉米花、电脑柜台举行游戏攻擂赛、电磁炉厨艺争霸赛等；提供额外服务也是提高人气的好方法，如有些产品会在夏天提供免费的饮水服务，有些产品还在展柜边摆放自动擦鞋机，为顾客提供免费擦鞋服务。

以上是根据终端销售实际简单总结出的九条终端拦截战术，其中，第一条、第二条和第三条是在终端之前采用的辅助终端销售的策略，第四条至第九条则是直接运用终端的促销战术。这九条中，有的侧重于广告策划，有的侧重于促销活动，有的则侧重于客情培养或终端演示。如何运用以上所说的终端拦截九攻略呢？首先不能孤立地运用单个手段，要综合起来，充分利用各种广告、促销、人员、经销商等各种资源，“得天时地利人和于一体”。终端拦截是深度化分销的体现，其实质也就是终端细节化的较量，因此这些工作要做深做精做细，包括前期深入的调查、全面的分析、完善的执行反馈系统；还有就是切忌生搬硬套，要根据市场竞争情况和自身情况，量体定做灵活的、创造性的终端促销战术，从而达到拦截效果最大化。

8.2.5 终端反拦截

终端拦截犹如足球比赛中的后卫，进攻一方无论有多好的脚下功夫、多快的进攻速度，但是如果遇到了防守一方强劲而又灵活的后卫，进攻都会被一次次的瓦解。恰恰因为进攻一方临门一脚的功夫较差，造成了功亏一篑的心痛结局自然也是难免的。当我们的产品遭到了竞争对手的强势“终端拦截”，我们的销售经理人该如何变“终端拦截”为“中断拦截”，既而成就我方产品对竞争对手的“终极拦截”，从而夺回失去的“滩头阵地”呢？

1. 正确评估自己的资源与优劣势，忌盲目拼杀

在终端反拦截中最常见的问题就是盲目性。许多品牌的厂家在终端的拼杀过程中都红了眼，把终端营销的目的与自己的市场计划完全抛弃，迷失了目标。这样的做法最后导致了无序竞争的愈演愈烈，让终端之争陷入无谓的资源消耗战之中。与竞争对手在终端发生拦截之争时，我们需要正确评估自己的资源与优劣势，考虑人员能力、资金实力、品牌定位和临时目标几种因素，并据此采取相应的对策。

2. 保证投入的有效性

又到了做下月终端费用投入计划的时候了，下属向 Bruce 申请了 2 万元的堆头费用。Bruce 也因费用紧缺很闹心，一看终端费用预算，立刻拨通了下属的电话："怎么又申请这么多，月月都这么高的费用，怎么不见销量有多大增长呀?"下属却感觉有点委屈："领导，我市场的费用投入跟竞品比还差一些。还有许多终端，竞品都在做地堆，而我却没钱投。""那你 2 万元的投入为何没有效果呢? 是不是你的监控有问题?"Bruce 用质疑的语气问。下属解释道："我做堆头的地方别的厂家也做堆头，现在是投了双倍的钱换来的却是五成的效果。"

这是各个竞争厂家极易出现的问题。伴随着"囚徒困境"迎来了投入与产出的边际效益问题。

3. 促销活动的差异性

摆脱终端拦截边际递减的方法就是改变操作打法。这个打法既可以是撤出正面竞争，另辟蹊径，进行渠道创新，也可以在原有竞争的基础上略做改动。举个小案例：年初娃哈哈 1.5 升果汁在锦州上市时，汇源是 1.5 升果汁销量最大的品牌。汇源当时的 1.5 升果汁促销是 6.2 元买一赠一（500 毫升果汁）的捆绑形式，而如果娃哈哈也做买大赠小的话，按果汁品牌的分量其销量都不能分得汇源的一半。于是娃哈哈提高了产品售价，高出汇源 1.3 元，这样就可以赠送体积为 1.25 升的非常可乐了，因赠的是碳酸饮料，最终核算的费用比汇源略低，但是销售直观的效果比汇源好多了。这样当天的销量就超过了汇源。

4. 积极创新，开拓新的宣传途径

（1）强化品牌地位。作为被拦截的厂家，不断地强化品牌形象是至关重要的。只有让消费者具备较强的品牌忠诚度，才能从根本上防止拦截现象的发生。

（2）加强差异诉求。在强化品牌忠诚度的同时，在宣传过程中针对拦截者一定要提出强有力的差异化诉求，要让消费者知道名牌自有名牌的道理。

5. 时刻关注终端内部人员对本品和竞品的评价

与竞品在终端"对对碰"时，切不可一味去对付竞争对手，同时要关注终端人员，如酒店老板、吧台、服务员等对我们的看法，也要关注我方促销员与业务员的心态，有很多竞品瓦解对手就是从对手的内部人员开始瓦解的。特别是关键时期，更要了解"异己"分子的心理和行为，一旦发觉"异己"分子要迅速采取措施。

6. 运用法律自卫

市场现实告诉我们，无秩序竞争的顽疾依旧存在，在忍无可忍的情况下，只有拿起法律的武器，来维护我们用心血和金钱营造出来的优势品牌和既得利益。

【案例 8－2】

"青岛"与"趵突泉"啤酒济南市场的对决

1997 年，青岛啤酒向济南市场发动了第一轮攻城战。当时青岛啤酒推出了低价位的"青岛大众"，一瓶比趵突泉啤酒便宜一毛钱左右。但是，战事只持续了一个夏季，年末青岛啤酒便从济南市场撤回这种未能发威的低价位"武器"。

2001 年，青岛啤酒再一次仔细审视省城济南市场，随后，一场被趵突泉啤酒称之为“火锅城攻势”的战法开始亮相济南，青岛啤酒在济南的部分火锅城里派出促销员，试图以此来打开济南市场的缺口。

然而，济南趵突泉啤酒当时还无暇顾及青岛啤酒的这一做法，正全力应对烟台啤酒进攻济南的战役，最终趵突泉啤酒 80% 的济南市场占有率似乎没有受到多大影响。

同年底，青岛啤酒便开始谋划进攻济南市场的新策略，2002 年元旦刚过，青岛啤酒便已经着手进行市场运作，先期在济南各大酒店派驻促销员，统一着装，人数达到 130 多人，在媒体上突出以青岛啤酒“咱省城人自己的啤酒”为主题进行推介，同时业务人员进驻各餐饮店以高额回报为诱饵商谈青岛啤酒酒店专卖事宜。青岛啤酒首批目标盯住济南市区的高档餐饮店（特别是高档连锁店），以 10 万～30 万元不等的价格买下，一夜之间，各酒店多年销售的趵突泉啤酒被撤下了柜台，当消费者在酒店要求喝趵突泉啤酒时，服务员很礼貌地说：“先生，对不起，本酒店现在只有青岛啤酒，价格不高，是我国最好的品牌，挺合适的。”

在短短 1 个月左右的时间里，青岛啤酒便与泉城十余家大型餐饮店定下了专卖协议，这十余家均是连锁餐饮店，这样在济南市区就均匀地分布了 30 多家有名气的餐饮店专卖青岛啤酒。

此时的趵突泉啤酒十分震惊，以济南啤酒集团总公司董事长为首的“济南市场保卫战”序幕也悄悄拉开。前期趵突泉啤酒保持冷静状态，静观青岛啤酒的动向及事态的发展。

就在此时，2002 年 4 月 28 日，齐鲁晚报一名记者在济南市微山湖鱼馆和平路分店进行“青岛啤酒专卖”正常采访时，遭到该店员工围攻和殴打，照相机和摩托车被损坏，记者遭非法拘禁，被强行关进一间杂物间近 1 小时……

这一事件发生后，济南的各大媒体都争相报道，由记者被打一事扩展到青岛啤酒与趵突泉啤酒的竞争，人们纷纷发表言论质疑青岛啤酒此举是否为“不正当竞争”。而青岛啤酒却始终保持沉默，对外不发表任何言论。

也正是这一事件，使得整个泉城济南都知道青岛啤酒酒店专卖的事情，于是整个泉城大大小小的酒店因利益而驱动，开始探问青岛啤酒有什么政策？青岛啤酒也顺水推舟，对不同的中小型酒店也推出专卖政策：赠送酒、展示柜、促销品等。

此举令趵突泉啤酒确实坐不住了，董事长赶在五一长假前夕召开了“济南保卫战”专题会议，成立了专门的机构应对青岛啤酒。

趵突泉啤酒迅速召开了“济南保卫战”全公司总动员大会，从各处室、销售公司、生产厂，上至公司最高决策层，下至车间工人，单独抽调 150 余人分成 15 组，一组 10 人，对济南所有大道、街、巷中的餐饮店进行拉网式的市场调查，集团高层领导亲自担任各小组组长，并不顾灰扬日晒奔走在市场一线。公司决定每人每天补助 30 元，用 7 天时间做完市场调查。7 天过后，市场调查结果出来了，效果相当乐观，整个济南市餐饮店的数量、名称、地址、电话、啤酒销售情况等信息全有了，尤其是青岛啤酒在济南市场的销售情况也一目了然。

趵突泉啤酒获得了济南市啤酒消费的准确情况后，开始全面出击，实施了市场营销运作中惯用的4P组合策略。

人员推广方面，首先成立济南分公司，新设济南市场部，面向社会招聘酒店促销员100名，市场推广员100名，把济南市划分成8个区，每区设置经理1名，业务人员若干，车辆2部，开始地毯式地对济南市场的餐饮店进行上门服务。另外，还成立了行动小组专门瓦解那些在济南市很有影响的餐饮店的青岛啤酒专卖行为，趵突泉啤酒动用一切可用资源，领导个人关系的、媒体的、政府职能部门的、公司内部的、人民大众的等，从方式上软硬皆施、快慢全上。

广告宣传方面，趵突泉啤酒在电视、电台、报纸等媒体上注入了新颖活泼的动感广告宣传内容，加大了济南市民对趵突泉啤酒的忠诚度。

产品策略方面，趵突泉啤酒深知此次青岛啤酒来济南是朝着济南中偏高端以上啤酒消费市场（酒店消费价5元/瓶以上）来的，其主要产品是：青岛纯生啤酒酒店消费价12元/瓶，青岛清爽啤酒酒店消费价5~6元/瓶，青岛易拉罐超市售价68.80元/箱。这一定位正打动了趵突泉啤酒的软肋，因为趵突泉啤酒在济南多年来一直引导消费者在酒店饮用4元左右/瓶的外号叫“黑趵啤酒”的习惯，其在济南中偏高端以上啤酒消费市场份额几乎为零，这块市场份额本身就小而且被洋品牌占据。所以青岛啤酒此次来济南扮演的是抢洋品牌份额并引导济南市民往更高价位消费的角色。然而，趵突泉啤酒却想：醉翁之意不在酒，前两次败北，其定位市场在中低端，这次猛然往中高端发力，实是找到了趵突泉啤酒的空隙。此刻，趵突泉啤酒当机立断，投巨资把拖延多年未完的纯生啤酒生产线、易拉罐啤酒生产线安装完工，并责成技术中心限期开发趵突泉清爽啤酒。商标设计直接定位以青岛啤酒的主体绿色为主。

产品定价：趵突泉纯生酒店消费6元/瓶，趵突泉清爽酒店消费5~6元/瓶，趵突泉易拉罐超市售价58. 80元/箱。随着与青岛啤酒的激烈竞争，产品相继上市。

促销方面，趵突泉啤酒制作了大量POP、展示柜、啤酒杯、开瓶器、太阳伞等，与各酒店一对一签订协议，完成多少量给多少促销品、门头牌及返利等政策，力度不亚于青岛啤酒。

啤酒销售即将进入旺季，青岛啤酒看到趵突泉啤酒发力了，再加上媒体的报道，形势对青岛啤酒稍有不利，大家都认为：偌大一个青岛啤酒老大哥说什么“前有狼后有虎，中间夹着一群小老鼠”，把自己的小兄弟比成小老鼠，不把大量的精力去打狼、打虎，却要置家门口的小兄弟于死地，想要实施“一统鲁啤，冲向全国，树国际品牌”的战略，结果怎样，做得还不如燕京、华润这些后起之秀，不知道再过上两年国际知名啤酒品牌企业入资中国，青岛啤酒还能不能称老大，树百年品牌还够不够格，真是目光短浅，分明用的是“攘外必先安内”的战术，跟蒋介石的思路没什么两样，最终会不得人心。

不久，青岛啤酒终于憋不住了，面对“专卖风波”，其不得不打破沉默，终于于5月20日在济南举行了新闻媒体见面会。对于此前“青岛啤酒在济南大搞专卖店”的说法，青岛啤酒说，那不叫“专卖”，而是叫“特许经营”。同时还介绍，为进一步拓展济南市场，从4月份开始，青岛啤酒便与省城多家酒店联手，以目前市场上最流行的“特许经营”的方式合作。截至目前，青岛啤酒已与济南的近300家中型规模以上的酒

店实现了初步合作，约占济南500多家大中型酒店的60%。青岛啤酒方面还表示，“特许经营”的路子还要坚定不移地走下去，同时愿意和竞争对手形成良好的竞争与合作关系，共同做大济南的市场，让省城消费者喝上价廉物美、丰富多彩的啤酒。

趵突泉啤酒方面很清楚，青岛啤酒一贯喜欢使用低价收购。前期，山东三孔啤酒、无名啤酒均与青啤交洽联合事宜，均因青岛啤酒出价太低而投入燕京怀抱。这次青岛啤酒攻打济南啤酒集团总公司12万吨核心市场，目的是实现宁愿花大代价抢占市场，也不出高价收购工厂的理念。趵突泉啤酒对此一目了然，狠下决心，宁可拼得弹尽粮绝，誓不与青岛啤酒联合，而且做好与外资联合的准备，要与青岛啤酒在济南打持久战，锻炼打法鼓舞士气，以便来年置换个好嫁妆。

整个2002年度，泉城济南的餐饮店沸腾了，青岛啤酒与趵突泉啤酒竞相出招，厂家给专卖费、展示柜、冰柜、啤酒杯、瓶盖有奖等，销酒赊款月底结算，派驻促销员兼做酒店服务员……酒店老板乐得合不拢嘴。

年近尾声，青岛啤酒介绍，时至今日，青岛啤酒在省城中高档市场已取得了80%的份额，市场覆盖率则达到了98%，并且已经实现了盈利，正准备在济南市场迈出第二步，即全面进入中低端啤酒市场，很快就会有产品投放。

同时，青岛啤酒这种通过直供的方式先进入中高档市场站稳脚跟、树立品牌形象后，再进入中低端市场，最终取得在整个啤酒市场主导地位的战例被总结为济南模式，并在全国及全省市场全面复制，这被青岛啤酒称为“知识资源共享”。这一知识资源共享运动均以济南为楷模，青岛啤酒济宁、泰安、东营等公司均来济南学习，就连广西桂林漓江啤酒（现已投入燕京啤酒怀抱）的老总上北京，也特意到济南来一趟，邀趵突泉啤酒老总坐一坐吃顿饭，谈了他在桂林的同样遭遇。

趵突泉啤酒也对外宣布，通过激烈的竞争，“济南市场保卫战”初战告捷，其董事长说青岛啤酒是在一个错误的地方，选择了一个错误的时间，找了一个错误的对象，打了一场错误的战争。2002年度，趵突泉啤酒完成销量175 475吨，创历史最高纪录。济南核心市场12万吨市场份额纹丝未动。其董事长还郑重其事地说：“在适当的机会，适当的场合，要向青岛啤酒表示谢意，感谢他的竞争，激活了济南啤酒集团，最重要的是员工的竞争思想意识被激活了。这不是用金钱买到的，也不是请哪个教授来讲课就能解决的。”

事实确是如此，通过市场调查，过去在济南市场还占有一小席之地并想有所作为的烟台啤酒、银麦啤酒、三孔啤酒、琥珀啤酒、克利策啤酒、无名啤酒、广寒宫啤酒、奥蕾啤酒等，因为青岛啤酒与趵突泉啤酒的激烈竞争早就打得没影了。济南的啤酒消费者只在趵突泉啤酒与青岛啤酒两者之间做选择。

结果表明，2002年的济南啤酒市场竞争，青岛啤酒从市场份额、品牌忠诚度方面稍有提升。趵突泉啤酒纹丝未动，其他品牌啤酒相应下滑。而从利润方面来说，青岛啤酒、趵突泉啤酒双方均没有占到便宜。

可以这样说，2002年双方打了个平手。

【分析提示】

在终端为王的时代，竞争的落脚点一定是在终端。企业只要抓住终端拦截产品、选好终端、促销宣传、人员培训和管理这五大实质，扎扎实实落实到位，就一定能取得成功。

◆技能训练 8.2

训练背景

了解了以上关于终端拦截的知识点，会发现终端拦截对企业提高产品销量，打击竞争者有着重要意义。作为营销人员掌握各种拦截策略很有必要。

训练要求

根据所学内容，每 3 ~ 5 人一个小组，分析郑州东大学城冰淇淋市场，为蒙牛做一份在该市场上详细的终端拦截策划方案。

任务 8.3　终端生动化

在传统渠道模式下，厂家通过经销商（批发商）将产品铺到零售终端，能否卖出去，就是主要靠零售商了。这种粗放的操作办法，已无法适应日新月异的变化。现在，将产品铺到零售终端仅仅是市场推广工作的一部分，接下来的重心就是进行卖场（售点）生动化建设，将产品从零售终端卖到顾客手里，实现由商品到货币的惊险而美丽的一跳。

8.3.1　终端生动化释义

所谓终端营销的生动化，就是使终端的营销一改以往生硬、枯燥、被动的推拉式销售或任其自然的等待式销售，而在终端创造一种人性化、情感化的消费氛围，以一种充满关怀、充满友爱、充满温情的营销方式，去感染、吸引、诱发消费者的激情，从而产生一种愉悦的、主动的消费行为的营销方式。

在实际运作中，生动化分可为两部分。一是硬终端生动化，即通过展架展柜、橱窗、店招、POP、吊旗、立牌、条幅等达成生动化气氛的营造；二是软终端生动化，即通过卖场人员训练有素地介绍、推荐产品，与顾客产生互动、沟通，为顾客提供生动化的服务。

8.3.2　终端生动化的意义

当前终端市场竞争愈演愈烈，通过建立生动化标准，不但可以提升企业品牌形象，还可以让消费者在众多竞品中看到整洁、有序的陈列风格，形成很强的视觉冲击力，更容易形成记忆和引起消费者的冲动性购买。

经研究发现，消费者（特别是女性，休闲食品的主要消费者）的购买行为多为无计划消费——看到产品实物陈列等临时决定购买，生动化可以提高产品的展示效果，激发消费者的购买意愿。也可以说，商品陈列的好坏是促成产品销售的最后一次机会，只有吸引顾客注意的商品才会卖得掉！消费者去超市随机购买的占多数，在一个超市平均停留 15 分钟（大卖场除外），在 1 个产品区域前停 15 秒，75% 的人是在 5 秒内做出决定，如果看不到要买的产品，40%的人就会购买别的产品。失去的销售机会永不再来，一旦这次错过消费者的购买，那么就永远失去了一份销量。下次消费者不可能买双份把这次的销量损失补回来。

（1）售点是消费者决定购买的最后一个环节，在最后一分钟内争夺每一个顾客，是各种品牌必争之地。

（2）售点是展示品牌形象的窗口，是品牌价值最直观的体现。我们必须保证窗口的明净亮丽，否则何以相信物有所值。

（3）我们已展开强大的广告优势，同时我们必须做到产品看得到、看得清、看着好的售点配合。否则，广告就意味着浪费金钱。

（4）直接争夺60%的顾客。营销专家指出，60%的消费者是在售卖现场受到感官刺激或营业员的提示、推荐后才决定购买的。

（5）产品陈列在最佳位置上能促进销售量增长20%，产品占据最大陈列能促进销量增长30%，上佳的宣传品配合能促进销量增长20%，营业员的直接推荐能促进销售增长60%。

（6）由于口碑的传播效应，卖场生动化对业绩的促进力，数倍于直接产生的效应。

8.3.3 硬终端生动化

1．产品陈列

产品陈列分为货架陈列和货架外陈列。

（1）货架陈列：

1）货架陈列的原则有以下几方面：

①数量：增加陈列面的数量将强化视觉冲击力、营造商品丰富之感，增加销量。

②集中：所有本企业的系列产品集中陈列，可获得关联性、整体性的品牌联想和影响力。

③颜色：醒目的颜色和适宜的颜色搭配，可给消费者留下产品丰富、选择性强、企业很具实力的印象和陈列效果。

④照明：借助恰当的光照射，可以强化商品的色彩度，加深商品精致、高贵的美感效果，并营造出如浪漫、热情、清爽等预期的展示效果和购物氛围，此外，还能吸引购买者的注意力并引发对商品的亲和力。

⑤主导产品：销量最大的主导产品应占有最大的陈列空间。

位置突出：关键品牌产品应陈列于第一最佳位置，即与视线平行的位置。

2）货架陈列位置的选择。同一种商品在同一卖场，由于货架的位置不同，会引起销量的巨大变化。

货架黄金位：60～160厘米平视可见，伸手可得，出货率占50%。

次位置：160～180厘米、30～60厘米，出货率占30%。

上下端：180厘米以上、30厘米以下，出货率占15%。

始终坚守产品固定的陈列位，防止竞争对手挤占。另外，消费者在卖场的行走方向，绝大多数是单向行走，很少人会在一个卖场的一个通道里来回走动。东方人方向感绝大多数偏右，会对右手的商品更加留意，所以，同一个通道，往往是人流方向右边的货架要比左边的好。

3）货架不同的陈列位置对销量影响的分析。货架通常有几个高度：与视线平行、直视可至、伸手可及、齐膝。货架不同高度对销量的影响有以下几点：货架从伸手可取的高度换到齐膝的高度，销量下降15%；从齐膝的高度换到伸手可及的高度，销量上升20%；从伸手可及的高度上升到直视可见的高度，销量上升30%～50%；从直视可见的高度换到齐膝的高度，销量下降30%～60%；从直视可见的高度换到伸手可及的高度，销量下降15%。

4）企业对货架陈列有以下要求：

企业产品垂直陈列，同一规格包装在同一层货架上水平陈列。每种规格至少三个排面，而且排面愈大愈好——销量几乎和排面成正比。

畅销规格或企业着力推广的规格、企业利润较高的规格在中间最好的货架上，或定期更换规格陈列在最好的货架上。

在条件允许的情况下，充分利用企业的价目卡、插条、摇摇卡、吊旗、气球等生动化物品。同一货架商品的正面应统一朝向顾客，并在排列整齐的产品中抽走几袋，借此显示商品的良好售卖情况。

产品要明码标价，切记注意标价不要张冠李戴。

把生产日期早的产品摆在最前面尽快销售，避免产品滞留过期。

所有产品中文标志朝外。

将重的、大的商品摆在下面，小的、轻的商品摆在上面，以方便消费者取拿，也符合人们通常的审美习惯。

在推广新品期间，要保证新品占1/3以上的陈列空间。

摆在同类旺销产品旁边“借光”。旺销产品往往位于人流量最大的位置，消费者在其停留时间也长，受到注意、被购买的机会自然就更多。有资料表明：紧靠旺销产品陈列的商品，受到消费者关注的程度要远远高于其他产品。

借旺销产品陈列产品要注意以下两个问题：一是如果你的产品和旺销产品在品质、包装、价格等方面有明显弱势，务必要远离旺销产品，否则你将成为别人的陪衬，更暴露你的缺陷。二是务必要展示你与旺销产品的不同个性，突出你与旺销产品的不同，你的产品才能和旺销产品站在同一高度竞争。产品生动化是体现个性的最好手段。

（2）货架外陈列：

1）端架陈列：

①一定要陈列促销的商品规格，并有明显的促销信息标志，如“特价”“奖”等。

②端架上的产品应保持丰满，每个端架最多陈列两个单品，最好是一个单品。

③端架上陈列的产品必须是公司的大规格包装。

④在条件允许的情况下，充分利用企业私人用品。

2）地堆陈列：

①陈列位置选择消费者最常走的路线。

②堆箱陈列法：注意垫底的稳固性，可以使用交叉堆法，POP及产品包装正面均

应面对消费者，高度适宜，容易拿取。

割箱陈列法：在无固定、特制的堆头及陈列架情况下，将成箱产品按箱体结构和商标印刷格式合理切割，一般以正面梯形剖至下腰部位置，既可使产品充分展示，又可利用箱体进行简易陈列。

③堆箱陈列分类：

岛形落地陈列：位于客流主通道中央，可以从四个方向拿到产品，除最下面一层外全部割箱且要露出商标。

梯形落地陈列：背靠墙壁，可以从三面拿产品，除最下面一层外，全部割箱，层层缩进。

金字塔陈列：四方形，下大上小，一圈一圈多层陈列。

④补充产品时应遵循着由后向前、由上向下的原则。

⑤陈列最好为一个产品规格，且为大包装。堆头的高度应以方便消费者拿取为准。

⑥地堆上一定要有明显的促销信息或价格标志。

⑦地堆四周一定要有企业的围幔或贴上 POP。

以上所讲的是公司“商超陈列法则”。实际上，销售人员在进行商超陈列布置时要受到店方的自身规定、竞品与本品在该店的销量基础及客情等诸多因素的制约，不可能完全按照教材上讲的陈列法则去执行。

2．产品清洁度规定

（1）产品视觉清洁：

1）码放整齐划一。

2）陈列产品外包装齐整完好，破损者不准上架；包装变色或染上污点者不准上架；无出厂日期（保质期）标志或标志模糊不清者不准上架。

（2）保证产品的触觉清洁：随时除去在包装上的灰尘、污点、污垢等。

（3）产品周转期（依不同产品而定，下面举例为 18 个月保质期）：

1）距保质期余 8 个月系产品清洁度危险警示期，必须将此类产品调往畅销地区销售。

2）距保质期余 4 个月系产品清洁度高度危险期，此类产品必须撤架，以作促销品等手段在非销售渠道上消化。

3）过期产品必须在最短时间内予以回收。

3．POP 的使用

商品销路与 POP 关系密切，因为 POP 会制造出良好的店内气氛。并且近年来消费者对音乐、色彩、形状、文字、图案等，越来越表现出浓厚的兴趣。推销员如能有效地使用 POP，会使消费者享受到购物的兴趣，并且购买时的信息会对顾客的购买行为产生影响。因此，如果推销员具备 POP 方面的知识，就会在拜访零售商时，对零售商提供建议，并给予实际的帮助，这是一种很好的销售支持。

POP 又叫作购买现场广告，它可以抓住顾客意识上的弱点，利用精美的文案向顾客强调产品具有的特征和优点。POP 被人们喻为“第二推销员”。

（1）POP 对顾客、零售商、厂家都有重要的促销作用：

1）对顾客来说，POP可以告知新产品上市的消息，传达商品内容，使店内的顾客认知产品并记住品牌、特性；告知顾客商品的使用方法；消费者在对商品已有所了解的情况下，POP可以加强其购买动机，促使消费者下定决心购买；帮助消费者选择商品等。

2）对零售商来说，POP广告可以促使消费者产生购买冲动，提高零售店的销售额，制造出轻松愉快的销售气氛；代替店员说明商品特性、使用方法等。

3）对厂家而言，POP可以告知顾客新产品上市的消息，诉求新产品的性能、价格，唤起消费者的潜在购买欲；吸引消费者的注意力；使经销商产生兴趣；强调产品优点．特别是在开展赠品活动时，可以充分利用POP的媒体特性。

（2）POP的分类：

1）店头POP：置于店头的POP，如看板、吊牌、实物大样本等。

2）天花板垂吊POP，如广告旗帜、吊牌广告物等。

3）地面POP广告：从店头到店内的地面上放置的POP，有商品展示与销售机能。

4）柜台POP。

5）壁面POP：附在墙壁上的POP，如海报板、告示牌、装饰等。

6）陈列架POP：附在商品陈列架上的小型POP，如展示板等。

由POP可以看出终端经营者的态度。有的零售店做了许多的POP，店内显得朝气蓬勃；相反，有一些商店根本就看不见POP，店内显得死气沉沉。所以，终端经营者应通过展示、陈列、POP，使商店具有吸引人的魅力。

4．售点的宣传与展示

（1）店头广告宣传品的类型：

1）帮助消费者做好明智选择的海报、说明书。

2）帮助相关产品销售的纸箱上的标志牌、立牌。

3）吸引消费者对高品质、高价值等商品的注意力的说明。

4）加强产品系列印象的吊旗。

5）便利存货控制与清点工作的货架库存标志牌。

6）改善店面外观的海报、红布条、旗帜。

（2）店面广告宣传品的好处：

1）好的宣传品可以节省店里销售员许多的时间与说明。

2）让终端商和消费者更容易接受商品。

3）增加销售利润。

4）让消费者更加了解商品，进而产生购买意愿。

5）刺激冲动性购买。

（3）影响店面广告宣传品成功的5个因素：

1）陈列点的选择。

2）造型设计。

3）合适的视线高度。

4）广告宣传品的大小。

5）与产品及环境的配合。

（4）终端业务员应注意的事项：

1）设计、选择宣传品要有创意，要适合特定的商店。宣传物不仅要在店面里能够抢眼醒目，而且要强过竞争品牌。

2）一个好的宣传品，一定要用得好、用得恰到好处，争取到更多的陈列空间与增加更多的销售量。

3）注意在同类产品的陈列位置上，不要放置两种以上的宣传品，要考虑宣传品的成本和陈列效果。

4）注意店面广告宣传品的时效性。

在销售现场开展促销活动也是终端市场生动化的内容之一。我们一走进商场，就到处可以看到各个厂家在热热闹闹地开展各种各样的促销活动，如示范、咨询、现场表演、免费品尝等。该内容在本书的促销策划中已详细阐述。

8.3.4 软终端生动化——客情关系的建立

客情关系（customer emotional relationship）是产品、服务提供者与其客户之间的情感联系。从某种意义上来说，客情关系是公共关系和关系营销的一个分支，是产品、服务提供者在市场活动中，伴随客户关系建立、发展和维护所必然产生的情感联系。要处理好客情关系，必须注意做好几个方面的管理工作。

1. 建立并维护好客情关系是终端业务员的主要工作职责

（1）终端商的营业员是企业产品的“第一”顾客。

（2）营业员是顾客眼里的“专家”，一部分消费者（约25%的客户）会选择营业员的介绍。

（3）敬业精神和良好的言行规范是管理客情关系的基础。

（4）热情友好、善于沟通是通往成功的“桥梁”。

（5）努力让“八种人”对企业及产品产生好感。

（6）有时候赠送小礼品与真诚的笑容一样重要。

（7）坚持贯彻“四可标准”：可亲、可信、可交、可爱。

（8）诚恳、优良的服务是处理好彼此关系的关键。

2. 人缘是资源，良好的客情关系会让我们获得许多意想不到的便利

（1）终端商及营业员会乐意接受业务员的销售建议和积极销售企业推出的新产品、新包装。

（2）处理好客情关系，可以使终端商及营业员乐意使业务员的产品保持突出位置和维护产品的清洁。

（3）处理好客情关系，可以使终端商及营业员乐意使业务员的产品保持优秀的货架陈列和积极补货。

（4）处理好客情关系，可以使终端商及营业员乐意在销售业务员的产品上动脑筋、想办法。

（5）处理好客情关系，可以使终端商及营业员乐意业务员在店内外张贴POP，并阻止他人毁坏和别的厂家覆盖业务员的广告。

（6）处理好客情关系，可以使终端商及营业员乐意配合业务员的店面促销活动。

（7）处理好客情关系，可以使终端商及营业员乐意按时结款，甚至会为业务员垫付别人的应收款。

（8）处理好客情关系，可以使终端商及营业员乐意向业务员透露有关市场信息和介绍销售机会。

（9）处理好客情关系，可以使终端商及营业员容易谅解业务员的疏忽和过失。

（10）处理好客情关系，可以使终端商及营业员最终乐意与业务员合作。这会使业务员在他这里感到轻松、愉快。长此下去，他会信任业务员、信任企业、信任企业的产品，而业务员也为自己创造了一个身心愉快的工作环境。

3. 终端业务员必须要与“八种人”打好交道

（1）采购员——方便进货。

（2）验货员——方便验货、收货。

（3）收货员——方便收货、点货。

（4）仓管员——方便核对数量。

（5）理货员——方便产品陈列，并获得好位置。

（6）柜组长——方便促销。

（7）终端卖场主管，即店长——方便促销品的有效落实。

（8）财务人员——及时结账，方便货款回笼。

4. 依靠店员推荐产品的18个前提

（1）进行店员教育。

（2）不断提高店员对产品熟悉的程度。

（3）备足纪念品和节日礼物，以便急时之需。

（4）加强相关工作人员在沟通技巧方面的培训。

（5）增进友情、保证拜访频率（通常每天拜访3～19家客户，打30～100通电话）。

（6）采用物质奖励，保证个人利益。

（7）建立激励机制，进行销售积分。

（8）进行有奖销售，方便宣传。

（9）落实销售提成，比如食品的开瓶费、返利点等。

（10）定期召开店员联谊会，增进彼此的联系。

（11）持续地对产品进行宣传。

（12）维护品牌，爱惜产品。

（13）努力提高产品质量。

（14）努力改进产品包装，因为包装也是产品质量的一部分。

（15）不但要进行售前服务，更要完善售后服务。

（16）保证广告投放力度。

（17）即时策划和推广企业形象，不定期地举办大型公关活动。

（18）提升品牌形象；等等。

【案例8-3】

可口可乐的“生动化世界”

可口可乐公司创始于1886年，是世界上最成功的消费品公司之一。1981年进入中国，在中国市场的运营中，可口可乐凭借其一流的产品质量、先进的营销管理模式、成功的品牌管理，使其市场占有率牢牢保持着业界领先地位。

随着市场竞争的加剧，“制胜终端”已经成为谋夺市场的重要手段，而终端“生动化”恰恰是终端运作中最为核心的部分。同时，商品生动化作为一种提升销量、制胜终端的营销利器更是功不可没。尤其是诸多的跨国公司在拓展市场的过程中，对生动化理论与实践不断地丰富充实，使它更具可操作性，更具市场竞争力。

可口可乐的生动化模式，在快速消费品行业中可以说是堪称业界典范。下面，我们就针对可口可乐的生动化系统做以全面的展示，以期能够更加翔实、形象地完善商品生动化的理论与实践，从而为更多的企业提供有益的借鉴。

一、可口可乐生动化的十项基本原则

可口可乐生动化的十项基本原则，以更简洁、更通俗易懂地方式将生动化的精粹全面演绎。

(1) 同类产品集中摆放。可口可乐公司的产品分为碳酸饮料、水饮料、果汁饮料、茶饮料几大类。这就要求每一类的产品均与同类在一起陈列，不能跨类别陈列。

(2) 同一品牌垂直陈列，包装由轻到重。可口可乐与可口可乐垂直对齐陈列，雪碧同雪碧对齐。按包装容量的大小，由轻到重摆放。

(3) 同一包装平行陈列。可口可乐的包装主要由PET、CAN、RB构成，同种材质的包装平行陈列，不可混合排放。

(4) 中文商标面向消费者。有促销图案的包装，中文商标和促销图案间隔摆放面向消费者。

(5) 摆放在最明显的位置、消费者最易见到的地方。

(6) 售点中，在饮料区以外至少有一个多点陈列。即跨区陈列，以提高被购买的比率和消费者购物的方便性。

(7) 明显的价格标志。

(8) 做到产品循环，先进先出。过期产品须立即收回。

(9) 正确使用广告用品和冷饮设备，使用现调机要保持卫生。

(10) 确保最小库存量，保证存货周转。

二、在产品陈列中品牌与包装的优先顺序

由于可口可乐公司是采取多品牌（可口可乐、雪碧、芬达等）运作策略的企业，因此其生动化模式详细规定了在任何一处售点所统一的品牌/包装的陈列标准，即对于各个品牌在货架上应该摆放在什么位置，不同的包装应该排在什么样的位置都有明确的规定。（表8-5）

表8-5　可口可乐产品品牌与包装的优先顺序

品牌顺序	可口可乐	雪碧	芬达	醒目	酷儿	水森活	健怡可乐
必备包装	CAN355毫升	CAN355毫升	CAN355毫升	CAN355毫升	PET350毫升	PET380毫升	
	PET600毫升	PET600毫升	PET600毫升	PET600毫升	PET600毫升		
	PET1.25升/1.5升	PET1.25升/1.5升	PET1.25升/1.5升	PET1.25升/1.5升	PET1.5升		
	PET2升/2.25升	PET2升/2.25升	PET2升/2.25升				
应备包装	CAN多支包装	CAN多支包装			PET1.5升多支包装		CAN355毫升
	PET1.25升多支包装	PET1.25升多支包装					
	PET2升多支包装	PET1.25升多支包装					
辅助包装	现调杯	现调杯	现调杯				

三、关于生动化的实际操作

生动化最典型的应用渠道是以超市、大卖场为主体的零售终端。因为这些渠道拥有巨大的空间，而且地段优越，占据天时、地利、人和等优势，同时由于商品众多可以吸引更多的顾客，所以可口可乐的“生动化世界”也就在超市渠道向消费展现了自己的无限魅力。

在超市，可口可乐的生动化陈列主要分为以下三类：日常陈列、特殊陈列与促销陈列。其中，日常陈列又包括正常货架陈列、公司专有货架陈列、展示柜陈列；特殊陈列包括地堆陈列、端头陈列、乱堆陈列等。

【案例8-4】

娃哈哈产品陈列

一、货架摆放程度

表 8-6　娃哈哈产品货架摆放程度评分标准

序号	货架摆放程度	得分
1	满陈列	20 分
2	空无一物	0 分
3	有缺货现象	1~19 分

注：满分 20 分。

二、陈列位置

表 8-7　娃哈哈产品货架陈列位置评分标准

序号	货架的陈列层数	得分
1	黄金陈列线即第 2 层	4 分
2	第 1 层和第 3 层	3~4 分
3	第 4 层	2 分
4	最下面即第 5 层	1 分
5	货架上无娃哈哈产品	0 分

注：以 5 层货架为例，满分 5 分。

三、排面数量

表 8-8　娃哈哈产品货架排面数量评分标准

序号	货架的排面数量	得分
1	2 个排面	1 分
2	4 个排面	2 分
3	6 个排面	3 分
4	没有排面	0 分

注：满分 3 分。

四、摆放数量

表 8-9　娃哈哈产品货架摆放数量评分标准

序号	货架的摆放数量	得分
1	10~19 个	1 分
2	20~29 个	2 分
3	……	……
4	0~9 个	0 分

注：无满分。

五、相对位置

表 8－10　娃哈哈产品货架陈列相对位置评分标准

序号	与竞争对手的产品陈列位置相比	得分
1	位置好	4 分
2	位置次	3 分
3	位置差	0 分

注：满分 4 分。

六、相对面积

表 8－11　娃哈哈产品货架陈列排面评分标准

序号	与竞争对手的产品陈列排面相比	得分
1	排面最大	4 分
2	排面第二	3 分
3	排面最小	2 分

注：满分 4 分。

七、考核激励

每家商场陈列总分为 100 分。

每个月娃哈哈公司的业务员到商场抽查 3 次，并进行评分，取平均值作为最后成绩，然后根据经销商和业务员的陈列得分情况，给经销商不同的奖励办法。

（1）对经销商进行奖励，每一个商场每获得 1 分可奖励业务员人民币 1 元钱。

（2）如各商场全部考评项目评定为满分，所有业务员奖励 1 000 元人民币。

（3）经销商的负责经理也能够获得奖励，奖励金额与自己属下的业务员的获奖金额是相同的，例如业务员得到 1 000 元人民币的奖励，经销商的负责经理也可以得到 1 000元人民币的奖励。

【分析提示】

从以上两个案例可以看出，消费品生产企业非常重视终端建设，而且均有规范的管理与制度。企业可以根据产品、终端的性质，制定不同的终端生动化规范，通过终端建设、终端生动化促进产品的销售。

◆技能训练 8. 3

训练背景

了解了以上关于终端生动化的内容，知道终端生动化对提高顾客购买欲望有着重要的意义。终端生动化策划活动可以从硬终端和软终端两个角度展开。

训练要求

根据所学内容，每 3 ~5 人一组，分析郑州市各大超市和小区，为蒙牛做一份在该市场上终端生动化的策划方案。

项目总结

我要诱惑你!

——J牌啤酒终端营销生动化案例

J牌啤酒是较早地引入终端营销生动化理念的啤酒企业之一，尤其是自3月份以来，加大了终端营销生动化运作力度。

一、J牌啤酒在实施终端营销生动化过程中采取的主要措施

(1) 加大对终端店展示柜的投入。

(2) 增强对终端店POP广告的投入。

(3) 增加终端促销小姐数量。

(4) 加大终端促销品的投入。

(5) 开展大量的终端消费抽奖活动。

(6) 在一些大型终端店搞小型文艺演出。

以上措施的实行使J牌终端生动化的营销效果较为明显，在一定程度上刺激了消费者的购买欲，终端销量较去年同期明显上升。但到6月份企业在终端营销生动化运行过程中也出现了不少问题。

二、存在问题

(1) 展示柜、促销品、促销小姐工资的大量支出造成营销成本明显上升，局部市场亏损面增加，企业资金也非常紧张，不能继续对市场进行投入。

(2) POP广告在某些酒店受到抵制，因为店方认为厂家的POP广告影响了酒店的原来整体形象。

(3) 以上的举措其他竞争品牌也在搞，没有明显的差异性，同质化严重，竞争优势不明显，造成营销资源的大量浪费。

三、应对策略

进入8月份后，企业营销高层们就在一起考虑如何采取更好的措施，既能降低营销成本，又能提高生动化营销的效果呢？经过大家的思考和讨论，一位管理人员举的一个例子让大家眼睛一亮。这位营销人员一次乘火车出差，发现这列火车餐车上的每个桌子上都放有某品牌的葡萄酒两瓶，而且有精美的不锈钢架固定成别致的造型，非常吸引人的目光。尤其是旅客在等餐的时候，总有人不时地注视该产品，并有不少人还将酒拿到手中认真研究一番，也有人或三两个或独自开始消费这一产品了。由此可以看出，消费者在其他竞争品牌印象不深的情况下，第一品牌的印象会在消费者的心中留下非常深的烙印，决定消费这一品牌的可能性会大大提高。如果将这一方面引入啤酒的终端营销中一定会产生良好的效果。因为这种方式具有以下优点：a. 操作简单，容易实施；b. 资金投入非常小；c. 有一定程度是上对终端店的服务，容易被终端店所接受；d. 其他竞争品牌没有类似做法，方式新颖，生动化特色更加突出，吸引力强。

但这种方式正由于其简单易操作，非常容易被竞争对手所模仿，否则促销效果将

大打折扣。因此这一方式得到大家一致认同后，立即在高度机密的状态下进入了快速的筹备期。

(1) 策划部门负责设计制作样式新颖的瓶架。请专业人士设计了能够放两瓶啤酒而且造型别致的不锈钢瓶架，并在底座上打上品牌名字和广告语。

(2) 各销售分公司确定促销产品的品种。以新上市的菊花啤酒、苦瓜啤酒、小麦啤酒为主推产品，旨在通过此次营销活动进一步提高这些主推产品的市场影响力和市场占有率。

(3) 各销售分公司确定目标终端店。通过对区域市场终端店的综合评估，选出规模大、生意好、销量大、竞争激烈但潜力大的终端店作为目标店，并与店方负责人充分沟通，使其认同和接受这一方案，在方案的实施过程中给予必要的配合和支持。

(4) 招聘和培训理货人员。根据确定的目标店数量按照每一个店配2~3名理货人员的原则，招聘一批年龄在17~22岁之间的相貌较好的男女青年。并对这些人员进行了严格的培训，从企业文化、品牌内涵、职业道德、服务意识、操作技能等方面进行了强化培训，使其产生了较强的品牌意识和服务意识，具备了较好的操作技能，对企业产生了较强的忠诚度。10天之内这一终端生动化营销方案在各销售分公司的区域市场全面展开。具体操作方法如下：

1) 理货人员全部穿上企业专门定做的样式新颖、色彩醒目、美观大方的促销服，在上午10：00前抵达终端店，并准备好当日促销产品，确保数量与品种充足和齐全。

2) 在每天上午10：30前将产品整体地摆放到终端店的每个餐桌上，每桌放一至两份印刷精美包括企业概况、品牌文化、产品功能与特色等内容的产品宣传册。

3) 对本产品发生兴趣的消费者提供周到的服务。对消费者的提问热情回答，适可地介绍产品，进一步激发消费者的购买欲，并诱导其实现最终消费，但不能生硬地主动推销，避免引起消费者的反感情绪弄巧成拙。对有消费需求的消费者配合酒店服务员快速为消费者提供产品，帮助消费者开瓶，倒酒；对瓶架上被消费的产品及时补齐。

4) 理货员在空闲时间尽一切可能协助店方服务员工作，增强双方的合作与支持。

5) 对销量进行动态管理。中午和晚上营业结束后，理货员与店方统计本日总销量，并将销量计入理货员当日的考勤表；每周由区域市场管理员对各终端店的进货量、销量和余货数理进行核对；每月底对终端店总销量进行统计，并据此给理货员发提成工资。

6) 对一些竞争程度稍低、日销量较小的终端店，企业不派理货员，而由店方的服务人员负责理货，企业在营销政策上给予店方更多的优惠或直接按销量给服务员增加奖励，减少了企业理货人员工资支出。

四、实施效果

通过7、8、9三个月的实施和运行，上述方案取得了较大的成功。

(1) 三个月的营销成本比去年同期降低9%。

(2) 三个月的总销量比去年同期增长26%。

(3) 终端店啤酒销量明显增长，在一定程度上带动了终端店生意，得到终端店的认同、支持和欢迎。

(4) 理货员工资收入较满意（底薪加提成，人均月工资达到700元左右），工作激情高涨。

(5) 品牌知名度和美誉度大大提高，消费者指牌购买率得到明显提高，品牌忠诚度和品牌竞争力明显增强，基础较好的市场进一步得到巩固和发展，局部弱势市场得到明显增强。

(6) 营销网络物流效率提高，各网络成员销量增长、利润提高，销售的积极性、对企业的忠诚度大大提高，厂商关系得到优化和加强。

当然得到最大实惠的还是啤酒企业自身，品牌力的快速提高，增强了企业的市场竞争力，提高了企业的经济效益，为企业的战略发展奠定了良好的基础、提供了强劲的动力。

综合实训

【案例分析】

舒蕾的终端对抗活动

市场经济的一个特点就是竞争机制，在现代营销中，品牌竞争的激烈程度已近白热化。舒蕾在品牌竞争中，明令禁止在促销活动中诋毁其他商家的行为。但这并不妨碍舒蕾与竞争品牌进行对抗性促销活动，在武汉（丝宝集团总部所在地）为例，舒蕾的对抗性促销就非常有代表性。

一、对抗性促销

出现就打击。“对抗促销”要充分体现“对抗性”，要针对对手的促销活动“有时出现，有时停止”“有时短期，有时长期”等特点，及时、耐心地进行“对抗”，只要竞争对手露头，就要立即进行强力打击。

集中火力。一是反应迅速，时间上与对手一致，即“敌动我大动”，尤其在周末、节假日的“对抗促销”必须全力进行；二是集中人员，除保证足够的导购、礼仪人员外，经理、品牌负责人要亲自到场，办公室非业务人员也要尽量参加促销，并统一着装；三要集中丰富、新颖的赠品，保证“火力强大”。

多场出击。要选择当地洗发水销售前3~5位的卖场同时进行对抗性促销。

宣传突出。一是酬宾信息内容要清楚明了，要有“由头”性标题（如夏日送开心，舒蕾豪华赠），同时要多点摆放，醒目突出；二是要有活动背景（如屏风）展示形象，烘托气氛，立牌广告、POP等都应配套齐全。

把守关口。在卖场的大门、入口、通道等人流处，多设卖点和宣传点，堵死对手的现场促销点。有条件的要进行大型搭台促销活动。

游动拦截。在促销展台外安排若干促销人员，在卖场范围内派发宣传单、流动宣讲，以吸引消费者到促销台前详细了解活动内容，做到“游”“守 ”结合，多重拦截。

提示赠送。在大门或卖场入口处安排一名人员用一句话（如舒蕾今天有特别酬宾活动，礼品特别丰富，请您关注!）提示顾客注意活动内容。另外，卖点要醒目地展示赠品，最好按买送搭配放置，清楚醒目，充分吸引顾客。

细诉功能。在购买成交处，一定要详细规范、有针对性地将舒蕾的独特功能和优良品质向消费者进行解说，告诉消费者打折或赠送礼品并非是因为产品积压或快要过期。

商家支持。要和商场搞好客户关系，讲明让利幅度、促销的力度和效果，争取商场对活动的最大支持。

坚持到底。“对抗性”促销是短兵相接，期间竞争对手可能会采取一些新的对策来进行抵抗，舒蕾的原则是：对手不促销，自己常促销，对手小促销，自己大促销。

二、卖场不允许促销的解决办法

毕竟商场不是自己的地方，但是舒蕾的销售确是在全国开展的，在营销实战中，一些区域经理遇到的最实际问题就是：卖场不让搞促销怎么办？通过多年的体会，舒蕾总结了一套实战经验。

(1) 不允许在卖场内设置促销人员怎么办？这类情况非常多，特别是在一些中型卖场，由于卖场面积有限，各种品牌繁多，促销人员日益增加，相互之间诋毁产品，造成卖场混乱局面，因此该类卖场尽量要求减少甚至不允许企业安排促销人员。

解决办法：a. 产品赠品捆绑式销售，扩大产品排面；b. 在卖场外摆台促销；c. 与洗化区主管充分沟通，解决人员促销问题；d. 选择交际能力强的促销人员对卖场主管进行“攻心战”。

(2) 不允许在卖场内设置发放赠品怎么办？目前大型连锁超市日益增多，其管理甚严，因此顾客在购买产品时可能不知道企业有何优惠政策或是促销人员在促销时无法将赠品向顾客展示，因而失去了众多的顾客，使销售额下降。

解决办法：a. 在超市门口设赠品发放处，顾客凭购物小票领取赠品；b. 长期在超市内设大型堆码、端头，分品种、规格轮流做特价销售；c. 通过超市广播，大屏幕显示器等超市自身宣传工具播放公司的促销政策；d. 尽量节假日或周六、周日在卖场外做声势浩大的大型促销活动。

(3) 不允许在卖场内做任何形式的促销活动怎么办？有些商场（超市）由于内部管理严格，卖场内寸土寸金，无促销位置，而卖场外由于市容管理，更无做促销的地方，因而任何形式的促销都无法开展。

解决办法：a. 积极参与商场（超市）组织的与消费者沟通的各种活动（作为协办单位或提供赠品作为奖品）；b. 采取悬吊式或放置在堆码上方的电视机，VCD机循环播放广告吸引顾客；c. 尽量做特价堆码销售；d. 加强卖场导购人员的业务素质及敬业精神，充分发挥导购人员的专业水平，提高销售；e. 分析该卖场附近消费者居住的分布情况，在周边社区开展各种活动，如美容美发知识讲座、社区促销等。

案例讨论：搜集宝洁公司洗发水终端策划的资料，讨论其和舒蕾终端活动各有什么特点。

【实训操作】

1. 实训目的

通过本次实训，帮助学生掌握终端策划中的铺货策划、终端拦截策划和终端生动

化策划内容，提高其实战技能。

2. 实训组织和要求

将班级学生划分为若干项目小组，小组规模一般是3~5人，选择一个新产品，集体调查、讨论、分析，为其在郑州的市场写一份完整的终端策划方案，并制成PPT与全班同学分享。

3. 实训内容

主要是终端拦截和终端生动化工具的运用。

项目9　网络推广策划

项目目标

【知识目标】

●网络推广的常用方法。

●各种网络推广的概念内涵。

【技能目标】

●运用各种网络推广手段的能力。

●编写网络推广策划方案的能力。

【实训目标】

●通过实训，使学生掌握网络推广的常用方法。

●通过案例学习和分析，完成一份网络推广策划案。

项目导入

随着科学技术的发展、网民数量的激增，网络在人们的日常生活中扮演着越来越重要的角色；同时，网络营销推广也凭借其诸多优点正在逐渐成为最重要、最有效的营销推广方式。

据知名网络策划人统计，在国外，80% 的个人和企业都选择网络媒介进行营销推广，并从中获得了极好的效果。而在中国，虽然选择“网络营销”的人只有7% ~8%，不到国外的1/10，但仅仅在这选择了网络营销的“十分之一”中，都有许多公司、个人因为网络营销的强大力量，得以在与对手的竞争中崭露头角、赢得商机。

随着网络影响的进一步扩大，随着人们对于网络营销理解的进一步加深，以及越来越多出现的网络营销推广的成功案例，人们已经开始意识到网络营销的诸多优点并越来越多的通过网络进行营销推广。

项目实施

网络推广就是通过一定的方式或方法对商品、服务甚至人员进行一定的宣传和推广，而其中的媒介就是网络。被推广对象可以是企业、产品、政府及个人等。广义上讲，企业从开始申请域名、租用空间、网站备案、建立网站直到网站正式上线开始，就算是介入了网络推广活动，而通常我们所指的网络推广是指通过互联网的种种手段进行的宣传推广等活动，确切地说这也是互联网营销的一部分。网络推广常用的方法有搜索引擎、电子邮件、网络社区、博客、网络广告等。本项目将就主要的网络推广手段进行介绍，通过本项目的学习，将有助于为你的网络推广提供解决方案。

任务 9.1　搜索引擎营销推广策划

9.1.1　搜索引擎营销概述

搜索引擎（search engine）是指根据一定的策略，运用特定的计算机程序搜集互联网上的信息，对信息进行组织和处理，并将处理后的信息显示给用户，为用户提供检索服务的系统。

搜索引擎营销（search engine marketing，简称 SEM）是根据用户使用搜索引擎的方式，利用用户检索信息的机会尽可能将营销信息传递给目标用户。即搜索引擎营销就是基于搜索引擎平台的网络营销，它利用人们对搜索引擎的依赖和使用习惯，在人们检索信息的时候尽可能将营销信息传递给目标客户。

搜索引擎营销分为两种形式：SEO 与 PPC。

（1）SEO（search engine optimization），即搜索引擎优化，是指通过对网站结构（内部链接结构、网站物理结构、网站逻辑结构）中高质量的网站主题内容、丰富而有价值的相关性外部链接进行优化，使网站对用户及搜索引擎更加友好，以获得在搜索引擎上的优势排名，为网站引入流量。

（2）PPC（pay per click），即点击付费广告，是指购买搜索结果页上的广告位来实现营销目的。各大搜索引擎都推出了自己的广告体系，这些广告体系只是形式不同而已。搜索引擎广告的优势具有相关性，由于广告只出现在相关搜索结果或相关主题网页中，所以搜索引擎广告比传统广告更加有效，客户转化率更高。

随着信息时代的来临，人们对信息的需求日益强烈，而搜索引擎是人们获取信息的最有效、最直接的途径，所以搜索引擎营销的应用也越来越广泛，是最常用的网络推广方法之一，很多客户和企业都是通过这种形式互相认识的。

9.1.2　搜索引擎营销推广策划的步骤

一般来说，完整的搜索引擎营销推广策划过程包括下列 5 个步骤。

（1）构造适合搜索引擎的信息源。企业网站中的各种信息（信息源）被搜索引擎收录是搜索引擎推广的起点和基础，这是网站建设之所以成为网络推广基础的原因。由于用户通过检索之后还要到信息源获取更多的信息，所以这个信息源的构建不能只是站在搜索引擎友好的角度，还应该包括用户友好。网站优化不仅仅是搜索引擎优化，还包含对用户、对搜索引擎、对网站管理维护的优化。此外，企业还应充分了解目标用户的搜索习惯和消费习惯，以使信息源更具针对性。

（2）创造网站/网页被搜索引擎收录的机会。网站建设完成并发布到互联网上并不意味着自然可以达到搜索引擎推广的目的。无论网站设计多么精美，如果不能被搜索引擎收录，用户都无法通过搜索引擎发现这些网站中的信息，当然就不能实现网络推

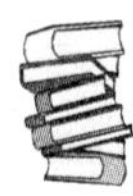

广信息传递的目的。因此，让网页尽可能多的被搜索引擎收录是网络推广的基本任务之一。企业应注重广告设计，加强广告页面的设计效果，撰写有吸引力的广告文案，突出产品或服务的竞争优势，吸引用户的眼球。

（3）安排网站信息出现在搜索结果中的位置。网站/网页仅仅被搜索引擎收录还不够，还需要使企业信息出现在搜索结果中靠前的位置，这也是搜索引擎优化期望的结果。因为搜索引擎收录的信息通常都很多，当用户输入某个关键词进行检索时会反馈大量的结果，如果企业信息出现的位置靠后，被用户发现的机会就大为降低，搜索引擎推广的效果也就无法保证。因此，企业应当充分利用搜索引擎提供的搜索引擎竞价排名服务，保证企业在搜索结果中处于一个相对有利的位置。

（4）以搜索结果中有限的信息获得用户关注。通过对搜索引擎检索结果的观察可以发现，并非所有的检索结果都含有用户所需要的丰富的信息，而是只有部分信息是用户真正需要的信息。用户通常不能点击并浏览检索结果中的所有信息，而是通过简单地判断来筛选最相近的，然后点击链接获取更完整的信息。所以企业需要针对每个搜索引擎搜集信息的方式进行有针对性的研究，精心设计搜索所用关键词，在搜索结果页面展示最可能引起用户关注的关键信息。

（5）为用户获取信息提供方便。企业除了为用户提供所需信息外，还应为其获取信息提供方便。用户通过点击搜索结果进入网站或网页，这是搜索引擎推广产生效果的基本表现形式，用户的进一步选择决定了搜索引擎推广是否可以最终获得收益。如果网站或网页的信息得到了用户的认可，则可能使用户成为注册会员，从而为企业带来更多的忠实客户、潜在客户，企业因此获得实际收益。

◆技能训练9.1

训练背景

你有自己的网店，有自己的宝贝要销售，如何通过引擎推广提高点击率？或者设定一家公司，想提高百度的搜索效果，你能做到吗？

训练要求

每位学生应该运用所学知识，独立完成关键字搜索或弄清百度的竞价排名。假设百度公司请你去推广百度搜索引擎，你如何说服客户？

任务9.2　电子邮件营销推广策划

9.2.1　电子邮件营销概述

电子邮件营销是以订阅的方式将行业及产品信息通过电子邮件提供给所需要的用户，以此建立与用户之间的信任与信赖关系。

电子邮件是互联网基础应用服务之一，用户的覆盖面非常广泛。现在大多数公司及网站都已经采用电子邮件营销方式。开展电子邮件营销之前需要得到用户的许可，并且解决三个基本问题：向哪些用户发送电子邮件，发送什么内容的电子邮件，以及如何发送这些电子邮件。电子邮件营销具有用户群巨大、成本低廉、精准直效、个性化定制、信息丰富、具备追踪分析能力等特点。

9.2.2 电子邮件营销策划的方法

电子邮件营销虽然是一种很有效的营销方法，但使用不当的话不仅不能够发挥电子邮件营销的应有效果，反而会被客户误认成垃圾邮件，产生不必要的麻烦。下面列出几条正确的电子邮件营销方法。

（1）整理已有客户资料。企业可以针对已有客户信息，分类整理客户的邮箱资料，按照客户的具体消费习惯，制定个性化的信息，定期与客户沟通联系。

（2）充分把握机会，搜集客户信息。每个电子邮件地址都潜藏着商机，企业营销人员应该把握各种可以取得电子邮件地址的机会。例如，有些零售商会以打折优惠作为交换客户电子邮件地址的条件，然后将这些客户设置为潜在客户群，发送特定信息，保持沟通和联系。

（3）正确使用许可邮件列表，定期与客户联系。与客户联系时可以采用定期寄信的方式，即定期寄信给客户保持联络，在邮件中可以借机促销，如最新活动通知、新货信息等，及时告知客户这些最新的消息，拓宽广告宣传面。

（4）让客户做主。企业在与客户沟通时，应由客户来确定收信的频率与信件的类型，充分体现客户的地位。

（5）节日问候和祝贺性邮件要适时发送。企业在收集客户的电子邮件地址时往往也会了解许多关于客户的个人信息，如出生日期、婚姻状况、工作情况等。为了拉近与客户的距离，企业可以给客户适时地发送节日问候和祝贺性邮件，也可巧妙地附带隐含的促销信息，但这种邮件一定要慎重使用，以免触犯客户隐私，产生适得其反的效果。

（6）奖励优秀、忠诚的客户。企业应适当地奖励优秀、忠诚的客户，如赠送礼品、提供打折优惠、进行抽奖活动等，以维护与这些客户的关系，提高客户忠诚度。

9.2.3 电子邮件营销策划的原则

电子邮件营销策划除了要有正确的方法，还要遵循一定的原则。

（1）及时回复客户来信。企业营销人员在收到客户邮件的时候应养成及时回复的良好习惯，即使是“谢谢，来信已经收到”等简单回复也会起到良好的沟通效果。通常企业在收到客户邮件后应在一个工作日内进行回复，如果问题比较复杂，需要一段时间才能准确答复，也需要先简单回复一下，说明情况。为了避免回复客户来信出现遗漏，企业可以将邮箱设置为自动回复。

（2）提高投放精准度，避免无目标投递。企业应尽量提高投放精准度，避免采用盲目群发的形式向大量陌生的邮箱地址投递广告或相关信息，这样不但收效甚微，而且会变成恶意投递或投递垃圾邮件，损害企业形象。

（3）尊重客户意愿。企业在投放营销信息时应充分尊重客户意愿，不要短时间内向同一个邮箱地址发送多封内容相同的邮件，特别是当对方直接或间接地拒绝接受这

类邮件时，就决不能再向对方发送这类邮件。

（4）邮件内容要言简意赅。企业的邮件内容应言简意赅，意图明确，充分吸引客户兴趣，长篇累牍只会让客户失去耐心，从而放弃阅读邮件。另外，还应注意邮件的语言艺术，务必做到语句通顺，没有错别字。

（5）附上联系方式。邮件中务必附上企业的联系方式，以免客户联系不上相关工作人员。

（6）尽量不采用附件形式。基于附件容易携带计算机病毒的考虑，如果邮件内容能在正文里面显示，就不采用附件形式。

（7）尊重隐私权。在征得客户首肯之前，企业不得转发或出售客户名单或相关个人信息。

（8）企业内部充分协调，避免信息“撞车”。在促销活动中，企业内部的宣传渠道（包括媒体、电子邮件、电话等）务必要事先协调，以免同一个客户收到相同的促销信息。

（9）勇于承担错误。如果企业的确未能立即回复客户的询问或寄错了邮件，要主动坦承错误并致歉，不能以没有收到客户邮件为借口拒绝承认错误，这样不但无法吸引客户上门，反而会把客户拒之门外。

◆技能训练9.2

训练背景

如果你有自己的网店，且拥有一批客户，你学过该推广手段后，可以有意识地为自己策划一次邮件推广。

训练要求

每位学生应该运用所学知识，独立完成一次邮件推广，教师将通过检查邮件内容、发送数量、回复情况等检验推广效果。

任务9.3　网络社区营销推广策划

9.3.1　网络社区营销分类

1. 即时通信营销

顾名思义，即时通信营销（又称IM营销）即利用互联网即时聊天工具（如QQ、MSN、阿里旺旺等）进行推广宣传的营销方式。即时通信营销可以使企业方便地与客户进行沟通，维护客户关系，并且迅速带来流量，但是使用过程中也需要处理得当，多为客户提供有价值的信息，否则很容易让客户产生厌烦感，影响自身品牌形象。

即时通信营销常用的主要有两种方式：第一种方式是网络在线交流，中小企业建立网店或者企业网站时一般会有即时通信在线，潜在的客户如果对产品或者服务感兴趣，会主动和在线的商家联系；第二种方式是广告，中小企业可以通过即时通信工具，发布一些产品信息、促销信息，或者可以通过图片发布一些网友喜闻乐见的表情，同时加上企业宣传的标志。

2. 病毒式营销

病毒式营销是一种常用的网络营销方法，它是利用用户口碑相传的原理，通过用户之间自发传播信息来实现营销目的。病毒式营销虽名为“病毒”，但所指的是这种方式可以使信息像病毒一样迅速蔓延，并非是指利用病毒或流氓插件来进行推广宣传，而是通过一套合理有效的制度引导并刺激用户主动进行宣传，是建立在有益于用户基础之上的营销模式。病毒式营销的前提是拥有具备一定规模、具有同样爱好和交流平台的用户群体。病毒式营销实际是一种信息传递战略，是一种概念，没有固定模式。

3. BBS 营销

BBS 营销指的是依托 BBS（bulletin board system，电子公告板）进行营销推广的方法。BBS 最早是用来公布股市价格相关信息的，主要用于信息的传播，而没有交流功能。随着 BBS 的普及，它的功能越来越多，应用越来越广。高人气的 BBS 有着众多的注册用户，为网络营销提供了平台和渠道。

4. 事件营销

事件营销是指通过策划、组织和利用具有名人效应、新闻价值及社会影响的人物或事件，引起媒体、社会团体和消费者的兴趣与关注，以提高企业或产品的知名度和美誉度，树立良好的品牌形象，并最终促成产品或服务销售的营销方式。简而言之，事件营销可以说是一种炒作方式，是利用有价值的新闻点或突发事件在平台内或平台外进行炒作的方式来提高影响力。

5. 网络口碑营销

网络口碑营销（internet word of mouth marketing，IWOMM）是口碑营销与网络营销的有机结合。它应用互联网的信息传播技术与平台，通过消费者以文字等表达方式为载体的口碑信息（其中包括企业与消费者之间的互动信息），为企业营销开辟新的通道，获取新的效益。

网络口碑营销并非 Web2.0 时代才有的，但在 Web2.0 时代表现得更为活跃，更为重要。口碑网、360 口碑网在网络口碑营销方面做得都很出色。

6. 新闻组和论坛上发布网站信息

互联网上有大量的新闻组和论坛，人们经常就某个特定的话题在上面展开讨论和发布消息，其中包括商业信息。专门的商业新闻组和论坛数量也很多，几乎任何人都能在上面随意发布消息，所以其信息质量比起搜索引擎来要逊色一些。而且在将信息提交到这些网站时，一般都要被要求提供电子邮件地址，这往往会给垃圾邮件以可乘之机。当然，在确定能够有效控制垃圾邮件的前提下，企业也可以利用新闻组和论坛来扩大宣传。

7. RSS 营销

RSS（really simple syndication，简易信息聚合）营销是在线共享内容的一种简易方式。RSS 搭建了信息迅速传播的一个技术平台，使得每个人都成为潜在的信息提供者。发布一个 RSS 文件后，这个 RSS 文件中包含的信息就能直接被其他站点使用，而且由于这些数据都是标准的 XML 格式，所以也能在其他的终端和服务中使用。

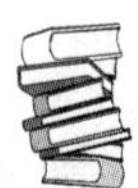

RSS营销是指利用RSS这一互联网工具传递营销信息的网络营销模式。目前RSS营销还是一种相对不成熟的营销方式，即使在美国这样的发达国家仍然有大量用户对此一无所知。使用RSS的主要是互联网业内人士，以订阅日志及资讯为主，而让用户来订阅广告信息的可能性就更微乎其微。

8．SNS营销

社会化网络服务（social network service，SNS），是指旨在帮助人们建立社会性网络的互联网应用服务。SNS营销是随着网络社区化而兴起的营销方式，是利用SNS网站的分享和共享功能，在六维理论的基础上实现的一种营销。它是在圈子、人脉、六度空间这样的概念基础上产生的，即以主题明确的圈子、俱乐部等进行自我扩充的营销策略，一般以成员推荐机制为主要形式，为精准营销提供了可能。

9.3.2　网络社区营销策划的主要模式

1．品牌话题炒作的策划模式

品牌话题炒作是指企业或营销人员结合网络舆论热点营造与品牌或产品相关的话题，在网络社区中发布，借助网民对话题的讨论传播产品和品牌信息。品牌话题炒作可以达到吸引网民关注、扩大品牌知名度的营销效果。

2008年汶川地震期间，王老吉话题营销事件就是典型的品牌话题炒作营销策划模式。通过这个事件，王老吉达到了宣传品牌、推广产品的目的。

2．在线品牌活动的营销策划模式

在线品牌活动是指企业借助社交网站的人气和社群关系开展的与品牌相关的营销活动。在线品牌活动主要依靠活动本身的趣味性吸引网民的关注与参与，品牌信息被植入在线活动传递给网民，以达到网络宣传效果。采用在线品牌活动营销模式进行营销比较成功的是相宜本草化妆品有限公司。

3．品牌网络社区的营销策划模式

品牌网络社区是企业出于营销目的建立的以品牌为主题的专属网络社区。在品牌网络社区里，企业代表与网民直接交流，分享产品及相关行业的信息，解答顾客疑虑和使用产品时出现的问题，以期传播品牌信息，维护与客户的关系。

随着互联网的快速发展，大多数大型企业集团都建立了自己的企业网站，并具有企业网站社区的功能，最典型的有Google社区、百度知道等。

【案例9－1】

德国奥博豪森水族馆的事件营销

一只水族馆的章鱼，因成功预测世界杯8场比赛结果，成了《时代周刊》的封面人物，并出现在了南非世界杯的官网首页，迅速蹿红世界。它就是“章鱼哥”保罗。

2010年南非世界杯已经落幕。或许多年之后，人们已经忘却了那些赛场上的拼杀和胜败，但一只名叫保罗的章鱼仍然留在人们的记忆里，它因为成功预测了南非世界杯8场比赛的结果成为令人称奇的“神算子”。随着西班牙1:0战胜荷兰，章鱼哥保罗彻底成就了一段神话——本次南非世界杯，它8次预测，8次应验，命中率高达100%！

这次德国奥博豪森水族馆玩大了，一个原本知名度甚小的水族馆现已赚得30亿欧元的广告费，每日客流量近百人地增加，每天获得1 500欧元的收益，千万家媒体守候在水族馆门前蠢蠢欲动。奥博豪森水族馆在世界杯期间已享誉全球，成为前往德国游客必去的热门景点之一。“章鱼哥”这棵摇钱树，同样身价急速上蹿至3万欧元，直翻3万倍。世界杯结束了，“章鱼热”并没有熄火。章鱼哥睡衣、章鱼哥手袋、章鱼哥靠垫等五花八门的东西开始走进我们的生活。更有媒体人鞠健夫在微博上爆料：“周立波团队欲请章鱼哥到中国上海海洋水族馆做巡回展演。”

【分析提示】

“章鱼案例”的成功三要素：第一，借力发力。章鱼保罗的这次事件营销恰逢四年一度的世界杯，在如此重要的平台上哪怕发出一点声音也会被迅速放大。第二，借助网络传播。我们注意到章鱼保罗预言的传播首先来源于网络，尤其是社交网站。在facebook、开心网、人人网甚至微博上，网友球迷关于保罗的讨论投票交织在一起产生了巨大的影响力。后期包括中央电视台在内的主流媒体加入，更将这场讨论推向高潮。第三，挑动猎奇。回归到章鱼保罗预言事件的本体，从中不难看出该事件营销案例成功的根源来自于人类与生俱来的好奇心。

◆技能训练 9.3

训练背景

社会热点事件，每个时期都有，可以是奥运会、世界杯，或者是其他，借助热点事件进行营销推广已成为常用的营销手段之一。

训练要求

以小组为单位进行讨论，针对当期热点问题结合一家公司进行策划。要求能抓住热点、有较好创意并能利用网络进行传播。

任务 9.4　博客营销推广策划

9.4.1　博客营销概述

博客最早是由美国的约恩·巴杰（Jorn Barger）于1997年12月提出的。博客（blog）又译为网络日志、部落格或部落阁等，通常由个人管理，不定期张贴新的文章。博客具有共享性、自主性、知识性等基本特征。

在网络上发表博客的构想始于1998年，2000年开始流行，2002年传入中国。但是，直到2004年的“木子美事件”，中国民众才真正开始了解博客，并开始运用博客。2005年，国内各门户网站也加入博客阵营，博客开始进入“春秋战国时代”。

博客营销是通过博客网站或博客论坛接触博客作者和浏览者，利用博客作者个人的知识、兴趣和生活体验等传播商品信息的营销活动。企业博客用于企业与用户之间的互动交流以及体现企业文化，一般以行业评论、工作感想、心情随笔和专业技术等作为企业博客的内容，使用户更加信赖企业，并深化企业的品牌影响力。博客营销具

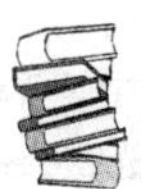

有低成本、分众、贴近大众、新鲜等特点，往往会形成众人的谈论话题，达到很好的二次传播效果。

9.4.2 博客营销策划的步骤

1. 确定目标

与其他营销方式一样，企业在开展博客营销之前要有明确的目标。一般来说，企业博客营销的目标主要有三类：第一类是提高企业关键词在搜索引擎等营销渠道的可见性，提升其自然排名；第二类是树立企业品牌，提高企业知名度；第三类是通过企业的高知名度，吸引目标客户，促进企业产品销售。这三个目标之间是层层深入、层层上升的关系，无论企业最初的目的是什么，最终的目的都是提高品牌知名度，增大产品的销售量。

2. 选择平台

对于中小企业来讲，有三种博客平台可供选择。

（1）独立平台。独立平台一经搜索引擎认可，在搜索引擎上的优势就会非常明显。这种方式所展示的信息更为专一和专业，但这种方式需要独立运营，成本很高，从操作难度和成本的角度来讲都不适合中小企业。

（2）博客服务提供商（blog service provider，BSP）平台。BSP 平台是目前网络上流行的博客提供平台，采用 BSP 平台可以直接利用其现有的搜索引擎权重优势，在平台内获得认可后可能获得成员的极大关注。BSP 平台成本低，构建时间短，适合小企业。常见的 BSP 平台有新浪博客、阿里巴巴博客、搜狐博客、凤凰博客、天涯博客、焦点博客、网易博客、和讯博客、博客网和腾讯博客等。

（3）在企业网站开辟博客板块。在企业网站开辟博客板块，可以与网站本身形成网络营销以及内容上的互补，整体性较好。但是同样存在开发运营成本高的问题。

从各方面综合考虑，一般中小企业多选择 BSP 平台作为企业网络营销的平台。

3. 确定内容

企业在确定博客营销的内容时应注意，首先确定以宣传企业品牌为主还是以宣传企业领导人个人品牌为主。如果以宣传企业品牌为主，就要突出企业的品牌形象；如果是以宣传企业领导人个人品牌为主，就要重点突出企业领导人的个人魅力。

其次，博客的内容是进行博客营销的基础，没有好的内容就不可能有高效的博客营销效果。单纯的宣传企业、介绍企业产品的内容肯定不是好的内容，只有对顾客真正有价值的、真实可靠的内容才是好的内容。因此，博客的内容一定要跳出本企业，站在行业甚至整个市场的高度，关注本行业热点问题，发布本行业最新的热点新闻。

网络营销的内容不求多，但一定要注意质量，能原创的要尽量原创，可以经常发布一些本企业的市场活动、新产品信息。有条件的企业，可以招聘专门的记者采集新闻信息；没有条件的企业，可以改编网络上的热点行业新闻。

4. 制订长期维护计划

企业使用博客营销时不能期望其能达到点石成金、立竿见影的“速成效果”，任何一个成功的办法都需要时间和精力去长期经营，企业应注重长期效果，博客营销作为

一种低成本推广方式更是如此。

博客营销能否成功关键在于坚持，只有持续不断的努力才会有回报。因此，企业一定要制订维护计划，安排专门的人来负责博客内容的更新。企业可以发动员工，要求每个员工每周在企业博客上发几篇文章，当然，也可以将企业博客外包给专业人士来维护。但是一定要保持博客内容每天更新，同时每篇博客文章后面都要带上企业的宣传信息（关键词）或精彩文章推荐。

5. 保持与客户的沟通和互动

企业博客经过一段时间的维护更新后，慢慢地会有客户来访问，这些访客可能会留言给企业。如何利用博客营销这一独特的双向传播性特点做文章是博客营销效果转换的关键。因此，必须及时关注和回复访客的留言，尤其是一些咨询产品价格的重要信息。另外，要采取一定的激励措施（如赠送礼品或优惠券等），刺激访问者留言，增加平台的互动性。

6. 效果评估

与其他营销策略一样，企业对博客营销的效果有必要进行跟踪评价，并根据发现的问题不断完善博客营销策略，让博客营销在企业营销战略体系中发挥应有的作用。

9.4.3 博客营销需要注意的几个细节

（1）博客开通时间。时间越久，访问者对博客的信任感越强，品牌可信度越高，也就越容易达成购买意向。

（2）博客总浏览量。较高的访问量会使访问者增强购买信心，较少的访问量难免让人产生怀疑、犹豫情绪。

（3）博客日浏览量。保持较高的累计总访问量的同时，还要有一定的日访问量，这是坚持维护更新的结果。

（4）访问者的评论。以往访问者对博客的评价是博客营销对象对博客和企业进行评判的一个重要标杆，如果博客评论后面全部是一些负面信息，就会对客户产生不良影响。

（5）博客内容。什么样的内容就会带来什么样的关注。企业要审视为博客带来人气的是哪些内容，这些访问者是冲什么来的，最重要的是，这些访问者是否是本企业的潜在合作伙伴或者顾客。

另外要注意的是，企业博客作为企业网络品牌的展示窗口，不能用低俗内容作为提高访问量的手段，那样只会弄巧成拙，给企业品牌带来负面效果。

【案例9-2】

麦当劳如何在央视“3·15”晚会曝光后快速利用微博公关

社会化媒体时代一方面让危机蔓延的范围无边界，其传播速度更加快速，但另一方面也给了品牌在最短时间回应和弱化危机影响的机会，这就看你如何去应用。

一、事件背景

2012年3月15日中央电视台（以下简称央视）“3·15”晚会上，曝光了麦当劳

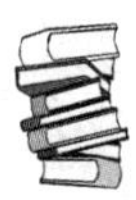

北京三里屯店经营过程中食品过期问题。同时也曝光有其他企业，比如与麦当劳齐名的家乐福。央视“3·15”晚会开播后三个小时，被曝光的品牌中，麦当劳第一个站出来回应，然后是家乐福。这两个品牌的官方微博声明被微博和互联网媒体广泛转发，至少从回应速度和态度上，已经获得媒体的响应。这也给他们最大范围免费扩散反映和弱化负面影响的机会。至少，第二天各大传统媒体不会是一边倒的负面曝光声音，还会给他们的回应一个空间，这就是社交媒体时代的危机管理。

二、麦当劳利用微博快速回应，效果显著

以麦当劳为例，麦当劳在问题（定义为问题，而非危机，因为并非致命伤，同时远没到危机程度）被曝光后，于一小时快速在新浪微博的官方微博上做出了第一个回应（图9-1）。

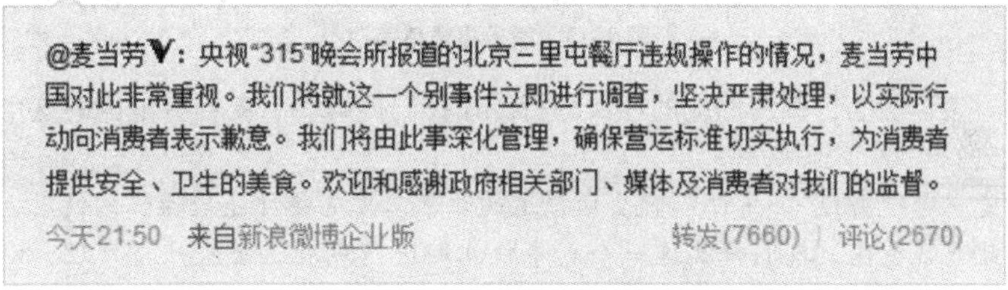

@麦当劳V：央视“315”晚会所报道的北京三里屯餐厅违规操作的情况，麦当劳中国对此非常重视。我们将就这一个别事件立即进行调查，坚决严肃处理，以实际行动向消费者表示歉意。我们将由此事深化管理，确保营运标准切实执行，为消费者提供安全、卫生的美食。欢迎和感谢政府相关部门、媒体及消费者对我们的监督。

今天21:50　来自新浪微博企业版　　转发(7660) | 评论(2670)

图9-1　麦当劳微博声明

截至当晚23时20分，在@新浪财经等众多媒体的带动下，@麦当劳官方微博这条信息获得了8 400多次的转发量，直接一次转发覆盖的人数超过1 000万（图9-2），获得了在社交媒体时代的最大程度的信息传递速度和效率。也就是说，向1 000万人传递了麦当劳对于问题的回应姿态。

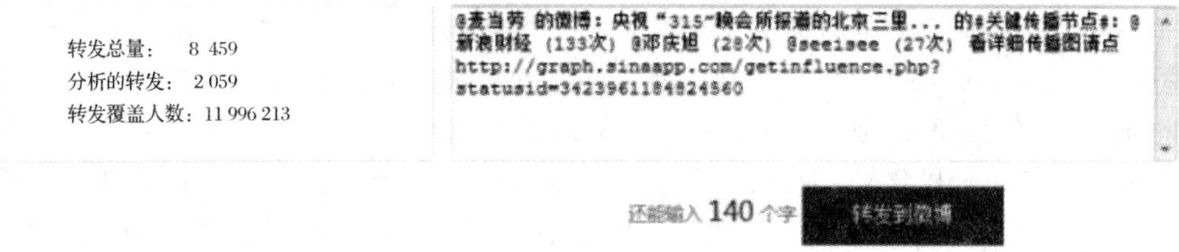

转发总量：　8 459
分析的转发：　2 059
转发覆盖人数：11 996 213

@麦当劳 的微博：央视“315”晚会所报道的北京三里... 的#关键传播节点#：@新浪财经（133次）@邓庆旭（28次）@seeisee（27次）看详细传播图请点 http://graph.sinaapp.com/getinfluence.php?statusid=3423961184824560

还能输入140个字　转发到微博

图9-2　麦当劳微博声明爆发分析

【分析提示】

我们可以看到麦当劳这次危机处理的具有如下特点。

（1）与其他企业官方微博需要层层申报、然后叠加到微博操作员再进行发布不同。

麦当劳的官方微博回应可谓快，甚至抢占了最快这一关键姿态。这个冠之以“最快的”回应，给麦当劳这次的危机处理带来了最大面积的效应。更大的效应在于第二天的传统媒体曝光，几乎所有的报道都会带上这个积极地反映，以及回应全文。让麦当劳的官方微博，以及麦当劳的态度同步传递。

（2）麦当劳官方微博回应分析。麦当劳这140字的官方微博回应，可谓微博时代最经典的微博回应之一。说其经典，是因为其措辞的精心准备，以及背后传递的多层意思，精准，老练，沉着，富有公关技巧。不出意外，这将成为各大公司官方微博回应问题和公关的标准体，可称之为“麦当劳公关体”。以后估计其他的官微都会学习麦当劳，出现危机和问题的时候把这个公关体套用并发布。我们看@家乐福中国发布的微博回应（图9－3），基本就遵循了“麦当劳公关体”的写作手法。

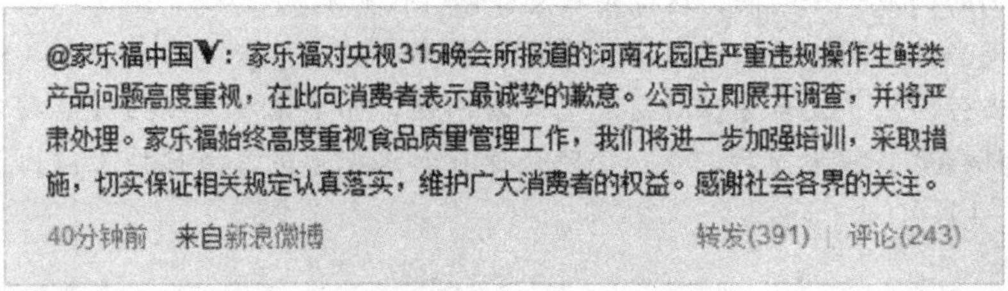

@家乐福中国V：家乐福对央视315晚会所报道的河南花园店严重违规操作生鲜类产品问题高度重视，在此向消费者表示最诚挚的歉意。公司立即展开调查，并将严肃处理。家乐福始终高度重视食品质量管理工作，我们将进一步加强培训，采取措施，切实保证相关规定认真落实，维护广大消费者的权益。感谢社会各界的关注。

40分钟前　来自新浪微博　　转发(391) | 评论(243)

图9－3　家乐福微博声明

（3）麦当劳官方微博回应的经典分析。让我们拆解一下麦当劳中国的这个微博体如何经典。

@麦当劳：央视“3·15”晚会所报道的北京三里屯餐厅违规操作的情况，麦当劳中国对此非常重视。我们将就这一个别事件立即进行调查，坚决严肃处理，以实际行动向消费者表示歉意。我们将由此事深化管理，确保营运标准切实执行，为消费者提供安全、卫生的美食。欢迎和感谢政府相关部门、媒体及消费者对我们的监督。

先不分析句式，看看这个微博，总共四句话，分别代表了四层意思：界定问题—表明态度—改善行动—明确传递对象。

让我们逐一分析下这四句话的公关辞令以及背后的策略意图，便知为何称之为经典了。

1）界定问题。尽管央视想说的是麦当劳全国都是这个问题，想对麦当劳品牌发出整体的曝光和谴责，但可惜央视这次只是在三里屯店派出卧底偷拍录音，而不是兵分多路。这就给了麦当劳一个非常好的界定问题的机会。所以麦当劳开篇就把三里屯店推上前台，将问题的范围，界定到单店，后面的个别事件也说明了这个关联，这样可以把问题由严重轻松化解；其次，用了“违规操作”这个词，把问题的属性进行了界定，这证明并非麦当劳模式有问题，是操作层的问题，将问题的层级又进行了划定，界限分明。一个三里屯餐厅，一个违规操作，问题界定的可谓清晰。

2）表明态度。麦当劳连续用了多个程度副词：“非常”“立即”“坚决严肃”“以实际行动表示歉意”“深化”“确保”等，这些程度副词都在传递一个信号：对最小的事情，麦当劳也是给予最高的重视和处理意见。这也从辞令上传递出企业的管理责任和对事情的态度。这些都是媒体比较喜欢的程度副词，也是多年经验得出的公关标准词，比起狡辩强上万分。

3）改善行动。麦当劳将改善行动锁定为“深化管理，确保营运标准切实执行，为消费者提供安全、卫生的美食”。这又是巧妙地将问题再次定性为管理问题，而且还借助央视舞台传递的运营手册，再次强调麦当劳的标准没问题，是执行问题。只要确保标准执行，就可以确保结果——为消费者提供安全、卫生的食品。值得一提的是，后

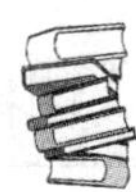

面的结果，可谓一语双关，既可以让人感知“你们要怎么解决?”“解决到什么程度”这一问题，更是重申麦当劳的使命和价值观。

4）明确沟通对象。这是最值得称道和技巧的部分，也是家乐福的微博和麦当劳的显性不同之处。麦当劳用了“政府相关部门、媒体及消费者”来定性描述，这里面明确地表明麦当劳对三个最主要的利益相关群体的回应，一一指出和回应，并暗示问题从哪里爆发，就回应给谁。而家乐福仅仅用了个“社会各界”，未免太过敷衍和草率。

（4）麦当劳微博公关带来的启示 。企业可以通过麦当劳“3·15”危机处理显示出来的公关技巧和处理方式进行分析，找到这个时代危机蔓延的特点，以及回应的技巧和方法，作为借鉴。

比起麦当劳的处理，本土其他餐饮公司有问题或危机爆发时，均没有很好地利用社交媒体平台，错过了很多问题回应和与利益相关群体沟通的机会。有些时候，不是百口莫辩，而是善用回应时机，让百口莫辩变成积极回应。这就是公关的魅力所在，就像是外交，小到个人、企业，大到国家和政府，皆是如此。

微博的出现，使得社交媒体以前所未有的方式走向历史前台，成为众多事件的见证者。企业必须考虑的是，不是建个官方微博，发个声音，进行传播。更重要的是，把握与每一个利益相关者直接沟通的机会，充分利用这些网络时代新媒体，充分表达自我立场，化问题为转机，并提高自己品牌的“社交魅力值”，这才是社交媒体时代企业应该去拥抱的变化。数字时代的品牌，必须拥抱变化，把握变革契机充分迎接社交媒体时代，公司数字品牌建设的新的机遇与挑战。

◆技能训练 9.4

训练背景

青年学生是微博的主要使用者与接收者，大家通过手机或电脑发微博、参与微博讨论等。微博已成为一种主要的社会媒体，微博营销已引起企业的高度重视。

训练要求

每个人发一条微博，内容可以是产品宣传，也可以是社会生活。评价标准是转载量或影响度。

任务 9.5　网络广告营销推广策划

9.5.1　网络广告营销概述

随着科技的发展，网络在人们生活中扮演着越来越重要的角色，并且在潜移默化地改变着人们的生活方式和价值观念。如今，网络媒体已经成为一种主流媒体，它为企业广告主的营销活动提供了互动和沟通方式，使企业的营销活动和广告投放更加经济有效。

网络广告起源于美国。1994 年 10 月在网络广告史上具有里程碑意义，美国著名的 Hotwired 杂志推出了网络版的 Hotwired，并首次在网站上推出了网络广告，这立即吸引了 AT&T 公司等 14 个客户在其主页上发布 banner（译为网幅广告、旗帜广告、横幅广告。其中，横幅广告是网络广告的主要形式，一般使用 GIF 格式的图像文件，可以使用静态图形，也可用多帧图像拼接成的动画图像），这标志着网络广告的正式诞生。更值得一提的是，当时的网络广告点击率高达 40%。

我国第一个商业性的网络广告出现在 1997 年 3 月，传播网站是 ChinaByte，广告表现形式为 468×60 像素的动画旗帜广告。Intel 公司（英特尔公司）和 IBM 公司（国际商业机器公司）是国内最早在互联网上投放广告的广告主。我国网络广告一直到 1998 年才稍具规模，历经多年的发展，网络广告行业经过数次洗礼已经慢慢走向成熟。

1. 网络视频营销

网络视频营销是指通过数码技术将产品营销现场实时视频图像信号和企业形象视频信号传输至互联网上。客户只需上网登录企业网站就能看到对企业产品和企业形象进行展示的电视现场直播。在网站建设和网站推广中，网络视频可以加强网站内容的可信性和可靠性。

2. 网络图片营销

网络图片营销已经成为人们常用的网络营销方式之一，即通过网络图片的形式进行企业产品、活动或形象的推广。例如，人们时常会在 QQ 上接收到别人发过来的有创意的图片，在各大论坛上看到以图片为主线索的帖子，这些图片中有的含有广告信息，如图片右下角附有网址等，这其实就是网络图片营销的一种方式。

9.5.2 网络广告策划的注意事项

1. 网络广告需要依附于有价值的信息和服务载体

用户为了获取对自己有价值的信息而浏览网页、阅读电子邮件，或者使用其他有价值的网络服务如搜索引擎、即时信息等，网络广告是与这些有价值的信息和服务相依赖才能存在的，离开了这些对用户有价值的载体，网络广告便无法实现网络营销的目的。因此，在谈论网络广告的定向投放等特点时应该正确认识这种因果关系，即并非网络广告本身具有目标针对性，而是用户获取信息的行为特点要求网络广告具有针对性。网络广告这一基本特征表明，网络广告的效果并不单纯地取决于网络广告本身，还与其存在的环境和所依附的载体有密切关系，这也说明了为什么有些形式的网络广告（搜索引擎关键词广告和电子邮件广告等）可以获得较高的点击率，而网页上的一般旗帜广告和按钮广告点击率却在持续下降。

2. 网络广告的核心思想在于引起用户关注和点击

网络广告具有承载信息有限的缺点，因此难以承担直接销售产品的职责。网络广告的直接效果主要表现在浏览量和点击率方面，因此，网络广告的核心思想在于引起用户关注和点击。这与搜索引擎营销传递的信息只发挥向导作用是类似的，即网络广告本身所传递的信息不是营销信息的全部，而是为吸引用户关注而专门创造并放置于容易被发现之处的信息导引。这些可以测量的指标与最终的收益之间有相关关系，但并不是一一对应的关系，浏览网络广告者并不一定点击观看，浏览者也可以在一定程度上形成转化。这也为准确测量网络广告的效果带来了难度，而且某些网络广告形式，如纯文本的电子

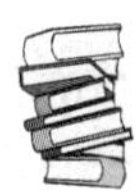

邮件广告本身也难以准确测量其效果。网络广告这个特征也决定了其效果在品牌推广和产品推广方面更具优势，而且其新、大、奇等表现形式更能引人注意，这也说明为了解决网络广告点击率不断下降的困境、网络广告形式不断革新的必然性。

3. 网络广告具有强制性和用户主导性的双重属性

网络广告是否对用户具有强制性，关键取决于广告经营者而不是网络广告本身。早期的网络广告对于用户的无滋扰性也是使其成为适应互联网营销环境和营销手段的一个因素，但随着广告商对用户注意力要求的提高，网络广告逐渐发展为具有强制性和用户主导性的双重属性。虽然从理论上讲，用户是否浏览和点击广告具有自主性，但越来越多的广告商采用强制性的手段，迫使用户不得不浏览和点击广告，如弹出广告、全屏广告、插播式广告、漂浮广告等，虽然这些广告引起了用户的强烈不满，但从客观上达到了增加浏览量和点击率的目的，因此这些广告为许多单纯追求短期可检测效果的广告客户所青睐，这也使得网络广告与传统广告一样具有强制性，而且表现手段越来越多，强制性越来越严重。目前对于网络广告所存在的强制性并没有形成统一的行业规范，也没有具有普遍约束性的法律法规，因此这种情况仍将继续存在下去。

4. 网络广告应体现出用户、广告客户和网络媒体三者之间的互动关系

网络广告具有交互性，因此也被称为交互式广告。在谈论网络广告的交互性时，通常是从用户对于网络广告的行为角度来考虑，如一些富媒体广告中，用户可以根据广告中设定的一些情景做出选择，在即时信息广告中甚至可以实时地和客服人员进行交流，这种交互性其实并没有反映网络广告交互的完整含义，何况事实上这种交互性也很少得到有效的体现，大部分的网络广告只是被动地等待用户点击。网络广告交互性的真正意义在于体现了用户、广告客户和网络媒体三者之间的互动关系，即网络媒体提供高效的网络广告环境和资源，广告客户则可以自主地进行广告投放、更换、效果监测和管理，而用户可以根据自己的需要选择感兴趣的广告信息及其表现形式。也只有建立了三者之间良好的互动关系，才能实现网络广告和谐的环境，才可以让网络广告真正成为大多数企业都可以采用的营销策略，网络广告的价值也才能最大限度地发挥出来。目前在搜索引擎营销中常用的关键词广告、竞价排名等形式中已经初步显示了其价值。

9.5.3　网络广告策划效果的评估方法

网络广告根据形式的不同在评估方式上也有所不同，但是从总体来看，互联网广告效果可以从广告计费形式上窥见一斑，目前国际上采用比较多的是以下两种形式：一种是每千人成本（CPM），是指按照网络媒体访问人次计费的标准，在广告投放过程中按照每1 000人看到某广告作为单价标准，依次向上类推的计费方式；另一种是每行动成本（CPA），是指按广告投放的实际效果，即广告投放带来每个购买行为所需要的平均花费来计费的方式。这两种形式的计费比例较接近，是目前使用最为频繁的互联网广告计费形式，同时也是衡量网络广告效果的重要指标。

在我国除了CPM和CPA两种形式外，国内广告主衡量互联网广告效果的重要参考指标还有以下几种。

（1）CPC（cost per click，每点击成本）。通过广告点击次数及点击率，广告主可以很清楚地了解自己投放的网络广告的宣传效果，这大大满足了广告主对广告效果评估的需求。

（2）CPT（cost per time，每广告位时间成本，如包天、包时等）。CPT是传统媒体广告购买模式的延续，它使得网络广告的计费模式更趋近于传统媒体的购买模式。广告主可以根据自身需求在特定时间段选取特定广告位进行有针对性的宣传。换言之，CPT在技术上可以看作CPM的变形，以方便国内广告主购买广告。但由于网络媒体区别于传统媒体的广告效果具有可记录性，CPT无法精确体现互联网便于衡量广告效果的优势。

（3）CPO（cost per order，cost per transaction）。CPO是根据每个订单/每次交易来收费的方式。

（4）CPTM（cost per targeted thousand impressions）。CPTM是经过定位的用户（如根据人口统计信息定位）的千次印象费用。CPTM与CPM的区别在于，CPM是所有用户的印象数，而CPTM只是经过定位的用户的印象数。

（5）PPC（pay per click）。PPC是根据点击广告或者电子邮件信息的用户数量来付费的一种网络广告定价模式。

（6）PPL（pay per lead）。PPL是根据每次通过网络广告产生的引导付费的定价模式。例如，广告客户为访问者点击广告完成了在线表单而向广告服务商付费。这种模式常用于网络会员制营销模式中为联盟网站制定的佣金模式。

（7）PPS（pay per sale）。PPS是根据网络广告所产生的直接销售数量而付费的一种定价模式。

这些模式中，CPC和CPT是最常用的参考指标。

◆技能训练9.5

训练背景

视频广告在网络推广中使用非常广，效果也好。现在你的网店需要用视频广告进行宣传，或者你的学校需要招生宣传，想在网上发一视频广告。

训练要求

以小组为单位为自己的网店或为自己的学校制作一个视频广告，时间是30秒和3分钟两个版本。要求制作精良，创意新颖，能抓住客户心理。

综合实训

【案例分析】

刘洋父母居住小区停电　开发商道歉并每户补偿500元钱

7月12日，由于突然而至的高温导致用电量激增，郑州出现大面积停电。可就在这大面积停电的区域中，天伦琥珀名城的停电信息则在网络上引发巨大关注，起因就是业主打出了一个条幅：刘洋，别回家，家里没水没电。

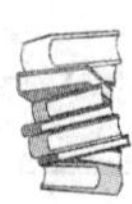

小区业主打出条幅：刘洋，别回家，家里没水没电

我国首位飞天女航天员的娘家停电了，这被广大网友称为“智慧”的维权行为之后，作为开发商和物业管理方，天伦集团董事长张瀛岑在这条维权微博发出17分钟后，发出致歉微博，同时称向受累的业主每户补偿500元钱。在张瀛岑的微博之后，新浪微博里关于天伦琥珀名城的停电信息立即在网上发酵，广为传播。

事起：一个“智慧”的维权条幅网上出现

天伦琥珀名城，此前已经在网上火爆过了，原因是国内首位飞天女航天员刘洋的父母住在该小区，在神九飞天那些天，这个小区里来自国内外的媒体记者数百人来来回回出入，小区也在新闻报道中出尽风头。

然而，7月12日，这个小区再次在网上被广泛关注。起因是小区停水停电，业主打出条幅在花园路和天伦路口维权，而网友“慎独小猪”的一条微博在网上引起了广泛传播。

@慎独小猪：刘洋，别回家，家里没水没电。这条发自7月12日中午11时42分的微博，配图市民打着条幅，条幅内容就是该条微博内容。这条微博立即被网友转发，省会几家都市报官方微博转发，财经网官方微博转发。

记者联系了@慎独小猪，他说这条微博内容来自大豫网，虽然不是他的原创，但可能是微博上的第一条。

应对：董事长在微博发出17分钟后道歉承诺赔偿

在@慎独小猪的微博发出之后，更让网友们热议的，是天伦集团董事长张瀛岑在17分钟后发出的微博。

@人大代表张瀛岑：琥珀名城四期停电对业主造成不便，在这里说声对不起，你们受累了！因为供电局设施的原因，四期用的是临时用电，高峰造成短路。物业购买电缆抢修成功，因几百户同时启动，瞬时流量过大造成再次断电。已重新购买超配电缆抢修，下午一定把电送上。物业会向每户补偿500元聊表歉意。再次道歉！7月12日11：59

@人大代表张瀛岑：关于临时用电问题，公司正在积极和政府相关部门对接，力争8月底彻底改观。另外，刘洋家有电，刘洋父母今天也回来了，大家不用担心。再次向业主致歉，天这么热，没电谁也受不了。谢谢你们的宽容！7月12日13：13

之后经过抢修恢复供电，张瀛岑再次发出微博。

@人大代表张瀛岑：琥珀名城的电已送上。作为物业方，我们有很多需要提高的地方，我们愿意总结经验吸取教训，改善服务质量。小区在城市里存在，也有一些无法完全掌控的因素，希望大家能体谅，共建温馨家园。7月12日14：49

效果：表态及时，成功扭转网络批评矛头

在张瀛岑两个多小时内连续发出3条微博后，立即将此次停电事件的讨论矛头，从天伦集团扭转到了小区的名人效应上。而天伦集团的火速道歉并赔偿，也赢得了相当多的赞誉和认同，一些业主也被张瀛岑的诚意所打动。

@九峰论坛－姗珊：能借的都借了，就连刘洋的名字也给借了。

@宅男老酉：一户500，这广告费值得了。

@安徽杨胜：哈哈，业主们很智慧。

@谭世平：天伦的反应及时，值得学习。

@常晓伟：微博时代的危机公关。

新浪微博河南区负责人张廷嘉介绍，在微博中发生的此类事件非常多，但是能够采取积极态度，将被动转为主动的企业少之又少。天伦集团品牌总监张晓锋也告诉记者，其实停电的只是小区的四期，刘洋父母家并不在停电区域，这次微博发酵事件，是他们诚心的道歉，赔偿也是表达诚意的，并未想到炒作，但是没想到反而带来了广泛的传播。对于品牌的营销，是一次意外收获。

（案例来源：2012年7月16日《郑州晚报》）

案例讨论：

（1）你如何看待这次微博营销？

（2）谈谈微博在处理危机事件中的作用。

【实训操作】

1．实训目的

通过本次实训，不仅要使学生掌握网络推广策划的技能，还将要求学生结合自己的网店或给相关企业进行一次网络推广策划与实施。

2．实训组织和要求

第一步，每班分成几个小组，每个小组成员7～9人。

第二步，以小组为单位，利用学生网店或寻找企业与产品，大家酝酿后，确定一个网络推广项目。

第三步，以小组为单位完成以下训练：

（1）写出网络推广策划案。

（2）细化方案实施步骤。

（3）实施网络推广。

3．实训内容

任课老师可邀请其他教师组成专家考评组，全程参与每个组的活动项目，活动结束后，可参照“赢在中国”项目进行评比总结。

项目 10　市场竞争策划

项目目标

【知识目标】

●竞争战略理论。

●分析竞争对手的步骤。

●一般竞争战略策划的方法。

●竞争策略的运用。

【技能目标】

●分析竞争对手的能力。

●竞争策划个案分析的能力。

●进行企业竞争策划的能力。

【实训目标】

●通过各类竞争策划案的学习和分析，初步模拟完成一份竞争策划案。

项目导入

名人公司自成立以来，一直是一家技术导向型企业，对技术开发的投入多于对市场运作的投入。而原为名人全国总代理的张征宇凭借多年在掌上电脑行业的经营经验，1998 年创建恒基伟业，同年 12 月推出掌上电脑——商务通，通过全方位的广告宣传攻势，只用短短一年时间，不仅迅速打开了国内掌上电脑市场，而且创下了年销售 40 万台、销售收入 10 亿元的业绩。1999 年其占有率达 60%，成为第一品牌。

名人公司在销售上多年来一直采用全国独家总代理的方式，对品牌推广、销售管理、渠道建设缺乏全面系统地考虑。名人的市场占有率不到商务通的 1/3。有着不俗的实力，市场表现却不尽如人意，到底名人公司应该运用什么竞争方法进行反击呢?

项目实施

近年来企业的市场环境就是空前激烈的竞争。如何在竞争中求发展，是每个企业都在思考的课题。根据迈克尔·波特教授的竞争战略理论，企业的利润将取决于：同行业之间的竞争，行业与替代行业的竞争，供应方与客户的讨价还价以及潜在竞争者共同作用的结果。艾·里斯、杰克·特劳特著书《营销战》，把营销比喻成一场战争，实在是再恰当不过。竞争战略和策略就是一个企业在同一使用价值的竞争上采取进攻或防守行为。流行的战略是降价，既打到对方，也损害自己，形成负效应，进入恶性循环。这些都是不可取的，本章将讲述正确的市场竞争策略。

任务 10.1　识别企业的竞争对手

10.1.1　竞争对手能力分析

营销竞争战略策划是企业在市场竞争中为保持其实力和发展其地位而进行的、基于长期考虑和具有长远意义的总体性营销谋略。营销竞争战略策划主要涉及如何在所选定的行业或领域内与竞争对手展开有效的竞争，在战略上拟定竞争的基本思路、基本手段以及基本方法。

企业竞争的前提在于知己知彼，因此，策划者在了解企业竞争能力的基础上对竞争对手的分析就显得非常重要。而在竞争对手的各种信息中，对其竞争能力的分析是第一位的。

对竞争对手的能力分析主要可以从以下几个方面进行。

(1) 产品。包括每个细分市场中用户心目中产品的地位，产品系列的宽度和深度等。

(2) 代理商或分销渠道。包括渠道覆盖面的质量，渠道关系网的实力，为销售渠道服务的能力。

(3) 营销与销售。包括营销组合各方面要素的水平，市场调查与新产品开发的能力，销售队伍的培训及其技能。

(4) 生产运作。包括生产的成本情况，设施与设备的先进性，专有技术和专利的优势，生产能力的扩张、质量控制、设备安装等方面的技能，劳动力与运输的成本状况，原材料的来源和成本等。

(5) 研究与工程能力。包括专利与版权情况，企业内部的研究与开发能力，研究与开发人员在创造性、简化能力、素质、可靠性方面的能力等。

(6) 财务能力。包括现金流量，短期和长期的贷款能力，获取新增权益的资本的能力，财务的管理能力等。

(7) 综合管理能力。包括企业领导的素质与激励能力，协调具体问题的能力等。

10.1.2　分析竞争对手的步骤

策划者一般可以从以下几个方面对竞争对手进行剖析。

1. 确定竞争对手

企业的竞争对手一般是指那些与本企业生产类似的产品和服务，并具有相似的目标顾客和相似的产品价格的企业。如美国的可口可乐公司将百事可乐公司作为其主要的竞争对手，通用汽车公司将福特汽车公司作为主要竞争对手。

具体地说，企业可以从两个方面去探讨如何确定企业的竞争对手。

(1) 从行业方面看，企业要想在本行业处于领先地位，就必须了解本行业的竞争模式，以确定竞争对手的范围。

（2）从市场方面看，企业的竞争对手是为与本企业相似的顾客群服务的企业。例如，分析可口可乐的主要竞争对手，如从行业方面看，可口可乐的竞争对手是百事可乐，而从市场方面看，顾客需要的是软饮料，因此，可口可乐的竞争对手也可以是果汁、矿泉水等饮料。

综合以上两个方面剖析竞争对手，可以开阔企业的眼界，使企业不仅看到现存的竞争对手，而且可以看到潜在的未来的竞争对手，有利于企业在市场竞争中获胜。

2．搜集竞争对手资料

确定了竞争对手之后，就要搜集主要竞争对手的大量情报。企业要搜集各个竞争对手过去几年内的资料，包括竞争对手的目标、策略和执行能力。具体来说，就是销量、市场份额、毛利、投资报酬率、现金流量、新投资、设备利用能力等。有些信息搜集起来往往比较困难，企业可通过第二手资料、个人资料、传闻来明确竞争对手的强弱。

3．分析竞争对手的情况

在一般情况下，企业在分析它的竞争对手时必须注意三个变量：a．市场份额，即竞争对手所拥有的销售份额情况。b．心理份额，即认为竞争对手在心目中排名第一的顾客所占的份额情况。c．感情份额，即认为竞争对手的产品是最喜爱的产品的顾客所占份额。

4．分析竞争对手目标

判断竞争对手的目标十分重要。每一个竞争者有一个目标组合，其中每一个目标都有其不同的重要性，如获利能力、市场占有率及其成长性、现金流量、技术领先、服务领先等。在了解了竞争对手的组合目标后，就可以判断竞争对手对其现状是否满意以及它对不同的竞争行动可能采取的反应。对竞争对手目标的掌握有助于本企业营销战略与决策的制定。

5．确认竞争对手策略

行业与企业之间的策略越相似，其竞争也就越激烈。在多数行业中，根据企业所采取的策略不同，可将竞争对手分成几个策略群体。所谓策略群体，是指某一行业内采取相同或类似策略的群体企业。如美国通用电器公司和惠尔浦公司都是提供中等价格的电器产品，他们可以划分为同一策略群体。

由于企业的情况各异，因而进入各策略群体的难易程度也不同。一般小企业适合进入壁垒较低的群体，而实力雄厚的大企业则可以考虑进入竞争性强的群体。企业进入某一策略群体后，应先确定主要的竞争对手，然后再决定本企业相应的竞争策略。

【案例10－1】

腾讯竞争对手分析及策略建议

1998年11月，腾讯公司在深圳成立，当时的OICQ凭借设计合理、操作简单的界面击败其他公司推出的即时通信（instant messenger，IM）软件，在当年11月份注册用户数就达到100万，占领当时中国在线即时通信80%以上的市场。

十余年时间来，腾讯 QQ 一直在我国的即时通信市场中占据着十分可观的市场份额。据易观国际数据显示，2008 年第二季度中国即时通信市场腾讯 QQ 仍然占有 80.2%的庞大市场份额，其他如移动飞信、MSN、阿里旺旺、新浪 UC、Skype 等几大 IM 产品总共只是占到 19.8%的市场。另外据腾讯官方网站报道，截至 2009 年 2 月 9 日，腾讯公司 QQ 同时在线用户数再跨新台阶，突破 5 000 万人，这是所有互联网公司可望而不可即的数字。

目前，我国 IM 市场份额划分情况是：腾讯 QQ 80.2%，移动飞信 4.2%，MSN 4.1%，阿里旺旺 3.4%，新浪 UC 3.3%，Skype 2.9%，网易泡泡 1.1%，雅虎通 0.4%，其他 0.4%。单独从这些数字来看，腾讯 QQ 在中国的 IM 市场中确实占据着绝对的优势，没有哪一家产品可以与腾讯 QQ 竞争。如果抛开这些数字再来看，腾讯 QQ 是否存在一些潜在的巨大危险呢？那么，谁将最有能力对腾讯 QQ 的两个关键优势发起冲击，触动到腾讯的核心竞争优势呢？

一、校内网

校内网作为目前中国区最大也是经营最成功的校园 SNS（social networking service，社会性网络服务），拥有庞大的学生用户，亦采用实名制，在学生群体中的影响力日益增强，具有所有其他虚拟社区所无法比拟的优势。当前，校内网已在大学校园推广中取得巨大成功，现正在各地积极地招聘“高中校园推广”大使，大张旗鼓地向高中市场推广，由于校内网具有吸引高中用户的宣传推广主题优势，相信校内网在高中市场的推广取得成功也不会是多长时间的问题，到那时再继续向初中市场推广也只是大势所趋、理所当然的事情。

学校作为将来社会精英的“加工厂”，所有人都必须经过学校的洗礼，而在校生又正好处于对各种新生事物的熟悉期以及社会意识和观念的培养和成熟期，如果校内网成为在校学生学习、生活、成长以及就业的“第二校区”的话，那么校内网就会在人们的思想观念、消费观念、生活习惯的引导方面发挥十分重要的引导作用。就像千橡高层说的“在互联网行业，第一个吃螃蟹是最重要的”，如果校内网真的占据了各级校园市场，那么校内网也许就会成为所有青少年第一次接触和熟悉的互联网产品，果真如此的话，他们第一次了解和习惯用的即时通信产品只会是“校内通”，而不是现在大家所熟悉的 QQ，这样腾讯 QQ 就会因此失去先机，其取得成功的第一个关键因素——先发优势，将会荡然无存。可以说，目前任何一家 IM 产品要正面与腾讯竞争用户资源，都是难度非常大的工作，而“校内通”通过校内网的迂回竞争路线却是非常高明和有效的竞争战略，若腾讯现在不及时采取措施来应对校内网，也许再过几年，中国的 IM 市场将会形成“校内通”和腾讯 QQ 两雄鼎立的状况。

二、移动飞信

目前，能在用户数上与腾讯 QQ 一决雄雌的当然只有移动通信运营商，所以也只有中国移动公司的飞信能够对 QQ 的第二个关键竞争因素——用户基数庞大发起挑战。中国移动作为我国最大和最具竞争力的移动通信运营商，在大陆拥有的用户数已达 4 亿以上，这些基数庞大的用户、遍布全国各地的营业厅（推广宣传基地），以及手机端与 PC 端实现无缝互动的创新，这些都是中国移动拓展 IM 市场所具有的先天优势。

因此，虽然目前的飞信还只是处于发展的初期阶段，但正是由于其有强大的平台支持，所以在短短的几年时间内就在我国的 IM 市场中产生了较大的影响力，并且后来居上，超越微软的 MSN 占据了行业第二的位置。飞信 QQ 作为中国移动公司与腾讯公司曾经的合作产品，也是目前为止唯一的与 QQ 实现过互通的 IM 产品，但是那时它们之间共同提供的服务却是非常保守的，两者互通也存在价格门槛，实际上只能算是表面上的合作而无真正意义上的合作，说明腾讯 QQ 在此还是对移动飞信防了一手。现在与 QQ 结束合作的飞信正在加紧推广和商用探索，未来腾讯 QQ 与移动飞信的正面竞争将不可避免。

但是，从目前的情况来看，中国移动在互联网行业小试牛刀，其目的主要是通过互联网来提升公司的形象和核心业务的服务质量，还并没有角逐互联网市场份额的策略重心，所以腾讯现在必须趁中国移动这只巨狮还没有醒来之前采取积极的竞争和防御战略，抢在中国移动之前把其将来可能向互联网行业进军凭借的平台先行占据下来，把中国移动这个巨大的潜在竞争对手扼杀在“假想敌”之中。如若不然，中国移动在互联网行业中无心插柳柳成荫，待其将来向互联网行业大规模拓展业务，那么分割市场份额将是大势所趋、势不可挡。

【分析提示】

腾讯 QQ 现在之所以具有如此的绝对优势，很重要的两点就是 QQ 在中国的 IM 市场中占据了先发优势和拥有用户数庞大的优势，如果谁对 QQ 的这两点关键优势产生冲击的话，相信腾讯 QQ 也将会面临较大的竞争压力，其也许将不再可能保持像现在这样这么高的市场占有比例。

◆技能训练 10.1

训练背景

理解掌握识别竞争对手的程序之后，结合教师所给的 PDA 掌上电脑的一些资料，或者结合网络，图书馆所搜集的资料，进行名人公司竞争对手的识别和分析。

训练要求

以小组为单位，根据所搜集的资料，采取集体讨论的方式，分析名人公司的主要竞争对手，以及对手的优势和劣势，确认竞争对手的策略。

任务 10.2　竞争战略

被誉为“竞争战略之父”的迈克尔·波特在阐述竞争战略时，曾讲过一个关于印第安部落的寓言故事：加拿大原住民地区曾活跃着几支部落，他们均以狩猎为生。经过长时间的生存博弈之后，最后只剩下一支印第安部落得以存留。这支部落成为幸存者的原因令人匪夷所思：其他部落在狩猎之前，都会总结过去的成功经验，然后选择最可能获取猎物的方向全力出击；而这支印第安部落却是请巫师作法，在仪式上焚烧鹿骨，然后根据鹿骨上的纹路确定出击的方向。通过竞争生存下来的强者却是焚烧鹿骨和巫师作法的那个印第安部落，而看似准备充分的部落最终销声匿迹，到底是什么

原因呢?

故事的重点不在于科学与迷信之间，而在于几个部落的竞争战略。故事中所提到的几个部落所制定的狩猎计划虽然很科学，但是这只是停留在战术层面，如果从战略层面上稍加分析，你就会发觉，这个看似不可思议的结果是多么的必然。

从整体市场环境来看，当不确定性因素明显增多、竞争变得异常充分时，企业之间相互模仿的速度定会骤然加快，进而催生“战略同质化”现象。“战略同质化”直接导致的结果是企业战略的缺位，每一家企业事实上都没有战略，大家只是在战术层面拼命厮杀，玩一场看不见未来的“狩猎游戏”。可以想象一下，那些“理性”的部落是如何被淘汰的：随着时间的推移，部落之间对猎物的竞争不断加剧，而他们每天狩猎的方向经过“分析”后变得渐趋一致——从某种意义上讲，这些部落看重的不是制定行之有效的战略，而是高效地完成预定任务。最后，大家只好在同样的狩猎区域杀个鱼死网破，“输”途同归。

制定一项竞争战略，也就是为某一企业规定一种广泛适用的运作方法，指导企业如何投入竞争，应当有些什么样的竞争目标以及在贯彻执行这些目标时需要采取什么样的方针。有了这样一种指导方针之后，不论技术发生怎样的变化，企业都能够有条不紊地按照已制定的方针去进行竞争，最终在竞争中取胜。

迈克尔·波特曾提出著名的基本竞争战略理论，以帮助企业在竞争激烈的市场中取胜。通常来说，企业要成为同行中的佼佼者，一般有三种基本战略可以采用，即总成本领先战略、差异化战略和目标聚集战略。其中，每一种战略都有自己的特色，参与竞争的途径也与其他战略有着明显的区别，能够获得自己特殊的市场地位。如图10－1所示。

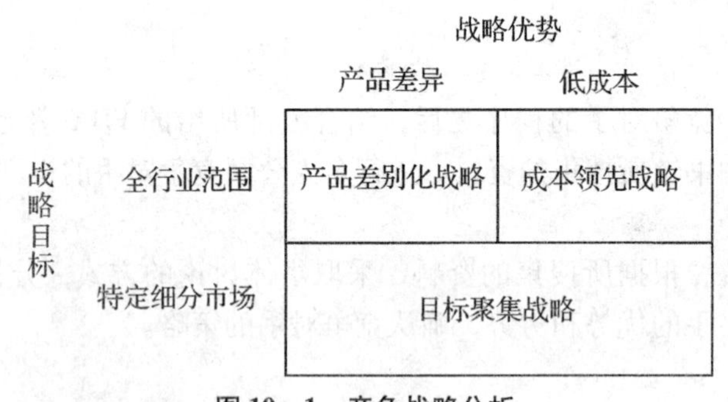

图10－1　竞争战略分析

10.2.1　总成本领先战略

总成本领先战略是通过采用一系列以成本为中心的经营管理活动，使本企业在行业中赢得总成本优势。成本领先要求积极地建立起达到一定经济规模的生产设施，在规模、经验基础上全力以赴降低单位产品成本，抓紧成本与管理费用的控制，以及最大限度地减小研究开发、服务、推销、广告等方面的成本费用。为了达到这些目标，有必要在管理方面对成本控制给予高度重视。尽管质量、服务以及其他方面也不容忽视，但在整个战略中的主题是使成本低于竞争对手，从而取得成本方面的相对优势地位。

【案例10－2】

格兰仕微波炉低成本领先战略

微波炉处于竞争十分激烈的家电市场，格兰仕不可能采取行政性的措施不让其他企业进入，因而格兰仕采取了经济手段中最常用的方法——利用规模经济。目前，格兰仕占全球微波炉市场1/3的份额，大规模的生产带来经济规模，从而可以有更低的生产成本。其他企业进入微波炉市场时，只有投资于较大规模的生产线才可能取得与格兰仕相近的生产成本，从而使国内很多中小企业不可能再进入该领域。

格兰仕防范潜在竞争对手的第二招是频繁降价，从而使微波炉的投资回报率低于跨国公司所要求的投资回报率。1996年8月格兰仕第一次降价，降幅平均达到40%；1997年格兰仕第二次大幅降价，降幅在29%～40%之间；2000年6月，格兰仕以"五朵金花"系列等中档机为主第三次大幅降价，降幅仍高达40%；2000年10月，格兰仕以黑金刚系列等高档微波炉为主第四次大幅降价，降幅也高达40%。通过一系列的降价活动，格兰仕已经基本"摧毁了产业的投资价值"，从而使国际大的投资集团失去在中国投资建立微波炉厂的兴趣。

格兰仕防范潜在竞争对手第三招——博得"价格杀手"的名声。据统计，从1996年起格兰仕先后打过9次全国范围内或明或暗的价格战，通过多次价格战格兰仕获得了"价格杀手"的称号。再加上格兰仕的生产规模无人能比，没有新进入的企业敢于与"价格杀手"打价格战，实际上也没有多少人敢于进入"价格杀手"的势力范围。

【分析提示】

格兰仕通过上述的组合拳，打出了自己在微波炉行业的垄断地位，国内市场占有率从1996年的35%，提升到1997年的47.6%，2000年市场占有率已经达到76%；与此同时，产销量从1996年的65万台，达到1998年的450万台。格兰仕通过有效防范国内企业（主要通过规模经济）和国外企业（主要通过降低行业投资报酬率）确立自己在微波炉领域的领导地位，保证了自己经营的安全。

10.2.2　差异化战略

差异化战略是将企业提供的产品或服务差异化，形成一些在全产业范围中具有自身独特性的东西，去满足各个细分市场的目标客户的需要。实现差异化战略可以有以下方式：品牌形象，技术特点，客户服务，经销网络，以及其他方面的独特性等。最理想的情况是企业使自己在几个方面都差异化。差异化战略也是产业内企业在竞争中赢得超常收益的可行战略，因为它同样能建立起有效应对五种竞争作用力的防御力量，虽然其形式与总成本领先战略有所不同。差异化战略利用客户对品牌的忠诚以及由此产生的对价格的敏感性下降使企业得以避开竞争，它使企业可获得相当利润却并不必追求低成本。客户的忠诚以及某一竞争对手要战胜这种独特性需要付出的努力就构成了进入壁垒。产品差异化带来较高的收益，可以用来对付供应方的压力，同时可以缓解购买方的压力，当客户缺乏选择余地时其价格敏感性往往不高。最后，采取差异化战略而赢得顾客忠诚的企业，在面对替代品威胁时，其所处地位比其他竞争对手也更

为有利。

一个企业可能获得了差异化优势，但这种产品差异化通常只能在某一价格差范围内才保持其优势地位。因而，如果某个实行产品差异化的企业由于技术变化的原因或仅仅因为不在意管理的其他方面而使成本升得太高，则总成本领先战略的执行企业就有可能通过自己低价的产品进行强有力的竞争，削弱差异化企业产品的优势地位，分流走相当部分的消费者。

10.2.3 目标聚集战略

目标聚集战略是指企业主攻某个特定的顾客群，某产品系列的一个细分区段或某一个地区市场。总的来说，这种战略比较适合那些新进入一个行业的企业。正如差异化战略那样，目标聚集战略可以具有许多形式。虽然低成本与产品差异化都是要在全产业范围内实现其目标，聚集战略的整体却是围绕着很好地为某一特定目标服务这一中心建立的，它所制定的每一项职能性方针都要考虑这一目标。这一战略的前提是企业能够以更高的效率、更好的效果为某一特定的战略对象服务，从而在这一特定目标市场内超过在更广阔范围内竞争的行业内对手。结果是，企业或者通过较好满足特定对象的需要实现了差异化，或者在为这一特定对象服务时实现了低成本，或者二者兼得。尽管从整个市场的角度看，集中战略未能取得低成本或差异化优势，但它的确在其特定的市场目标中获得了一种或两种优势地位。采用目标聚集战略的企业也具有赢得或超过产业平均收益水平的潜力。它的目标集中意味着企业在其目标聚集市场或者处于总成本领先的优势地位，或者具有产品高度差异化优势，或者二者兼具。这些优势都能保护企业不受各个竞争作用力的威胁。

基本竞争战略是可供选择的、抗衡竞争作用力的可行方案。由于各种基本战略的差异非常大，企业要成功地实施它们也就需要不同的资源和技能。基本战略也意味着在组织安排、控制等程序和创新体制上的差异。一个企业若不能结合自身的实际确定一种适合的基本竞争战略，则这个企业将成为所谓的夹缝企业，处于被夹在中间的地位。所以，保持采用其中一种战略作为首要目标对赢得成功通常是十分必要的。

企业在考虑应该采取何种基本竞争战略时，通常需要根据自身独有的资源状况来确定，进而采取相应的营销策略。当然，战略的选择对一个企业来说并非是一成不变的，在企业进入一个行业的初期，取得一个立足点非常重要，而由于新进入企业实力的限制，他们很可能会采取聚集战略，从而将有限的资源用在一个特定的市场，从而奠定自己在行业内的某一细分市场的地位。但是，当积累了足够的实力后，他们可能就不再满足于做某一细分市场的领导者，而显示出挑战行业领导者的野心。这时，他们可能转而将自己的基本战略调整为差异化或总成本领先战略，以便能取得更大的市场份额，以最终取代行业原先的领导者而成为新的行业领袖。在各个产业中，都有一些企业因为缺乏适合自身资源状况和企业特点的基本战略，处于微利甚至无法维持生存的境地。

◆技能训练 10.2

训练背景

企业只要在市场经济中生存，就离不开竞争，迈克尔·波特的三大竞争战略帮助学生认识了正确的市场竞争策略，学生应该留心观察企业都应用了哪些竞争战略，并具备初步分析、策划竞争战略的能力。

训练要求

以小组为单位，根据搜集的名人公司和商务通公司的资料，分析得出各公司分别运用了那些战略，讨论这两家公司战略运用得是否得当，帮助形势不利的一方制定竞争战略。

任务 10.3　竞争策略

从市场占有率出发，可以将一个行业的企业分成四类：市场领导者、市场挑战者、市场追随者和市场补缺者。假设某个市场为下面的企业所占据，40% 的市场由市场掌握在市场领导者手中，30% 的市场掌握在市场挑战者手中，还有 20% 的市场由市场追随者掌握，余下的 10% 的份额由拾遗补缺者分享，它们主要分布在一些细小的市场上。

由于处在不同地位的企业的竞争目标和资源情况不尽相同，因此，它们的竞争战略也不会完全相同，它们要根据自己所处的竞争地位去运用与此相应的竞争策略。

“我们要绞杀他们。”

“要么杀人，要么被杀。”

“这是一场你死我活的较量。”

这并不是左翼游击分子或者右翼独裁者所说的话。这些话引自三位商界领袖讨论面临的营销战的情景，且非常典型。“发动”一场营销战，最好能突破“敌人”的进攻，是很多企业梦寐以求的事情。

一般情况下，要打赢这场没有硝烟的战争，有四种竞争策略供企业选择：防御策略、进攻策略、侧翼策略、游击策略。企业处于市场地位越高，其市场竞争策略的选择余地也就越大。对于处于市场领导地位的企业来说，它可以选择防御策略，以求维护自己的市场份额；也可以考虑进攻策略、侧翼策略以求扩大经济实力，扩大市场占有率；它甚至还可以在某个地区运用游击策略以求在某个“小生境”市场中去发展。具有市场挑战者地位的企业，无需考虑防御策略，因为在一个竞争激烈的行业中，处于二流地位的企业，不进则退，因此，这些企业可以运用正面进攻策略向市场领导者进行面对面的争夺，也可以采用侧翼策略迂回的实现自己的目的。至于市场追随者则仅能在侧翼策略与游击战中进行抉择。最后，市场补缺者，由于势力小，只能运用游击战着力发挥灵活机动的长处。下面我们分别来讨论企业的几种竞争策略形式的具体方法和措施。

10.3.1　防御策略

只有左右市场的大企业应该考虑实施市场防御战。因为大企业居于市场的领导地位，市场份额大，自然会成为众矢之的，市场领导者的一举一动莫不引起别人的重视。所以，为了维护自己已有的市场份额，市场领导必须考虑实施防御策略。应实施防御策略的企业如通用汽车公司（汽车行业）、IBM 公司（电脑业）、可口可乐公司（软饮料业）、麦当劳公司（快餐业）和吉列公司（剃须刀片）。

防御者要对竞争对手的攻击随时给予阻截，以此来降低对手攻击的效果。由于市场领导者的产品和营销手段暴露在竞争对手的面前，竞争对手千方百计地发现市场领导者在营销组合方面的缺陷，希望以此为突破口，去争取市场领导者的市场份额。有时，大企业虽然遭到进攻，但只不过是某些不知天高地厚者的鲁莽的进犯，时隔不久，这种进犯会自行销声匿迹。有进攻虽是“谋定而发”的，但进攻的方式未能正确估计市场领导者的实力，或错误地选择了进攻的时机和方式，这种进攻都会影响其有效性。市场领导者面对这些进攻，要给以阻截。如改良产品、扩大广告预算、更改广告主题等，有效地挫败进攻方的挑衅。防御性策略又可分为以下几种。

1. 消极防御

处于市场领导者的企业，一般比较乐意保持目前的态势，而不愿进行扰乱秩序的活动。但正是由于这种企业是行业龙头，所谓“树大招风”，其产品、营销手段等都暴露在对手面前。因此，行业领导者比较容易受到攻击。

但是，尽管挑战者针对其弱点下手，但行业巨头一般由于具有极为雄厚的资金实力，品牌号召力以及极强的抗风险能力，在市场竞争中，它们可以采取“以静制动”、“以不变应万变”的战略；也可以针对挑战者的行动，相应地进行策略调整，敌人攻向哪一面，就组织力量防守哪一面。一些进攻是竞争者大胆的试探，一些进攻虽然可能蓄谋已久，但进攻者可能会选择不恰当的时间和方式进行攻击，一旦市场巨头做出相应的反应，多数进攻会土崩瓦解、烟消云散。

【案例 10－3】

日本摩托车制造业霸主是本田公司，20 世纪 60 年代以后，本田公司开始进行多角化经营。80 年代初，本田市场占有率达到 38%，另一家山叶公司也达 37%。1981 年，山叶公司开发 18 个品种，新建一座分厂年产摩托 100 万辆，以此向本田公司的霸主地位进行挑战。本田公司予以反击，大幅度降低售价，最畅销的车型也降价 30%，并在一年内开发新品种 81 个；同时扩展销售网点，大力进行广告促销活动等。到 1993 年，本田公司的市场占有率达到 47%，相应地山叶公司的市场占有率下降到 27%，同时出现财务危机，被迫变卖资产。

【分析提示】

采取消极防御战略，重要的是要有极强的实力，不动则已，一旦反击，就要有压倒性优势。平时摆出一副“太岁”的派头，让人不敢在太岁头上动土。

2. 积极防御

在现代经济生活中，强者恒强、弱者恒弱的现象正在逐步改变。新工艺、新技术层出不穷，市场需求也往往在一夜间改变。如果一味采取消极防御策略，往往在反应还没有来得及做出之时就已落伍。即使是原先的领袖企业，也不能经受一而再、再而三的这类挑战。最好的防御乃是进攻，行业领头羊也需要不断推陈出新，主动完善和提高自我，这样才能在竞争中保持领先地位。对于大公司来说，由于拥有较强的技术力量，较完善的营销网络和市场调研组织，在把握市场脉搏、开发新技术新产品方面具有较大的优势。只要在思想意识上保持警觉，大公司的竞争策略是比较容易制定的。

在信息行业中，技术进步和需求开发是最快的，英特尔公司以技术为动力，不断开发新产品，始终保持技术领先的态势。从8088到386、486到如今的奔腾Ⅲ、奔腾Ⅳ、双核，英特尔一直都在跟自己竞争，永不满足于行业老大的现状，因为他们深知，只要稍一懈怠，后进者就会迅速超越。正是由于这种积极防御的战略，英特尔的利润率一直是芯片业最高的，这一地位只属于开拓者。

在积极防御方面做得不够而失败的有苹果电脑。苹果原是美国最大的个人电脑生产商，曾创下由开办到进入世界五百强最快的纪录。但苹果电脑的决策者没有充分意识到电脑业的激烈竞争，技术革新和市场开拓工作都做得不够，以至于先进的操作系统“麦金塔”先被DOS挤迫到一角，后又渐渐为Windows所取代。尽管直到现在，麦金塔操作系统仍保持着许多独特的优越之处。苹果也开始陷入财务危机。

10.3.2　进攻策略

进攻策略主要是市场上处于二三流企业所采取的策略原则。进攻型市场策略一般为行业中处于中游的公司所采用。它们具有一定的实力，但又不处于行业领导地位，并对自己所处的地位不满意。如果它们觉得在某一方面有独到的优势，可以考虑向行业巨头发起攻击。具有足够实力的企业可以向一流企业发起攻击，进攻既是逼迫对方，同时又是弥补自己、完善自身的过程。有时，这类企业希望自己足够强大后，再向一流企业发动稳操胜券的进攻。但这是不可能的，没有谁能告诉你，这“足够强大”意味着什么。如同军事战争一样，市场营销战也是一门艺术，不只是一门科学，在这场战争中，你必须运用自己的判断力。事实上，发动进攻的判断是能力知识、经验、见解的结合物，有时还需要加上天分和运气。

竞争属于博弈理论的范畴，而博弈的经典案例就是田忌与齐王赛马：齐王的上等马、中等马、下等马都优于田忌的上等马、中等马、下等马，而田忌用自己的下等马对齐王的上等马，上等马对齐王的中等马，中等马对齐王的下等马，终以两胜一负而赢得了这场竞争。田忌在全局实力比齐王劣的情况下为什么还能赢呢?

第一，田忌在分析中找到了自己的比较优势。田忌拥有的马整体实力比齐王差，这是田忌的劣势，但是田忌的上等马比齐王的中等马、下等马要跑得快，田忌的中等马比齐王的下等马要跑得快，这是田忌的比较优势，也就是田忌的竞争力之一。“尺有所短，寸有所长”，在企业整体实力不如竞争对手的情况下，一定要设法对市场进行细分，找到自己局部的比较优势或专长，也就是战胜对手的竞争力。

第二，田忌全面掌握了竞争信息与游戏规则。“知己知彼，百战百胜”，假如田忌不知道齐王的出马顺序，齐王也先出下等马，然后是上等马、中等马，那样得胜的将不是田忌而是齐王，所以这种信息不对称也是田忌获胜的原因之一。已故的陈云先生有个著名的9:1原则，即用90%的时间调查搜集信息，用10%的时间考虑决策。

第三，田忌制定了正确的竞争策略。田忌根据“两利相权取其重，两害相权取其轻”的原则选择局部放弃，第一场齐王的上等马上场时，田忌不是用自己的上等马去碰运气而选择了放弃，用明知跑不赢的下等马去参加。如果没有本场的放弃，就不会有下两场的精彩，放弃的背后就是集中优势资源去做自己的强项，是为了全局的成功。

1．进攻者在发动进攻时，要明确其攻击对象，即自己的竞争对手是谁（选靶子）

二三流企业可以把市场领导者作为攻击对象，这种攻击风险很大，但是潜在的收益也很大，尤其是在市场领导者名不符实和服务效果欠佳时，采取这种策略更有意义，企业要寻找顾客对市场领导者的不满之处。二三流企业可以去攻击和自己相同，但经营不善和资金不足的公司。在这种情况下，企业可以进行正面的攻击。它还可以攻击当地的、地域性小型的、经营不善的企业。

2．进攻者要在市场领导者的势力范围内寻找弱点，然后集中力量去攻击其弱点，即采取“避实击虚”的方针（以己之长，攻敌之短）

《孙子兵法》中论述的“水行避高而走下，兵胜避实而击虚”就是这个道理。作为市场领导者，它具有很强的资金、技术、人才实力，对它进行攻击一般不要正面攻击，而是要寻找它的漏洞后给其有效的一击，使其没有反击的机会。

运用“避实击虚”的策略，成功的例子很多。德国和日本的生产商虽然知道美国买主偏爱大型、豪华、耗油多的汽车，但是，它们并不生产这种汽车去与美国汽车生产商竞争，而是生产美国汽车生产商不愿生产的小型汽车。随着石油价格的上涨和道路的拥挤，这种小型汽车的市场越来越大，从而在美国汽车市场上，德国和日本的汽车占据了很大的市场。

3．制定进攻策略

（1）进攻者可以对市场领导者的全域发动进攻，形成包围之势，即所谓的全面进攻。精工手表公司对手表市场的进攻具体说明了全面进攻的策略。几年来，精工手表在美国主要手表市场上的销售已获得成功，并且以其种类繁多、不断更新的款式使其竞争者和消费者瞠目结舌。在美国市场上，该公司供应大约400个品种，其市场营销的目的是要在全世界制造并销售大约2 300种手表。“他们通过流行款式、特性、使用者偏好以及一切可以激励消费者的手段达到目标。”美国一家竞争对手的经理谈出了这番话。

（2）进攻者可以对市场领导者的某一部分发动进攻，各个击破，即非全面进攻。在实施攻击战略时，攻击点不可过多。一般说来，小企业对大企业挑战不宜打价格战，因为在这方面，大企业的优势恰恰是最大的，如被称为价格屠夫的格兰士，微波炉市场占有率达70%，美的、海尔都不愿与其打价格战。小企业一般应找准市场需求尚未满足的一块，加以开拓，对市场进行蚕食逐渐壮大自己，充分发挥自己没有旧框框、比较灵活的特点。解放战争中的三大战役就是各个击破。

可口可乐是世界饮料业霸主，1915年它推出6.5盎司容量的瓶装可乐，十余年间未受到过大的挑战。但百事可乐认为，正因为可口可乐比较老，所以缺乏新鲜感，也难以转变形象，自己就可以开拓比较具有好奇心和希望生活有新感觉的青少年这块市场。百事可乐于是先推出更便宜、容量更大的瓶装可乐，一举成功。之后，百事可乐抓住青少年市场，大力宣传“新一代的抉择”这一广告主题，并请深受青少年喜爱的摇滚乐歌星迈克尔·杰克逊和莱昂内尔·里奇参与公司商务活动。可口可乐虽然具有强大的实力，但不敢骤然改变自己的口味和市场定位，在百事可乐的攻势面前虽然也做了一番努力，但仍免不了被市场侵吞的命运。20 世纪 50 年代百事可乐与可口可乐销售量之比为 1:5，到 1960 年提高到 1: 2. 5，到 1985 年时进一步提高到 1: 1. 15。这时，霸主宝座虽未易位，但实力差距已大为缩小，百事可乐的攻势也开始削弱，更加注重于保住已有的成果了。

但是应该看到，采取进攻型市场战略是有一定风险的。就实力而言，毕竟以行业领导者为强；就市场而言，人们一般对领袖型公司较为信赖，品牌忠诚度较强；就进攻的切入点而言，进攻企业往往过于乐观，而将切入点功用夸大了。在上面所说的山叶和本田之争中，山叶公司就对本田的实力估计过低，并过分信赖自己开发的新品种。可见，进攻型企业切不可一厢情愿地绘制蓝图，必须充分考虑到对方的反应和可能采取的对策，以及自己将受到的影响。

2002 年 1 月 8 日，中国联通 CDMA 网络开通仪式在人民大会堂举行，并在当时宣称“走高端路线”、一年发展 700 万用户。截至 2002 年 10 月 1 日，CDMA 发展速度还停留在每月增长 10 万 ~ 15 万的偏低水平。争夺移动高端客户，结果失败，不得不转为中低端。移动通信客户 80% 在中国移动通信，中国移动通信拥有 95% 的高端。原因是客户对中国移动的有一定的依赖性和品牌忠诚度高，网络覆盖、信号好，手机转换成本高（号码不兼容）。

我国彩电市场是一块硝烟弥漫之地。长虹于 1996 年确立老大地位以后，仍有厂家向长虹进行挑战，目的是扩大自己的知名度。高路华就将专卖店设进了四川，放在长虹的眼皮底下，并进行超低价销售。从 21 英寸到 34 英寸，高路华彩电价格都低得令人不敢相信，一时间销售业绩惊人。但同业怀疑高路华进行倾销，搞不正当竞争，对之进行指控。在官方和行业的压力下，高路华被迫公布了其成本，如 29 英寸彩电成本价仅 1 500 元，大大低于其他彩电厂家。人们对高路华彩电质量产生疑问，反而影响了它的声誉，可见在进攻时，锋芒也不可太露，选择的武器使用力度也要恰当，否则效果反而会适得其反。

10. 3. 3　侧翼策略

侧翼战不是指在两个或更多的企业之间浴血奋战，企图争夺同一市场，而是指要在整个市场上更加广泛地满足不同需求和新的需求。侧翼战是现代营销哲学中最佳惯例。这种理论认为企业竞争的目的是要“发现需求，并且满足它们”，侧翼战成功的概率比正面成功的概率更大。这种战略形式是最有效和最经济的策略形式。在这方面一个典型的例子是日本松下电器公司创造人松下幸之助发明多用电源插头的事。一天，他上街买菜，听见几个妇女在唠叨家里的电器多，墙上到处是插座。这说明顾客已有新的需求。说者无意，听者有心，松下回家后组织人员进行研究，从而发明了多用插头，申请专利。从此他便赢得了一个巨大的市场。

侧翼战略是实力较差的一些企业所采用的战略原则。侧翼战略是一种进攻方式，但它不期望从正面突破，而是希望从侧翼迂回。从广义上理解，凡是避免与敌对方作正面冲突，利用时间、空间等各种因素，最后给敌方以出其不意的打击的战略都可以归属侧翼战略。因此，一些实力不强的企业，为了避免由于正面攻击而遭到报复性反击的打击，采用这种侧翼战略较多。

【案例 10－4】

娃哈哈非常可乐

中国饮料行业已经进入诸侯纷争的战国时代，可口可乐、百事可乐、康师傅、统一等国际企业，还有娃哈哈、乐百氏、农夫山泉、健力宝、红牛等国内企业群雄逐鹿。

在这个众多食利者争夺的市场中，不同企业往往以其不同的战略和策略赢得一份市场，或突显渠道优势，或突显产品独特性，或突显地方人脉优势，众多的企业都在白热化的竞争中，在狭窄的夹缝中，也在不断相互学习和借鉴中谋求自己的生存空间。产品的趋同化、渠道趋同化、促销手段趋同化、公关策略的趋同化，这一切使得创新成为饮料行业成长与发展的主题。

面对可口可乐、百事可乐与康师傅、统一在饮料市场的全面进攻，国内饮料业老大娃哈哈大胆创新，开始尝试推拉结合的市场营销攻略，即在推动传统渠道的基础上，大力开展销售终端的启动工作，从农村走入城市，走进城市家庭生活。

娃哈哈总裁宗庆后认为，目前，饮料企业主要有以下三种营销思路：一是可口可乐、百事可乐的直营思路，主要做终端；二是健力宝的批发市场模式；三是娃哈哈的联销体思路。在宗庆后看来，国际名牌和本土企业各有各的优势，前者有雄厚的资金、科研等实力，还有品牌方面的优势，但是后者也有熟悉国情、与消费者文化相通等优势。在国际化竞争中，国际品牌可能是“狼”，也可能是“纸老虎”，关键是看本土企业能不能扬长避短，尽可能地发挥自己的优势，并抑制对方的长处。

1998 年，非常可乐在中国市场一炮打响，并且几年来获得了持续畅销，占据中国碳酸饮料市场 12% 的份额。对于中西部许多城市和乡村的广大群众来说，娃哈哈的非常可乐先入为主，就是正宗的可乐产品。另外，非常可乐从诞生的那天起，配料、制瓶、制盖、灌装都是全自动化、封闭式生产流水线，平均每瓶非常可乐的成本比可口可乐或百事可乐（以下简称“两乐”低0.5 元，零售价格自然也比“两乐”低0.5 元，占据了很大的市场优势。

非常可乐依靠农村包围城市的策略一举成功，但是市场不可能有一成不变的销售策略，娃哈哈也不例外。眼下，娃哈哈正逐步实施“推拉相结合”的营销策略组合，从最初的利用传统渠道策略推广产品，走向市场的终端零售，特别是在城市终端市场与两乐展开直面竞争。2003 年，非常可乐依然保持着良好的销售势头，年产销量达到 62 万吨，占可口可乐在中国销量 35%，占百事可乐在中国销量的 70%。2004 年的娃哈哈加大了城市市场运作的费用预算，计划在城市终端市场加强人力、物力和财力，准备与两乐展开肉搏战。

【分析提示】

非常可乐从上市之初就没有正面与“两乐”展开攻坚战，而是瞄准中国人口众多、地域广袤的广大中西部市场及广大农村市场，通过与“两乐”的错位竞争，通过娃哈哈强大的营销网络布局，把自己的可乐输送到中国的每一个乡村与角落。娃哈哈在与“两乐”为主的国际饮料名牌竞争中，通过销售重心下移，利用广大农村消费者品牌意识不强的有利因素，以价格优势抢占农村市场从而获得了成功。

10.3.4　游击策略

从中国到古巴再到越南，历史事实证明了游击战的威力。商业也是如此。游击战拥有很多战属优势，使小公司也能以此屹立于强者之林。游击战略是弱小企业在力量对比明显不平衡的情况下，以灵活机动为基本手段，以实现有限目标为基本目的的一种与大企业抗衡的作战形式。进行游击战的主体往往处于明显的劣势地位，其正常有效的手段相当贫乏。因此，它们的策略选择余地小无过多的回旋空间。

1．游击战的原则

（1）找一块细分市场，要小得足以守得住。这块领地可以是地理意义上的“小”，也可以在容量上“小”，还可以是其他概念上的“小”，总之是小得让那些大公司难以进攻。

游击战并没改变营销战中的数学法则（大公司仍然打败小公司）。游击战的目的是，尽量缩小战场以便赢得兵力优势。换句话说，就好比是尽量成为小池塘里的大鱼。

（2）不管你多么成功，也不要使自己的行为像一个领先者。游击公司开始为其董事长配备第一辆卡迪拉克之时，也是公司开始衰败之时。

多数进行游击战的公司都很幸运，因为它们的领导没有去哈佛商学院深造过，没有学习通用汽车公司、通用电气公司和通用动力公司的市场营销方法。这并不是说世界上的商学院造就不出优秀的领导人物。它们确实能为大公司造就优秀的领导人才，而大公司的营销案例就是这些学院课程的核心部分。然而，游击战略和战术的本质却与《财富》500强企业的战略战术恰恰相反。

游击战要想成功，需要不同的组织机构和不同的时间表。大公司的组织系统的典型的情况是，一半以上员工的工作都是为其他员工提供服务。公司员工大军中，只有为数较少的一部分被指派到公司外，同真正的敌人——竞争对手进行交锋。游击公司应该利用大公司的这一弱点，在最前线上投入尽可能多的人员，还应该抵制住人满为患的组织方式的诱惑，不去制定流于形式的组织系统、工作说明、职位升降系统，和其他一些配备。游击公司应该尽量做到全部人员投入前线，不留任何非战斗人员。这种简单精干的组织方式不只是一种把更多的兵力投入到前线的战术，此外还能极大提高游击战的速度，适应市场变化。

游击公司还能利用规模小的特点，迅速做出决断。同大公司竞争时，这就是一种宝贵的财富，因为大公司做出一个决策需要6个月的时间进行员工运作，小公司只需6个星期就够了。

（3）一旦有失败迹象，随时准备撤退。公司只要存活下来，就可以继续竞争。

假如战局对你不利，就不要犹豫，赶快放弃你的阵地或产品。游击队没有那么多财力和人力浪费在败局已定的战斗中，应该尽快放弃残局，继续前进。撤退的反面是挺进。瞄准一个时机后，游击公司应该运用其灵活性，适时地打入市场。

在小公司里，一个人的灵感就足以推出一种新产品。而在大公司里，同样的情况会被滞留埋没在公司委员会中长达数月。鞋类进口商罗伯特·格姆在慢跑锻炼时，或是在打网球时，总是发现衣兜里的零钱和钥匙没处放。这种不方便的情况使格姆先生有了灵感。他发明了“袋鼠”运动鞋，这种鞋在侧面有个带拉链的袋子。于是，这种运动鞋的销售额迅速飞升到了每年 7 500 万美元。

有时，游击公司可以挺进市场，占领别的知名品牌由于种种原因而放弃的阵地。游击公司通常行动迅速，能够填补市场空缺。纳利公司（Nalley）发现卡夫公司（Kraft）开始放弃蛋黄酱市场时，在 9 天的时间里就推出了自己类似的产品。位于肯塔基州路易斯维尔市的国际橡胶公司当初是个小公司，现在却生产市场上最贵的子午线轮胎，通过优质轮胎经销商进行销售，而这些经销商在米其林公司（Michelin）放弃它的每镇一店的特许经销系统后曾愤愤不平。

2. 游击战的方法

（1）地理游击战。几乎任何全国知名产品或服务项目都可以在一个地区受到攻击，这是一种经典的游击战术。我国地理区域十分广阔，任何一个品牌覆盖全国都很困难，致使很多行业有着非常多的地方品牌，如啤酒、方便面等。

（2）行业游击战。这种游击战术是把力量集中于一种特定行业，比如说计算机行业，这种策略也叫作纵向销售。

行业游击战成功的关键是窄而深，绝不能广而浅。进行行业游击战的公司倘若把它的系统扩展到其他行业中，必定会面临众多麻烦。

（3）产品游击战。许多游击公司把力量集中在单一产品的小市场上，以此盈利。这样，他们的销售情况不会大到使更大的公司在同样的产品上产生兴趣。

比如，在最近 10 年里，美国汽车公司的吉普车的年销售量仅超过 10 万辆。而在同一时期，通用汽车公司的雪佛兰牌汽车的销售量是美国汽车公司的 18 倍。这样，通用汽车在年销售量可能增加 3 万或 4 万辆的情况下，怎么还会想去推出吉普车型的产品呢?

（4）高价位游击战。现代社会产品丰富，市场上有许多以高价位进行游击战的公司，如施泰韦钢琴公司（Steinway）、君皇手表（Concord）、奎茨那特食品加工器公司（Cuisinart）等。

【案例 10 -5】

国产手机游击战

当国产手机刚刚进入中国的手机市场时，很少有人敢断言国产手机能够像国产彩电那样完成在国内市场的绝地反攻，占据市场的主导地位。因为那时国内手机市场基本上被诺基亚、摩托罗拉、西门子、爱立信等国际知名品牌垄断，而国产手机无论在品牌还是核心技术方面都无法与国际品牌抗衡。然而，随着时间的推移，中国的手机市场正在发生微妙的变化，传统的三大手机品牌诺基亚、摩托罗拉和爱立信的市场优势正在逐渐削弱，而国产手机的市场份额却逐年上升，2000 年的市场占有率不到 8%，

2001年底国产手机的市场占有率已经达到15%，而2002年底则超过30%，2003年的最新资料是51%，实现了历史性的跨越。更值得一提的是，最新的中国手机市场排名前十名的品牌中，国产手机品牌已经占据5席，其中波导和TCL还挤进前5名，分列三、四位。国产手机主要采用了游击战术。

转变从“品牌为王”到“造型为王”

从2001年开始，中国的手机市场开始从“品牌导向”向“机型导向”转变，品牌的影响力已经大不如前，知名品牌手机作为首选的想法已经逐渐转变为造型精美的手机为首选，无疑外观好、外形小的手机成为市场的宠儿。国产手机正是在这一阶段加快推出新品的频率，凭借着一款比一款漂亮的手机逐渐征服了消费者的心。

得终端者得天下

国际品牌手机大多采用全国分销，将全国市场划分成几个片区，然后找到几个大的全国总代理分别负责下属片区的销售的方式，而国产品牌往往采用直接找区域代理商和自建分公司相结合的方式。一方面减少了渠道的层次，使渠道更加扁平化，把更多的利润留给了每一级销售渠道，这样每个环节获得的渠道利润就比国际品牌层层分销所获得利润高很多；另外一方面，国产品牌还通过在全国设置分公司和办事处的方式协助经销商搞促销、发放各种终端宣传品，配合经销商的终端销售促进工作。相比之下，国际品牌往往把产品发包给几个总代理后，似乎剩下的工作就只有做品牌推广、发布广告、组织公关活动等传播方面的事情了，而终端的具体情况则很少问津，而且也缺少足够的人力去关注渠道上的事情。由于渠道的层次太多，每一层都要扒一层皮，最后一层的零售终端，利润也就所剩不多，销售的热情可想而知。波导首创了“保姆式销售”模式，在全国建立了28家销售公司，300多个办事处，组建了5 000多人的“子弟兵”，获得了不俗的销售业绩。

【分析提示】

在渠道的人力上，国产手机品牌可谓是“人海战术”，几乎所有的国产手机厂家都有一支庞大的销售队伍，从几千到上万。他们直接深入终端向消费者推销自己的产品，还帮助零售商的营业人员推介产品，于是在销售终端，我们常常可以看到，国产品牌更加活跃的姿态，促销、优惠、让利活动接连不断，广场秀、推广会此起彼伏。这是洋手机无法比拟的优势，尤其是在市场促销上，国产品牌手机的人海战术在市场上发挥了很大的威力。

◆技能训练10.3

训练背景

根据企业自身在所在的市场位置，可以选择防御策略、进攻策略、侧翼策略、游击策略等不同的市场竞争策略，各个策略都能打出漂亮“仗”来。当然，企业所占市场份额越大，实力越强，能选择运用的策略面也就越宽。

训练要求

以小组为单位，选择愿意代表的企业，如商务通公司或者名人公司，帮他们初步制定出竞争策略方案。

项目总结

本项目通过识别竞争对手，掌握三大竞争战略和竞争策略，帮助学生建立起市场竞争意识和正确的市场竞争战略和策略观念。下面为大家揭示商务通和名人公司相互过招的具体策略。

商务通的防守反击战

反击防御：商务通 A 计划迎头痛击

作为市场领导品牌，面对挑战者咄咄逼人的攻势，在最初可能是市场份额急剧下降。这时候最能显示出市场领导者的能力，有人会在进攻面前手忙脚乱而不知所措，聪明者则在对手的张牙舞爪中瞅准它的“死穴”，然后是以四两拨千斤之力，击退敌人的攻击。

市场挑战者往往以“价格”挑起战火。名人在第一轮的进攻中，就挥动“价格的屠刀”。2000 年 8 月 27 日，名人老板佘德发远赴北京，在京城媒体中投放了一枚“重磅炸弹”：把跟商务通相同档次、功能相似的机型价格降到商务通的 1/3。

名人的降价行动，也是 PDA（personal digital assistant，个人数字助理，又称掌上电脑）领域的首次降价，正好击中了消费者关注价格的心理，显然取得了不错的业绩。名人原以为降价初期就会引发掌上电脑市场的恶战，意想不到的是，竟然没有其他品牌跟进。

事实上，名人的降价策略十分有效，在不到两个月的时间里，其市场占有率飙升一倍。佘德发更是乐不可支：我们要给同行树立起高高的价格壁垒，用相当低的价格清洗一批不具实力的厂商，同时给后来者进入增加难度，确保名人在掌上电脑行业的龙头地位。

明眼人一看就知，名人是冲着商务通杀出的。也就是在名人降价后的一段时间，商务通的市场份额下降了 10 多个百分点，然而在这时候商务通仍没有动静，足以让名人更加狂妄。

尽管商务通感到了挑战者带来了竞争的压力，但在名人降价后并没有立即做出反应，商务通并不是在打盹，而是在精心筹划。

在许多种情况下，经受一点波浪的打击也是值得的，因为在这过程中，可以看清挑战者的真面目。虽然作壁上观有时很危险，但有充分的理由说明比急急忙忙的反击更可靠。

在沉默 50 多天后，商务通审时度势，终于打响了反击战。2000 年 10 月 19 日，恒基伟业二号人物孙陶然在中国大饭店举行的新闻发布会上宣布其“A 计划”：大幅降低商务通主流产品价格，畅销机型降幅超过 35%。

其实在这场大战前，商务通默默地在郑州、石家庄等少数几个城市进行静态销售试点，不作任何形式的广告，只在柜台前以消息的方式告知顾客。结果证明，商务通的新价格使得其他品牌的销售几乎为零。

正是在这样精心策划下，商务通的出手，使得名人点燃的导火索已经失去导火索的引爆作用。

因为名人在挑起战火后，似乎再没有什么好的招数了。商务通则加强了反击的火力，以其娴熟的市场推广技巧和强劲的宣传广告攻势，一时间让“A 计划”盖过了市场挑战者的各种声音，商务通销量开始持续走强。

在这场价格战后，终结了掌上电脑的暴利，而进入了微利时代。许多厂家不堪压力而倒下，其中最突出的算是海信，它已着手清理仓库并不再生产掌上电脑。

“商务通 A 计划”秋风扫落叶般地席卷了掌上电脑市场。其实商务通的反击防御策略的成功实施，很大程度上是因为商务通自身的品牌形象——知名度和美誉度具有不可抗拒的力量，使它在这场竞争的大浪中“胜似闲庭信步”。虽然名人在价格战中树立起了自己的声望，但商务通依然保持着王者的霸气，在 PDA 市场的领导地位仍无人能撼动。

先发防御：“个性风暴”席卷全国

军事上有一条原则：进攻是最好的防御。在商战上，这一点也十分适用。想要对手不进攻几乎是不可能的，因为取得更大的市场份额和获得更多的利润是每家企业都要面临的头等大事。

先发制人的防御策略是一种积极的防御形式，在市场挑战者发动进攻之前，主动地对敌人进入攻击。强者发动的进攻往往比弱者的进攻更具有杀伤力。

从用户需求看，掌上电脑市场需求已渐渐地体现在三个方面：一是基础信息需求，中国相当数量的用户主要用此类设备来满足自己电话、记事等常用基础信息的管理；二是专业信息需求，在满足基础信息管理的基础上，某些用户需要产品具有强大计算能力以及多媒体应用、网络等功能；三是移动信息需求，结合寻呼、通信、无线上网等功能的产品正受到人们关注。商务通不愧为行业老大，对消费者市场了如指掌。市场的需求已经开始发散，个性化不仅是一个企业的概念，更是消费者关注的热点。

“用户需求”——这才是企业竞争的根本，也是针对竞争对手的致命的攻击。就因为这一点，所以商务通抢在挑战者发动进攻之前，做好了充分的准备。张征宇曾说“我们的目标就是要让中国人都使用上自己喜欢的掌上电脑”，并宣称要“打造最适合中国人使用的商务通”。

高手过招，往往是又准又狠。在 2001 年 4 月 16 日，商务通启动了新一轮的市场营销战略计划，提出了掌上电脑个性化时代已经到来的概念，宣称在个性消费时代，商务通在这三大产品线上都有不同档次的产品推出，从而在业内掀起了一股“个性风暴”。

作为市场领导者，商务通掀起的“个性风暴”并没有指明是针对名人的，因为这样会给人造成以大欺小之嫌。但名人也感到了市场领导者的威力，仍只是沉默在“价格战”中，好像是还没有完全清醒过来。

在商务通推出“个性风暴”时，为使这一概念能迅速地传播并为广大消费者所认同，开展了规模庞大的造势活动。

从实际的市场反映来看，自从商务通新产品面世以来，已经开始再次出现大规模的市场热销现象，新产品甚至在一些地区出现脱销的情况。

商务通明显地带有进攻的色彩，至少在名人心理会产生巨大的震慑作用。就在同一天，名人慌忙迎战，也在广州召开了名为“普及风暴”的新闻发布会，宣布名人旗下的三款主流机型大幅降价。名人的这次行动，仍只是在产品价格上做文章：降价、降价、再降价。除此之外，就没有什么新鲜的内容了，在竞争策略上已是图穷匕首见。

侧翼防御：修炼内功，强壮软肋

市场领导品牌也有自己的弱点，这些弱点往往成为挑战者主要攻击的目标，使得他们不得不对自己的弱点进行“侧翼防御”。商务通的先天不足在于技术方面，而名人早在1992年就率先进入掌上电脑领域，并于1994年首创了世界上第一台中文手写掌上电脑，老板佘德发就是个技术狂。

商务通在市场运作上是长袖善舞，而研发力量一直是对手指责的“弱项”，这一点张征宇自己也心知肚明。而技术就像是一个人的内功，是决定能否成为高手的关键因素。

名人发动了侧面进攻，正好击中了这一点，在商务通的“软肋”上下猛料，以图一枪封喉。2001年2月6日，名人推出体积超小、技术先进的新一代掌上电脑“智能王”，点燃了技术战的烽火，并开始推行“技术领跑”战略行动。

敌方已出手，必须进行还击，不是搞两败俱伤的恶意降价，而是在产品的战略和战术上胜过对手。毕竟是市场领导者，商务通在分析自己的弱点后，并积极在“技术”方面进行侧翼防御。

在攻防意图上，商务通则不断调整策略，强化自己的研发队伍，并从微软（中国）有限公司挖出了周力负责技术研发，其用意是利用周力在开发WINCE系统方面的技术背景使商务通在高端市场有所作为。

当商务通正在技术方面进行暗暗发力时，另一彪人马杀奔过来，在国内的掌上电脑市场上突然出现了一些巨头身影：Palm、康柏、惠普、索尼、卡西欧、联想、长城等。顿时，掌上电脑市场更加复杂化了。这些打着“高端掌上电脑”大旗的商家，不愿把自己与商务通、名人“相提并论”。因为在他们眼里，那些东西就是纯粹的掌上电脑，简单点儿说就是记事本。这一点，从长城掌上电脑面世时宣称的“掌上电脑要打假”表现得再明显不过。

“师夷长技以制夷”。自2001年以来，商务通加强了与国际一流厂商的合作：与西门子合作开发掌上电脑手机；与英特尔公司合作，让奔扬2168运行在全球最好的芯片上等；获得微软授权，可以在WinCE3.0内核的基础上开发适合其高端掌上电脑的操作系统。

商务通就是通过技术的革命来改变自己的“技不如人”的形象，在这个横跨掌上电脑与无线通信的热门领域，建立一些侧翼和前哨阵地作为防御的犄角，站在市场竞争的制高点，以进一步将短信息服务——这块巨大的市场和利润“馅饼”，纳入自己的射程范围。

在2002年4月1日起，商务通的最新广告已经在北京各大电视台展开轮番轰炸，为即将推出的一款具备手机功能的商务通产品助阵。张征宇是同行中首先发现手持无线信息终端（手机与掌上电脑合二为一的产品）市场潜力的，并如愿成为唯一拿到了

“手持无线信息终端经营牌照”的国内厂商。“面对竞争对手的贴身肉搏战，如果不尽早寻求创新，只有死路一条。”这是张征宇在经历掌上电脑市场肉搏战之后的切身体会。

经过一番比试，名人虽然抢占了部分市场，尽管在某些区域市场或是某个时段，甚至抢得先机（这也是名人宣传超过商务通的“证据”），但在市场占有率、品牌形象等方面还是无法同商务通相比。在掌上电脑市场上，商务通仍占霸主地位，市场占有率为45%，而紧随其后的名人仅占有23%的市场份额。

综合实训

【案例分析】

王老吉：一半是海水，一半是火焰

4 月以来，有一个段子在网络上突然爆红：“The king is always lucky”怎么翻译？答案是“王老吉”……这个段子让很多人大笑不已，不过，对于一手捧红“王老吉”三字的红罐王老吉的经营者加多宝集团（以下简称加多宝）来说，这个段子却并不好笑，因为“国王”并不总是幸运的。

2009 年，王老吉凉茶（红绿相加）在中国市场销售 160 亿元，超过了可口可乐的 150 亿元，成为中国饮料市场的王者。然而这个“King”并没有“lucky”太久。随着自营绿盒王老吉的广药集团高调宣称其对商标的所有权，一场争夺“王老吉”品牌的红绿大战由此展开。

我们先来了解一下王老吉的历史，王老吉由王泽邦于 1830 年创立，新中国成立后一分为二，中国内地的王老吉商标被归入国有企业。1997 年 2 月 12 日，广药集团注册申请了“王老吉”商标。之后，广药集团与香港鸿道集团签订了商标许可使用合同。鸿道集团取得了独家使用“王老吉”红罐生产销售使用权，合同有效期至 2011 年 12 月 31 日。

2003 年，伴随“怕上火喝王老吉”这句耳熟能详的广告语，以及主打酒店餐饮、中高档娱乐场所的正确营销策略，红色罐装王老吉迅速打开市场：2003 年红罐王老吉的销售额由 2002 年的 1 亿多元猛增至 6 亿元，并冲出广东；2004 年，全年销量突破 10 亿元；2007 年飙升到 50 多亿元，尤其是 2008 年为地震灾区捐款 1 亿元的手笔，更是令王老吉声名大振，当年加多宝销售额高达 140 亿元，创造了中国饮料的奇迹。2002 至 2009 连续 8 年间，王老吉凉茶的年均增长率达到了惊人的 96%。

此时，由于王老吉这一品牌的迅速崛起，广药集团开始重新审视“王老吉”这个昔日不被重视、轻易便租借给港方的品牌。由于手中还握有盒装王老吉的商品权，广药集团开始对 20 世纪 90 年代中期就已上市但口味较偏苦、销量很低的绿色盒装的王老吉凉茶进行再度包装。在盒装王老吉迅速按照罐装改良口感后，广药集团开始不惜血本广泛地进行广告宣传投入。于是人们发现，当“怕上火喝王老吉”成为耳熟能详的广告后，“王老吉也有盒装”迅速蔓延开来。借助于红罐拉动之下，2007 年“绿包”

王老吉销售额达到7.1亿元。

2010年11月10日，广药集团在“中国知识产权（驰名商标）高峰论坛暨广药集团王老吉大健康产业发展规划新闻发布会”上宣布，广药集团旗下“王老吉”品牌价值，经北京名牌资产评估有限公司评估为1 080.15亿元，超过海尔，成为目前全中国评估价值最高的品牌。围绕这个号称价值千亿的“中国第一品牌”，以及背后上百亿的凉茶市场，广药集团、加多宝乃至香港王老吉等各方势力明争暗斗，打得不可开交。和解无望之下，最终于2011年底，交由中国国际经济贸易仲裁委员会进行仲裁。

日前，王老吉商标持有人广药集团内部人士向外透露，旷日持久的王老吉商标仲裁案将会在5月中旬做出最终裁决，而广药集团方面已“做好了收回王老吉商标的准备”。争夺的另一方，加多宝似乎也早已做好了应对，选择了“去王老吉化”。

红罐王老吉悄然变身

2012年5月8日凌晨，曾在加多宝工作的“王老吉加多宝维权人”在其新浪微博上写道：“据前同事消息，加多宝3月份最新生产的红罐装的凉茶两边都打‘加多宝’，去王老吉化了。”

如果你是红罐王老吉的忠实消费者，你就会发现外包装上发生的微妙变化：现在的易拉罐包装上，一面是几乎家喻户晓的黄色“王老吉”商标，另一面则开始出现过去并不显眼的“加多宝”字样，其颜色、字体和大小都和“王老吉”十分相似。

改变包装还只是其一。事实上，只要你稍微留意，就会觉察到在其近期投放的最新广告宣传上，已经不再出现任何和“王老吉”相关的字眼。不管是电视广告片，还是街边的大幅户外广告，过去那句传遍大街小巷的“怕上火，喝王老吉”的广告语，如今都已被“正宗凉茶，加多宝出品”所代替。

为了实现这次品牌上的改头换面，加多宝方面堪称不惜血本。有广告公司监测数据显示，仅4月份，加多宝投入的新广告推广费用就高达4个亿。

事实上，自去年底爆发“红绿大战”之后，加多宝方面就悄悄启动了“去王老吉化”的进程。而加多宝方面显露出全面放弃王老吉商标的端倪，则是从今年3月份开始。

按照去年底“红绿大战”提交仲裁时的报道，今年3月应是仲裁结果公布的时间。尽管最终裁决并未如期公布，截至目前尚无最终结果，但上述迹象表明，加多宝方面似乎对赢得仲裁缺乏信心。

加多宝华南区域一位不愿透露姓名的销售人员对记者表示，不论仲裁能否胜诉，加多宝都会延续“去王老吉化”的策略，在市场推广、品牌宣传上采取将加多宝瓶装凉茶独立扶持的做法。加多宝华北区域一位销售人员也向记者证实，今年公司的重点是瓶装凉茶产品，红罐王老吉产品则“不怎么做”，更有未经证实的消息称，加多宝已将今年红罐凉茶的销售目标大幅下调至去年的一半左右。

广药集团高调“圈地”

“加多宝下调销售目标并不意外。”营销专家邹文武认为，多年来只有一个规格的红罐王老吉能做到如今的销售规模实属不易，经过这么多年的市场覆盖，红罐王老吉产品也已经进入成熟周期，产品品类增加、新渠道覆盖、新市场空间都已不多，未来只能维持目前的市场规模或者有所下滑。

公开数据显示，早在 2008 年王老吉在全国罐装饮料市场销售额就已经远远超越众多碳酸饮料品牌，2009 年王老吉凉茶更是在中国市场销售 160 亿元，超过了可口可乐的 150 亿元，成为“中国饮料第一品牌”，2011 年仅加多宝的红罐王老吉的销售额就达到 180 亿元。

“绿盒王老吉价格相对较低，填补了很多红罐王老吉的渠道，和其正等凉茶产品也蚕食了很多加多宝的市场。”邹文武称，一旦加多宝败诉，不再使用王老吉商标，其所带来的市场空缺很大程度上将由广药的绿盒王老吉来补充。

事实上，在红罐王老吉大卖之后，广药集团也是仅次于加多宝的最大受益者。广药集团公开的数据显示，在 2004 年，广药集团“搭便车”推出绿色盒装王老吉以后的四年里，绿盒王老吉的销售收入分别为 8 000 万元、1.5 亿元、6.6 亿元、7.1 亿元。

随着红罐王老吉开始全面去“王老吉化”，作为绿盒经营方，广药旗下的王老吉药业正在加强广告宣传的力度，全力抢占市场。据了解，在已经录制完毕、即将在央视投放的最新绿盒王老吉广告片中，“凉茶就喝王老吉”是其主打的广告语，这与加多宝方面“去王老吉化”的“正宗凉茶，加多宝出品”形成鲜明对比。

另一个不为人注意的细节是，王老吉药业近日已将王老吉品牌创始人、凉茶始祖王泽邦的头像竖立在厂部，也有意在这一敏感的时机向外界声明其“正宗王老吉凉茶”的身份。

王老吉药业提供的数据显示，今年前 4 个月公司实现销售收入 8.97 亿元，成为广药集团当之无愧的“利润奶牛”，其中以绿盒王老吉为拳头产品的食品实现销售 6.2 亿元，成为贡献利润的主力。值得注意的是，在第一季度饮料业大环境整体疲软的形势下，绿盒王老吉凉茶实现了 28% 的增长。

显然，加多宝另起炉灶给市场带来了很大的变数，绿盒王老吉凉茶的销量井喷多少与此有关。在此大好形势下，王老吉药业也在近日悄然提高了今年的销售目标，在产能方面，王老吉药业也做足了准备，两条新的生产线下个月就会正式投产，年产量至少 500 万标箱。

与此同时，广药集团新成立的王老吉大健康公司也在趁机布局，广药集团的网站上已经挂上了“特薪”招揽 3 000 人马的广告，提出要在红绿之争的“特殊时期以特殊政策、特殊薪酬”广招快消人才。

红绿背后隐形的手

对于红绿王老吉的争端，外界的评价不一。有接近广州市政府的人士表示，看似两家企业在为商标争夺，其实这并不单单涉及两方企业的利益，政府在背后也起着关键作用。“因为广药集团是国有企业，这次仲裁裁决，除了广药和加多宝的人之外，广州市政府也派出了人去参加。”

从法律上看，王老吉商标持有者是广药集团，旗下的合资公司王老吉药业则和加多宝分别获得授权经营绿盒与红罐、瓶装王老吉凉茶。但由于广药集团的国企背景，广州市政府和广州市国资委才是广药集团背后的决策者，也即王老吉品牌真正的主人。

去年，广州市政府甚至曾专门针对王老吉商标一事开了专题会进行协商，并指派广州公职律师事务所的律师作为广药集团的代理人。因此，坊间有评论指出，在中国的特殊语境之下，广药一方的政府背景很大程度上决定了王老吉商标争夺案最终的仲裁结果。这或许也正是加多宝未等仲裁结果公布便急于“去王老吉化”的原因所在。

事实上，加多宝也早就意识到单一产品的风险所在，而且这个产品的商标所有权并非真正归属自己。早在2007年6月，加多宝就成立了青海玉珠峰矿泉水有限公司，决定进军高端饮用水市场，分担风险。2010年4月，其产品昆仑山矿泉水开始在全国上市。但由于种种原因，昆仑山并未延续红罐王老吉的神话，始终不温不火。

对于加多宝选择“去王老吉化”，全面诉求“正宗”凉茶的策略，业内人士众说纷纭。比如容纳咨询顾问机构就认为，王老吉当年的成功就在于把凉茶当成饮料来卖，所以才走出了一条璀璨夺目的道路，现在等于把王老吉从一个大众都适应了的饮料品牌拉回到凉茶的市场范围中来了。

广药集团和加多宝的竞争还会继续进行下去，结果无非是相对的此消彼长，或者是共同成长，毕竟中国的饮料市场的发展空间是巨大的。

【分析提示】

（1）分析案例中广药集团和加多宝都用了哪些竞争的策略？

（2）面对广药集团的商标官司，如果你代表加多宝，会做出什么竞争策略？

【实训操作】

1．实训目的

通过本次实训，使学生能够清晰的分析出企业地竞争对手，掌握一般的竞争战略和策略使用方法。

2．实训组织和要求

第一步，每班分成几个小组，每个小组成员7~9人。

第二步，以小组为单位，教师给出一个当地企业资料，学生可以适当搜集相关资料。

第三步，以班级为单位讨论下列问题：

（1）该企业的竞争对手主要是谁，为什么？

（2）该企业现在所处的市场地位如何？

（3）该企业在当地行业中有何竞争优势和劣势？

3．实训内容

每个小组根据大家分析讨论的结果，根据自己的思路为该企业策划出竞争战略方案，并有具体的实施策略。

项目11　品牌策划

项目目标

【知识目标】

●品牌策划。

●市场模式。

●市场打造。

【技能目标】

●市场分析能力。

●市场信息的获得能力。

●品牌策划的技巧。

【实训目标】

●通过练习，使学生掌握品牌策划方法。

●通过案例学习和市场分析，模拟某一产品完成一份品牌策划案。

项目导入

联通Up新势力是中国联通公司针对15~26岁的青少年群体推出的客户品牌，也是中国联通的第一个客户品牌。“新势力”全新的命名寓意年轻人是驱动社会进步的新生势力；中国联通是充满活力的新兴运营商；中国联通提供最前沿的通信业务服务，满足年轻一代对现代化、个性化通信的需求。

项目实施

品牌策划是一种名称、术语、标记、符号或图案，或是它们的相互组合，用以识别某个销售者或某群销售者的产品或服务，并使之与竞争对手的产品和服务相区别。Up新势力是中国联通为了满足15~26岁目标用户的通信需求，推出的针对青少年人群的第一个客户品牌。本项目结合Up新势力的品牌策划对品牌剖析、品牌模式和打造品牌几个方面进行分析，帮助学生掌握品牌策划的方法。

任务11.1　品牌剖析

中国品牌营销的时代已经到来。时下，谈论品牌成为一种时尚，各行各业的人士一谈营销，就对品牌津津乐道。经典的营销理论认为，品牌不仅是企业产品的“姓名”和品质，而且代表产品的功能与服务水平，是维系经营者提高企业声誉、扩大产品认知度的关键。因此，企业在市场营销活动中，均涉及对品牌的运用。

企业，特别是生产制造型企业当中，由于市场竞争的压力和消费者消费需求的变化，或是生产力带来的产业革命，企业必须不停的开发新品并进行上市推广，一如新生的婴儿要取名、抚养一样，企业也要对推出的新品进行冠名和品牌定位，一般称之为品牌策划。

要真正认识品牌，就要先了解品牌的定义。品牌的概念有三个版本较为流行。哈金森（Hankison）和柯金（Cowking）认为品牌为如下六个方面的综合：视觉印象和效果、可感知性、市场定位、附加价值、形象、个性化；广告专家约翰·菲利普·琼斯（J. P. Jones）对品牌的定义为：品牌是指能为顾客提供其认为值得购买的功能利益及附加价值的产品；国际营销界最具权威的机构——美国市场营销学会所给的品牌定义为：品牌是一种名称、术语、标记、符号或设计，或是它们的组合运用，其目的是借以辨认某个销售者，或某群销售者的产品及服务，并使之与竞争对手的产品和服务区别开来。

综合上述品牌定义，我们不难看出，品牌的主要功能是展示自己的个性并和竞争对手进行区分。品牌如何展示自己的个性并和竞争对手进行区分呢？在回答这个问题之前，我们先看看世界小姐的选拔过程，这个过程就是美女们充分展示个性的过程。参选世界小姐的，除具有好身材、好长相外，脖子上要戴上价值不菲的项链，头上也得花上一笔数目不小的装饰品，服装要特别设计，最好由世界顶尖美学大师亲自设计，服装上比如在腰间常常得捎上一些精致的装饰，一双“玉腿”也得破费不少“真金白银”，然后，我们的美女还得学会抛媚眼、走猫步。最后这样光彩夺目的美女（品牌女人）“新鲜出炉”，个性鲜明，必将迷倒一大堆男人（赢得市场厚爱），从而可获得丰厚的人生回报（市场投入回报）。品牌就像参选世界小姐的美女，需要进行包装，首先进行外表的包装（产品外观进行精心设计、企业进行全方位包装），然后还得培养气质（各种公益形象的开展），并还得善抛媚眼（精美的广告设计）、走猫步（时不时搞赞助）；最后，将消费者迷倒（消费者点名购买），最好能老少通吃，让世世代代的消费者都对它情有独钟（做百年老店）。

品牌的概念我们已知晓，但这还不够，我们应像庖丁解牛一样分析品牌，游刃于品牌中。品牌是一个复杂的巨系统，创立品牌更是一项复杂、系统的工作，但品牌并不是不能为人所知。

从图 11－1 我们可以看到品牌的各个方面，了解了品牌，也就知道打造品牌该从何处入手。

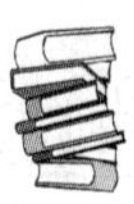

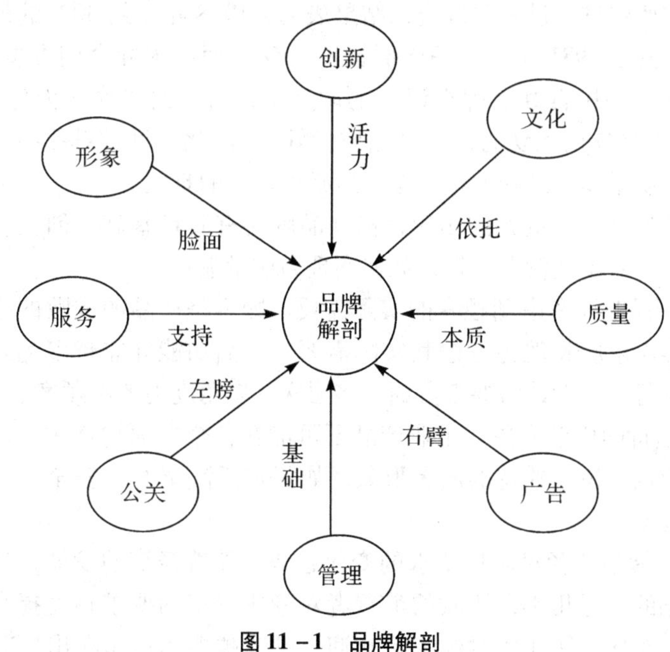

图 11－1　品牌解剖

11.1.1　品牌的本质

质量是品牌的本质，也是品牌的生命。名牌的显著特征就是能提供更高的可感觉的质量。世界上的知名品牌如奔驰、索尼、摩托罗拉、希尔顿等无不体现着高质量。质量历来被视作名牌的生命，质量是品牌的本质，这是由质量的重要性决定的。

质量是品牌的灵魂，为什么顾客青睐名牌，甚至不惜以高价购买？因为名牌所体现的质量优势，名牌从来都以优质为基础的。品质是企业创名牌的根本，是使顾客产生信任感和追随度的最直接的原因，是品牌大厦的根基。没有高品质，不可能成为真正的名牌，甚至可能会导致企业经营失败。

三星集团是韩国知名企业，其产品、品牌可称为名牌，然而李健熙任总裁后却疾呼：三星人要摒弃重产量轻质量的落后观念，树立质量意识，否则很难使企业生存下去。

此话是不是李健熙的危言耸听呢？不是。这是他实地调查的结果。李健熙曾在美国洛杉矶调查了许多电器商店，发现三星电器价格比日本货便宜，却不能吸引消费者。他立即召集三星的三位高级职员，首先把市场上最畅销的电视和录像机样品同三星的产品做比较，三星的产品相形见绌；然后让三位职员到商店询问三星产品不受欢迎的原因，答案是三星产品设计粗糙、故障率高、售后服务差等。李健熙针对这种情况开展调查，在企业内部寻找原因，他发现三星过去评估下属企业和职工的表现时，65%看产量，而质量却最多只占 35%。然后他做出了改进，提出质量与产量的重要性之比是 1∶1，甚至更高，三星人必须从观念上做根本改变，以使产品成为真正的世界名牌。

三星总裁李健熙的担忧不是没有道理的，质量作为品牌的本质、基础，会影响到品牌的生存和发展。同时高质量会带来品牌的成长，会带来高的市场份额。剑桥大学

的策略计划研究所曾进行过一项调查，结果表明：1978 年，约 30% 的消费者认为质量比价格更重要，到了 1981 年，这一比例超过 80%。而中国社会调查事务所于 1997 年年初进行的一项“中国百姓名牌意识”的调查中，当问到“你认为什么是名牌”时，被调查者中有 90.16% 的人认为是“产品质量好”。由此可见，对那些雄心勃勃想创名牌的企业来说，质量作为品牌的本质是一道必须攻克的难关。

质量对于品牌有如此重大的作用，树立品牌要有质量基础，创立名牌更需要高质量的保障，那么，对于经营者而言，如何实现高质量呢？

（1）设计产品时要考虑到顾客的实际需要。顾客是产品的成败的唯一检验者，产品质量满足顾客需求应表现为考虑其实际需要。产品功能并非越多越好，产品也并非越先进越好，进行产品设计时要多方面、多层次、多角度地考虑顾客的需要。

（2）建立独特的质量形象。企业产品不可能在各个方面均优秀，应做好定位，抓住一个独特的卖点，树立独特的质量形象，如沃尔沃汽车的“安全”形象。IBM 公司的“服务”形象。

（3）随时掌握消费者对质量要求的变化趋势。随着经济的发展，消费者对质量的要求是不断变化的。近几年，西欧的消费者对豪华汽车的要求日益提高，装有昂贵的高质量设备的轿车比以往任何时候都受欢迎。越来越多的汽车在出厂时都装上豪华设备。标致公司的一位经理说：“空荡荡的汽车今天没有任何人想要。”进口商和德国生产厂家正全力向这趋势靠拢，高压安全带、光线柔和刹车灯、电子控制升降窗、高保真立体声音响设备、车内电话、真皮座椅等充分体现了西欧消费者追求舒适、豪华的趋势。

（4）产品便于使用。产品的易操作性也是高质量的要求之一。

（5）倾听专家意见和顾客意见以利改进。经营者应充分考虑顾客需求，在产品设计之初、改进之中、使用之后多让顾客及专家参与，从而打造品牌。

11.1.2 品牌的支持者

服务是商品整体不同分割的一部分，是当今市场竞争的焦点。为顾客提供优质、完善的服务是企业接近消费者，打动消费者的捷径，也是企业品牌树立的途径。世界上知名企业在创名牌时，无不把为用户尽善尽美的服务作为他们成功的标志，正如美国著名的管理学家托马斯·彼得斯（T. Peters）和罗伯特·沃特曼（Robert Attman）调查研究了全美最杰出的43 家企业后指出的：这些公司不管是属于机械制造业，或是高科技工业，或是食品业，他们都以服务业自居。

服务可以减少或避免顾客的购买风险，为顾客提供超值的满足感，服务是创品牌的利器，也是品牌组成不可缺少的重要部分。我们在了解品牌、树立品牌时，一定要看到品牌背后的企业服务，这些服务包括售前调研、搜集资料、征询意见、售中咨询、提供样品试用，以及售后维修、安装、培训等。这些服务作为品牌的强力后盾，推动着品牌的成长。

1. 树立“品牌就是服务”的意识

雷锋是中国的“服务”的“品牌”，他正是以“全心全意为人民服务”的精神和

行动树立自身的形象。企业经营，树立良好的品牌形象，也必须“全心全意为消费者服务”。对于企业品牌的树立来说，服务是至关重要的，企业要树立“全心全意为消费者服务”的意识。企业越为消费者着想，就离成功越近。

2．对于“顾客至上”的理解

加强品牌服务，树立“全心全意为消费者服务”的意识，就要对“顾客至上”有深入的理解：第一，“顾客至上”要求不断推出新的高品质的产品；第二，“顾客至上”要求讲信用，一诺千金；第三，“顾客至上”要求认真对待和正确处理顾客的批评和挑剔；第四，“顾客至上”要求对顾客一视同仁。

3．完美服务是留住顾客的奥秘

企业在服务过程中，能为顾客着想，急顾客所急，想顾客所想，提供周到、细致的完美服务，才能提高顾客的信任度与追随度，从而赢得顾客。企业经营中应刻意追求完美的服务。

4．不可忽视的包装服务

包装是商品整体不可缺少的一部分。包装是商品无声的代言人，包装会直接宣传商品、宣传品牌，也会影响消费者的购买。对于包装服务，应加强现代化意识，重视商品保护性包装，强化商品外表宣传包装，使包装人格化，真正成为宣传品牌的无声推销员。

5．系统完善的售前、售中、售后服务

服务可以延长商品寿命，增加商品附加值，促使顾客达到满意，强化服务，主要应加强售前、售中和售后服务，特别是售后服务。

6．优化服务措施，加强培训工作

提高服务品质，以服务托品牌，以服务创名牌，必须优化服务措施，加强培训，使服务网络健全，服务人员素质提高。

【案例 11－1】

IBM 的服务品牌

美国 IBM 公司何以能成为世界计算机业的巨子？IBM 的品牌何以成为价值百亿的世界名牌？该公司的副经理罗杰斯提出：“IBM 是以顾客市场为导向，绝非技术。”该公司的口号是“IBM 就是最佳服务”。他们以服务为企业经营的最高准则，为客户提供优质、完善的服务，公司规定，“对任何抱怨或疑难，必须在 24 小时之内给予解决”。

美国人大都记得纽约城大停电事故，华尔街瘫痪，纽约和美国证券交易所都关闭了。银行、公司一片混乱。IBM 纽约分部紧急动员，每一个人都忘我地投入工作，争取把客户的损失减少到最低程度。在 25 个小时的停电期间，户外的气温达 35 ℃左右，空调、电梯、照明都停止了。而 IBM 的工作人员却不辞劳苦地为顾客服务，他们攀登过的大楼包括有 100 多层的世界贸易中心大楼。

另外，位于亚特兰大的兰尼公司使用的 IBM 主机发生了故障，IBM 公司在 12 小时之内请来 8 位专家，其中 4 位来自欧洲，1 位来自加拿大，1 位从拉丁美洲赶来，他们及时地为客户排除了故障。

IBM就是这样不惜代价，为用户提供优势的服务直到用户满意为止。正是这些优质服务使IBM的产品名扬四海，使IBM的用户遍及五洲，使IBM这一品牌100多年来长盛不衰。

【分析提示】

服务是产品的一部分，是打造品牌的有力武器。

11.1.3 品牌的脸面

品牌的脸面——形象。品牌的形象是指企业或其某个品牌在市场上、社会公众心中所表现出的个性特征，它体现公众特别是顾客对品牌的评价与认知。品牌形象与品牌不可分割，形象是品牌表现出来的特征，反映了品牌实力与品牌实质。品牌形象由顾客评价，使之成为赢得顾客忠诚的重要途径。另外，品牌形象直接影响着企业内职工的凝聚力，影响着企业的生存环境。

俗话说：产品是企业的，品牌却在消费者的心里。要想在消费者心里建立起一定的品牌，良好的企业形象是至关重要的。因此，如果说品牌背后是文化，品牌的脸面就是形象。

托尔斯泰说："从一个人的脸面能够看懂这个人的婚姻是否幸福！"同样从一个企业的形象我们也能看出这个企业的病症。"形象"是消费者对产品"一见钟情"的利器之一。

11.1.4 品牌的依托

俗话说：品牌的背后是文化。那么究竟什么是文化呢？有文化一定就能打造出品牌吗？文化是积累打造出来的还是一夜之间冥思苦想出来的呢？

在论述品牌与文化之前，先了解文化一词。从广义上讲，文化是指人类社会历史实践过程中所创造的物质财富和精神财富的总和；从狭义上讲，文化主要指人类意识形态以及与之相适应的制度和组织机构，也指特定的运作方式。所谓品牌文化，就是指文化特质在品牌中的沉积，是指品牌活动中的一切文化现象。

文化与品牌联系密切，品牌的一半是文化，品牌的内涵是文化，品牌也属于文化价值的范畴，是社会物质形态和精神形态的统一，是现代社会的消费心理和文化价值取向的结合。同时，品牌包含着文化，品牌以文化来增强品牌附加值。品牌文化与社会文化、企业文化、包装文化、设计文化、服务文化等相关联，在这里我们主要强调文化作为品牌的内涵，以及如何充实品牌、如何反映品牌。

文化支撑着品牌的丰富内涵，品牌展示着独特的文化魅力，文化与品牌相辅相成，相映生辉，没有文化就不可能创造品牌，更不可能成就名牌。世界著名品牌无不以独特的文化魅力吸引着消费者，没有这些文化就不会有这样的世界名牌。"麦当劳"在快餐业中可谓世界名牌，其黄色的标志"M"吸引了许多消费者，其优质、快捷、卫生的食品吸引着人们的不断光临，然而人们仅仅是去享用食品吗？不是，人们去享受的还有美国的快餐文化和"麦当劳"的企业文化。

文化内涵给予品牌的充实常使品牌充满生机，具有无穷的生命力。南方黑芝麻糊

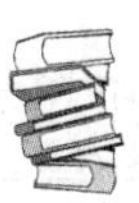

与孔府家酒在短短几年名震全国，得益于其“想家”与“故里”的中国“叶落归根”及传统守家观念等文化内涵的影响。红豆集团在文化运用方面也表现不俗，它把王维的《红豆》一诗演绎到衬衣产品中，把中国诗文化与思念的情文化赋予产品中，给产品深厚的文化底蕴。在服装中，还有中国的旗袍、印度的沙丽、欧美的西装均因文化气质鲜明而走向世界，为不同国家的消费者所喜爱。

品牌与文化是一个值得深入研究的课题，在处理这一问题时应注意品牌文化与社会文化、企业文化、广告文化等的结合，合理地为品牌注入文化内涵，增加其附加值。

11.1.5　品牌的基础

品牌的成功靠管理。管理指如何充分利用各种资源并使其发挥最大效用，主要是组织、协调、领导、控制与决策等行为。品牌离不开管理，品牌的成功是杰出管理的结果。企业必须依靠管理出效益，经营管理关系到企业的生死存亡。品牌事业的发展更要依靠管理，利用管理积极规划推出优质产品或服务，利用管理合理、科学地开展广告、公关等营销推广活动，利用管理处理危机、加强服务，利用管理不断创新，使品牌长久不衰。另外，更需要利用管理开发品牌资源，使其不断发展壮大。

品牌的建立首先需要有载体——产品或服务，产品或服务的生产制造就需要严格、科学的管理。科学合理的管理可以保证产品或服务的质量，使品牌具备了质量基石，当为产品或服务设计具体的品牌时，需要管理制定科学合理的措施，并采取有效的方法，创出品牌有形形象。品牌的推广需要管理，用管理控制广告、公关的支出和效果，用管理开发新的推广模式，使品牌成功的推出。除此之外，品牌作为一种资源的扩张、维持等也需要管理，管理对品牌来说无处不在，品牌成功必须依靠科学的管理。世界上一些著名的品牌从创立到发展无不依靠管理。可口可乐是世界第一品牌。在其100多年的发展历史上，它一直被小心谨慎地管理着，这种管理使其保持了最初的品牌价值。可口可乐是强势品牌管理中的榜样，同样麦当劳从创立到发展至今天的规模无不透射着科学管理的气息。人们一提到麦当劳，就想起它的管理带来的快捷、卫生、方便的标准化的服务。全世界同样的快餐食品、同样的快餐文化，麦当劳管理的特许经营方式不仅在美国，而且在全世界取得了巨大成功。如今，许多快餐企业模仿其做法，但麦当劳的管理仍被视为世界领先。

成功的品牌无不依靠管理创立、发展、创新，管理是品牌成功的依靠，是品牌得以健康成长的基础。

11.1.6　品牌的活力

品牌创立之后并非一成不变的，品牌的长远发展要依靠创新。

在市场竞争日趋激烈的现代社会，只有通过持续、稳定的创新，企业才能在市场上占据一席之地，企业才能获得一定的市场份额。因此，只有创新才能使企业及品牌有所发展、有所进步。如果一味安于现状，墨守成规，必然会遭到市场的否定和驱逐。创新是创业进步和发展的活力之源，也是品牌成长过程中的一个推进器。创新，已为现代企业反复实践所证明，并赢得了广泛认同。

品牌涉及内容非常广泛，也非常丰富。最早从经济学角度提出系统创新理论的是美籍奥地利经济学家熊彼特（J. A. Joesph Schumpeter），他将创新划分为五种基本类型，即开发新产品的新性能、采用新的生产方式或新工艺、开辟新市场、取得控制原材料或半成品的新供应源、实现新的产业组织方式或企业重组。大而言之，指技术创新和制度创新。关于品牌与创新，不仅包含上述创新的内容，还应有品牌产品或服务质量创新、服务创新、广告创新、公关创新、文化定位创新、形象创新等具体而细小的方面。这些创新可能很小，但对品牌的创立与发展来说却有着非常重要的作用。用一句话来说，品牌创新就是以科学的品牌战略使品牌的内涵和外延得以延伸，从而保持其长盛不衰的活力。

世界的许多著名品牌都是在不断创新中生存、发展下来的。例如世界著名品牌万宝路一开始是以女性烟民为目标消费群，产品、广告均针对女性烟民，而后来这个品牌被重新定位，从香烟品味、包装、直至广告均改为针对男性烟民，并创出了著名的万宝路牛仔，从而使万宝路品牌走向兴盛。由此可见，品牌创新的重要意义。

品牌创新有许多层面，也有许多方法和模式，在这里重点提示三点。

1. 树立创新意识，关注人文意义

品牌会使人联想到一种产品，更重要的是潜意识中使人联想到的另一种意义，那么品牌的创新就应定位一种人文意义，使其更具有竞争力。比如青酒，其实际功能为饮料，但宣传中赋予的人文意义却超出了产品的实际功能，正如广告语中说的“好东西要与朋友分享”，这体现出了一种友情，一种人文关怀。人们不仅饮用了酒，而且得到一种精神享受。

2. 用科技点亮品牌

科技的发展在当今世界日新月异，它正迅速地改变着社会。企业、品牌利用科技创新可使自身不断壮大，在竞争中处于有利的地位。例如，日本的日立公司在第二次世界大战后随着科技的发展迅速壮大：1958 年，日立公司开发了日立电子显微镜，并在布鲁塞尔国际博览会上获大奖；1959 年，开发制造出晶体管式电子计算机；1964 年，开发制造出第一台弹速列车；1965 年，开发出彩色电视显像管；1974 年，开发制造的日本第一套核动力发电设备开始商业运营；1976 年，首次光纤通信验证试验获得成功；1982 年，日本第一台超级计算机问世；1990 年，开发出 64 兆位的动态随机存储器；1991 年，开发出高灵敏度摄像管……这些创新产品使日立公司不断壮大。目前，日立公司制造和销售的产品达 2 万余种，在社会上也具有很高的声誉。

3. “软件”更需要创新

许多人一谈起创新马上会想到科技创新。是的，科技创新十分重要，是基础、是根本，但对于一个企业而言，同样重要的还有经营管理创新、营销创新、文化及广告创新，有时后者比前者可能还重要。针对前面的技术与知识，国家有关部门连续推出了技术创新工程、知识创新工程，所以面对瞬息万变的市场，每一个企业都要把经营管理创新放到企业议事日程及战略位置上来。

11.1.7 品牌的右臂

品牌的成长包括许多方面，企业的品牌离不开广告，而且广告在品牌成长中起着

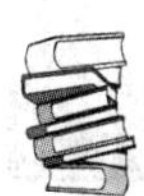

十分重要的作用。

公关与广告是品牌的左膀右臂，像火箭的两个助推器，带动品牌冉冉上升。品牌离不开广告，品牌打造为名牌更需要广告的协助和支持。古语说："好酒不怕巷子深。"在现代激烈的商战，这句话在多变的市场下已失去了原来的意义，应该说"好酒也怕巷子深，酒香也须常吆喝"。

品牌的成长是指从品牌知名度、美誉度、信任度、追随度等的提升或品牌无形资产的价值提升。而促使品牌成长最重要的就是广告，即品牌的成长和维持离不开广告的支持。试想，一个新品牌面市后，尽管其质量好，名称也很动听，但如果不主动宣传，其知名度能提高得快吗？反之，若新品上市，甚至上市之前，企业就大做宣传，投入巨额广告冲击消费者，让消费者从不同媒体都可接触到有关品牌的信息，那么，此品牌的知名度会不上升吗？

11.1.8 品牌的左膀

公关是公共关系的简称，主要是对公众心目中的形象（企业形象或品牌形象）进行管理。公关与品牌有着密切的联系，公关是打造品牌创立名牌的又一利器，众多企业利用公关宣传、公关活动，以提升品牌知名度、美誉度、信任度等。公共关系通常是利用公关活动吸引媒体关注，由媒体主动宣传企业或品牌，从而达到一种较好的宣传效果，公关可以为企业"扬名立善"，为企业带来良好的经济效益和社会效益。

公关作为名牌的"左膀"，常能助品牌一臂之力。北京长城饭店就是通过成功的公关活动一举扬名的。1984 年，美国总统里根访华。长城饭店得知这一消息，敏感地认识到这是一次绝好的公关时机。若能争得里根入住长城饭店，将使长城饭店一举成名。于是长城饭店提前准备，积极开展活动，终于打动了客方，里根及随行人员全部入住长城饭店，并且在长城饭店召开了记者招待会。300 多名记者现场进行采访，美国 3 家电视台转播，长城饭店借助公关活动带来的免费宣传，短时间内声名鹊起，很快成为知名饭店。饭店开业前三年，70% 以上的住客来自美国。对这一成功的公关案例，人们至今仍津津乐道。

品牌尤其是名牌不是一个单一的事物，质量、管理、创新、服务、广告、公关、形象、文化均是其要件，品牌只有综合运用这些因素，成功地进行运作才有可能成功，而世界上众多的著名品牌无不在这些方面有杰出表现。比如麦当劳、可口可乐、IBM、宝洁等。

广告与公关结合往往能起到事半功倍的效果。有时企业针对一个陌生的市场，在没有强大的资金作为广告投放的支持时，公关恰恰是打响知名度的有力武器。

◆技能训练 11.1

训练背景

理解如何剖析品牌之后，结合教师所给中国移动的一些背景资料，也可结合社会上其他的通信品牌现状进行分析。

训练要求

以小组为单位，各选一个通信品牌，采取小组讨论的方式，讨论内容包括品牌的本质、品牌的支持者、品牌的脸面、品牌的依托、品牌的基础、品牌的活力、品牌的右臂和品牌的左膀等几个方面。

任务 11.2 品牌模式

在单一产品格局下，企业的营销传播活动是围绕着同一个品牌而进行的。但随着产品线的不断扩展，当一个企业面临了多个品牌或推出新品牌的时候，就产生了品牌模式的选择问题。规划一个科学合理的品牌模式，对企业如何多、快、好、省地打造强势品牌是至关重要的，它一方面能使品牌保持平衡，避免重心模糊、市场混乱和资金上的浪费，同时能在品牌之间产生“相映生辉”的促进作用，可以说品牌模式的选择对企业效益的影响是极大的。

一般而言，我们常见的是单一品牌、多品牌、主副品牌、背书品牌等四种主要品牌模式，深刻并全面地了解每一种品牌模式的利弊、作用与内在规律，才能优选出与企业现状（包括经济实力、管理能力、科研、技术、生产等方面）匹配又经济高效的品牌模式。下面就对在何种情况下使用何种品牌模式进行逐一探讨。

11.2.1 品牌模式的种类

1. 统一品牌

所谓统一品牌，是指企业原有的品牌在某一市场取得成功，获得消费者认可后，企业在开发的所有新品进入新市场或老品进入新的市场时均采用原品牌。这样，企业的所有产品均采取统一品牌进行对外输出。如强生婴儿洗发液利用自身“温和细腻，不伤发质，可重复多洗”的特性，延伸进入少女市场，正好附和了少女天天洗发、又怕伤发质的心理需求。还有国内著名家电企业长虹在彩电市场取得成功之后，利用长虹品牌进军空调市场取得了阶段性的成功。

统一品牌模式的优势是为企业节省了巨额市场开拓费用。由于既有的品牌已为消费者所认知，因此，新品推出后或进入新行业后仍沿用原品牌更易为消费者接受，从而省去市场推广所需的广告费。

统一品牌模式的劣势是若企业原有品牌知名度较低或消费者美誉度较差的情况下，利用品牌延伸策略效果则不明显。同时，如果企业的产品线较宽，产品品类多的话，万一其中一种产品市场开拓失败，易对统一品牌形成负面效应，从而伤及其他产品线。

因此，企业在考虑品牌延伸策略时，应在既有品牌知名度、美誉度较高且新的市场和原有市场有较高的关联度的情况下实施。

2. 多品多牌

所谓多品多牌，是指企业对所开发的新品或新进入的市场产品进行单独命名和推广的策略。宝洁公司就是典型的多品多牌策略，宝洁公司所有行业的所有产品均为单独命名。如宝洁公司洗发液品牌有“海飞丝”“飘柔”“潘婷”“沙宣”等，洗衣粉品

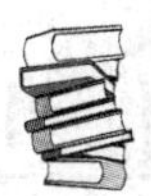

牌有“汰渍”“碧浪”等（图11－2）。

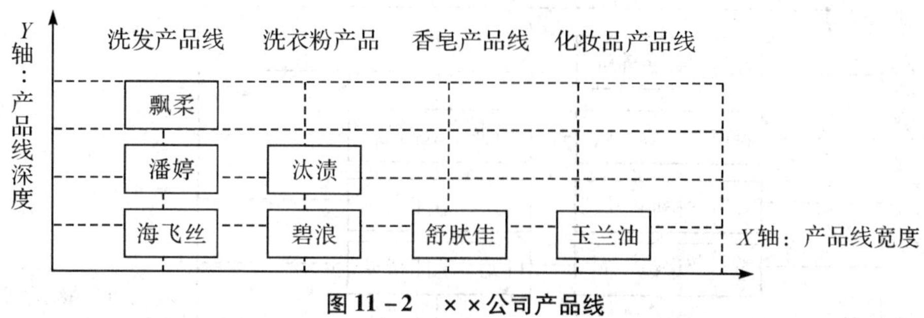

图11－2　××公司产品线

多品多牌模式的优势有三点：一是在企业原品牌认知度不高或美誉度不佳或“夕阳无限好，只是近黄昏”的情况下，新的品牌可以给消费者一个全新的感受；二是当某一领域细分市场过多，而企业的原有品牌“内涵”不宜做无限制延伸时，利用新品牌可以占有较多的细分市场；三是即使单个品牌市场失败，亦不会对其他品牌造成影响。

多品多牌模式的劣势是市场开拓成本较高，不利于在消费者心目中形成统一的品牌形象，除非新市场利润较高，市场开拓成本完全可以抵消。

因此，实施单独品牌策略应在行业内细分市场多、利润丰厚、企业原品牌定位及属性不宜延伸的情况下，可以实施单独品牌策略。

3．一品多牌

一品多牌是指一个企业的一种产品使用两个或两个以上的品牌。一品多牌可以在市场竞争较为激烈而又相对稳定的情况下，企业为了打击竞争对手，同时介入新的细分市场而又不愿做新的技术开发时使用。这种做法在家电业较为普遍运用。如科龙集团下属容声品牌直冷抽屉式185B冰箱，经改型后换成康拜恩品牌185E冰箱，直接介入低端市场，以打击竞争对手。

一品多牌模式的优势是可以节省新品技术开发的费用，可以低成本介入新的细分市场，可以不影响原品牌的定位（在消费者心目中的印象），即使新品牌失败，其他品牌亦能正常运作。

一品多牌模式的劣势是，与一品一牌相比，产品结构无质的变化，品牌对消费者的吸引力可能不大。

因此，企业如果实施一品多牌模式，最好是在行业及技术均较为成熟、竞争较为激烈的市场，且新品牌和旧有品牌在市场定位上一定要有差别。

4．主副品牌

企业将新开发产品重新树立品牌时，由于新品牌和原品牌在同一产品线，且原有品牌认知度较高，因此，新品牌作为原品牌下属的一个副品牌来投放市场，和原品牌同时输出。如容声冰箱品牌与“精锐一族”冰箱副品牌、容声冰箱品牌与“经典一族”冰箱副品牌、容声冰箱品牌与“数字养鲜”冰箱副品牌等同时输出（图11－3），海尔冰箱品牌与其“太空金王子”冰箱副品牌同时输出等。

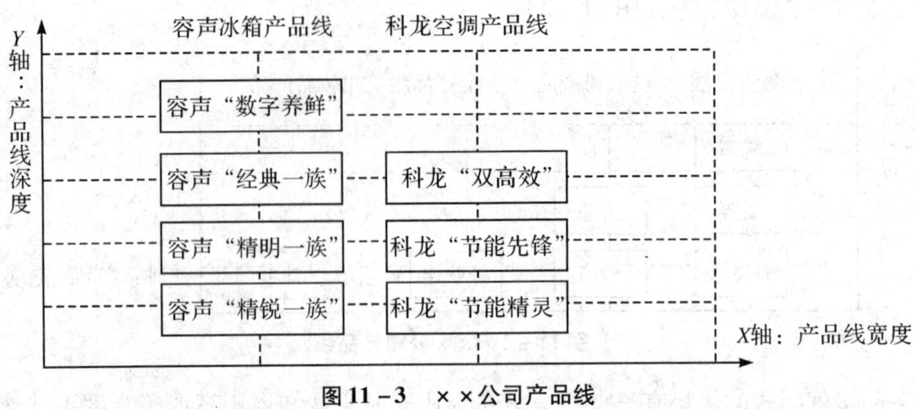

图11－3　××公司产品线

主副品牌模式的优势是结合了统一品牌和单独品牌的长处，因此，这种模式现在越来越多地被采用。

主副品牌模式的劣势有三点：一是副品牌一般和主品牌同时出现，因此品牌输出名字可能较长，消费者可能记住了主品牌，对副品牌的认知有影响；二是副品牌较多为阶段推广的产品，企业的广告费用不可能重点在副品牌上，一旦该产品系列被淘汰，副品牌也跟着消亡；三是如果副品牌过于成功，一旦突然由盛及衰，必将殃及主品牌。

因此，企业实施主副品牌策略时，要求主品牌认知度较高，且副品牌在隶属于主品牌的前提下在市场上进行推广。

5．分类统一品牌

所谓分类统一品牌，是指企业经营的各项产品市场占有率虽然相对较稳定，但是产品品类差别较大或是跨行业时，原有品牌定位及属性不宜作延伸时，企业往往把经营的产品按类别、属性分，然后冠之以几个统一的品牌。如某公司产品线宽度为四条生产线，但按产品线分主要有“雪龙”冰箱、“飞龙”地产、“美博士”化妆品等行业（图11－4），由于各行业差别较大，任何一品牌均不宜延伸至其他行业。

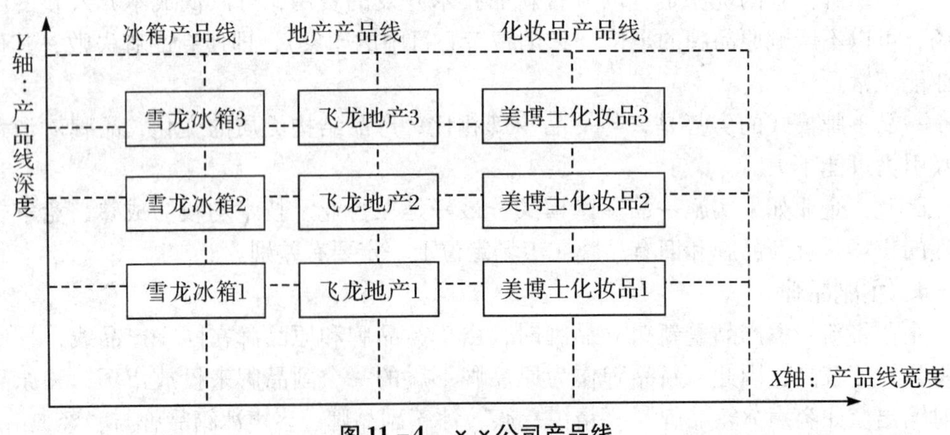

图11－4　××公司产品线

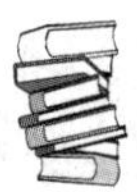

分类统一品牌模式的优势是避免了产品线过宽使用统一品牌而带来的品牌属性及概念的模糊，且避免了多品多牌策略带来的品牌过多、营销及传播费用无法整合的缺点。

分类统一品牌模式无明显的劣势，但是相对统一品牌策略而言，企业营销成本高，分类统一品牌模式使营销传播费用分散，无法起到整合的效果。

因此，如果企业要实施分类统一品牌模式，应考虑行业差别较大，现有品牌不宜延伸的领域。

6．背书品牌

所谓背书品牌，是在产品品牌后加上企业品牌，用企业品牌为产品品牌提供担保。如丰田与“皇冠”“佳美”，通用与“凯迪拉克”“别克”“雪佛兰”，均是典型的企业品牌与产品品牌之间的关系。如“强生——泰诺”所宣传的是“强生泰诺，信心承诺”，而在“通用——别克”的广告上，绝大部分的宣传信息是“别克”，只是在电视广告结束前的标版上打出“别克，来自上海通用”的字幕，在平面广告上，也一般仅仅在右下角注明“通用制造”的字眼。它们往往突出的是具体的产品品牌，而不是企业品牌，优秀的企业品牌只是对具体产品品牌作出信誉、技术、服务或实力上的保证与承诺。宝洁与“飘柔”“海飞丝”“舒肤佳”之间也是如此，一般只会在广告末尾点上一句“宝洁公司荣誉出品”。

品牌背书模式的优势是：原有的企业品牌消费者认知度较高，因此，新品推出后或进入新行业后用企业品牌做背书更易为消费者接受。

7．贴牌

所谓贴牌，是指企业生产的产品冠之以其他企业的产品品牌。贴牌本质是一种资源整合，优势互补。如体育用品业第一品牌耐克，所有产品均为贴牌产品，耐克公司只负责营销。

贴牌模式的最大优势是贴牌企业（采购方）省去了生产、制造和技术研发的成本。对被贴牌企业（被采购方）则省去了营销、传播、运输、仓储成本。结果应是双赢的。

贴牌模式的劣势是贴牌的双方一般是竞争对手，如果同一产品在同一渠道出现，双方会不可避免地产生竞争。

因此，实施贴牌策略的双方，最好避免在同一渠道出现，同时，双方的品牌定位应避免是同一消费层级，这样双方可减少直接冲突的可能。

8．联合品牌

联合品牌一般是指两个不同企业之间由于战略重组、并购、控股等原因，出于品牌战略的考虑（新品牌市场认知度不如旧品牌，旧品牌虽有一定的认知度，但品牌趋于老化）而采用的一种品牌输出策略，如索尼与爱立信联合生产“索爱”手机。

联合品牌的优势是既可保留原有品牌较高的市场认知度，又可避免新品牌鲜为人知的现实，使品牌的对外输出保持一个临时性的平衡。同时，一定程度上减少了重新塑造品牌带来的资源投入和风险。

联合品牌策略的劣势是品牌个性及品牌战略要求重新定位，被并购的品牌也只是临时性的借用，同时，联合品牌终将过渡到并购方为主导的新品牌。

因此，企业在实施联合品牌策略时，应注意因势利导，适时的启用联合品牌之中的一个品牌作为新品牌。

9．无品牌

无品牌是指企业对自身生产的产品不使用任何品牌名。杜邦公司就是一例。杜邦公司在能源、化工方面一直是高技术的拥有者，同时更是著名品牌如可口可乐、阿迪达斯等著名品牌的原材料供应者。杜邦公司在这些原材料上均隐去企业名，更无商品名。

无品牌的主要优势是可以减少经营管理费用。劣势是因为不为消费者所知，产品推广时渠道阻力较大，公关成本可能较高。

因此，无品牌模式的产品主要见于一些原材料生产商或是生产技术简单、消费者选购时重质量轻品牌的小商品生产企业。

11.2.2 品牌模式的选择

不可否认，品牌模式的应用的确有一定的行业适应性，如高科技行业，就比较适合统一的企业品牌模式，如 IBM、惠普、英特尔；家电行业也是如此，国内外知名企业普遍采取的是综合品牌模式，如日本的索尼、东芝、夏普、日立，还有国内的海尔、TCL、海信、长虹等。原因很简单，因为上述行业品牌的核心价值相对单一，消费者更多关注的是品牌背后企业的技术、品质，品牌比较容易延伸。而对于服饰而言，差异化、个性化的需求明显，往往适合使用多品牌模式，以满足消费者不同的心理需求。

但一般而言，品牌模式的选择与行业没有直接关系，关键在于遵循以下几条原则。

（1）企业不同的经营战略采用的品牌模式是不一样的。如果企业是多元化的跨行业经营，采用统一品牌模式就要十分慎重。总之，先要明确自己想干什么，然后再做品牌模式选择。

（2）企业的地位与实力不同，采取的品牌模式是不同的。如果企业是行业的龙头老大、实力雄厚，品牌模式的选择余地往往比较大，可以是统一品牌模式，也可以走多品牌模式。

（3）与竞争对手的品牌模式相趋同。如家电行业普遍采取统一品牌模式，品牌之间个性化差异就较少。

（4）现有品牌资产的多少决定了品牌模式。统一品牌模式、主副品牌模式和背书品牌模式均建立在一个成功的强势品牌的基础上，绝对不是异想天开。

品牌模式的选择与行业的相关性是很低的，品牌模式的选择取决于企业的经营发展战略、企业自身的地位和实力及竞争对手的品牌模式，更根本地在于现有品牌有多少或有多强的资产。

◆技能训练 11.2

训练背景

理解品牌的模式之后，结合教师所给的一些通信企业品牌的一些背景资料进行分析。

训练要求

以小组为单位，各选一个通信品牌，采取小组讨论的方式，讨论内容主要是品牌的模式选择。

任务 11.3 品牌打造

企业拥有、设计的品牌并不能使其自然而然地成长、出名，需要企业不断打造。多年来，针对品牌的打造，人们创出了数不清的方式，有用质量、广告、服务、公关的，也有用名人、赞助、事件的，更多的是多种手段的综合运用，但究竟如何系统地进行设计、定位、速成、管理品牌呢？这绝对是一整套的流水作业，而不仅仅是一次广告、一次公关就能完成的。

11.3.1 打造品牌的原则

打造品牌是一项艰巨而复杂的工程，必须采用多学科、多角度、多层次的方法，在科学的原则指导下开展。

1. 科学性原则

品牌的打造不是盲目的，只有用科学的方法、程序才可能成功，比如，打造品牌应注重市场调研，了解公众，了解品牌树立的对象，并及时反馈。

2. 个性原则

每个企业都有其不同的情况，如企业的人员素质、目标消费者、规模实力、社会声誉等不尽相同，品牌的外形、内涵、气质、个性等也会不一样，这种条件下就要求品牌打造者能具体问题具体分析，走出一条个性化的道路来。

3. 全面性原则

品牌打造涉及企业、广告公司、媒介、竞争对手、政府、消费者、社会公众、企业合作者，所以打造品牌时应充分考虑到各种关系的涉及者，综合衡量，其中最主要的是企业合作者、媒介、竞争对手和消费者。

4. 持之以恒的原则

品牌的培育绝不是权宜之计，品牌的打造也不是一蹴而就的，需要企业全体员工长期不懈的努力。为此，品牌打造的企业经营者及工作人员必须树立全局观念，从长远考虑，统筹安排，有计划地坚持不懈地进行。

11.3.2 打造品牌的流程

品牌打造作为一项艰巨而复杂的系统工程，不能简单行事，须遵循一定的程序或流程，如图 11－5 所示。

从图中可以看出，品牌的打造一般要经过对品牌相关内容的调研、制订品牌设计计划、品牌定位与设计、推广品牌、评估品牌效果这样几个步骤。下面对这一简要流程图进行说明。

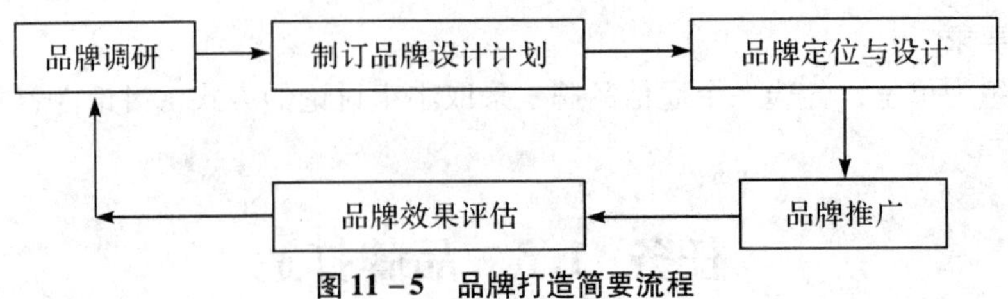

图 11－5 品牌打造简要流程

1. 品牌调研

品牌调研是指品牌打造的工作人员对企业的品牌现状进行了解，或者是对企业计划树立品牌相关内容的资料进行搜集。对已有品牌，主要了解企业品牌的知名度、美誉度、代表意义等，其意义在于明确企业预期的状况及实际品牌所处的状态，另外还需要了解员工的品牌意识及对该品牌的理解程度。而对企业计划树立的品牌，应了解企业声誉、品牌产品或服务的质量性能及其在同行业中的地位、目标受众对品牌的关注、何种因素对目标受众的品牌意识最具影响力等。总之，品牌调研是发现品牌系统存在的问题或影响因素并对其进行全面了解。

2. 制订品牌设计计划

通过品牌调研，在掌握了大量的情报资料、确定了品牌系统中存在的问题或影响因素之后，下一步工作就是制订品牌设计计划。

品牌设计计划有长期战略规划、年度工作计划、品牌项目设计工作计划，品牌设计计划的制订主要是确定品牌打造目标、设计打造方案、设计内容及评估预算。

3. 品牌定位

品牌定位是根据竞争者现有产品在细分市场上所处的地位和顾客对某些产品属性的重视程度，塑造出本企业产品与众不同的鲜明个性或形象传递给目标顾客，使该产品在细分市场上占有强有力的竞争位置。亦即塑造一种产品在细分市场上占有的强有力的竞争位置。

作为品牌外部视觉形象设计的“品牌设计”自然是全过程中的一个中心环节。没有顾客乐于接受的品牌外部视觉形象，就不能有效地进行品牌传播，诱使顾客购买品牌标定的商品，品牌整体定位就失去了意义。

（1）品牌名称设计。品牌名称是品牌构成中可以用文字表达并能用语言进行传播与交流的部分，品牌名称提供了品牌联想，最大限度地激发消费者的“直接联想力”，这是成功品牌名称的基本特征之一。埃姆（EMU）航空公司在澳大利亚开展业务以来，一架飞机都没有起飞，原因是当地人都知道，emu 是指鸸鹋，一种高大而不飞的鸟。日本三菱汽车公司在欧洲销售 Pajero（帕杰罗）越野车，由于该名称十分接近西班牙语中的“鸟”字，有卑鄙的含义，经历数月的麻烦后，只好改名为 Montero（圆猎帽）。我国茉莉花茶在东南亚一度不受欢迎，因谐音“没利”，后改名“莱莉”（谐音“来利”）就畅销了。

据调查，全美只有 12% 的品牌名称对销售有帮助；有 36% 的品牌名称对销售有阻碍；而对销售谈不上贡献者，则高达 52%。品牌名称作为品牌的核心要素会直接导致一个品牌的兴衰。

1）品牌名称设计的类型：

①按品牌文字类型划分，品牌名称可分为文字品牌名和数字品牌名。

文字品牌名，中文的如家乐福、奔驰、可口可乐，外文的如 ONLY、ESPRIT，拼音的如 Haier、TAHAN。

数字品牌名容易为全球消费者接受，但也要考虑各国对不同数字含义的理解。如 G2000、999 胃泰、555 香烟等。有些国家的人们对数字有忌讳与喜好之分，如欧美普遍忌讳 13，也不喜欢 6（尤其 666），日本忌讳 4 和 9（日语发音同“死”和“苦”），喜欢 8，韩国同样忌讳 4，中国也忌讳 4，但喜欢 6、8、9。例如，美国销往日本的高尔夫球最初是 4 个一套，很长时间无人问津，后来经调查才知道问题出在数字上。另外，有些国家送礼喜欢成双成对，有些国家送礼则喜欢单数。

②按品牌名称的字意来源，品牌名称可分为企业名称品牌名、人物名称品牌名、地名品牌名、动物名称品牌名及植物名称品牌名。企业名称品牌各有全称式和缩写式两种。全称式如摩托罗拉、索尼，缩写式如 IBM、GE、TCL、LG、NEC。人物名称品牌名如东坡肉、张小泉。地方名称品牌名如青岛啤酒、西湖醋鱼。动物名称品牌名如凤凰、小天鹅、鳄鱼、金丝猴。植物名称品牌名如 APPLE、草珊瑚、牡丹。

2）品牌命名的原则：企业要确定一个有利于消费者认知、能传达品牌发展方向和价值意义的名称，需从市场营销、法律及语言三个层面遵循以下原则。

①市场营销层面：a. 暗示产品利益，如汰渍洗衣粉、健力宝、奔驰、金嗓子喉宝。b. 具有促销、广告和说服的作用，如蒙牛“随便”雪糕。c. 与标志物相配。d. 与公司形象和产品形象匹配，如养生堂。e. 适应市场环境原则，如金利来。

②法律层面：a. 具有法律的有效性。通过有关部门查询是否已有相同或相近的名称被注册，或向有关部门或专家咨询是否在商标法允许注册的范围内，如小南京和小蓝鲸。b. 相对于竞争的独一无二性。

③语言层面：a. 语音易读。容易发音，读到听到时令人愉快，以单一的方式发音。b. 语形简洁。名字单纯、简洁明快、易于交流、含义丰富。c. 语言标新立异，如 SONY、KODAK。d. 语义启发积极联想。国内品牌如春兰空调、孔府家酒、杏花村、美加净，国外品牌如 Coco Cola——可口可乐，Benz——奔驰，雀巢——比喻舒适、偎依，AVON——雅芳。

【案例 11－2】

SONY 创业之初有一个不太吸引人的名称“东京通信工业”，创办人盛田昭夫与井深大有感于 RCA 与 AT&T 这样的名字简短有力，决定将公司名字改成四五个英文字母拼成的名字。这名字要用作公司名称与产品品名，所以一定要令人印象深刻。

经过长期的研究，盛田与井深觉得拉丁文 SOUNDS（表示声音之意）还不错，与公司产品性质相符合。他们将它英语化，受到盛田先生最喜欢的歌“阳光男孩”（Sunny Boy）的影响，改成 Sonny，其中也有可爱之意。但是日文发音的 Sonny 意思是“赔钱”，为了要适合日本文化，把第二个“n”去掉，SONY 的大名终于诞生。它念起来像英文又不是英文。

【分析提示】

选用从字典里找不到的名字，后来证实是先见之明。一来其他厂商绝对不会使用，二来全世界都不会有商标重复的问题。

3）品牌命名的策略：

①目标市场策略。该策略以目标消费者为对象根据目标市场的特征进行命名。如太太口服液、富康汽车。

②产品定位策略。该策略以产品特征为焦点，让品牌名称立足于产品本身的功能、效应、利益、使用场合、档次和其所属类型，其好处是使消费者从中领会到该产品的功效。如海飞丝、舒肤佳。

③描述性与独立性策略。取用一些独立的带有描述性的字或词来随意地拼凑品牌名称，在不经意间达到意想不到的效果。如 Coco Cola 。

④本地化与全球化的选择策略。在执行上，更多采用的是“全球思考，本土执行和全球兼顾当地”的做法。全球品牌命名策略首先考虑如何是品牌名称适合适当地，在全球推广时，可采用另起名或翻译原有名称的方法。如 Coco Cola，从科科啃蜡到可口可乐；Benz，从本茨到奔驰。另一种方法是从一开始就选择一个全球通用的名称。如Acer、Sony。

4）品牌命名的程序：现代品牌命名是一个科学、系统的过程，专业化的企业品牌命名一般遵循以下过程：提出方案⟶评价选择⟶测验分析⟶调整决策。

（2）品牌标志设计。品牌标志是指品牌中可以被识别、但不能用语言表达的部分，即运用特定的造型、图案、文字、色彩等视觉语言来表达或象征某一产品的形象。品牌标志分为标志物、标志色、标志字和标志性包装，它们同品牌名称等都是构成完整品牌概念的基本要素。

1）品牌标志的作用：

①品牌标志形象生动更易识别。如：

Audi

②品牌标志能够引发消费者的联想。如：

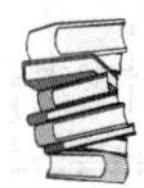

③品牌标志便于企业进行宣传。如：

Haier 海尔　Haier

真诚到永远

2）品牌标志设计的原则。在品牌标志设计中，除了最基本的平面设计和创意要求外，还必须考虑营销因素和消费者认知、情感心理。这些方面构成了品牌标志设计的五大原则，即营销原则、创意原则、设计原则、认知原则和情感原则。

①营销原则。从营销的视角，品牌标志的设计要以产品特质为基础，准确传递产品信息，彰显品牌利益，体现品牌价值和理念，传递品牌形象。如我国航空公司多以飞翔类动物图案作为标志：

②创意原则。品牌标志设计须简洁、新颖 独特、一目了然，给消费者强烈的视觉冲击。标志要别出心裁、富有特色、个性显著。如：

③设计原则。在线条和色彩搭配上应遵循布局合理、对比鲜明、平衡对称、清晰简化、隐喻象征恰当的原则。如：

④认知原则。品牌标志在图案和色彩上的运用要做到简洁明了、通俗易懂、鲜明醒目、容易记忆，并符合消费者的风俗习惯和审美价值。如：

⑤情感原则。品牌标志要具有浓郁的现代气息、极强的感染力，给人以美的享受，使人产生丰富美好的联想。如：

3）品牌标志设计风格：

①现代主义风格。基本理念是：强调和谐统一、“装饰即是罪恶”“简单就是美”“美在比例”“越少就是越多”。

②后现代主义风格。理念是：强调感官愉悦、随心所欲、漫不经心，注重的是暂时性、片刻性、不严肃、不经意、无关联性。

4）标志色的运用。在品牌设计中，色彩的选择需考虑商品、对象、季节、文化和时代等特点。

4．品牌推广

品牌目标确立、品牌设计完毕之后，就要对品牌加以推广。品牌推广指综合运用广告、公关、媒介、名人、营销人员、品牌质量等多种要素，结合目标市场进行综合推广传播，以树立品牌形象。品牌推广中善于利用广告、公关等宣传手段，也要善于利用名人、事件等推动因素，把握品牌质量、品牌服务，树立长远发展战略。

5．品牌效果评估

品牌效果评估与品牌调研这两个阶段的工作有相同之处，要利用市场调研搜集资

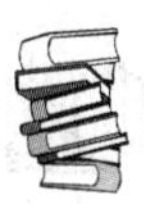

料、获取信息，并且这两个阶段的工作首尾相接。品牌效果评估的主要工作内容是了解品牌打造工作是否按期、保质的完成，是否达到了预期的效果。经过评估工作，还要确定工作中的问题，是否需要对品牌进行二次打造，是否开展二期工程。

这套品牌打造的简要流程比较概括地介绍了品牌打造的操作工序，其中有许多深入、具体的工作还需要实际操作者认真体会、把握，并适当灵活运用。

◆技能训练 11.3

训练背景

Up 新势力是中国联通为了满足 15～26 岁目标用户的通信需求，推出的针对青少年人群的第一个客户品牌。通过对目标用户市场的深度发掘，培育最有潜力用户市场，为中国联通积累成长中的中高端客户资源。

训练要求

以小组为单位，通过网上资料搜集、市场调查结合联通 Up 新势力的品牌设计，讨论其成功打造品牌的原因。

项目总结

通过品牌剖析、品牌模式的选择、品牌打造等任务的学习，学生应该能理解品牌策划的思路，基本掌握策划的方法。而联通的品牌策划项目也会因三个任务的完成而完成。

联通品牌策划案

联通的 Up 新势力品牌命名

Up 新势力的意思是驱动社会进步的新生力量，核心精神是 Up，表达了他们在成长过程中不断学习、不断进步的信念，也是年轻人的主流人生价值取向。

Up：英文“向上”的意思。年轻人中的流行标志，表示“好的、向上、赞同”，代表年轻人心目中的成就感和集体认同感。

势力：一种强大的不可阻挡的力量或潮流，体现年轻人需要“力量、自信”、希望“被认同、被重视、被关注、有影响力”的愿望。

U－Power：代表来自 Unicom 的力量把 Up 新势力“年轻人的力量”凝聚在一起，形成推动社会发展的新生势力。

联通 Up 新势力的品牌标志设计

一、形象面

元素：采用自然界基本形态之一的“方形”作为主要元素。

理念：在倡导秩序与和谐的原则下，在无限发展的平台上，自由创造、自由组合。

设计：自主、创新的视觉表现充分张扬了Up的核心精神。

二、色彩面

红色：作为主基调充满活力，积极向上，具有强烈的视觉冲击力，是革命、革新者的代表。

黑色：沉稳和包容性的代表。它表现了Up新势力的理性的一面。

黄色：少面积的黄也为整体构成添加了阳光活跃的气氛。

联通Up新势力的品牌定位

Up新势力立足于目标用户的个性面，打造了自主、时尚、尽情表达自我、反叛的品牌形象，强调用户属性的多面性，以一种包容性的创新品牌形象诠释积极、自信、分享的主张，以主流的文化加以“皮索文化”全新演绎。

Up新势力不仅满足用户的通信需求，同时针对目标用户成长过程中不断变化的需求，提供DIY服务平台，提出不断通信升级、人生升级的创新概念，在Up装备（业务组合）中划分级别，并与Up新势力俱乐部等不同权益相关联。

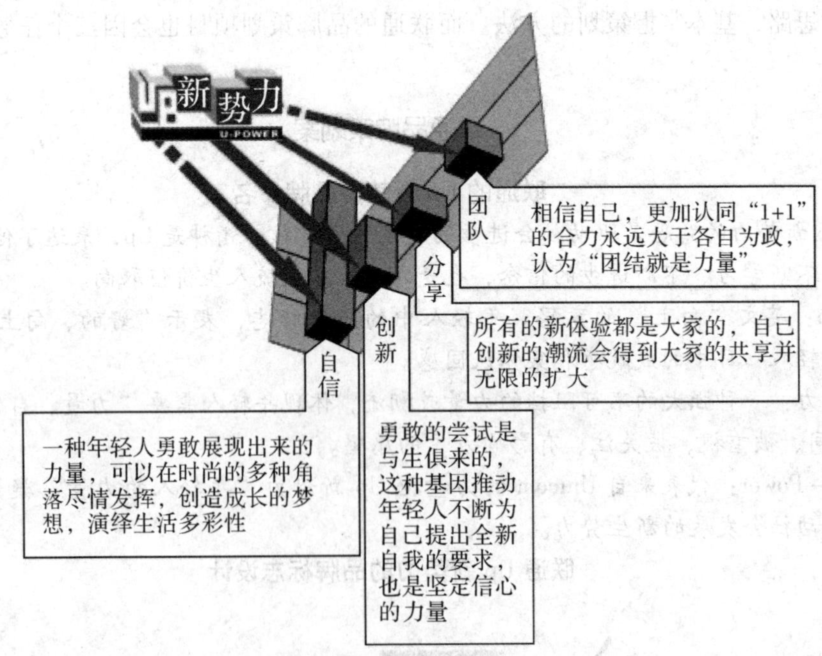

联通新势力的品牌推广

联通新势力的品牌推广对象为15～26岁的青少年，他们是高中生、大学生，刚工作不久的年轻人。

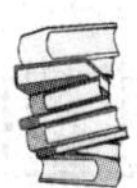

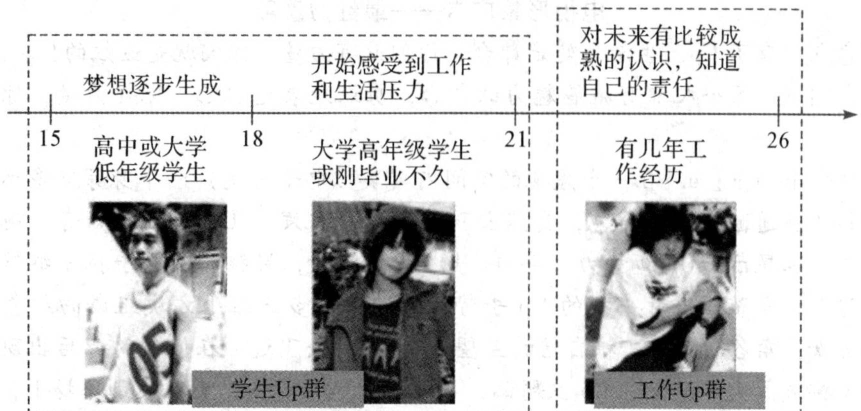

其传播目标为：a. 快速建立Up新势力的知名度和好感度，以自身的品牌形象及服务差异性赢得目标用户的认可。b. 塑造Up新势力品牌个性与主张，建立成一个最受年轻人欢迎的通信品牌，创造青少年成长的沟通体验文化。c. 通过Up新势力品牌文化的建设，为中国联通整体品牌形象注入年轻活力，提升公司“引领通信未来”的整体品牌形象。

其传播手段主要是：

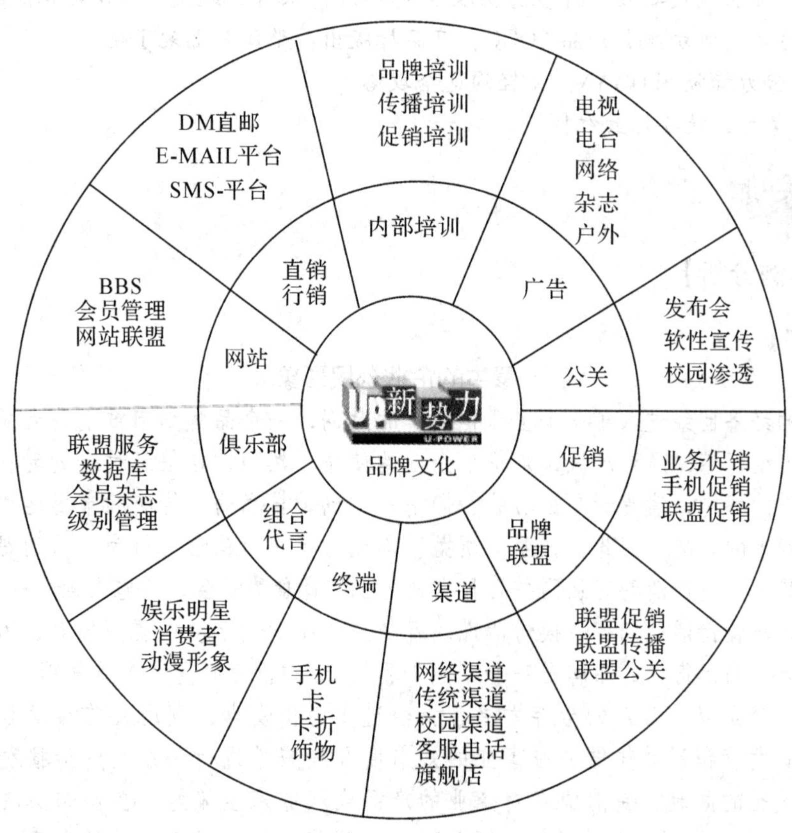

电视形象广告——最红力量篇

创意点：有了 Up，生活处处是舞台，你们最有力量，你们就是最红的！

创意阐述：每个人都有施展魅力的舞台，勇敢地表达自己，爆发力量，你们就是最红的！

具体情节如下：a. 在一个虚拟的空间内（类似电子游戏）两个身穿紧身运动服的男孩女孩正在通道中向前奔跑，突然女孩手中的手机发出 Up、Up 的声音，她一点按键，手机屏幕显示“Up 新势力”字样。b. 镜头拉开，男孩和女孩手拉手继续向前奔跑。切男孩、女孩摆出箭头型的 Up 手势，随即由许多三维小方块组成的红色箭头飞出。切男女主角各自拿着手机自信的互望着。c. 箭头飞过，在他们的身后出现了许多男男女女排成箭头阵，合着 Up 主题曲，在跳着 Up 舞蹈。d. 箭头飞到球场上，控球的男孩穿梭在人群中。突然男孩原地运球，（自信的表情）蓄势待发状。在男孩跺地起身的一刹那，箭头分解成很多方块托起了飞身上篮的男孩，在热情助威的人声中，男孩一个漂亮的扣篮。然后切篮球手自信的摆出 Up 手势。（配音：我是 Up 新势力，我是最红的“篮球飞人”！）e. 箭头飞到正对着镜子练习唱歌的年轻女孩上方。女孩边唱，边摆出 Up 手势。瞬间，焕然一新的女孩便在方块组成的舞台上尽情高歌，下面是欢呼的人群。女歌手调皮地摆出 Up 手势。（配音：我是 Up 新势力，我是最红的“Super Star”！）f. 箭头飞过之处，许多男男女女都排成箭头阵，跳起了 Up 舞蹈。g. 箭头分解成许多方块，方块组成产品 LOGO，产品标版出，整体向上跳了跳。

Up 新势力标版 SLOGAN：年轻沟通全攻略

Up 新势力，就要你最红！

综合实训

【案例分析】

案例 1：

蒙牛的企业公民形象

如今的经济已经进入了一个全球化竞争的时期，一个品牌如何被消费者关注，如何让消费者产生好感，乃至忠诚，是每个企业的使命。然而，在信息过剩的时代，面对信息无孔不入的环境，消费者是被动的、懒惰的，也是自私的，传统的市场运作已经不足以引起消费者的兴趣。因此，企业必须抛开单纯为销售而销售的行为，从消费者的心智出发，搭建一个能让消费者认同并且具有社会公信背景的平台，实施人性化的营销活动，让公益行为与营销活动捆绑。换句话说，就是企业在营销活动中要为社会、为消费者多做好事，让人们记得你的品牌是一个“热心肠”。这种行为便是“公益营销”。

公益营销是以关心人的生存发展，社会进步为出发点，利用公益活动与消费者沟通，将品牌的营销活动凭借公益事业的知名度和权威性进行一系列的传播和扩散，在产生公益效益的同时，使消费者对企业的产品或服务产生偏好，在作购买决策时优先选择该企业产品的一种营销行为。因此说，公益营销的前提条件是社会责任，而公益营销的基础则是公益活动。

公益营销以高曝光、低成本的态势使品牌在特定目标群体中获得知名度和美誉度。据调查，86%的消费者认为具有公益行为的公司具有更为积极的形象，90%的员工为本公司的公益行为感到骄傲。

蒙牛乳业正是抓住了这一关键点，从起步到发展壮大，每个成功的环节无不渗透着公益行为，正是蒙牛的公益行为，使得蒙牛在短短的几年时间内从排名后几位的企业，突破一个个竞争对手，一跃成为全国最强势的领军品牌，让“一头牛跑出了火箭的速度”，完成了其他企业用几十年才能完成的目标。

1999：一开始就不同凡响

1999 年成立之初的蒙牛在呼和浩特市一夜之间就推出 500 多块户外广告牌，上写“发展乳品行业，振兴内蒙古经济”“千里草原腾起伊利集团、兴发集团、蒙牛乳业、塞外明珠耀照宁城集团、仕奇集团、河套峥嵘蒙古王、高原独秀鄂尔多斯、西部骄子兆君羊绒……我们为内蒙古喝彩，让内蒙古腾飞”。蒙牛在广告费非常有限的时候，不是马上宣传自己的产品，而是反过来关心内蒙古的城市发展，这是蒙牛精心做的捆绑插位，用公益的行为博得大众和社会的认可，令自己一出世就不同凡响。

蒙牛深知一个企业的发展离不开社会发展的道理：企业在自身发展的同时，如果以实际行动回报社会，在市场竞争中自觉承担相应的社会责任，会得到国家各级部门的支持，使企业非常容易在公众中获得高信任度和知名度，这对企业的品牌来讲是一笔无形的资产，会让品牌产生更大的魅力。

蒙牛老总牛根生曾经说过“不要看我们地方小，小地方的人不想则已，一想便是全国的大事”，且不看他是“小地方人还是大地方人”，仅凭借一句“想的便是全国的大事”，就足以证明蒙牛从起步便具有公益基因；也正是牛根生的公益意识，蒙牛才打破常规，称呼自己的竞争对手为“队友”，使得“质量就是生命，产品就是人品”的企业理念在每个员工心目中生根发芽，也就是说蒙牛从内到外、从起步到壮大，将公益行为遍布企业发展的每个角落。

当然，公益营销中的公益活动并不是单纯的慈善事业、捐助事业，公益活动必须让消费者能够感受到品牌的存在，触摸到产品的品质，让消费者在意识中把品牌与公益行为牢牢地联系在一起；很多企业都在用公益营销，但很少有企业能像蒙牛这样运用得恰到好处，蒙牛从“捐助 2008 奥运会”到目前“向 500 所贫困地区小学赠奶”，可谓一步一个脚印将蒙牛的营销活动与公益活动结合起来，既树立了品牌形象，又促进了产品销售，可谓名利双收。

2001：赞助中国“申奥”成功——掷地有声

“好风凭借力，送我上青云”，借势升天贵在抢占时机。2001 年炎热的夏季，众人的目光都聚集在“申奥”事件上，奥运会历来是商机无限，刚刚起步仅两年的蒙牛瞄准了这一千载难逢的时机，打算借助“申奥”的东风为“奥组委”捐助 1 000 万元，打响在全国市场的第一炮。

蒙牛当时的想法是：既然要借公益活动提升品牌，就必须抢占最佳资源，做中国“申奥”成功后的第一个捐款品牌，可以最大程度地提升品牌价值；那么，何时捐款最好？捐得太早了吸引不了消费者的注意，捐得太晚则让别的品牌抢占先机，可能前功尽弃；因此，经过慎重推敲，蒙牛将捐款日定在了2001年7月10日，此时“奥组委”即将成立，并且距离“申奥”成功的7月13日仅仅提前3天，正是万众瞩目，翘首以待的时候，蒙牛此时出招，可谓是将传播效果最大化了。

古语说“师出有名”。蒙牛当时想了一个恰到好处的捐款理由：内蒙古和林格尔盛乐经济园是蒙牛的大本营，在1999年蒙牛成立之初是一片荒地，是北京市西城区对口帮扶捐资100万元，启动了盛乐经济园区，可以说蒙牛与盛乐经济园区是同步发展起来的，蒙牛正是借助这个渊源，喊出了“北京援我100万，我助北京1 000万！”的口号。滴水之恩，涌泉相报！蒙牛在这个时候捐款，让人们感觉到了中华民族“知恩图报”的传统美德。

想要将公益行为的价值最大化，必须将蒙牛此次捐款与消费者联系起来，让消费者在蒙牛的公益活动中感受到蒙牛的品牌价值。因此，蒙牛打出了“一厘钱精神，千万元奉献”的旗帜，意思是蒙牛在每袋牛奶、每根雪糕的销售收入中各提取一厘钱，累计提取1 000万元，分期分批捐给“奥组委”，这样，蒙牛的公益行为就天衣无缝的与消费者联系在了一起，让每个购买蒙牛产品的消费者感觉到为“申奥”做了贡献，既体现了消费者的个人价值，又升华了蒙牛品牌形象，可谓一箭双雕。

2001年7月10日，距揭晓2008年奥运会主办城市的时间还有3天，蒙牛乳业豪迈地向世人宣布：北京申奥成功，蒙牛捐款1 000万元！一时间，万人瞩目：蒙牛的势力如此之大！

在信息发布之时，蒙牛举行了新闻发布会，并进行了公证。同时，向中国奥林匹克运动委员会致信，《光明日报》《经济日报》等几十家媒体对此做了报道。早在2001年4月份，蒙牛已在深圳发动“万人签名”活动——“神州共申奥，鹏程大签名”，7月10日蒙牛在呼和浩特再次发动“万人签名”活动，自治区主管工业的副主席也亲自参加了签名。2001年7月13日，北京“申奥”成功，呼和浩特人民政府向北京发出贺电，贺电强调了蒙牛的助奥承诺，第二天中央人民广播电台播发这一贺电。

此后，蒙牛在《北京晚报》《南方周末》等全国40多个城市的主力报纸上，做了《一个“两岁半的孩子”为何向奥运捐款1 000万元》的软性宣传。一时间，“蒙牛旋风”席卷大江南北，“一个两岁半的孩子”与“捐款1 000万元”形成强烈反差，在社会上产生了极大的舆论效应。电话一个接一个，一些人感动之余，还情真意切地给公司寄来了信件。自此，消费者更深入认识了蒙牛，蒙牛的品牌价值得到了提升。2001年7~12月蒙牛的销售额直线上升，是2000年同期销售额3倍还多！

2003：与国家共同抗击“非典”——要做最好

2003年的春天是灰色的，“非典”肆虐，人们笼罩在“非典”的阴霾之下，生活在极度恐慌之中。人们开始意识到身体健康的重要性，而牛奶作为增强体质、具有免疫力的营养食品一下子成了紧俏货，北京的乳品市场抢购成风。如果此时提升牛奶价格，人们不会计较，对看重销售量和利润增长的乳品企业无疑是绝好的机会。蒙牛抓住了机会，但超出了人们常规思维。蒙牛不是提升价格，而是禁止经销商涨价，并且严厉规定违者开除或者终止其经销权。

蒙牛的此招正是“欲擒故纵”，蒙牛为了长远利益发展，利用“非典”事件让消费

者对蒙牛品牌产生认同感。事后证明，蒙牛的品牌形象历经“非典”之后确实得到了大幅度提升。

在“非典”时期，很多企业纷纷停下广告，因为再做投入也是徒劳无功的；而蒙牛不但没有撤下广告，反而加大投放量，增大了公益广告的力度，提醒大众关注健康的意识。2003 年 4 月 21 日，蒙牛向国家卫生部率先捐款 100 万元，成为卫生部红榜上中国首家捐款抗击“非典”的企业，同时拉开了其他企业捐赠的序幕；蒙牛历来的风格是：春来我叫第一声，要做就做得最好，要做“火种”，而不是等待点燃的“木炭”。

此后，蒙牛陆续向全国 30 个城市的医务工作者和消费大众捐款 900 万元，捐奶价值 300 万元；“非典”后期，蒙牛又发出了“向人民教师送健康”的倡议，向全国 17 个城市的 125 万名教师，每人赠送牛奶一箱，总价值达 3 000 万元。针对这一系列举动，蒙牛的解释是：“急大家之所急，想大家之所想。”正是蒙牛的这些举动将蒙牛品牌与消费大众紧密地联系在一起。蒙牛在“非典”期间的公益行为，在社会上引起巨大的反响，蒙牛再一次成为媒体竞相追逐的焦点。当时蒙牛在各大媒体的报道是“全国首家资助非典防治工作企业”。“非典”过后，效果立竿见影，蒙牛被公认为有公益责任心的社会企业，再次成为消费者首推的乳业品牌。

2003：搭乘“神五”一起腾飞——垄断资源

2003 年“神舟五号”飞船载人航天，这在我国发展史上是开天辟地的大事，是中国期盼已久的事情，国内外的媒体都在竞相关注着“神五”。如果将“神五”与营销进行捆绑，并且将其垄断，无疑是一次空前绝后的机会。谁率先拥有这个资源，谁就抢占了制高点，蒙牛又做到了。

2003 年的 4 月，蒙牛被确定为“中国航天员专用牛奶”，但一系列的条件限制，这一信息在“神舟五号”载人飞船成功发射直到航天员顺利返回地面之前，不得对外宣传。对蒙牛来说并非一件坏事，“不鸣则已，一鸣惊人”，等限制解除的那一刻，就是“爆炸式”信息传播之时，对消费者来说更具冲击力。

时机已经成熟，必须确定传播的内容，内容要传递蒙牛的品牌内涵，还必须与消费者产生互动。首先，我国首批航天员候选者共 14 人，全部是万里挑一的空军精英，他们的身体无比金贵。蒙牛牛奶是经过层层筛选才被确定为“中国航天员专用牛奶”的；其次，“神五”上天又说明中国已经强大起来了。因此，蒙牛将口号定为“蒙牛牛奶，强壮中国人”，既体现蒙牛作为民族品牌为中国的航天事业尽心尽力，又为蒙牛牛奶作为“航天员专用牛奶”作宣传。另一口号“举起你的右手，为中国喝彩”同“蒙牛牛奶，强壮中国人”的品牌信息紧密结合，由此树立起一个具有民族内涵的品牌形象，从而提升了蒙牛的品牌魅力，增大了品牌的知名度，升华了品牌的美誉度。

此次公益活动将公众的关注点、事件的核心点、品牌的诉求点结合在一起，三点一线贯穿一致。这不但给蒙牛注入了新的品牌内涵，更增加了蒙牛的爱国心、公益感和责任感，同时向消费者传达了蒙牛产品品质值得信赖的品牌信息，等同于用航空食品的严格标准来证明蒙牛产品的健康和营养，有力地推动终端销售。

2003 年 10 月 16 日早上 7 时“神舟五号”一落地，门户网站第一时间出现了蒙牛的广告，9 时左右蒙牛在中央电视台的广告成功启动。中午 12 时，所有电视广告、路牌广告也都相继在北京、广州、上海等城市实现了“成功对接”，全国30多个城市的候车厅被蒙牛的广告占据。蒙牛的所有户外广告做了四个版本：女性版、男性版、儿童版、老人版。同时，印有“中国航天员专用牛奶”标志的蒙牛牛奶相继出现在全国的各大卖场。

“蒙牛牛奶，强壮中国人”和“蒙牛牛奶，航天员专用牛奶”的口号，仿佛一夜间充斥着整个城市的大街小巷；杨利伟和蒙牛都吸引了所有媒体的注意，可以说蒙牛这一次赚足了社会公众的眼球。从2004年1月起，蒙牛液体奶销量已经连续30个月居全国奶类销量之冠。

2004：蒙牛为奥运健儿“加奶”——竞争升华

经过2003年的一系列举措，蒙牛当年销售收入40.71亿人民币，同行业排名第三位，蒙牛成为了行业的佼佼者。品尝到公益活动带来的甜头后，蒙牛在2004年春天又牵手奥运冠军。在蒙牛的努力下，国家体育总局训练局选定蒙牛乳品为国家体育总局训练局运动员的特供食品，蒙牛利用奥运冠军又进一步提升了蒙牛品牌的形象。

2005年4月12日，奥运冠军张军、李娜、张怡宁、罗玉通等出席了新闻发布会，会议现场将配置的“牛奶套餐”送到了每一位国家运动员的手中，大家一起喝下蒙牛牛奶。蒙牛老总牛根生现场做了《平时加杯奶，赛时更精彩》的主题演讲。蒙牛的这些行为是从消费者的心理出发，让运动员多喝牛奶，为中国夺得更好的成绩，更深层次的目的是提醒消费大众多喝牛奶，强健身体。此后，上百家媒体陆续刊登了奥运冠军与世界杯冠军“示饮”蒙牛牛奶的场面。

从此，蒙牛产品成为中国运动员每天必不可少的食品，其宣传成为其拉动销售的有力武器。让消费者对蒙牛产品品质产生信赖感，使消费者从心底对蒙牛产生了一种崇敬，“支持奥运、支持奥运健儿就选蒙牛”的心理暗示为蒙牛带来了可观的销售并赢得了消费者的好感。

2004年，蒙牛的销售收入比上一年增长了近一倍，同行业排名第二位。

2006：响应总理号召全国捐奶——持续升级

公益营销并不是一个个简单的公益活动的叠加，而是通过一个个公益活动的持续，产生1+1>2的效果，也就是说公益营销是一个整体系统工程，贯穿企业整个营销环节。

蒙牛正是基于此观点，抓住了一次又一次的机遇。进行公益行为的同时，赢得了口碑，也赢得了利润。

2006年4月份，温家宝总理在重庆考察时说：“我有一个梦想，让每个中国人，首先是孩子，每天都能喝上一斤奶。”这实际体现了温总理对全国人民身体健康状况的关心，希望中国人的饮奶习惯普及化，让人们更多的摄取牛奶、增加营养，强壮身体素质。

蒙牛首先响应国家领导号召，提出“每天一斤奶，强壮中国人”的口号，在全国范围内进行了有史以来最大的一次捐奶助学工程，蒙牛为全国500所贫困学校的贫困学生免费提供一年的牛奶，折合人民币上亿元。蒙牛连同政府部门、科研机构、行业协会将一起创造一个中国健康史的里程碑，在人们意识到牛奶的价值之后，想必会有

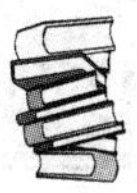

更多的人去响应“每天一斤奶”的号召，势必会引起全国公众的饮奶“大行动”。再次选对时机的蒙牛不成为最大的赢家，又有谁人可以呢？

依据蒙牛的说法，城市多喝一杯奶，致富农村一家人。尽管对大多数城镇家庭而言，牛奶已经不是一个奢侈品。但中国 80% 的人口在农村，农村居民年均乳制品消费量仅有 2 千克，中国农村还有 2 600 万人属于绝对贫困人口，近 5 000 万人刚刚脱贫，城市也有 2 200 万人由政府提供着最低生活保障。如果人均一斤奶，就能达到发达国家的平均水平，如果孩子人均一斤奶，就能达到亚洲先进国家的平均水平。

从蒙牛的言论和行为中，透露出蒙牛对奶农、对消费者、对社会、对国家的关心和支持，也正是蒙牛从消费大众的利益出发，回避了“王婆卖瓜，自卖自夸”的传统思维。从为“捐助奥运”到“全国赠奶”，用蒙牛的话来说，“蒙牛一直在为中华民族的强壮事业努力着”，“强壮中国人、愿每一个中国人身心健康”成为了蒙牛乳业经营的宗旨，正是这些举措才使得蒙牛一次次成为消费者关注的焦点，一次次赢得消费者的信赖，让蒙牛从“一无工厂，二无品牌，三无市场”的企业发展到今天的行业冠军。

蒙牛从诞生开始就把自己定位为西北最大的造饭碗机器，而非赚钱的机器。蒙牛拥有员工 6 000 多人，辐射百万农民，影响着上亿消费者，目光深邃的蒙牛正是鉴于公益行为之上，才得以如此的根深蒂固。企业行为如同人品，而企业的人品正是品牌最本质的企业使命，离开这条，品牌将会成为虚无缥缈的海市蜃楼。拥有与人类精神文明相符合的企业宗旨，企业才能左右逢源，在公益营销平台上所向披靡的保证，更是企业长盛不衰的根本。

由此可见，企业做了什么不重要，重要的是消费者认为你做了什么，不管企业多么强大，也不管产品多么优质，做公益营销就是要“赢心”，赢得消费者的心，品牌就能胜出。

案例讨论：

（1）蒙牛品牌的价值是什么？

（2）蒙牛的品牌传播给你什么样的启示？

案例 2：

世界上最好的工作

2009 年 1 月 10 日，全世界各大媒体几乎在同一时间报道了一条消息：澳大利亚昆士兰旅游局将在全球范围内招募一名大堡礁看护员，工作时间自 2009 年 7 月 1 日开始，为期半年，薪水 15 万澳元（约合人民币 70 万元）。申请人只要制作一个长度不超过 60 秒钟的应聘视频，并于 2 月 22 日之前上传就可以了。评选小组将结合网络投票的结果，挑选 16 名候选人前往澳大利亚参加面试，最终决出一名优胜者。他（她）的职责包括探访大堡礁附近的诸多岛屿，亲身体验各种探险活动（包括扬帆出海、划独木舟、潜水、海岛徒步探险等），以及担任兼职信差（借机从空中俯瞰整个大堡礁），并把自己的亲身经历以文字和视频的方式记录下来，并上传至博客。

一边玩一边挣大钱，听上去很美是吧？昆士兰旅游局干脆把这个职位称作“世界上最好的工作”。在金融危机席卷全球的时代，这个称谓吸引了很多人的关注，应聘网

站在开通后的第三天就因为登录者太多而瘫痪了。最终英国人34岁的绍索尔在16名决选入围者中脱颖而出。

绍索尔将在大堡礁工作6个月，在这个旅游天堂游泳、潜水、驾帆，然后通过文字博客、照片和视频介绍他的体验。除"巡视"大堡礁外，他还要喂鱼、接收信件和清理游泳池。他的劳动可换得15万澳元（约合11万美元）收入。

这份面向全世界招聘的工作已在全球刮起了应聘热潮，美国《纽约时报》、英国《独立报》等都对这份令人难以置信的工作进行了报道。最初这项推广案媒体预算只有120万美元，却得到总值超过1亿美元的媒体报道；56天内，网站得到6 849 504次浏览。全世界有201个国家和地区的34 684名求职人申请这份工作。"世界上最好的工作"（THE BEST JOB IN THE WORLD）获得了戛纳营销类全场大奖，而同在开赛的第一天，又获得了戛纳首次设立的公关类的全场大奖和4尊象征荣誉的金狮子。

联合国教科文组织早在1981年就把大堡礁列为世界自然遗产，这里每年都会吸引200万游客前往参观。不过，大多数前来参观大堡礁的游客都会把昆士兰北部小城凯恩斯（Cairns）当作基地，很少有人知道昆士兰外海还散布着一群小岛，更适合作为参观大堡礁的跳板。那份"世界上最好的工作"的工作地点，就位于其中开发得最好的汉密尔顿岛（Hamilton Island）上。

从昆士兰州首府布里斯班（Brisbane）坐一个半小时的飞机，就可以抵达汉密尔顿岛。从机场租一辆高尔夫专用小车，沿着柏油马路蜿蜒而上，行至半山腰，一幢棕色小屋出现在眼前，门上写着"蓝色珍珠"（Blue Pearl），这就是昆士兰旅游局为最终的优胜者准备的住处。这是一间有3个卧室的屋子，宽大的露天阳台正对着辽阔的南太平洋，洋面上是几个绿油油的原始小岛，看不出有任何人类活动的痕迹。

这几个岛属于降灵节群岛（Whitsunday Islands），该群岛一共包括74座岛屿。这个群岛最早是在1770年6月4日被航行至此的英国探险家詹姆斯·库克（James Cook）船长首先发现的，那天正好是基督教的节日"降灵节"，这就是岛名的来源。

这74座岛屿原本都无人居住，如今大部分岛屿均属于澳大利亚政府所有，并被作为自然保护区保护了起来。只有8个岛被私人买下，并被开发成了度假胜地。汉密尔顿岛是其中唯一有机场的岛，因此成了游客最多的中转站。虽说如此，岛上仍然有70%的面积都被天然原始森林和灌木覆盖，除了旅馆和几间小店之外看不到其他建筑。对于那些习惯了和当地人彻夜开派对的度假者来说，汉密尔顿岛会让他们很不习惯。这个岛没有土著居民，沿途见不到兜售纪念品的小贩，却有很多海鸟大大方方地在你身边觅食。岛上没有夜生活，晚上22时以后就几乎听不到任何人类制造的声音了，和马尔代夫、普吉岛和巴厘岛这些喧嚣的东南亚旅游胜地形成了鲜明的反差。

案例讨论：

（1）大堡礁的品牌内涵是什么？

（2）大堡礁的品牌传播方案你认同吗？为什么？

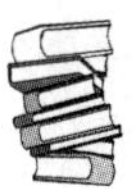

【实训操作】

1．实训目的

通过本次实训，帮助学生掌握品牌打造的方法，培养学生的综合素质。

2．实训组织和要求

将班级学生划分为若干项目小组，小组规模一般是 3 ~ 5 人，以实地调查为主，与图书馆、互联网查找资料相结合得出相关资料，集体讨论、分析，以报告形式得出结果，最终由指导教师点评。

3．实训内容

中国儿童产业市场被公认为世界最有商业机会和盈利空间的市场，而国内尚未有一家成熟的能够将教育、餐饮与娱乐巧妙结合的儿童饮食机构。现阶段家长对孩子的健康饮食和先进教育有了更高的要求，并且也更加关注自己与孩子两代之间关系的健康发展，而郑州市场尚未出现一家专属于儿童的主题餐厅。针对这种状况，设计一个儿童餐厅品牌，并对品牌进行策划。

附录 1

鹤壁市憩仙居生态园营销策划方案（2010 年）

（建议稿）

目　录

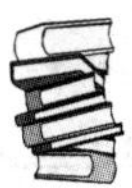

二、市场定位

1. 区域定位

2. 客户对象

3. 客户分级

三、产品策略

1. 墓穴

2. 骨灰堂（骨灰寄存）

3. 特色园区

4. 产品卖点

5. 丰富多样的墓型

四、价格策略

1. 定价依据

2. 定价思路

3. 建议价格

五、销售模式（渠道策略）

1. 直营与代销相结合

2. 坐商与行商相结合

3. 专职与兼职相结合

六、推广策略

1. 基本思路

2. 前期推广安排

3. 阶段性推广计划

4. 主要活动项目及安排

5. 广告表现要点说明

6. 媒体组合策略

7. 项目开业思路

第五部分　组织实施（略）

第六部分　经费预算（略）

第一部分　项目介绍

鹤壁市憩仙居生态园林公墓是经河南省民政厅（豫民文〔2009〕39号）、鹤壁市人民政府（鹤政文〔2008〕11号）批准建设的永久性骨灰公墓，也是鹤壁市唯一的生态园林性公墓。

憩仙居得名于南部千年古刹金山嘉祐禅寺内的憩园、憩静、慕仙亭。公墓位于淇滨区金山办事处蔡庄村西，大白线西1千米处，距鹤壁老城区10千米，距鹤壁新市区10千米。绝尘而不离城，清幽而不闭塞。憩仙居背靠中国战国时期著名的思想家、政治家、军事家、社会活动家和自然科学家，墨家学派创始人——墨子隐居收徒而得名的墨山，山势由高而低，如玄武垂头；左面山势回环起伏，状若青龙蜿蜒；右面地势起伏平稳，形似白虎卧俯，而且青龙卧虎左右两侧像肘臂一样环抱；前面远眺汤河，水势缓缓而流，明堂开阔，正应风水学“左龙右虎，前润后冈，地之美则神灵安，子孙盛也”。憩仙居是神灵安宁、福泽后代的风水宝地。

憩仙居生态园公墓规划用地约26.67公顷（400亩），总投资2.6亿元人民币。项目整体分为墓区和游憩区。项目分二期建设。一期工程概算投资1.5亿元人民币，建设项目主要是游憩区的各项基础设施和墓区鹤仙园的建设。计划投入使用时间2010年9月；二期工程概算投资1.1亿元人民币，一期工程收尾、各墓区的道路、灯光、音响等配套设施和墓区建设。总竣工时间2011年10月。

憩仙居整体园区本着“整体效应森林化、重点区域公园化、纪念铭志艺术化、文化气息哲学化、墓志形式多元化、服务管理规范化”的原则，秉承“建生态园林公墓，创生态纪念公园”的宗旨。注重建筑与环境的统一；寓古典与现代、雕刻与园林相呼应；融佛教、道教、儒学等文化于一体；集美好的神话和体现现代文明发展与进步的构筑物于一身；突出园区的生态性、园林性、时代性。憩仙居生态园林公墓将在殡葬文化、人文景观、绿色生态、科学文明、和谐发展的理念上，展现给世人的是一片充满活力的生态艺术乐园、一块积聚文化品位和观赏休闲价值的人生后花园。

第二部分　市场分析

墓地是人生最后的归宿。当一切化为尘土，当生命最终回归自然，生者有责任为逝者选择一块安息地。

一、需求分析

从全国来看，墓地的需求量每年递增，加上赢利性公墓的特殊性，项目立项和审批国家控制的非常严格，整个市场是以卖方为主，属于名副其实的卖方市场，具有很强的垄断性。从长期趋势来看，需求不是问题。但丧葬文化具有很强的地域性特征，受很多因素的影响，因此需要结合鹤壁市人口数据特征进行具体分析。

1．需求量分析

截至2008年年末，鹤壁市总人口145.78万人，其中常住人口142.55万人，出生

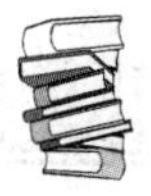

人口1.54万人，出生率1.051%；死亡人口0.87万人，死亡率0.589%；全年净增人口0.68万人，自然增长率为0.462%。

表1　鹤壁市2008年年末人口数及构成

	年末数（万人）	比重（%）
全市总人口	145.78	100
城镇	69.71	47.8
乡村	76.07	52.2
男性	73.64	50.5
女性	72.14	49.5
0~14岁	30.86	21.2
15~64岁	105.44	72.3
65岁以上	9.48	6.5

（表中数据来源：鹤壁市统计局官网）

从表1可以看出：

（1）鹤壁市公墓有较大的刚性需求。鹤壁市年平均死亡人数在8 700人左右，死亡率在0.57%左右。大部分中国人受传统思想的影响，认为人死后应该“入土为安”，即使火化，还要再进行土葬。据此统计数据预测，鹤壁市公墓理论需求量每年应在8 000座左右，加上目前鹤壁尚有很多骨灰还没有下葬（仅殡仪馆就有2 000个），公墓的需求还会更大。

（2）鹤壁目前人口老龄化特征明显。近年来，鹤壁市的人口再生产类型稳定在“低出生、低死亡、低增长”的现代型模式，净增人口明显减少，人口年龄结构不断趋向老化。调查结果显示，2008年鹤壁市60岁及以上老年人口占总人口的比重为10.25%。按照国际通用的年龄结构类型划分标准（60岁以上人口占总人口的比重达到10%，或65岁以上人口占总人口的比重达到7%，即为老年型社会），鹤壁市已步入老年型社会。

截至2008年年底，鹤壁市65岁以上人口9.48万人，占全市总人口6.5%。因为目前我国人均寿命约70岁。所以，这个数据对公墓需求更有意义。从发展的眼光看，公墓具有刚性需求。

2．墓地需求的特点

（1）“购”“需”分离。墓地需求最重要的特点是购买者与“居住者”往往是分开的，除少量购买者是为自己或其他人预定的之外，大部分客户是为逝去的老人所购买。

（2）城镇人口购买为主。我国墓地需求目前还是以城镇居民为主，农村、特别是城郊农民为辅的格局。原因有二：一是“入土为安”的传统思想盛行。二是真正的“入土为安”是不实行火化而直接土葬。虽然政府强制要求火化，但在河南大部分地区，尤其是北方农村，人死后，亲属都悄悄土葬而不肆张扬之风非常普遍，所以农村

居民很少购买墓地，因为自家都有自留地或自留山，有的家族还有家族传统的墓地。

（3）需求弹性大。即便是城镇人口，也有相当比例人口并不需要购买墓地而选择火化后私下土葬。对于鹤壁市这种历史较短的新兴城市尤其如此。

鹤壁市人口较少，截至2008年年底，总人口145.78万人。下辖3区两县，农村人口76万多人，占52.2%。城镇人口69.71万人，占47.8%。其中很多城镇人口的上一代或两代都是农民，有的还是刚刚从农民转过来的城镇户口，家里兄弟姊妹甚至自己还有地，所以购买公墓的意愿不很强烈。

表2　2007年鹤壁市死亡人口分布数据表

全市		市区	鹤山区	山城区	淇滨区	县	浚县	淇县
年末非农业人口数		474 629	346 490	82 780	177 577	86 133	128 139	66 863
死亡	1 482	1 010	372	472	166	472	287	185
说明：以上数据为鹤壁市公安局2006年年报公布数据。								
全市死亡人口数	5 121	1 481	511	715	255	3 640	2 224	1 416
男	2 939	939	326	437	176	2 000	1 222	778
女	2 182	542	185	278	79	1 640	1 002	638
说明：本数据来源于鹤壁2007年统计年鉴，鹤壁统计局官网。								

从表2来看，鹤壁市2007年末非农人口死亡1 482人，其中市区1 010人，两县472人。即便全部购买墓地，全年需求也只有1 482座，按墓均3万元计算，需求额为4 446万元。而实际上，鉴于上述理由，需求远达不到4 446万元/年。

因为浚县、淇县年死亡人数（非农人口）占472人，而浚县、淇县距离本园区地理位置较远，并不是憩仙居项目的主要目标群体，只有少数人会选择到本项目购买墓地。即便市区的1 010人，也不可能全部购买本项目的产品。因此，即便加上非主要目标群体的购买人数，全年需求量乐观估计约为500～1 000座，悲观估计则低于500座。现殡仪馆存放的骨灰，短时间内需求不会迅速释放。

（4）厚葬之风日盛。

（5）需求差异大，个性化需求日趋增加。

3．需求层次分析

公墓需求与房产需求有很大的相似性。人们往往根据自己的经济实力选择选择相适应的墓型，具体可分为普通墓、中档墓、高档墓、个性化公墓和豪华墓。

据统计，鹤壁市2007年在岗职工人均工资13 715元，2008年全年城镇居民人均可支配收入12 491元，比上年增长14.5%，扣除价格上涨因素，比上年实际增长7.6%；其中城镇居民人均消费支出7 683元，增长10.6%，实际增长3.9%。2009年鹤壁市城镇居民人均可支配收入达到13 600余元，比2008年增加1 136元。人均收入跃居全省

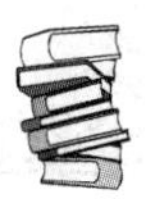

第三。全市农村居民人均纯收入5 494元，比上年增长13.8%，扣除价格上涨因素，实际增长7%；农村居民人均生活消费支出2 966元，增长18.4%，实际增长11.7%。

从全省来看，鹤壁城镇居民年可支配收入位居三甲，整体需求水平较高。

从鹤壁市的购买力来看，普通墓将是主流产品，但是随着经济条件大幅度改善，很多人都在追求豪华墓地，国人一直觉得厚葬老人才是孝道。没有钱的时候，只能是简简单单地安葬老人，现在有条件了，就想风风光光地大葬一回。认为唯其如此，才能无愧于心。所以从未来发展趋势上看高档墓、个性化公墓和豪华墓需求会逐渐增加。

二、行业分析（竞争分析）

项目组成员实地考察了鹤壁市及其周边城市、郑州市的典型公墓，并对国内主要大型城市的知名公墓进行了文献调研，从现状、定位、特色、价格、销售、服务等方面进行对比分析。

1. 鹤壁市

鹤壁市现在仅有殡仪馆附近山城区东岭有少量的骨灰公墓，该地方设施简陋、资源匮乏、绿化设施少、环境差，已不能满足人们越来越高的需求。

2. 周边城市

周边城市如新乡、安阳市均有经营性公墓，距鹤壁最近的分别有卫辉的龙居山文化公园（陵园）和汤阴飞凤岭文化公园（陵园），其中卫辉市龙居山陵园占地约93.3公顷（1 400亩），一期开发约26.67公顷（400亩），汤阴飞凤岭面积约66.67公顷（1 000亩）。龙居山和飞凤岭属一家公司所有，由于鹤壁市本身公墓缺乏，卫辉的龙居山和汤阴飞凤岭在鹤壁新老城区、淇县、浚县均有销售处，他们把鹤壁当成了主要市场，但销售处位置偏僻，设施陈旧，环境简陋，主要面向中低端消费者，价位多在2 000元左右，具有极高的市场占有率和一定的知名度。他们采用的销售方式多为传统销售，依靠业务员的个人能力。业务员分为专职与兼职，专职底薪260元，按12%提成；兼职多为老年人，按10%提成。

由于鹤壁市公墓不足，造成部分城市居民选择龙居山或飞凤岭，部分丧属选择存放殡仪馆，有些丧属存放家中或选择在农村购买墓地作为的他们先人的安身之地。

3. 郑州市

郑州市有15处公墓，以传统经营方式居多。

（1）河南福寿园。河南福寿园是上海福寿园集团经营管理的一座现代文化艺术陵园，是郑州公墓市场中现代化经营的典型代表。

河南福寿园位于郑州市龙湖镇双湖大道西段、107国道西侧，距郑州市区约10千米，占地面积约36.67公顷（550亩），择水而居，气势恢弘。园区内树木葱郁、鸟语花香，园内鲜花三季不断，草坪、树木四季常青，珍花异木争奇斗艳，名石假山、名人名雕、名树名花浑然一体。流泉、池泽、瀑布、小溪……遍布陵园，水清木华，灵秀可人，营造出河南福寿园别具一格、独树一帜的“水文化”。

该公司坚持“以人为本，文化为根”的原则，力求在河南境内创建一座集美丽墓园、旅游景点、纪念场所、艺术天地、教育基地、公益平台、精神家园为一体的生命公园，让郑州市民有一个休闲观光、祭拜先人、感召后代的好去处。

河南福寿园的目标群体为中高端，客户以郑州市为主。

(2) 中华名人河南黄河纪念公园。中华名人河南黄河纪念公园是郑州另一家有代表性的陵园。该园区由河南北邙福寿陵有限公司兴建。园区坐落在荥阳市高村乡北邙山，交通十分便利，紧临连霍高速、310 国道，连接黄河南北岸的荥武浮桥近在眼前，距省会郑州仅 40 分钟车程。整个园区规划面积约 133.33 公顷（2 000 亩），其中陵园占地约 53.33 公顷（800 亩）。该墓区的定位是“成为中原最大的集爱国教育、人文纪念、旅游观光、休闲度假、农业生态果园为一体的现代化公园式陵园”。

1）该园区主要卖点有两个：

一是龙脉福地。“生在苏杭，葬在北邙”是许多国人的愿望。黄河纪念公园虎踞北邙山，面对九曲黄河，俯览华北大川，从黄河北岸远望，整个园区犹如一尊“龙椅”，形成了风水学说中“前朱雀、后玄武、左青龙、右白虎”的天然圣地，是中原大地乃至黄河流域独一无二的龙穴宝地，众多著名风水大师为之称奇。

二是名胜古迹。河南黄河纪念公园有着源远的文化底蕴，园区周围有着非常浓厚的文化积淀，拥有众多的历史人文景观：闻名遐迩的虎牢观、道教之冠飞龙顶、楚汉争霸二王城、楚河汉界鸿沟等坐落在园区周围，“敖山夕照”“武岭榴花”“虎头白雪”等荥阳名景就分布在园区附近，著名的荥阳河荫石榴基地就在园区内，毛主席称赞的“汉祖唐宗”的汉高祖刘邦、唐太宗李世民都曾在园区秦王寨为成就帝业梦想奋斗，园区内的仰韶文化遗址，昭示着这里曾经是中华民族的发祥地。

“黄河纪念公园”汇华夏之龙气，集黄河之灵气，依山望水，园区内一片生机盎然，绿意葱葱，漫山遍野的枣树、石榴树、犹如人间仙境，令人心旷神怡，逝人仙居于此，定当“荫后人成就大业、福泽千万代子孙”。

2）黄河纪念公园风水福地一期产品及价位（墓穴），见表 3。

表 3　黄河纪念公园风水福地一期产品及价位（墓穴）

类型	价格（双位）	面积（平方米）
温馨 A 型	11 680 元	综合面积 3
温馨 B 型	10 369 元	综合面积 3
富贵 B 型	13 690 元	综合面积 3
传统 A 型	18 600 元	综合面积 3
传统 B 型	16 648 元	综合面积 3

3）免费项目。黄河纪念公园提供五项免费服务，分别是免费参观、免 20 年管理费、免正面刻字费（60 字内）、免瓷像费（4 寸内）和免绿化维护费。

4）销售方式。黄河纪念公园销售经理来自武汉，郑州办事处有四人，每月有 50 人看墓地，奖励业务员 10 元/每人；月销售任务 40 万/每人，提成为 1 万元以下 8%，1 万 ~2 万元 10%，并实行级差制提成奖励，销售额越高，提成比例越大。该园开盘一年多，只售出 100 多座。公司目前的政策是只奖不罚。

另外，在调查中，新郑始祖山的人不愿意说明其业务员的提成额，但估计每月销

售任务不超过10万元。因为他们觉得每月10万元很厉害，3个月20万元就很优秀了，可以拿高提成。但员工最低提成额为3%，具体级差不详。

4. 国内主要大城市

北京、青岛、上海墓地价格犹如脱缰野马，一路上涨，青岛1998年，墓穴、墓碑、下葬8 000元/座，同样的墓地现在售价已涨到6万元。不少人感慨："生买不起房，死买不起墓！"现在一线城市墓地价格基本都在2万以上。

墓地价格不断上涨的原因：

第一是紧缺。由于土地是不可再生资源，作为安置死人的墓地更是少之又少，客观上物以稀为贵，容易造成水涨船高的局面。

第二是垄断。由于墓地审批权掌握在少数部门手中，只有为数不多的经营者可以得到批准，受利益驱使，他们对外的墓地价格往往私下或默契达成了统一的垄断价位。

第三是炒墓。有人把越来越少的墓地资源作为投资，囤货居奇，待价而沽，活人拿死人的地升值赚钱。

第四是观念。不少人认为，选择厚葬老人才是尽孝心，讲排场，比面子，豪华墓层出不穷，有的甚至用墓地来炫耀身份和地位。

从以上分析可以看出，中高端公墓是一个发展趋势，但郑州市目前销售并不火爆；而鹤壁市周边公墓已先入为主占据鹤壁中低端市场，尤其是低端市场；憩仙居在鹤壁市中高端市场有很强的竞争优势。

三、宏观政策分析

中国经济体制改革的总取向是市场化。早在20世纪80年代就逐步进入经营体制改革的经营性公墓，将由于城市化的加速，使客源大幅度地增加。经抽样调查，目前经营性公墓中的亡灵70%~80%是来自于中心城区的。也就是说地居郊区的经营性公墓，郊区农民并没有"近水楼台先得月"。国家的殡葬政策要求"用新颖的殡葬方式推广现代文明的殡葬改革，以推动农村缓慢的殡葬改革。"从农村殡葬改革的发展来看，郊区农民会逐渐接受经营性公墓，郊区农民也是一个较大的潜在市场。

我国经济将会持续高速发展，人民收入水平会进一步提高，消费能力会进一步增强，会进一步带动经营性公墓的需求。

近日国家又出台政策，将限制经营性公墓的审批，提倡树葬、花葬、草葬、水葬等。

经营性公墓本身有比较高额的利润，对促进地方经济发展是大有好处的，会得到地方政府政策的支持。

由于社会对公墓的垄断与暴利的敏感性，物价局可能会对墓地价格进行指导或监督。

总体来讲，国家对经营性公墓的政策将会越来越严厉，这事实上是对已经取得经营许可的项目的一种政策上的"保护"。

四、本案的 SWOT 分析

1．优势（strengths）

（1）位置优越，风水得天独厚。憩仙居坐落于太行山余脉——黑山之巅。极目远望，左青龙右白虎，且青龙蜿蜒，白虎驯服，龙虎砂回抱有情、龙长虎短、龙降虎伏、左右相揖、高低相称，状似一把“太师椅”，正合“龙包虎，出文武”之说。孔子曰：择吉地而葬之，则神灵安而子孙盛。

（2）环境优美，文化独特。这里峰峦叠嶂，淇水环流，林木茂盛，鸟语花香，风景优美，是墨子、鬼谷子、罗贯中等历史名人隐居之地。现是鹤壁天然氧吧、金山风景旅游区，与佛教名刹金山寺分占金山南北麓。

（3）政策支持。该项目为市政府招商引资项目，也是民心工程，可解决部分城乡人口的就业，而且可以带动地方经济，再加上投资商本身与政府的良好关系，所以该项目占据了“天时、地利、人和”。

（4）垄断性的竞争优势。鹤壁市唯一文化性陵园，由于土地是不可再生资源，墓地审批权掌握在少数部门手中，政府已不再批准新的经营性公墓。

（5）产品服务优势。如产品设计、园区绿化、安保、服务等。

2．劣势（weakness）

（1）知名度低。

（2）缺乏管理与营销经验。

（3）初创期，人员素质参差不齐。

（4）产品开发、园区建设尚未完全到位。

3．机会（opportunities）

（1）市场现实需求与潜在需求大。根据前面分析，憩仙居公墓需求每年约 500 座左右。随着城市人口的增加、进一步的老龄化及郊区人口殡葬观念的改变，需求会逐渐增加。

（2）鹤壁经济基础好。鹤壁人均收入位居省内第三，购买力较强。

（3）厚葬之风日盛。

（4）传统殡葬观念。

4．威胁（threats）

（1）鹤壁市区小、城市人口少，市场小。现在选择公墓的 80% 为城市人口，而鹤壁城市人口少，再加之目前社会整体呈现贫富悬殊较大，能够买得起中高端公墓的中高端人群较小。

（2）外来竞争者的威胁。主要是龙居山与飞凤岭。这两处陵园主要面对中低端市场，对憩仙居中低端构成较大威胁。

基于上述分析，本案（憩仙居生态园）可采取“扬长避短，抓住机会，强化管理，加大营销，营造良好开局”的策略来获取初创期的经营优势。具体如表 4 所示。

表 4　SWOT 分析与可能的对策

	S	W
SWOT 分析 与可能的对策	（1）位置优越，风水得天独厚 （2）环境优美，文化独特 （3）政策支持，地方政府关系良好 （4）垄断性的竞争优势	（1）知名度低 （2）缺乏管理与营销经验 （3）人员素质参差不齐 （4）产品开发、园区建设尚未完全到位
O	SO	WO
（1）市场现实需求与潜在需求大 （2）鹤壁经济基础好 （3）厚葬之风日盛 （4）传统殡葬观念	（1）及时开业，抢占市场 （2）以 S1、S2、S4 抓住 O1 （3）以 S1、S2 抓住 O2	（1）发挥项目团队智力优势，加强宣传 （2）专业化经营，逐步扩大业务
T	ST	WT
（1）鹤壁市区小、市场小 （2）外来竞争者	（1）打造品牌优势 （2）利用行业处于发展期，尚无强大竞争对手的时机，积累经验，树立品牌	（1）加强营销宣传 （2）理顺管理体制 （3）加强培训 （4）提高服务水平

根据人们的消费习惯和风俗文化，把亲人安葬他乡不方便祭扫，而本地竞争者的设施、营销手段都比较落后。在此情形下，憩仙居生态园凭借独有的风水，如果实施差异化经营策略，必将会取得品牌和经营优势。

总体上看，憩仙居项目在鹤壁市若面向中高端有很强的竞争优势，基本上处于垄断地位。

在中低端市场上优势明显，劣势也明显：首先是由于人们的消费习惯，把亲人安葬他乡不方便祭扫；二是他们的设施、营销手段都比较落后；三是憩仙居独有的风水；四是价格劣势，不具有竞争力。

第三部分　总体营销目标

一、销量及销售额目标

2010 年，憩仙居生态园计划销售墓穴 400 座，高、中、低端产品比例为 30% ∶ 30% ∶ 40%。若按年销售 400 座墓穴计，高档均价 50 000 元，中档均价 10 000 元，低端均价 5 000 元，按 30% ∶ 30% ∶ 40% 之比，高端销售额为 600 万元，中端 120 万元，低端 80 万元，年销售总额应为 800 万元。推广投入按照 5% 计算，全年推广投入应为

40 万元。但由于是品牌导入期，推广费用应相应增加至 80 万元左右。具体见表 5。

表 5　憩仙居生态园 2010 年墓穴销售计划与推广费用建议额

销售计划数量（座）		单价（元）	小计（万元）	推广费用（万元）
高端	120	50 000	600	40～80
中档	120	10 000	120	
低端	160	5 000	80	
合 计	400		800	

二、品牌发展目标

（1）强化目标消费者对憩仙居产品及品牌的认知与理解。

（2）明确“憩仙居”品牌个性定位——文化园林公墓，并逐渐将“憩仙居”打造成为全国性的区域强势品牌（在全国有一定影响力，在河南处于行业领先地位）。

（3）通过推出憩仙居一期项目，配置高中低端系列产品，采用广告、公关等手段，提高企业知名度、美誉度，形成示范效应和轰动效应，树立企业品牌形象，为企业二期、三期项目推进和长期发展奠定根基；拓宽企业经营项目，提升企业获利能力，发展墓地相关产品链，培育衍生产品并获得赢利。

三、组织建设目标

（1）科学进行人员配备，规范员工行为，强化企业管理，建立科学的考核与激励机制，打造一支执行力强的高效团队。

（2）按照市场运作要求，不断优化组织结构，提高人员素质，提高市场应变能力、服务能力和市场控制力。

第四部分　营销策略与主要措施

一、总体策划思路

（1）加强基础建设，高规格、高起点打造殡葬新品牌；

（2）合理设置产品结构，以产品培育带动市场；

（3）强化渠道建设，以渠道带动销售；

（4）整合资源，加强市场推广，先声夺人。

二、市场定位

1. 区域定位

鹤壁市。其中，以市区（包括新老城区）为主，两县（淇县、浚县）为辅。

2. 客户对象

新老丧属、预购。其中，以市区城镇居民为主，两县城镇居民次之，祖籍鹤壁市的外地人再次之，农村人口为辅。

3. 客户分级

可采取如下两个标准对本案的目标客户进行分级。

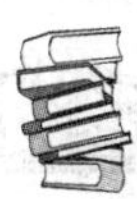

（1）标准A——收入特征：

1）工薪阶层：工薪阶层指依靠务工获取薪金收入的人员。包括在国营企业或集体企业里工作的人员、私营企业里的务工人员、低层职业经理、长期农民工都属于工薪阶层。对公墓有需求，但购买与相关消费能力不强。

2）中产阶层：在社会阶层中所占比重不大。年收入在3万～10万元之间的家庭和人口都计算在内的话，估计目前中产阶层的人数达20%～25%。一般都有好的工作单位。

3）实力阶层：有中层次或以上的收入水平、在自己经营或所处专业领域里占据一席之地，或是机关、企业、公司里的实力人物、当地知名企业中、高层管理人员；他们有一定的事业和经济基础，有一定的成功感，但仍在追求更进一步的成功，他们事业上还有很大的上升空间，这促使他们更努力工作以获取更大的成功，他们追求社会认同感。购买能力强，攀比心理重。

4）财富阶层：主要为私营业主、暴发户，有炫富心理，是高档、豪华公墓的主要购买者。

根据80:20原则，20%的人占有80%的财富。目前财富阶层、实力阶层应占鹤壁家庭的20%。

（2）标准B——需求特征：

1）低端客户，主要是城乡低收入者，对低端公墓有一定的需求，但购买与相关消费能力不强。

2）普通客户（工薪阶层），月收入在2 000～4 000元，有一定的购买能力，购买普通公墓，需求量较大。

3）中高端客户，包括私营业主、企业高管、政府公务员，有很强的购买能力与相关消费能力，需求量相对较小。

4）高端客户，包括大企业老板、企业高管及部分特殊人群，消费能力强，需求量最小。

通过对国内公墓产品成交量的统计分析，结合鹤壁市消费状况与本项目自身优势及资源的稀缺性，憩仙居客户定位是实力和中产阶层为主，并通过向下（工薪阶层）延伸和向上（财富阶层）拓展，来扩大客户群体。其中，核心客户为企业高级管理层、私营企业主、政府公务员等客户群体为主体，通过垂直和横向拓展后可简称其为“城市财智阶层”。

从总体上看，憩仙居的整个客户阶层结构呈“菱形”（又称橄榄型），普通客户、中高端客户群体为主要构成，居菱形中间；高端客户和部分低端客户部分分处菱形的两端。

三、产品策略

1．墓穴

入土为安，是国人的传统思想，由于城市化的加速，人们消费观念的改变，更多的城市人将进入经营性公墓中安葬，这将使经营性公墓的业务量（入墓率）出现“狂增”的态势。公司应该合理设定产品系列，确立不同价位主推产品，并对产品数量进行限制，实施饥饿营销。

2．骨灰堂（骨灰寄存）

骨灰堂所从事的是骨灰安放或寄存业务，这既是一种节地葬式，也应当是尚未购买墓穴安葬亲属的常见做法。但在相当长的时间内，该产品的“香火”并不旺盛。这种情况行将改变：一是因为城市居民绿色观念日益提高，节地意识普遍增强，从而为经营性骨灰堂提供了大量的客源。二是因为从农村进城的“新城市人”，就经济能力而言，比较对“胃口”。农村人长期疏远经营性公墓，墓穴价格由于“求过于供”而持续攀升。因此，入葬经营性骨灰堂是不少农村客户较好的选择。

3．特色园区

根据本案建筑规划和鹤壁市地理文化特征，将园区划分为三个区，分别命名为鹤仙园、居仙园和憩仙园，具体见图1。

图1　憩仙居园区的划分

（1）鹤仙园方位：在建的一期项目即为第一园区——鹤仙园。鹤仙园位于园区东侧，地势起伏平缓，形似白虎卧俯，雄伟庄重，气傲山河。

（2）鹤仙园内部细分：鹤仙园细分为四个子园区，自下而上分别为白鹤苑、松鹤苑、舞鹤苑，侧面为鹤峰苑。

（3）鹤仙园四个子园区的设计与说辞：

1）白鹤苑。“白鹤乘空何处飞，青田紫盖本相依。”该苑有古典艺术碑、个性化雅致艺术碑等碑型，石材品种丰富，造型趋于幽雅文隽，具有很高的文化、艺术品位。

2）松鹤苑。松鹤延年，富贵长寿。该苑卧式碑、立式碑及古典艺术碑型等错落有致。这里一排一型，一排一景，既高雅脱俗又庄重大方。

3）鹤峰苑。墓碑依山势而立，紫气东来，气势恢宏。每个墓穴面积在1～4平方米，设计独特，材质讲究。

4）舞鹤苑。取名于台湾风景名胜舞鹤村，此苑风光旖旎，一览众山，鹤茶醇厚，芳香馥郁，高枕无忧。墓碑种类齐全，个性设计、高雅别致。

4．产品卖点

风水宝地＋良好的服务（是丧属共有的需求）＋文化＝“神仙憩居地，人生后花

园”。

丧属希望亲人安息在一个幽雅、清静的环境，看重风水宝地，良好的服务，而文化是企业发展、甚至个性化的根基。

5．丰富多样的墓型

根据公司现状和发展阶段，考虑到目标客户群的实际需求特点，立足于当前需要和可持续性发展的要求，本案的墓穴类型分为五种。

（1）普通型：

所在园区	墓碑造型	产品介绍	价格（含墓碑和绿化面积）
松鹤园	卧碑式	位于鹤仙苑左侧下部，地势平坦；墓碑为花岗岩、大理石材质	

（2）温馨型：

所在园区	墓碑造型	产品介绍	价格（含墓碑和绿化面积）
白鹤园下半区	短立传统型墓碑	2～4平方米；位于鹤仙苑右部靠上的显要位置，毗邻主区，依山势逐级向上；花岗岩、大理石材质墓碑	

（3）康乐型：

所在园区	墓碑造型	产品介绍	价格（含墓碑和绿化面积）
白鹤园上半区	古典艺术碑型，造型多样	2～6 平方米；位于鹤仙苑右部靠上的显要位置，毗邻主区，依山势逐级向上；花岗岩、大理石材质墓碑	

（4）幽雅型：

所在园区	墓碑造型	产品介绍	价格（含墓碑和绿化面积）
松鹤园	个性化雅致艺术碑型	2～4 平方米；位于鹤仙苑左侧下部，依山傍水，环境优雅；定做花岗岩、人造石材质墓碑	

（5）豪华型：

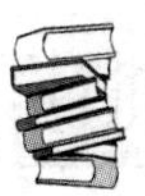

所在园区	墓碑造型	产品介绍	价格（含墓碑和绿化面积）
白鹤园	独特设计 豪华墓碑	4～10平方米；位于鹤仙苑的左侧上部，左依金山寺；花岗岩、人造石材质墓碑依山势而立，紫气东来，气势恢宏	

四、价格策略

1．定价依据

（1）面积大小、朝向、位置、墓碑材质、艺术设计。

（2）龙居山、飞凤岭等竞争对手及郑州福寿园、黄河文化园。

（3）政府与政策。市政府民心工程，部分市民翘首以待，开业出台价格后可能会观望一段，价格过高恐超越期望，转而购买竞争产品。

2．定价思路

（1）先低后高，让客户有一个适应过程，需求也具有发展性，而企业也有一个发展与完善过程。待品牌培育完成、相关配套设施完善之后，可依市场需求和竞争情况逐步提高产品价格。

（2）产品梯度开发，相应实施多层次的梯度价格。

（3）堤内损失，堤外补。墓穴价格低，服务价格高，尤其是针对中高端，推出特色服务。如佛事、跪式服务等。

3．建议价格

低端墓穴提供3 000、5 000元两种价位；中端墓穴提供8 000、10 000元两种价位；高端墓穴定价为50 000元左右。

五、销售模式（渠道策略）

1．直营与代销相结合

（1）销售机构设计：鹤壁市新、老城区运用直营策略，淇县、浚县可各寻找一个代理商。具体网状结构及关联方式，如图2所示。

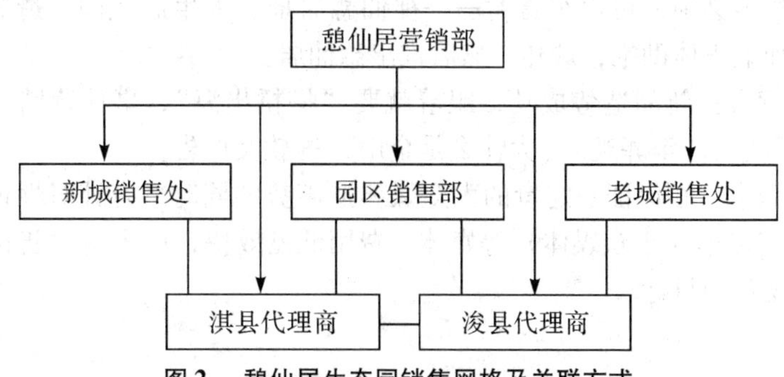

图2　憩仙居生态园销售网格及关联方式

（2）销售部机构设置及职责描述：

1）园区设销售处，负责所有来宾的接待、介绍、宣传、引导。

2）鹤壁市新、老城区各设一销售门市，每个门市配两位“售楼”小姐，“售楼”小姐负责宣传介绍，可在固定时间约定顾客，由公司出车，邀请顾客到生态园参观，也可安排客户自驾车或其他方式到园参观，“售楼”小姐应提前告知园内销售处，有销售处统一接待。

3）淇县、浚县各确定一个代理商，分别负责本县区的产品宣传推广，以及来宾的接待、介绍、引导和售后服务，及时将客户信息和需求反馈给公司销售部。

4）“售楼”处要进行统一的规划与设计，基本思路要与售楼相一致，以体现生即是死、死既是生的轮回，通过夸张的装饰，加以媒体软文的宣传形成轰动效应。

2. 坐商与行商相结合

园区销售处和新、老城区两个营业处要保证有业务员坐店经营，新、老城区销售处实行一人坐店、一人跑市场的制度，进行宣传推广，大力发展兼职业务员。

3. 专制与兼职相结合

憩仙居销售部配备专职销售人员（或销售顾问）8～10人，并在社会上招募部分离退休人员做兼职销售。

六、推广策略

1. 基本思路

采用点—线—面相结合的基本思路。

（1）点：招聘—清明节—农历五月十五开园—农历七月十五鬼节—农历十月初一—年终总结。

（2）线：全年以提高知名度为主线。

（3）面：平面广告、道路指示牌、终端表现、报纸广告、新闻、软文。

2. 前期推广安排

在前期推广时实施“三锤定乾坤”，即新闻造势、广告营市、通路做事。

（1）新闻造势：在开园前期，联合当地媒体，以“文明祭奠、生态陵园为由头”，召开新闻发布会，或“鹤舞金山，孝行天下”等营销活动，配合平面广告，加之招聘炒作形成新闻话题，达到“未见成形，声名远播”，一举成为当地的焦点话题；通过举办慈善募捐活动、向下岗职工捐赠电动车活动等，配合前期新闻造势。

备注：造势很必须，可以很含蓄——神仙憩居地、人生后花园，造成悬念，使人产生好奇心，加上媒体助推，炒热，然后推出憩仙居。

（2）广告营市：新闻造势成功，跟着就要“搭桥出海”，事件营销“发现风水宝地”，刊发《现代人的殡葬观》《为什么是金山》等软文广告。

（3）通路做事：在保证一定量的大众媒体造声势的同时，有针对性地使用互联网（现代媒体）、宣传单（小众媒体）等媒体，费用低见效快，广告与“售楼员”双点协同，更好地实现预期目标。

3. 阶段性推广计划（表6）

表6　憩仙居生态园阶段推广计划安排表

时间	阶段	主要推广方式	活动推广（项目）	工作重点
4月前	筹备阶段	平面媒体宣传；终端展示网络媒体；新闻；软文及其他	人员招聘 销售处装饰	
4~8月	试运行阶段	平面媒体宣传；报纸 终端展示；路牌指示 宣传资料；网络媒体 新闻；软文及其他	组织媒体参观 人员招聘	制作软文素材 图片
8~12月	正式运行阶段	平面媒体宣传；报纸 宣传资料；网络媒体 新闻；软文及其他	开业典礼 10月1绿色祭奠 殡葬改革宣传	典礼

4. 主要活动项目及安排（表7）

表7　憩仙居生态园主要推广活动项目安排表

序号	时 间	项 目	主要内容	负责单位（人）	备注
1	3.25~6.1	前期准备	殡葬宣传	策划单位	
			软文		
			新闻报道		
			年度营销计划		
			CI设计		
			网站架构设计		
2	6.2~6.30	组织构建	机构设置	策划单位 憩仙居公司	
			岗位职责		
			规章制度 人员招聘 人员培训		
3	7.1~7.31	开园准备	办公楼装修	憩仙居公司	
			场地平整		
			样品墓成型		

续表

序号	时 间	项 目	主要内容	负责单位（人）	备注
4	8. 20 ~ 8. 30	开业典礼 鬼节系列	招牌设计 橱窗设计 营业厅内部设计	策划单位 憩仙居公司	文明祭奠 丧葬改革
			开园典礼		
			鬼节系列活动		
5	11. 1 ~ 11. 7	农历 十月一专题	网页设计	策划单位 憩仙居公司	安葬仪式
			网站制作		
			域名申请		
			空间主机购买		
			运行手续办理		
			销售与服务技能		
			礼仪知识等		

5. 广告表现要点说明

（1）前期利用道路指示牌、平面广告，主题突出：“神仙憩居地，人生后花园”、“山不在高，有仙则灵”。建议寻找合适地点，制作墙体广告或大型立体广告，以制造轰动效应。

（2）在市内销售处通过橱窗、店招等进行生动化进行宣传。

（3）交通路口广告指示牌进行宣传。

（4）制作公司整体形象宣传片，分别为 3 分钟和 5 分钟版本。

（5）利用报纸刊登招聘广告，可连载 3 ~ 5 天。

（6）配合户外、报刊广告用憩仙居经典故事、特色活动、新闻炒作等软文进行渲染。

（7）网络宣传。利用殡葬、民俗、风水等专题网站（论坛、社区），通过注册主页、发帖、回答问题、编辑词条等方式进行隐形推广；通过交换链接、加入殡葬信息综合网站等方式实施无成本在线推广；适时适度进行百度竞价、谷歌关键字广告及行为定向广告。

6. 媒体组合策略

（1）报刊、广播电视、户外、户内、终端宣传巧妙组合，输出品牌形象信息，给消费者以强烈的好奇心，产生强大的品牌感召力。

（2）做好终端店（销售处）的维护与建设，其作用是集品牌宣传与产品展销为一体，增加可信度，提高认购率。

（3）报纸软文及针对性的公关活动相结合。

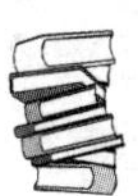

7．项目开业思路

（1）8 月 24 日（农历七月十五日）试营业。可进行销售，目的是对园区的正常运转进行测试：包括设备测试，服务功能测试、人员到位测试、服务能力测试等，在此基础上发现问题、解决问题，为正式开业奠定基础。

（2）9 月 17、18 日，中秋节国庆长假前，高调亮相，为中秋国庆长假提供一个好去处；园区各项工作都已规范。

附录 2

蓝堡湾地产项目策划书（2006 年）

（由于篇幅太长，部分内容有删改）

目　录

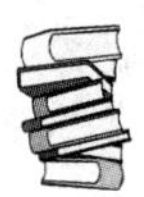

4.5.2　项目劣势分析

第五章　营销策略

5.1　蓝堡湾项目定位

5.1.1　本案目标客户定位

5.1.2　本案物业项目定位

5.1.3　档次定位

5.1.4　价格定位

5.2　营销推广策略

5.2.1　宗旨

5.2.2　营销推广主题

5.2.3　策略分解

5.2.4　总体推广策略

5.2.5　蓝堡湾入市推广计划（2006—2008）

5.2.6　蓝堡湾一期住宅销售明细

第六章　财务计划（略）

第七章　风险控制（略）

第三章　项目介绍

3.1　项目建设方案

3.1.1　中原数码港总体方案

中原数码港位于郑州市金水区，整个地块东临花园路，西靠文化路，北依东风路，南接自然路，处于郑州市城市规划的黄金地段。总占地面积54.20万平方米（813亩），总建设用地面积51.43万平方米（771.45亩），总建筑面积为153.23万平方米，容积率为2.98，绿化率为36%，可容纳8 100机动车停车位（地上900车位，地下7 200车位）。根据地块现状条件，分为A、B、C三个地块。

其中A地块（地王地块），位于东风路以南、农科院试验田自然路以北、园丁路以东、花园路以西，为金基不动产（郑州）有限公司竞拍获得的河南省农科院原试验田，属郑州市的“地王”地块，开发价值极高。地块沿东风路段东西长约820米，沿花园路段南北宽约221米。整个地块呈长条状梯形，场地平坦，无固定建筑和重要地面附属物，其西侧紧依现科技市场。该区集中布置商务、居住建筑、商业建筑及公共配套与服务设施，总建筑面积85.34万平方米。该地块总用地面积28.75万平方米（431.2亩），总建设用地面积26.96万平方米（404.4亩）。

B地块（科技市场地块），位于A地块西面，东由园丁路与A地块接壤，西至文化路，南起白庙路，北至东风路。地块现为河南省科技市场和白庙村居住用地，土地综合用途为科技市场电子产品交易、商务、办公、住宅及相关服务配套设施。本项目将保留地块内原有的中关大厦、中科信息大厦和创新大厦三栋较大规模的建筑物。主要为科技创业、技术研发、科技产品交易、技术成果转化等科技信息产业或相关现代科技产业的集聚地，亦即本项目的核心产业区。本项目充分利用现有科技市场的创新大厦、中关大厦、中科信息大厦三座经营场所和写字楼，同时拆除区内现有居住建筑和简易的交易用房等附属设施，经过合理布局，设置科技市场电子产品交易、商务、办公、住宅及相关服务配套设施，并新增会展中心、物流仓储等现代化交易平台，形成功能强大的工作区，总建筑面积64.89万平方米。该地块总用地面积22.70万平方米（340.6亩），建设用地面积19.44万平方米（291.6亩）。

C地块位于B地块的东北面，南隔东风路与A地块接壤，北到东风渠。地块呈梯形，综合用途为商务。该区设置商务酒店等设施，形成该区的服务标志。地块总建筑面积3万平方米，总建设用地面积2.75万平方米。中原数码港建成后将是集管理办公、研发、商业、休闲、展示、居住为一体，成为真正的新经济商业核心旺区。

3.1.2　蓝堡湾建设方案

中原数码港—蓝堡湾高档住宅区位于中原数码港的东南侧，蓝堡湾基地南侧隔规划金基路与农科院试验田相望，东、西、北三侧均与社区道路相接，西侧为规划中的高层居住小区，北侧隔中央景观带为规划中的商业办公区，东侧隔数码路为规划中的商业社区，总用地为5.41公顷，除建设10栋高层住宅和一座地下汽车库外，还在基地西南角预留出3 500平方米的幼托用地。住宅地上总建筑面积为20.82万平方米，可容

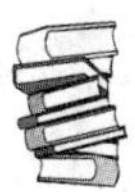

纳1 294户。地下自行车及汽车库建筑面积为4.772万平方米，地下停车位1 290个。该区总建筑面积25.592万平方米，建筑物占地面积6 845.8平方米，容积率达到3.848，建筑密度为12.65%，集中绿化达51.8%。

蓝堡湾高档住宅区的总体规划设计根据郑州地区北方气候的特点，兼顾住宅的朝向、自然通风、景观利用等因素，住宅总体呈南北向，采取有韵律的曲线与正南北向住宅相结合的总体规划布局。规划设计中的空间轴线与多层次的建筑庭院空间紧密结合，达到步移景易的空间视觉效果，各庭院间彼此独立又不失联系，可成为各组团间舒适的景观及休闲场所。在本地块的规划中，将10栋高层住宅分别布置于基地的南北两侧，中间形成进深60米左右的中央景观轴，并通过收放布局围合成内庭院，基地外围又可充分利用农科院与综合社区的绿化景观，保证了每户均有较好的景观视野及通风条件。将垃圾收集、变电站、中水处理站、水泵房、热力站等均结合地下车库而设，尽可能地保证地面的绿化环境。总体布局条理分明、简洁大气，有效地组织室内外空间和视觉效果，形成围合与通透相结合的一体化居住环境。

蓝堡湾高档住宅区根据各建筑所处位置及相互空间关系可分为四个居住组团，均为高层住宅。东南部由Z－1#楼、Z－2#楼构成一个组团，包括地下物业管理用房。西南部由Z－3#楼、Z－4#楼、Z－5#楼构成一个组团，预留幼儿园用地，包括地下社区服务用房。西北部由Z－9#、Z－10#楼构成一个组团。东北部由Z－6#楼、Z－7#楼、Z－8#楼构成一个组团。其中Z－1#、Z－4#楼为25层局部27层的高层住宅；Z－2#、Z－3#、Z－5#、Z－7#、Z－8#、Z－10#楼为33层的高层住宅；Z－6#、Z－9#楼为32层的高层住宅。地上部分均以三房两厅两卫和三房两厅一卫户型为主。功能用房设客厅、厨房、餐厅、卧室、书房、阳台等，地下部分为自行车库、设备用房等。住宅区地下停车场为两层框架结构，总建筑面积47 720平方米，地下停车库共计停车1 290辆。住宅套型及建筑面积见表1。

蓝堡湾高档住宅区户型的平面布置富于变化，户型设置多样化，注重结合大环境营造户内小环境。在户型设计上强调了各功能空间的有机组合，各功能房间面积分配合理，房间方正，结构合理，平面利用率较高。不仅考虑视觉的引导与遮挡，也有效地组织了室内空间的气候小环境，在确保住户舒适感和安全感的同时，让住户拥有宽敞的客厅，同时考虑到住户室内装修的需求，室内合理布置家具，电气插座就位，每户都拥有户室中央空调和容积式热水器，为住户提供了全新的生活方式。

蓝堡湾高档住宅区建筑的立面造型设计采用较为大气和稳重的风格，汲取了传统建筑造型手法的精华，提炼出简洁和具有表现力的建筑造型语言，创造具有识别性、统一性的丰富立面造型。每栋单体造型不仅考虑本身的完整及独立性，也同时满足组合成排后的整体效果，做到高低错落、丰富有序、拼合效果统一而有变化。色彩上以轻松明快的色调为主，其颜色可以多种，以营造整体与个体的识别性及生动性。丰富的色彩与质感对比，彰显高端住宅品质以创造丰富新颖的视觉效果。主体外墙采用新型干挂石材，结合浅灰色双层落地玻璃形成强烈的虚实对比，阳台栏杆采用黑色铸铁成品，整体风格协调，建筑造型浑然天成，高档尊贵，给人以非凡的气质和成就感。

表1　住宅套型、建筑面积一览表

号型	一室户	二室户	三室户	四室户	五室户	六室户	户型总计	建筑面积（平方米）
Z-1#		25	96	1	1	1	124	21 018.6
Z-2#	29	31	62	2			124	16 911.1
Z-3#	29	31	62	2			124	16 911.1
Z-4#		25	96	1	1	1	124	21 016.7
Z-5#	1	30	89	31	1		152	30 241.3
Z-6#	1	31	114	2	1	1	150	24 902.1
Z-7#		4	33	60			97	18 518.7
Z-8#		4	33	60			97	18 518.7
Z-9#	1	58	55	64			178	29 656.2
Z-10#		58	64	2			124	17 553.2
总计	61	297	704	225	4	3	1 294	215 247.7
所占比例	4.71%	22.96%	54.4%	17.39%	0.31%	0.23%		
面积范围（平方米）	56.8～84.8	110.1～127.4	84.8～278.8	176.7～319.5	275.1～442.1	279.3～281.2		

3.2　项目实施进度

3.2.1　项目总体实施进度计划

本项目严格按照国家有关建设项目程序进行，待可行性研究报告批准后，项目承

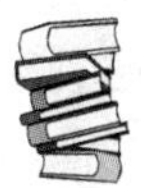

办单位按各子项分别进行总体详细规划设计、勘察设计、施工图设计、场地准备、土建施工、设备安装及调试、竣工验收。为加速建设进度，缩短建设周期，各子项可交叉进行。

本项目实施周期为 49 个月。实施计划进度见表 2。

项目实施进度

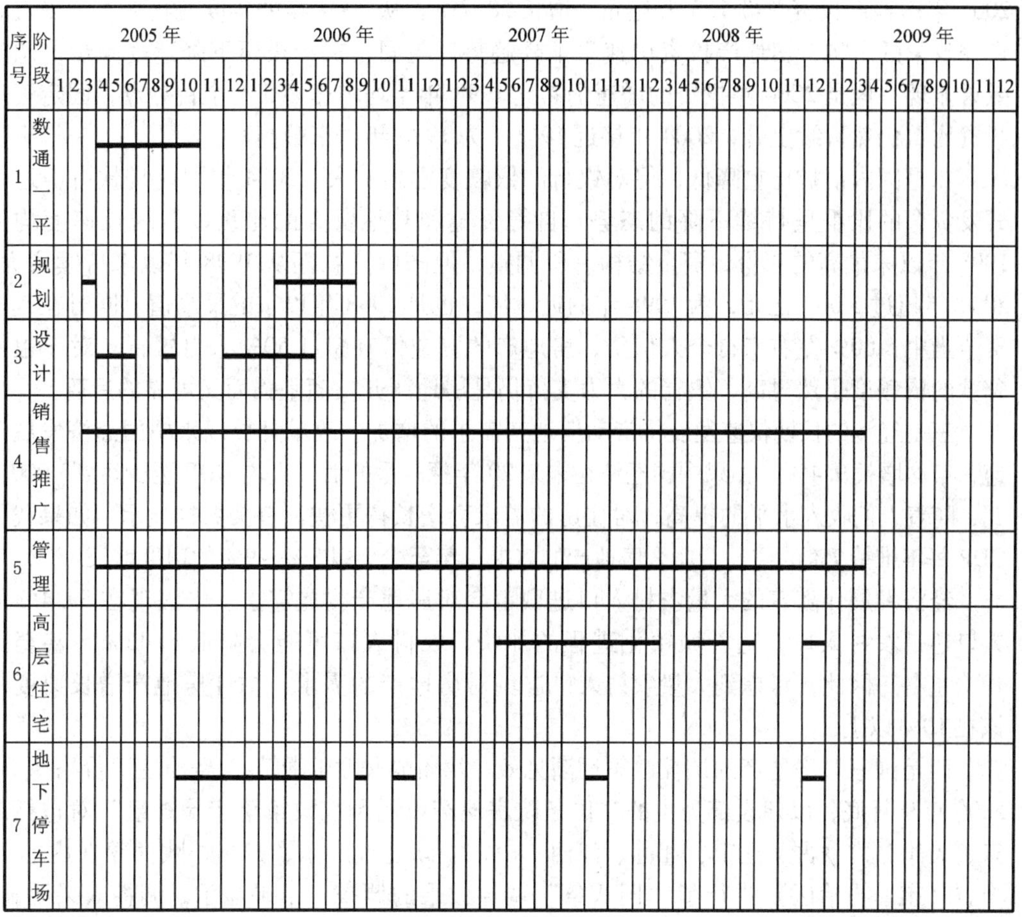

序号	阶段	2005 年												2006 年												2007 年												2008 年												2009 年											
		1	2	3	4	5	6	7	8	9	10	11	12	1	2	3	4	5	6	7	8	9	10	11	12	1	2	3	4	5	6	7	8	9	10	11	12	1	2	3	4	5	6	7	8	9	10	11	12	1	2	3	4	5	6	7	8	9	10	11	12
1	数通一平				—	—	—	—	—	—	—																																																				
2	规划			—												—	—	—	—	—	—																																								
3	设计				—	—	—			—			—	—	—	—	—	—																																											
4	销售推广			—	—	—	—			—	—	—	—	—	—	—	—	—	—	—	—	—	—	—	—	—	—	—	—	—	—	—	—	—	—	—	—	—	—	—	—	—	—	—	—	—	—	—	—	—	—	—									
5	管理				—	—	—	—	—	—	—	—	—	—	—	—	—	—	—	—	—	—	—	—	—	—	—	—	—	—	—	—	—	—	—	—	—	—	—	—	—	—	—	—	—	—	—	—	—	—	—	—									
6	高层住宅																					—		—	—				—	—	—	—	—	—	—	—	—	—			—	—	—		—			—												
7	地下停车场										—	—	—	—	—	—	—	—	—			—		—												—													—												

第四章　市场分析

4.1　中国及河南省房地产业市场态势

中国房地产业在经历了十几年的市场化进程后，取得了举世瞩目的成就，以房地产业为先导的新的产业链已逐渐形成。近年来，全国各地又纷纷提出"经营城市"这一全新发展理念，为房地产业带来了绝佳发展机遇。尤其是中国的住宅产业，需求潜力巨大，建设量大面广，增长势头将会持续。

在加快住宅建设和深化城镇住房制度改革的推动下，当前住宅市场总体上呈现出迅速发展的态势。1998 年出台的《国务院关于进一步深化城镇住房制度改革，加快住房建设的通知》，提出加快住房建设，促使住宅业成为新的经济增长点，不断满足城镇居民日益增长的住房需求，使得住宅产业投资稳步回升，住宅建设增长加快。

近年来以来中国房地产业投资表现出以下特点：

一是房地产投资增速趋缓，但占全社会固定资产投资的比重仍保持上升趋势。2004 年房地产投资总额 1.3 万亿元，增长 28.7%。从 2004 年的年度变化来看，受宏观调控政策的影响，房地产投资增速呈下降趋势，与固定资产投资下降速度同步，调控效果显现。但是 2004 年投资的增速仍然比 1998 年年均增速多 5.6 个百分点，固定资产投资比重仍然持续上升，2004 年接近 19%，为 1986 年以来最高。

二是国内信贷比重降低，但对银行的依赖度逐渐加大。2004 年国内贷款占房地产开发资金的比重呈持续下降的态势。自筹资金和其他资金的比重以及增长速度均为 1998 年以来最高的年份，资金结构有所调整，但国内贷款额从 1998 年以来持续增大，2004 年超过 3 000 亿元，为 1998 年的近 3 倍，也是 1998 年以来的最高值。同时在其他资金当中，80% 左右来自个人信贷，房地产的资金仍有超过 50% 来自银行。对于银行贷款的依赖度仍然过高，银行的大力支持仍是房地产开发商坚强而又可靠的后盾。

三是经济的长期快速发展将带动房地产需求的增加。改革开放以来中国经济发展迅速，年均增长 9.4%。如果中国经济在未来 20 年翻两番的话，人均 GDP 至少达到3 000美元，随着人们收入水平的提高，对住房的需求会增长得更快。有关数据显示，如果我国 GDP 每年维持 7% 的增长，那么房地产的需求每年至少会以 8% ~9% 的速度增长。

经济发展伴随着的大量农村人口进城也会对房地产构成需求。中国现在 59.4% 的人口还是农村人口，随着城镇化进程的加快，农村人口可能会降低到 45%，甚至到 40% 左右。因此，考虑到大量农村人口进城对房地产的需求，估计房地产增长速度应该在 10% 以上。

四是国家对房地产的调控政策逐渐见效，房价整体涨幅回落，高档住房价格飙升。2006 年 9 月底，以建设部为主的“国务院房地产市场调控政策落实检查组”对包括北京、天津、内蒙古、辽宁、江苏、江西、山东、湖北、广东、四川、陕西等在内的 11 个省（市、自治区）进行了“国八条”调控效果的调查。结果显示，调控效果明显，各地炒房和拆迁需求已经基本得到控制。10 月 10 日，国家统计局发布了 9 月份国房指数报告，全国房价涨幅为 5.6%，前 8 个月的房价涨幅，近三年来呈现逐步回落趋势，2004 年为 15.2%，2005 年为 7.5%，2010 年为 5.6%，表明国家宏观调控措施效果明显。

与此同时，由于高档住房受调控政策的影响，供应量较少，价格有较大的升幅。按国际顾问机构华高莱斯的统计，2006 年 9 月份北京入市的新盘当中，接近六成售价达到每平方米万元以上，而抢在黄金周亮相的少数几个新盘单价都已突破每平方米 2 万元。快速上涨的房价使北京“豪宅”的队伍不断扩大，许多高价楼盘并不愁卖。据了解，到“十一”黄金周为止，单价每平方米 4 万元的昆仑公寓签约率已超过 10%，单价每平方米 22 000 元的缘溪堂，签约率也超过了 17%，开盘的百悦居、裘玛都等认购意向也不错。除上海外，深圳、重庆、成都、西安等地高档住房价格也均呈上升趋

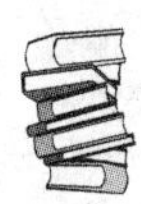

势。

河南省的房地产业随着中国城镇土地使用制度、住房制度、房地产金融制度的改革和住宅商品化、房地产综合开发的实施及有效的宏观调控，得到了快速发展，取得了显著的成就。河南省由于区位条件比较好，经济增长率近年来也比较高，因而房地产投资数额比较大，企业数量多，具有较好的房地产投资价值。2003 年房地产业增加值近 200 亿元，2004 年房地产投资稳步增长。全省完成房地产开发投资 258.82 亿元，比上年同期增长 39.5%，高于全国平均增幅 11.4 个百分点，总量位居全国第 16 位，增幅位居全国第 7 位。从投资用途上看，住宅投资完成 174.81 亿元，增长 29.4%；办公楼投资完成 5.93 亿元，增长 11.9%；商业营业用房投资完成 42.6 亿元，增长 81%。2004 年房地产市场供需差距进一步缩小，供需绝对差额为 79.95 万平方米，而上年为 140 万平方米。商品房销售面积为 1 055.37 万平方米，增长 22.3%。在当前市场较旺的背景下，商品房近八成为期房销售，商品住宅的期房销售比重则更高。

2005 年河南省房地产开发业继续保持较快的发展，各项指标运行情况良好，具体呈现如下特点：

一是房地产开发投资快速增长，投资比重增加。2005 年，全省房地产开发完成投资 388.52 亿元，比上年增长 50.1%，增幅比全省城镇固定资产投资高 5.2 个百分点。房地产开发投资占全社会投资比重为 8.9%，比上年提高 0.5 百分点。按工程用途分：商品住宅投资 271.41 亿元，比上年增长 55.3%；办公楼投资 14.15 亿元，增长 138.6%；商业营业用房投资 67.83 亿元，增长 59.2%。

二是施工规模扩大，新开工面积增加。2005 年，全省在建的商品房屋施工面积 4 902.98万平方米，比上年增长 24.4%，其中，商品住宅 3 895.44 万平方米，增长 17.9%。商品房屋新开工面积 2 150.58 万平方米，增长 14.4%，其中，商品住宅新开工面积 1 151.39 万平方米，增长 19.0%。

三是房地产市场运行平稳，供需两旺。2005 年，全省商品房屋竣工面积 1 370.94 万平方米，增长 20.8%，其中，商品住宅竣工面积 1 151.39 万平方米，增长 19.0%。全省商品房销售面积 1 655.88 万平方米，增长 56.9%，其中商品住宅销售面积 1 457.06万平方米，增长 53.6%。全省商品房销售额 298.13 亿元，增长 79.7%，其中，商品住宅销售额 234.68 亿元，增长 71.6%。商品房空置面积 308.13 万平方米，下降 0.4%，其中商品住宅空置面积 214.99 万平方米，下降 10.8%。

在商品房屋销售中，现房销售面积占销售面积的 45.9%，其中商品住宅现房销售占 46.0%。

四是土地购置和完成开发面积增加。2005 年，全省土地购置面积 2 029.76 万平方米，增长 33.7%；完成土地开发面积 985.39 万平方米，增长 67.1%。

五是房地产资金到位增幅低于开发投资增幅。2005 年，全省房地产开发资金来源合计 436.18 亿元，同比增长 35.8%，低于开发投资增幅 14.3 个百分点。其中，国内贷款 60.70 亿元，同比增长 53.7%；自筹资金 180.93 亿元，同比增长 38.6%。其中，企、事业单位自有资金 99.67 亿元，同比增长 22.6%；其他资金 192.49 亿元，同比增长 31.1%，其中定金及预付款 150.72 亿元，同比增长 22.2%。

六是2005年房地产市场呈现出交易活跃，需求强劲，供销两旺的发展态势，“豫房景气指数”继续在景气区间运行。12月份“豫房景气指数”值为113.12点，同比下降1.09点，比11月份下降1.06点，虽然继续在景气区间运行，但景气度有所回落。从“豫房景气指数”走势看，全年“豫房景气指数”呈现先升后降的态势，在4月份达到本年高点114.71点后开始走低。

从构成“豫房景气指数”的8个分类指数看，与上年同期相比呈4升4降格局。

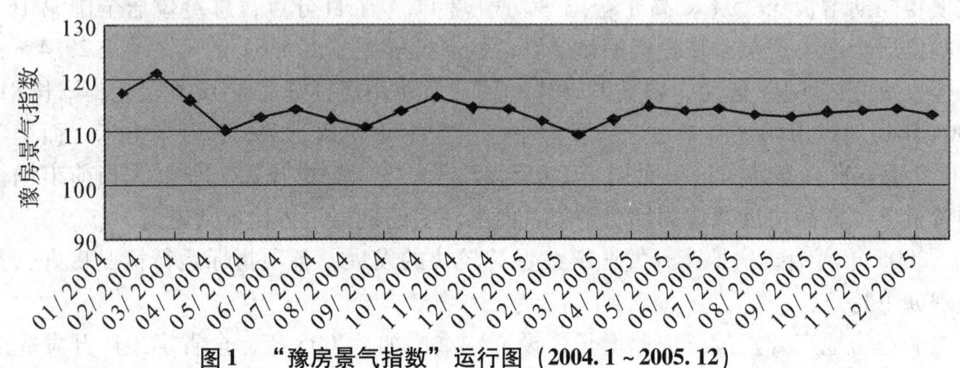

图1　“豫房景气指数”运行图（2004.1～2005.12）

总之，从房地产业在国民经济发展中的地位和作用，以及对城镇化进程的推动作用等各方面来看，中国及河南省的房地产投资环境良好，发展潜力大，投资房地产业大有作为。

4.2　郑州市房地产市场分析

郑州市作为我国中西部的区域中心城市和现代化商贸城市，随着国家促进中部崛起战略和河南省中原城市群发展战略的实施，目前郑州市房地产业正面临着前所未有的发展机遇，必将迎来新一轮的投资高潮。

4.2.1　郑州市房地产发展状况与趋势分析

郑州房地产市场发展大致可以分成三个阶段：

（1）1998年至2000年起步阶段。郑州房地产市场发展起步相对较晚，从1998年起步，到2000年才真正进入市场化阶段。此阶段处于房地产市场发展的初期，整体开发水平相对较低，物业类型相对单一，但整体市场发展基本平稳。

（2）2001至2003年快速发展阶段。此阶段处于房地产快速发展阶段，伴随着城镇化进程被全面提上议事日程，房地产开发规模、开发水平都有大幅度提高，价格也有较大的涨幅。一些大盘（如建业城市花园、开元新城、21世纪社区等）陆续涌现，本地一些开发企业也得到发展壮大（如建业、思达、新世纪等）。

（3）2004年至2005年发展火爆阶段。伴随构建以郑州市为中心的中原城市群建设规划方案的实施，郑州城市发展（特别是郑东新区的规划建设）、房地产投资金额、开发规模都大幅度提高。此阶段一个明显的特征是外地开发商迅速进入，如天津顺驰、上海绿地等外地品牌开发商迅速进入郑州市场并形成规模开发。外地品牌企业的相继进驻导致市场竞争的进一步加剧，同时也提高了郑州房地产市场的整体开发、营销水平。此阶段房地产开发规模、投资金额大幅提高，房地产价格也有大幅提升，郑东新

区建设日新月异，企业投资及购房消费信心增强。国家一系列宏观调控政策的出台对郑州房地产市场也产生了一定影响，在一定程度上改变了开发商和消费者对市场的心理预期，投资购房者观望心理加强，消费者购房趋于理性。

4.2.2 郑州市房地产发展的态势分析

郑州市房地产业基本保持着健康的发展态势，郑州房地产市场仍然以住宅为主，近几年一直保持平稳的增长态势。具体可概括为以下几点：

一是房地产开发资金持续增长，资金结构有所优化。2005 年郑州市房地产企业资金来源结构出现调整，资金结构逐步优化。全市房地产开发资金来源合计 194.8 亿元，同比增长 23%。其中，国内贷款 31.5 亿元，同比增长 67.5%；自筹资金 56 亿元，同比增长 2.5%，其中企、事业单位自有资金 32 亿元，同比增长 20%；定金及预付款 85 亿元，同比增长 20%。从资金构成上看，贷款占比重为 16.2%，自筹资金比重由上年的 28.8% 上升到 34.5%，定金及预收款比重由上年的 43.6% 上升到 44.7%。截至 2005 年 9 月，郑州市完成房地产开发投资 94.90 亿元，同比增长 36.9%，房地产开发继续呈现强劲的增长态势。其中郑东新区成为全市房地产投资中最活跃的因素，仅上半年就完成投资 9.22 亿元，占全市房地产投资比例的 14%。

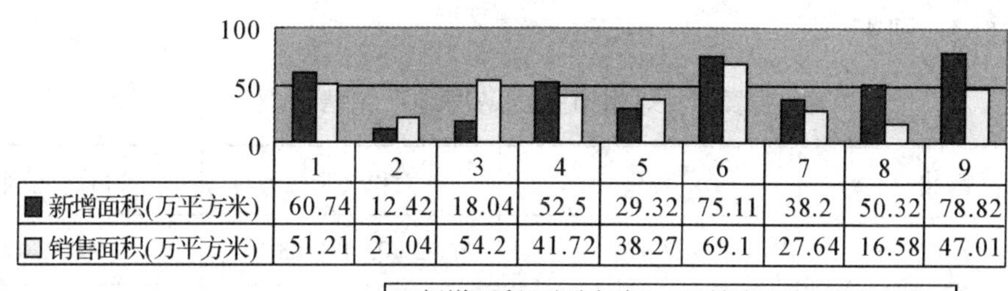

	1	2	3	4	5	6	7	8	9
■新增面积(万平方米)	60.74	12.42	18.04	52.5	29.32	75.11	38.2	50.32	78.82
□销售面积(万平方米)	51.21	21.04	54.2	41.72	38.27	69.1	27.64	16.58	47.01

图 2　郑州市 2005 年房地产供销平衡

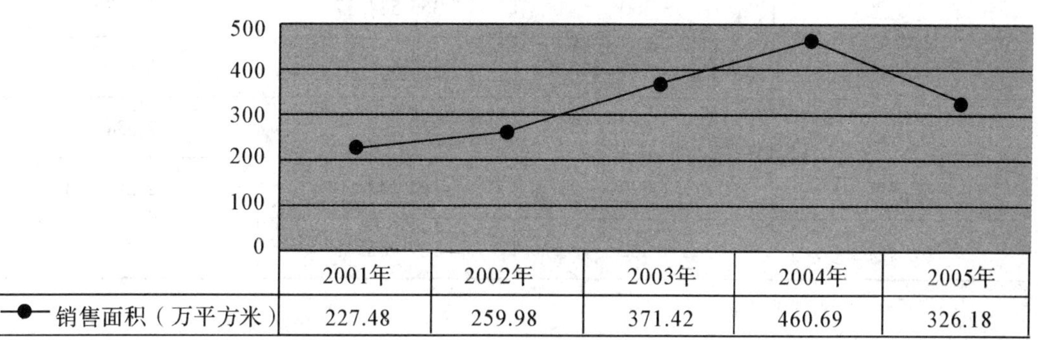

	2001年	2002年	2003年	2004年	2005年
销售面积（万平方米）	227.48	259.98	371.42	460.69	326.18

图 3　近年住宅销售面积

二是商品房销售面积快速增长，供需基本平衡。2005 年郑州市销售各类房屋 613.7 万平方米，比上年增长 19.8%。其中，住宅销售 556.4 万平方米，增长 14.2%；办公楼销售 12.3 万平方米，增长 46.4%；商业营业用房销售 42.9 万平方米。全年商品房屋销售额为 161.9 亿元，其中住宅销售额 132.8 亿元，办公楼销售额 5.4 亿元，商品营业用房 23.4 亿元。全年房屋住宅竣工面积少于销售面积，年底商品房空置面积为 57.1

万平方米，比上年末下降28.5%，商品住宅供需基本平衡。见图2、图3。

从表3来看，140平方米以下的普通商品住房销量占总量的60%以上，整体的住宅供应结构基本合理。

表3 普通商品住房销量情况

		≤60平方米	60~80平方米	80~100平方米	100~120平方米	120~140平方米	140~180平方米	≥180平方米
面积（万平方米）	登记销售	10.4	14.6	30.69	35.09	74.77	43.71	56.62
	占比	4%	5%	12%	13%	28%	16%	21%
套数（套）	登记销售	2 466	2 012	3 408	3 221	5 607	2 655	2 406
	占比	11%	9%	16%	15%	26%	12%	11%

三是热点区域特征明显。由于区域位置、区域内各项配套设施完善等优势，金水区房地产市场整体销售情况良好，销售套数和销售面积均为全市最高。郑东新区受良好的发展趋势等一系列因素的推动，整体均价达到3 276元/米^2，为郑州价格最高的区域。见表4、图4。

表4 郑州市各区域房地产销售情况

区域	套数	面积（米^2）	价格（元/米^2）
全市	22 370	2 702 491.83	2 474.49
金水区	10 954	1 335 531.60	2 555
二七区	3 360	365 524.37	2 237
管城区	2 445	309 406.01	2 510
中原区	2 650	310 699.85	2 034
惠济区	1 679	194 144.87	2 241
郑东新区	1 282	187 185.13	3 276

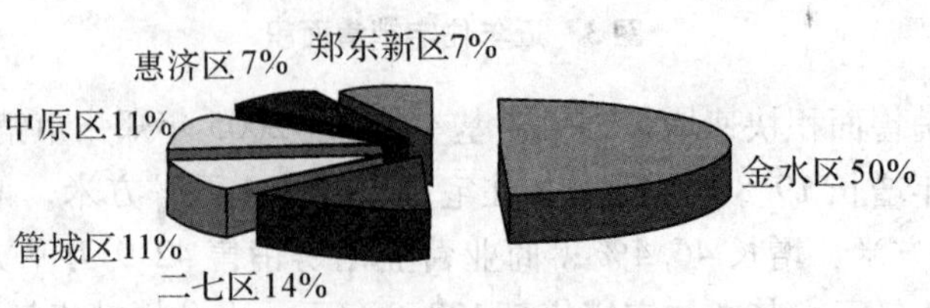

图4 市区销售面积比例

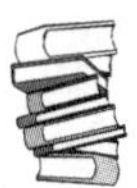

目前郑州整体住宅市场已基本形成了郑东新区板块、东南板块、郑州北部板块、郑州西南板块、郑州中部板块五大板块发展格局，各区域各有特点。见图5。

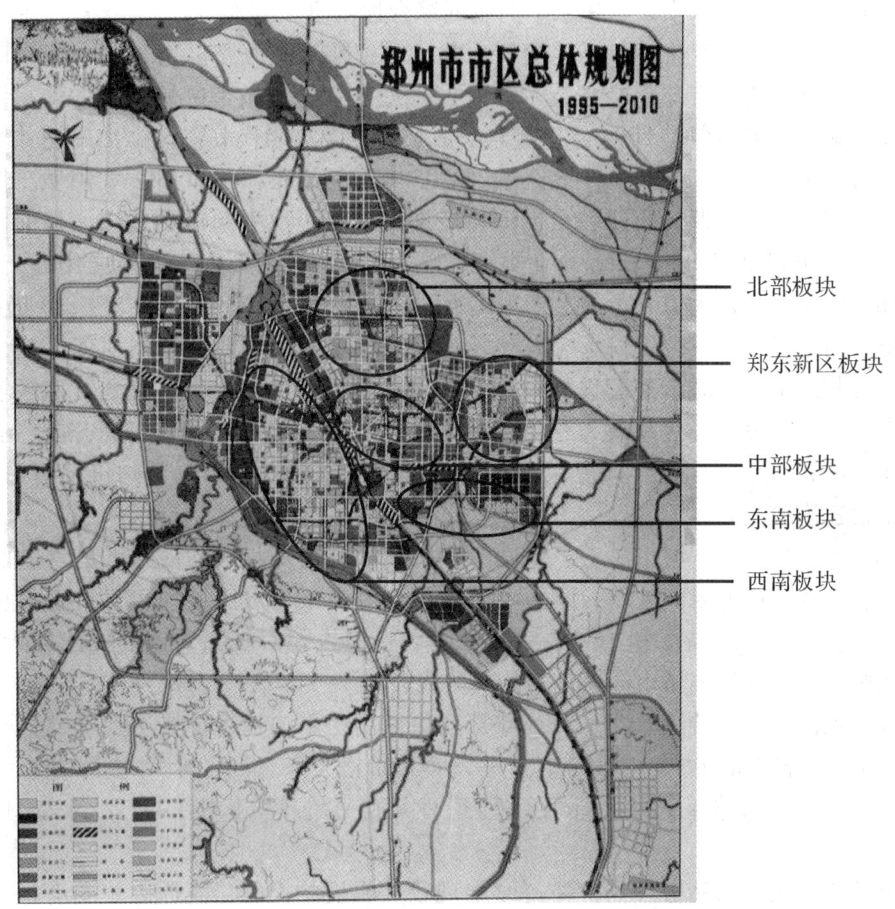

图5　已经国务院批准的跨世纪的郑州市总体规划图

郑州北部板块——名盘云集、高速发展。郑州北部板块主要为农业路以北的区域，凭借良好的区域位置和环境配套，已经成为郑州高档住宅相对较为集中的区域。近年该区域一直是郑州新盘密集地区，早期推出的21世纪社区、建业城市花园等项目带动了整个区域的发展，2005年相继推出的森林半岛、圣菲城、普罗旺世等项目都取得了不错的销售业绩，进一步巩固了区域地位。随着城市“东移北扩”的发展战略，北部板块的市场发展空间将不断扩大，凭借良好的区域位置、环境配套，北部区域将继续保持郑州市场的领先地位，成为郑州高档住宅最为密集的区域。

郑东新区——潜力无限、快速发展。郑东新区是郑州全新规划的新兴城区，是郑州市建设全国区域性中心城市和现代化商贸城市采取的重要举措，为郑州的未来发展的重点区域。根据相关规划显示，郑东新区将有110亿元资金投入，房屋开发面积将突破1 000万平方米。CBD和龙湖南区10平方千米成为建设重点。目前大量品牌开发商如建业、上海绿地、杭州绿城、顺驰等相继进入该区域，联盟新城、顺驰郑东·第一大街、老街·绿地、中央特区、中义·阿卡迪亚等项目陆续推出市场，区域物业类型以高层和小高层为主，也是目前郑州价格最高的区域之一。随着该区域的不断发展建设、市政配套逐渐日益完善，后续的市场供应量将继续放大，区域市场竞争也将进入以企业品牌、开发水平、营销水平为主的综合性竞争。

东南板块——个盘推动、迅速发展。此区域主要为陇海路以南、城东路以东的区域，早期该区域规划有郑州经济技术开发区，近几年随着城市区域热点的转移，该区域关注度逐渐降低。但是2004年以美景天成、金色港湾为代表楼盘推出市场并取得不错的销售业绩，让市场重新关注该区域。2005年，相继推出的富田·太阳城二期、青青花园、美景天成三期、四期和金色港湾三期等项目再次引起市场关注，目前区域住宅价格在2 400～2 600元/米^2，物业类型也以多层、小高层为主。随着原107国道被规划为郑州的中州景观大道，再加上未来大道的建设，该区域有望再度成为市场热点。

郑州西南板块——位置偏远、发展缓慢。该区域目前主要为郑州西郊城区，由于地理位置相对偏远、城市配套设施缺乏，同时目前没有良好的发展规划，该区域一直不为市场关注，发展速度缓慢，住宅价格也相对偏低。威尼水城、帝湖花园、亚星盛世家园、阳光四季园是近年该区域涌现的项目，但主要依靠相对低的价格吸引客户，整体销售速度较慢。

郑州中部板块——城市中心、空间有限。此区域是郑州最为成熟的区域，区域内各项配套完善，商业氛围浓厚，但是由于城市空间有限，该区域项目供应量较少，物业整体规模较小，以高层和小高层为主，区域价格也相对较高，近期推出的天下城、长城康桥也是目前郑州城市高档住宅的典型代表。

四是商品房价格持续上涨。2005年郑州市商品房平均销售价格达到2 638元/米^2，平均比上年上涨540元/米^2。其中住宅平均销售价格为2 387元/米^2，上涨383元/米^2；办公楼平均销售价格4 365元/米^2；商业营业用房平均销售价格5 457元/米^2，上涨44元/米^2。

近两年郑州市商品房市场价格持续出现较大幅度的上涨，其原因主要有：一是土地价格自然上涨和土地出让全面实行招拍挂致使土地成本增加，由此造成建房成本增加；二是随着房改进程的加快，商品化观念已深入人心，住房二级市场活跃，居民购房需求旺盛；三是郑州城市框架拉大、形象改观、地位提高吸引了周边地区大量外来人员投资、就业、居住等带动了巨大的住房需求；四是郑东新区开发建设的拉动，2004年东区商品房销售均价为3 061元/米^2，2005年已达3 481元/米^2，高出中州大道以西地区591元/米^2，价格上涨幅度高出中州大道以西地区3.2个百分点，郑东新区直接拉动郑州市2004、2005年房价上涨分别为26元/米^{2}和76元/米^2；五是近年来，商品房开发建设中重规划、重设计、重配套、重绿化等理念普及，使商品房自身综合品质大大提升。

整体上看，2005年商品房市场价格上涨大部分是品质提升和需求拉动的上涨。见图6。

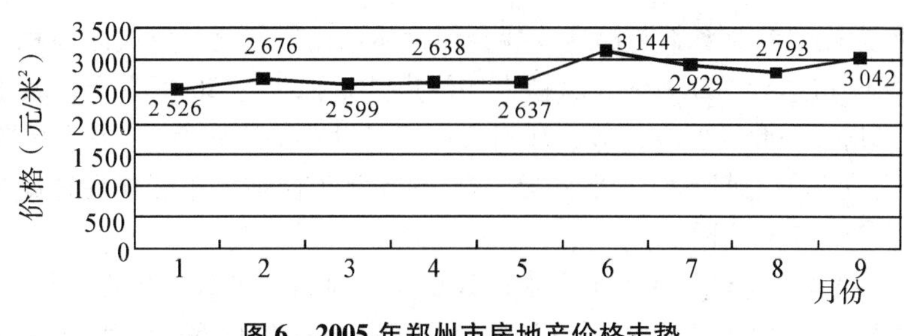

图6　2005年郑州市房地产价格走势

五是土地购置面积和购置费用增长较快。由于在国家采取的宏观调控措施中，房地产开发用地受到严格控制，并且随着土地增量供应控制更加严格，土地存量和增量的减少，土地招、拍、挂价格上升，致使房地产开发企业用于土地购置的费用增长较快。2005年郑州市房地产开发企业购置土地面积415.2万平方米，同比下降18.1%；完成土地开发面积为259.5万平方米，同比增长92.8%。全年郑州市房地产开发企业用于土地购置的费用为33.3亿元，同比增长44.8%，占全部开发投资的19.8%，比重比上年上升1个百分点。

六是市场消费更趋成熟理性。2005年，在国家对房地产业宏观调控政策影响下，外地人在郑州市投资置业更加谨慎与理性，但实际数据表明，购房比例与去年相比基本持平，仍然是郑州市商品房消费的强势力量，说明随着郑州市城市规模扩大，城市面貌逐步美化、靓丽，以及建设全国区域性中心城市和中原城市群隆起带龙头城市，特别是郑东新区快速发展，大量外地人士看好郑州的未来，把郑州当成了投资发展的沃土和理想的生活之所。

以上分析可以看出，郑州市房地产市场呈现如下发展趋势：

（1）整体市场处于快速增长过程中，受城市规划发展、中原城市群的利好因素刺激，房地产仍将保持强劲发展势头。

（2）郑州房地产市场虽然起步较晚，但是近几年发展迅速，投资额和销售额一直保持平稳的增长势头，整体发展态势良好。尤其是住宅市场，近几年一直保持平稳的增长态势。2005年住宅投资完成125.4亿元，同比增长32%，占全部投资额的比重为74.6%；住宅销售556.4万平方米，增长14.2%。

（3）城市中心区域仍然是市场热点区域，新兴区域（特别是郑东新区）凭借良好的规划和发展前景成为市场新宠。

（4）近几年商品房价格有较大幅度的上涨，但整体价格水平仍然处于相对低位，随着郑州整体城市经济发展，商品房价格将有较大的上涨空间。

4.2.3　2006—2010年郑州市住房发展远景规划

已经实施的《郑州市住房建设规划（2006—2010）》（以下简称《规划》），从以下几个方面向我们展示了2006—2010年郑州市住房发展的远景。

1.“十一五”期间住房建设年度目标

“十一五”时期，郑州市经济社会的发展目标是：继续保持较快的经济发展速度，生产总值年均增长13%左右；全社会固定资产投资年均增长17%；地方财政收入年均增长15%；人民生活质量明显改善，城镇居民人均可支配收入、农村居民人均纯收入年均增长8%，社会就业率不断提高，社会保障体系比较健全；建成区面积达350平方千米，建成区人口达到420万人，城镇人均住房建筑面积达26平方米，城镇化率达到65%。基于郑州市如此发展总趋势，郑州市住房建设总量规划为3 720万平方米。

2006年住房建设总量620万平方米，在2006年年初确定年度规模总量550万平方米的基础上，调增70万平方米。

2007年住房建设总量700万平方米，计划安排商品住房560万平方米。

2008年住房建设总量750万平方米，计划安排商品住房600万平方米（其中限价商品住房150万平方米）；政策性保障住房150万平方米（其中经济适用住房90万平方米，廉租住房5万平方米，周转住房15万平方米，国有困难企业利用自用土地集资建经济适用住房和房改危旧房改造40万平方米）。

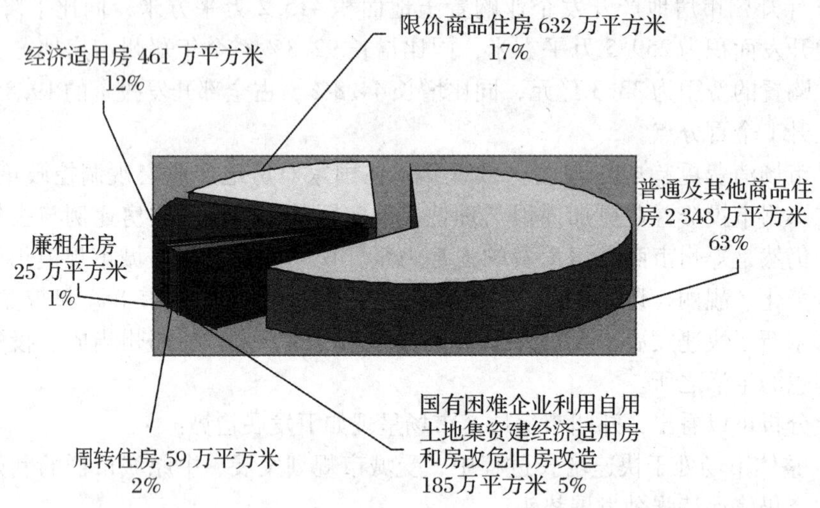

图7 “十一五”期间我市各类住房建设目标

2009年住房建设总量810万平方米，计划安排商品住房648万平方米（其中限价商品住房162万平方米）；政策性保障住房162万平方米（其中经济适用住房103万平方米，廉租住房4万平方米，周转住房15万平方米，国有困难企业利用自用土地集资建经济适用住房和房改危旧房改造40万平方米）。

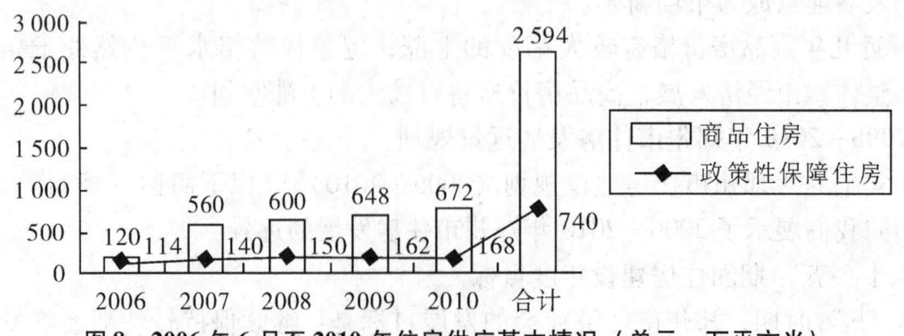

图8 2006年6月至2010年住房供应基本情况（单元：万平方米）

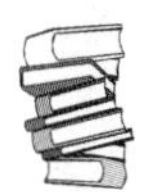

2010年住房建设总量840万平方米，计划安排商品住房672万平方米（其中限价商品住房168万平方米）；政策性保障住房168万平方米（其中经济适用住房107万平方米，廉租住房6万平方米，周转住房15万平方米，国有困难企业利用自用土地集资建经济适用住房和房改危旧房改造40万平方米）。

2．“四个层次”的住房需求

《规划》结合目前郑州市经济社会发展实际和居民居住水平，参照前期开展的住房现状及需求调查结果，拟将目前市民收入水平划分为四个层次，分别为最低收入、低收入、中等收入、高收入，相应的住房供应层次依次为廉租住房和周转住房（主要解决外来务工人员、农民工、大中专毕业生等特定人群的临时性住房困难）、经济适用住房、普通商品住房（含限价商品住房）、其他商品住房。为此，“十一五”期间，按照资源节约型和环境友好型城镇建设的总体要求，依据居民购房意向比例，同时结合土地、能源、水资源和环境等综合承载能力，郑州市确定的3 720万平方米新建住房总量中，商品住房2 980万平方米（含限价商品住房），占住房总量的80%；政策性保障住房（含经济适用住房、廉租住房、周转住房、国有困难企业利用自用土地集资建经济适用住房和房改危旧房改造）740万平方米，占住房总量的20%。各类住房具体分配比例是：限价商品住房632万平方米，占17.0%；普通及其他商品住房2 348万平方米，占63.0%；经济适用住房461万平方米，占12.5%；廉租住房25万平方米，占0.7%；周转住房59万平方米，占1.6%；国有困难企业利用自用土地集资建经济适用住房和房改危旧房改造195万平方米，占5.2%。见图9。

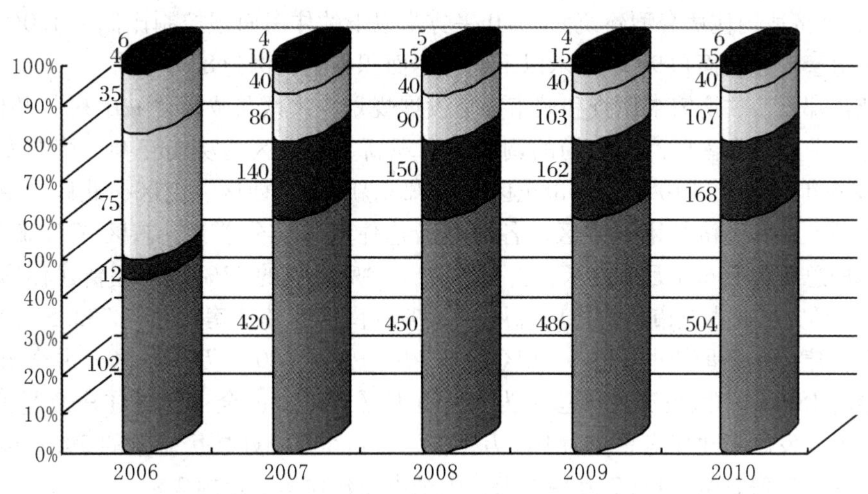

注：柱状图由下至上依次为：普通及其他商品住房；限价商品住房；面向社会经济房；困难企业集资建房；周转住房；廉租住房

图9　2006年6月至2010年住房供应分类型基本情况（单元：万平方米）

3．主力户型：两室一厅和三室一厅

为使《规划》更加科学合理，郑州市房管局2006年6月底对全市开展了住房现状与需求的调查，结果显示：现有住房中主力户型为两室一厅和三室一厅，被访居民对现有住房的满意度为58.1%，“面积小、户型不合理”是居民对现有住房不满意的主要原因。

在20 000户被访家庭中，今后几年有购房打算的有13 210户，占66.0%。从居民购房需求的住房类型看，居民对住房类型的选择上商品住房和经济适用住房分别为68.5%和31.5%。在商品住房选项中，普通商品住房占58.7%，限价商品住房占5.8%，高档商品住房占4.0%。

从居民购房需求的户型结构看，选择三室一厅户型的占34.9%、三室两厅的占23.6%、两室一厅的占21%、两室两厅的占11%、一室一厅的占1.6%，还有7.9%为四室一厅、四室两厅和别墅。

从居民购房的户型面积看，有85.9%的居民愿意购买120平方米以下的住房，其中90平方米以下的占32.4%，90～110平方米的占41.6%，110～120平方米的占11.9%，14.1%为120平方米以上。

从居民购房的区域需求看，36.0%的居民购房地理区域仍为中心城区，东区（含郑东新区）和以中原路为轴线的西区逐渐成为购房的热点区域。

4. 住房套型结构比例

为坚决贯彻中央的宏观调控政策，切实增加中小套型、中低价位普通商品住房的供应，郑州市“十一五”期间新审批、新开工的套型建筑面积90平方米以下住房面积所占比例确定为70%。

具体为：廉租住房和周转住房套型建筑面积90平方米以下的住房面积控制比例为100%。经济适用住房套型建筑面积90平方米以下的住房面积控制比例为100%。限价商品住房套型建筑面积90平方米以下的住房面积控制比例为85%。

结合郑州市住房需求调查和城市整体发展规划，兼顾老城区“城中村”整体改造、西部老工业基地和南区产业布局的调整，实现新、老城区的功能互补、协调发展。为此，2006年6月至2010年郑州市东区（含郑东新区）、西区、南区、北区、中区、高新技术开发区和经济技术开发区，各区域新建住房总量分别为：东区（含郑东新区）新建住房总量为766.8万平方米，占全市新建住房总量的23%；西区新建住房总量为666.8万平方米，占全市新建住房总量的20%；南区新建住房总量为733.5万平方米，占全市新建住房总量的占22%；北区新建住房总量为600.1万平方米，占全市新建住房总量的18%；中区新建住房总量为400.1万平方米，占全市新建住房总量的12%；高新技术开发区新建住房总量为100万平方米，占全市新建住房总量的3%；经济技术开发区新建住房总量为66.7万平方米，占全市新建住房总量的2%。

5. 住房建设用地敲定

在强调土地资源节约、集约、高效利用的前提下，重点保证中低价位、中小套型普通商品住房和政策性保障住房用地的供应；坚持新增用地供应与存量用地挖潜相结合，积极盘活闲置土地；坚持区域住房发展合理布局，优化住房供应结构。

“十一五”期间，郑州市住房用地供应总量为1 755公顷。其中，商品住房建设用地1 365公顷，政策性保障住房用地390公顷。见图10。

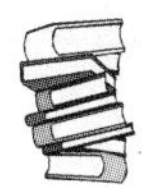

商品住房建设用地。“十一五”期间，新增住宅用地546公顷，盘活存量土地819公顷，其中869公顷用于中低价位、中小套型普通商品住房供应。

政策性保障住房建设用地。“十一五”期间，新增政策性保障住房用地总量为156公顷，盘活存量土地234公顷。其中，经济适用住房用地243公顷，廉租住房用地14公顷，周转住房用地31公顷，国有困难企业利用自用土地集资建经济适用住房和房改危旧房改造用地102公顷。

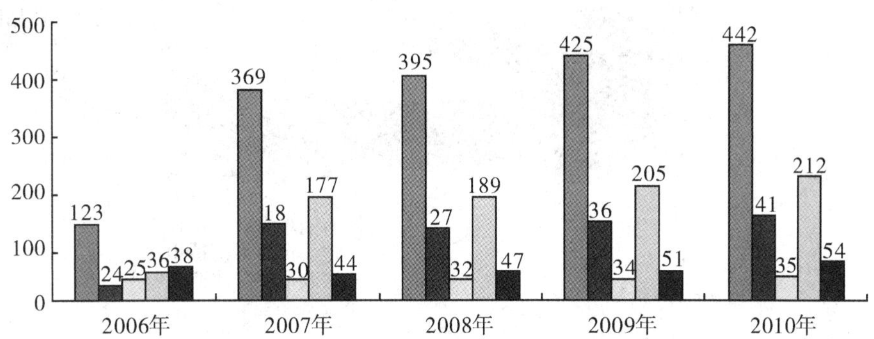

图10　2006年6月至2010年住房建设用地供应基本情况（单元：万平方米）

6．2006—2007两年住房建设目标

2006年，全市住房建设目标为620万平方米，在2006年年初确定年度规模总量550万平方米的基础上，调增70万平方米。计划建设商品住房114万平方米（其中限价商品住房12万平方米）；政策保障性住房120万平方米（其中，经济适用住房75万平方米，国有困难企业利用自用土地集资建经济适用住房35万平方米，廉租住房6万平方米，周转住房4万平方米）。见图11。

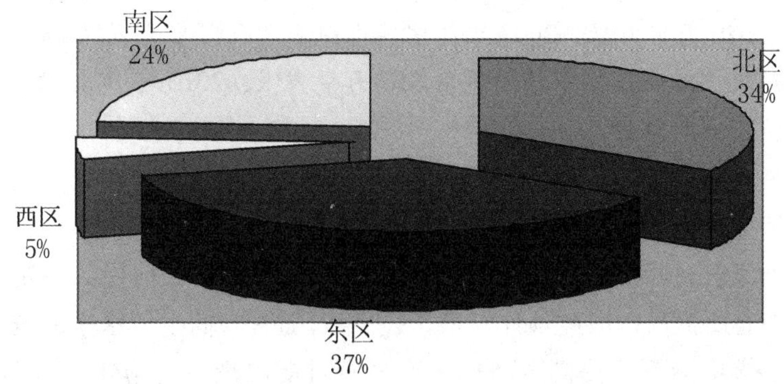

图11　商品住房建设目标（2006.6.1至2006.12.31）

2007年住房建设规模总量700万平方米，计划安排商品住房560万平方米（其中限价商品住房140万平方米）；政策性保障住房140万平方米（其中廉租住房4万平方米，周转住房10万平方米，国有困难企业利用自用土地集资建经济适用住房和房改危旧房改造40万平方米，经济适用住房86万平方米）。见图12。

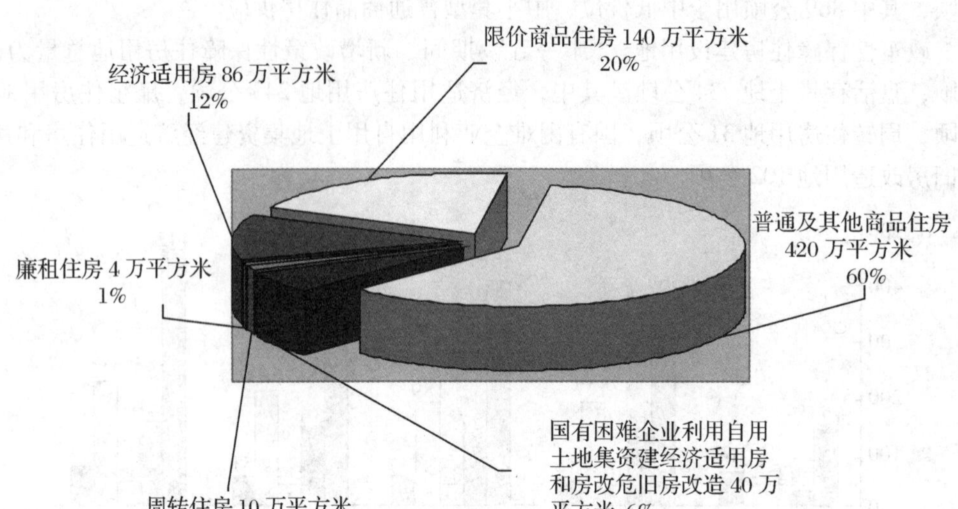

图12　2007年各类住房建设目标

4.2.4　郑州市住宅市场前景分析

通过上述对郑州房地产市场以及《郑州市住房建设规划（2006—2010）》分析可以看出，郑州房地产市场近几年虽然取得了长足的进步，但是整体上仍相对落后，特别是城市豪宅虽然存在较大的市场需求（根据郑州市调查结果高档商品住房占4.0%），但在产品营造、营销推广、文化价值挖掘等方面严重滞后。而另一方面，根据《郑州市住房建设规划（2006—2010）》和郑州市居民收入水平的不断提高，对住房标准的要求进一步提高，加上外来人口大量涌入郑州，郑州市住宅市场前景非常乐观，将呈现如下发展趋势：

（1）整体市场发展平稳，处于良性上升的发展趋势，但增幅会逐年减缓。2006年住房建设总量620万平方米，2007年住房建设总量700万平方米，2008年住房建设总量750万平方米，2009年住房建设总量810万平方米，2010年住房建设总量840万平方米。年增长率分别为12.9%、7.14%、8%和3.7%。

（2）现有住房中主力户型为两室一厅和三室一厅，大户型和豪宅供应量偏少，高档房产今后将呈热销产品。这是因为：

①由于国家宏观调控的需要，我国高档房产开发规模目前受到一定限制，购买该类房产的门槛有所提高，由此预计未来3~4年，随着人们生活水平的进一步改善，对居住质量的要求也会不断提高，高档房产将有可能出现供不应求，那时只要有好房，即使置业门槛较高，也将有可能使高档房产成为热销产品。

②利率的上升，有利于高档住宅、写字楼、商业地产的销售。随着中国经济的高速发展，全球经济对中国经济的影响也越来越大，预计未来一段时期银行利率水平将保持上升态势，这将影响不同消费群体的购房欲望。一般说来，利率上升将使人们的

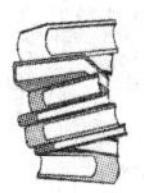

购房成本上升，这对中低收入阶层购买普通住宅影响相对较大，但对高收入阶层购买高档房产的影响相对较小。

③今后一个时期，中国的贫富差距较大的状况不会有根本的改善。随着经济的持续高速增长，按照资本增值规律，越来越多的富人在住房需求上会有更高层次的追求。同时，随着国家收入分配政策的改革，人们的收入越来越高，中产阶层逐步扩大，对高档住宅的需求也会明显上升。

（3）区域格局已经基本形成，高档住宅主要集中在郑州中部板块（如天下城）、北部板块（80%的别墅）和郑东新区新开发的高档住宅（如联盟新城）。

（4）中部板块住房严重供不应求。按《规划》中区新建住房总量为400.1万平方米，占全市新建住房总量的12%，而对中部住房的实际需求是36.0%。

（5）房地产价格将继续呈平稳上升趋势。这是因为，今后土地取得难度加大，土地拍卖将使取得土地的单位成本上升；中国国民经济在今后相当长的时间内将保持持续增长的势头，建材市场的价格将稳中有升；城镇化进程的加快和城乡居民收入水平的持续提高，居民生活的不断改善，客观上给房地产业的持续发展带来了巨大的空间。这种态势在房地产开发起步较晚的郑州市将会更加明显。

（6）多层仍然是主要物业供应类型，但是高层和小高层的供应量明显加大，特别在城市中部和北部区域。

（7）高档住宅多为品牌企业开发，说明郑州房地产市场对企业品牌比较看重，外地品牌企业相继进入，带来全新的竞争模式，产品品质也将得到大幅提升。

（8）销售周期比较平稳，各楼盘的销售速度基本在500套/年左右。

（9）外地客户（主要为周边城市如洛阳、开封等）的比例不断提高。

（10）具备创新功能的产品明显受到市场青睐，产品创新所带来的直接效果越发明显，有效的营销策略在项目销售中（特别是城市豪宅）的作用日益突出。

可以预见，在国家的宏观调控下，房地产市场将进一步走向规范，房地产利润、价格将更加趋于合理化、市场化，郑州的房地产市场将更加理性而健康地发展。

4.3 郑州市住宅房产客户需求分析

4.3.1 社会购买人群分析

按照收入水平和文化层次两个指标，以低、中、高三个水平层次，可以将社会人群划分为9个组群：

（1）高收入、高文化的顶级贵族阶层：数量很少，购买力极强，强调享受，注重社区品牌、文化。购买动机多为享受型，是高档住宅的主要购买者。

（2）高收入、中文化的社会精英阶层：数量不多，但购买力强，落定迅速，是一期大户型的主要购买者，对产品档次、品牌形象形成强有力的提升和拉动。购买动机为自住型。

（3）高收入、低文化的爆发户阶层：数量少，购买力强、市场跟进心理强，看重社区的品牌和购买人群，以满足其攀龙附凤、显示身份的心理。注重享受，购买动机为享受型。

(4) 中收入、高文化阶层：年龄在35岁左右，职业以高级专业人才（尤其是自由职业者）、高级管理人才（尤其是职业经理人）和高级公务员为主。规模最大，是社区文化和生活方式的主要参与者、促进者，也是高档住房的消费主力。购买动机为常住型。

(5) 中收入、中文化的高级白领阶层：是普通商品房购买的主力军，是今后高档住房的后备军。

(6) 中收入、低文化的普通市民阶层：数量少，其作用是补充性的，是小户型的购买者。

(7) 低收入、高文化阶层：这类人群年龄在30岁上下，收入不太高，但年轻、前卫、时尚、新潮追求新的生活方式，属于超前消费一族，但不属于高档楼盘的消费者。

(8) 低收入、低文化的清贫工薪阶层，这类人群购买力最低，购买户型小，多以经济适用房或限价商品房为主。

(9) 低收入、低文化的社会阶层，这类人群购买力低，购买户型小，多以经济适用房或限价商品房为主。

对于本案来说，主要应针对高收入、高文化和高收入、中文化两个群体。

4.3.2 郑州高端客户住宅情况分析

根据对郑州目前主要在售高档住宅成交客户群分析，目前郑州高档住宅成交客户情况如下。

1. 年龄分析（图13）

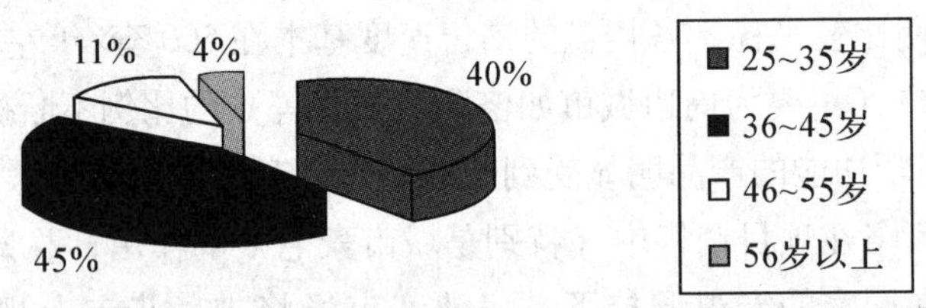

图13 客户年龄分析

客户年龄构成以中青年为主，其中年龄在36~45岁的客户群达到45%比例。

2. 需求面积分析（图14）

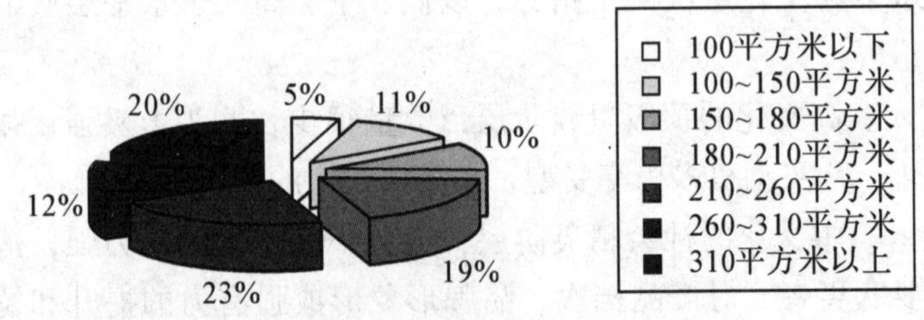

图14 需求面积分析

成交客户集中在150~260平方米之间，这一区间成交客户占到总客户群的52%，150平方米以上面积需求的客户群达到84%的比例。

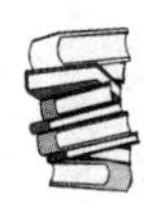

3. 价格需求分析（图 15）

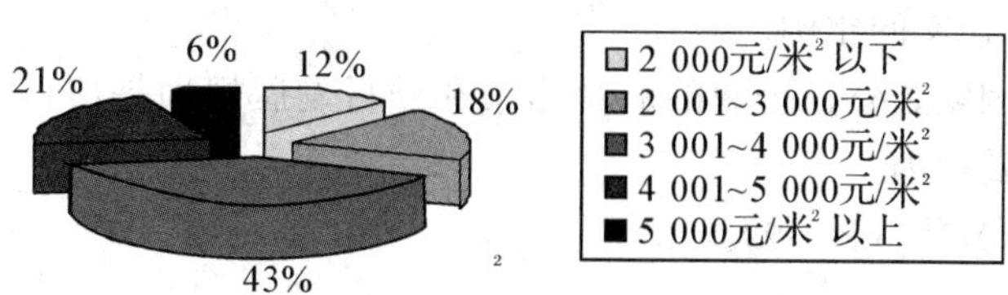

图 15　价格需求分析

从客户价格需求分析来看，3 000～4 000 元/米^2 是客户主要的心理价格区间，占到 43% 的比例；其次是 4 000～5 000 元/米^2 占到 21% 的比例；5 000 元/米^2 以上的客户需求不到 10%。

4. 区域来源分析（见图 16）

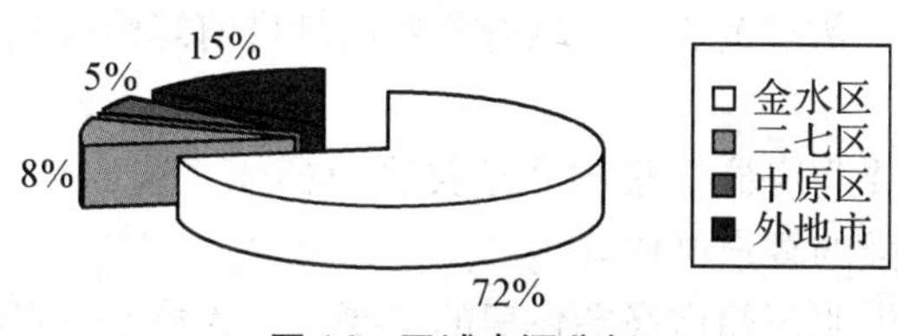

图 16　区域来源分析

客户区域来源以金水区为主，这符合目前郑州各经济区域特征，外地客户也是的重要客户来源区域，占到 15% 的比例。外地客户主要以郑州周边城市（如洛阳、开封等城市）为主，随着郑州城市的发展，城市辐射力不断增强；外地客户的比例将会不断提高。

5. 置业目的分析（图 17）

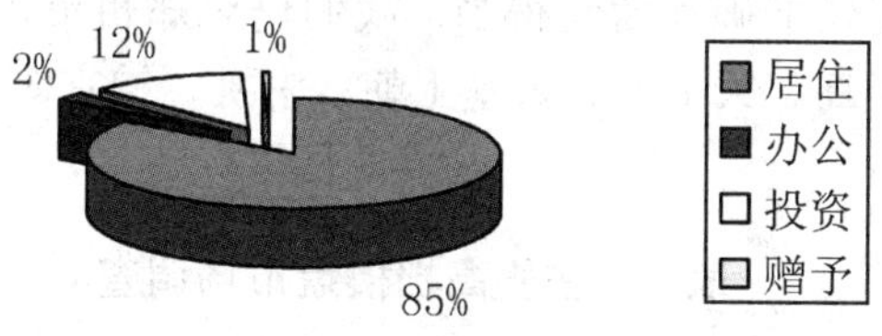

图 17　置业目的分析

自用是客户主要置业动机，其次是投资类客户，占到 12% 的比例。

6. 关注因素分析（图 18）

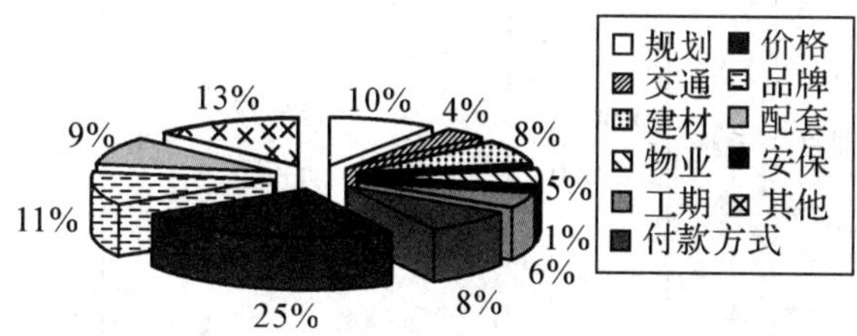

图 18　关注因素分析

价格仍然是客户主要关注因素，占到25%的比例；其次是开发商品牌和发展规划，分别占到11%和10%的比例。

说明在价格因素之外，企业的品牌形象和项目发展规划是项目主要关注的问题和吸引其购买的重要原因。

7. 职业特征分析（图19）

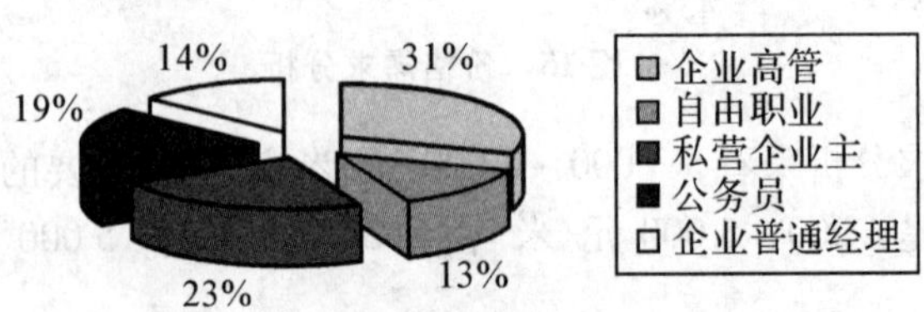

图19　职业特征分析

企业高级管理层、私营企业主、政府公务员是目前郑州高档住宅的主要购买群体，共计比例占到73%。

说明目前郑州主要购房群体集中在这类客户群体，这也是目前中国中部城市群财富积累、购买能力最强的客户群体。

从以上调研分析说明郑州市高端住房的主要购买人群是年龄在36～45岁之间的企业高级管理层、私营企业主、政府公务员；自用是客户主要置业动机；客户区域来源以金水区为主；需求面积集中在150～260平方米之间；多数客户可接受的价位是3 000～5 000元/米^2。

4.4　竞争项目的比较分析

根据蓝堡湾项目规划，作为中原地区与众不同的楼盘，有很多郑州市市场中以前不曾有的东西，没有直接可供比较的楼盘，甚至可以说郑州只有高档住宅，尚无真正的豪宅。但为了项目定位准确和营销得当，我们仍对郑州市目前在售的高档楼盘（如联盟新城、建业森林半岛、天下城、银基王朝、中凯·铂宫等）进行翔实的市场调查。见表5。

表5　在售高档楼盘市场调查

楼盘名称	开发商	项目地址	物业类别	装修状况	价格（元/米^2）	主力面积（平方米）	主力总价	容积率	绿化率	总评
联盟新城	郑州联盟新城置业有限公司	郑东新区农业东路88号	别墅	毛坯	5 500～6 000	260	156万元/套	1.1	61%	项目优势：低容积率、低建筑高度、高绿化率 项目劣势：位于郑东新区，公共交通不便利，周边配套不完善，人气严重不足

续表

楼盘名称	开发商	项目地址	物业类别	装修状况	价格（元/米^2）	主力面积（平方米）	主力总价	容积率	绿化率	总评
森林半岛	建业住宅集团（中国）有限公司	东风路绿荫广场东侧	别墅、小高层	毛坯	7 500	260	195万元/套	0.7	50%	项目优势：自然环境 项目劣势：周边人群成分复杂，尤其紧邻一个公共场所，人文环境受到影响；小区内后期物业没跟上，不少水池干涸，影响小区整体环境
天下城	河南开祥天城置业股份有限公司	优胜南路与健康路交叉口	高层	毛坯	6 000	200	120万元/套	3.6	47%	项目优势：地段优势；多元业态 项目劣势：项目容积率高，交通拥挤，出行不便
中凯·铂宫	郑州中凯东兴房地产开发有限公司	郑东新区龙湖环路与南北运河交汇处	别墅	毛坯	6 000～7 000	280	190万元/套	0.8	70%	项目优势：地段优势；多元业态 项目劣势：周边配套不完善、生活不便
蓝堡湾	金基不动产（郑州）有限公司	东风路与花园路交叉口	高层	豪华顶级装修	8 000	160	128万元/套	3.51	51.80%	地处郑州中心城区，地段价值优越，城市配套齐全，环境优越，周边高校林立，人文气息浓厚，项目集商业、高档住宅、五星级酒店等都市综合体，九种精装修风格，供不同客户选择

1．联盟新城

联盟新城是由郑州联盟新城置业有限公司开发的一个以别墅为主的高端地产项目。占地约53万平方米（800亩），建筑总面积80万平方米。位于郑东新区的龙湖南区，东、北分别临南北运河和东风渠，西面为第三城市道路，南临农业路。距离郑东新区的核心——中央CBD区的外环线约800米，结合中国传统住宅四合院的形式，用现代的居住理念和手法设计的围绕庭园形成的开放式围合建筑，给人尊贵、亲切、安全、私密的感觉。整个规划设计体现了黑川先生倡导的“共生”理念，以低的容积率、低的建筑高度和高绿化率形成开放围合的院落。

它由深圳万科、北京万通、河南建业等12家全国地产巨擘强强打造，5位国际建筑大师联袂担纲设计，全球顶级景观设计机构泛亚环境倾情演绎，首席华人景观设计大师陈奕仁先生亲自执笔。联盟新城因其广泛影响而被业界誉为“住宅中的劳斯莱斯”。

2．建业·森林半岛

建业·森林半岛，是建业住宅集团继金水花园、建业广场、建业城市花园之后开发建设的又一个高端领跑产品。项目位于郑州市东风路中段，怀抱100亩中州绿荫广场。项目总占地面积17.34万平方米（260亩），绿化率高达50%，环抱7万平方米都市生态林，并有接近1万平方米生态水景。

项目拟分为三期开发，一期产品规划有联排别墅、叠加别墅和电梯公寓。二期高层位于小区北端，居高临下俯瞰整个小区及绿荫广场。得天独厚的地理环境和尊贵生活的建业传统不仅可使本项目成为河南房地产高端产品的代表作，更可使其成为在国内房地产市场具有相当影响力的作品。2004年11月，建业·森林半岛荣获“亚洲人居环境建设典范工程奖”，成为河南乃至中国的住宅环境之典范。建业·森林半岛，位于郑州北部中央居住区核心地段，遵循原生态的设计理念，专门请加拿大的园林景观规划大师，在保证原生态自然环境不被破坏的前提下，规划了一个近10 000平方米的原生态水景。与以往的别墅相比，除了室外的私家花园之外，建业·森林半岛在房子内部又设计了一个室内庭院，可以更好地采光，将自然的元素引入室内，这种双庭院的设计构成了二重天地的情景，加上空中式的露台，让业主居住与大自然更接近。

建业·森林半岛美茵湖现已隆重推出，以最自然的方式独占约6.67万平方米（100亩）原始森林，6.2米挑高空中花园，以最舒适的视角攫取1万平方米湖岸风情，展现完美胜境。社区内，1万平方米的水景穿插环流，22座私家绿色岛屿镶嵌其间，水岛之间相映成趣。

3．银基王朝

银基王朝是银基房地产公司继成功开发银基商贸城之后，高位切入民用住宅市场的一大力作，整个项目占地约33万平方米（500亩），计划建设面积100万平方米，项目住宅80万平方米，20万平方米用于建造铂金级写字楼、超五星级大酒店、超铂金写字楼。整体规模在郑州市区可谓首屈一指。

项目共分四期分步开发，在建一期总建筑面积近41万平方米，由15栋高层蝶式塔楼住宅和临金水路大型商业广场（18万平方米）组成，一期住宅第一部分组团已于

2006年6月封顶，准现房公开发售，预计在2007年初实现入住。

4. 天下城

天下城是由河南开祥天城置业股份有限公司开发，位于郑州市省体育馆西侧，优胜南路1号。项目分三期开发，总占地7.2万平方米（108亩），总建筑面积30余万平方米，由10余栋高层、小高层住宅楼及商业楼盘共同构成城市中心区规模化商住社区。

主体建筑风格采用典雅的现代主义，以简约与沉静体现出高品位，以典雅彰显出高贵与气度不凡。天下城三期位于天下城西南角，占地约1.87万平方米（28亩）。三期工程包括：4栋住宅楼，沿劳卫路、优胜南路的一层商铺和2层地下车库。住宅部分总建筑面积约6万平方米，总户数401户，全为平层建筑，没有复式户型。住宅大致可分为豪宅户型、精装修小户型和普通型（同一、二期）三种形式。商业部分总建筑面积约2 300米，为一层通高建筑，层高约为7.45米。地下车库位于楼与楼之间地下部分，面积约13 000平方米，可停放车辆350辆。三期的精装修小豪宅，面积在32～64平方米，采用舒适地板采暖，指纹门禁可视对讲，酒店式物业管理，双电梯观景小高层。开祥天城公司以艺术的审美眼光定义豪宅，用独具的人文匠心雕琢空间，造就了全精装修小豪宅。

目前在售的瀚宫住宅部分总建筑面积约33 000平方米，总户数为144户。住宅全为平层建筑以豪宅户型为主，兼顾少量的精品房型。商业部分总建筑面积约1 100平方米，为上下二层建筑。

5. 中凯·铂宫

中凯·铂宫由郑州中凯东兴房地产开发有限公司开发，是CBD核心商务区的配套居住项目，在建筑特点上贯穿CBD三大公共标志性建筑先进的现代艺术建筑概念，形成了艺术居住与生态健康居住相结合的CBD第四大标志性建筑物。

它位于农业东路以南两河一公园的地理位置：南北运河以东、东西运河以北，被六十米宽的环路公园环绕，自然景观无可比拟。高标准的龙湖环路、黄河路、农业路等新兴主干道，构建快速的交通网络；项目毗邻龙子湖、南北运河、东西运河，全水景环绕；项目毗邻CBD，最密集的商务团体用户提供丰富客源及后期升值空间；郑东新区中心区完善区域配套，大规模住宅区、优质学区、行政机构、文化体育、大型商业服务、生活设施在项目周边的新一轮凝聚，为未来生活提供极大的便利。

该项目的地段稀缺性，成为其备受市场关注和具有投资潜质的重要原因之一。按照项目规划设计理念，该项目目标是建立一个中原顶级的高档居住区。整个基地被花园环绕，通过利用水体与植物组成紧凑丰富布局。景观特色由步行街及商业街区、中央湖区、基地内周边环路，以及围绕中央湖景设置的四个居住组团——草甸组团（西北块）、果园组团（东北块）、林地组团（东南块）、大草坪组团（西南块）等七项特征组成。郑州国际社区表达了一种与自然融合的健康生活方式的开发理念。借鉴新城市主义的理论原则，设计将住宅与各种生活设施融入一个高质量的景观化环境之中，建筑与景观的设计均对不断增长的环境意识作出积极回应。总户数222户，其叠加别墅68户，公寓154户；车位配比1∶1.2停车位。

通过以上项目的比较分析，可得出以下结论：

（1）每个项目都有自己的优劣势，也都有明确的市场定位和卖点，但在客户群（目标市场）的选择上基本是一致的，有很大的重叠部分。

（2）项目开发商要么是本地大开发商，要么是国内地产巨头，论名气、论实力均非等闲之辈，而且他们几乎都有高端项目开发成功的经验。

（3）从以上高端项目所在区位来看，多在东区，是郑州未来发展的方向，但就现在来说人气不旺，项目销售周期较长。

4.5　本案优势、劣势分析

结合郑州住宅市场的整体现状及发展趋势，通过与其他有关竞争项目的比较研究，蓝堡湾住宅项目有明显的优势，也存在一些劣势。

4.5.1　本案优势

目前业界对豪宅主要从价格、规划设计、景观、地段和人文环境等方面进行界定，而蓝堡湾从优势方面说不仅拥有价格、规划设计等可复制的资源，更重要的是拥有景观、地段、人文环境和优质的服务作为豪宅所必需的、不可复制的资源。蓝堡湾项目的具体优势主要体现在以下几方面：

1．项目定位高起点，打造地标

蓝堡湾是中原国际数码港规划项目之一。中原国际数码港傲立郑州未来城市规划的中心，与二七商圈、郑东新区 CBD 商圈共同撑起了城市发展的区域框架，都市中轴，备受仰望，国际典范，独享优越。中原国际数码港整体耗资 60 亿元人民币，规划建筑面积超百万平方米，超大规模，打造郑州地标性建筑，共同助推城市崛起。“铸造都市标志，为郑州加速！”是该项目提出的响亮口号。

2．黄金地段铸伟业，区住优越

蓝堡湾地处花园路东风路交会点，西临文化路，东邻107 国道，北依北环快速路，南靠农业路，总占地面积 28.76 万平方米（431.2 亩）。作为城市未来的中轴线，作为郑州环线以内最后一块大面积、完整未开发的土地，中原国际数码港以其得天独厚的优势，备受业界仰望。

独特黄金区位，享有得天独厚的交通便利与配套设施。十分钟车程半径内覆盖郑州繁华中心地段，区域内不仅有三条市政主干道贯穿南北，更规划了精密的立体交通，再加上诸多市政设施，工作、学习、生活、休闲、娱乐、购物、医疗、金融尽可自由穿梭。

3．超级城市综合体，所向披靡

拥有近 20 万平方米的高档商业区，中原国际数码港蕴含精彩纷呈！凭借与全球知名品牌之间的合作，这里将成为众多国际一线品牌在内地一展拳脚的桥头堡。全世界最炙手可热、最受人追捧的各种奢侈品将在此荟萃，时装、珠宝、美食、化妆品……应有尽有！购物、休闲、娱乐、体验、观集于一体，带来无与伦比的消闲体验，创造出与各大国际顶级时尚之都并驾齐驱的豪华枢纽地带，成为名副其实的万象之城。

“20 万平方米高档写字楼群，打造国际商务中心”。中原国际数码港聚集着宏大的高档建筑群，北临东风渠，南拥中心景观带，商业人流和办公人流明确分区分流，八栋高逾百米的超 5A 智能型大厦，整齐营造出蔚为壮观的群体效应，聚集着许多著名的企业和

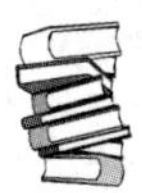

与之匹配的都市精英。作为国际化写字楼，更拥有现代化的艺术商务空间。艺术化的商务大堂、绿色阳光边庭让八小时内的工作不再单调，充满了阳光、氧气与健康。这些都将为蓝堡湾的现代精英们提供一个高尚的社交平台，以尊崇享受彰显贵族身份。

4．配套设施更完善，底蕴深厚

“高档社区，众星捧月，汇聚高等学府，人文浓厚”。作为隶属于中原国际数码港的高档生活社区，周边河南博物院、省实验中学、解放军信息工程大学、河南农业大学、河南财经学院、郑州轻院、华北水院等各类高校和文化机构围绕。大学城、中学群、小学网，文化院校在此密集，奥斯卡电影大世界、动物园、数码公园、丹尼斯百货、汽车北站、交通银行、工商银行近在咫尺；诸多高档社区如众星捧月，形成以蓝堡湾为中心的优越工作及生活属地。

5．国际化规划设计，独步天下

蓝堡湾由德国著名规划设计机构 AS&P 倾力打造，融汇国际最新建筑理念、德国当代建筑艺术与中原馥郁文化底蕴，为郑州树立了一座瑰丽的未来国际建筑景观，为郑州精英族群打造出富丽空前的高品质居所。

蓝堡湾，中原高层住宅中唯一外墙面全部采用天然花岗岩石材干挂幕墙的项目，传承百年，历久弥新，不畏风雨，四季自然。建筑立面给人以非凡的气质和成就感，更是审美与实用交融结合的典范。

完全的人车分流始终是社区规划中最理想的状态。蓝堡湾实行严格的人车分流，给予老人、小孩提供了极大的社区安全感。车辆通过临街而设的地下车库入口，直接驶入车库，形成独立、无干扰的行车路线。行人在无任何车辆干扰的情况下，可通过便捷的区内道路体系，顺利途经区内各异的景观到达各单元大堂，进而入室。

蓝堡湾一期住户规划 1 273 户，设车位 1 315 个，精心预留访客车位近百个，资源充足。超前规划的地下二层停车场，充分实现车位的高配比值，给车人性化的呵护。特殊强化玻璃镶嵌于园林浅水区池底，并以此作为地下车库光线导入口，使得整个广场与园林景观紧密相连。庞大的地下车库合理引入先进的智能化管理，入场刷卡时，导航指示灯即亮，直引至所属停车位。停放车辆后，可就近到各幢住宅楼梯交通口，刷智能一卡通进入家门，在享受便捷入户的同时，又深刻体验到蓝堡湾“以人为尊”的智慧生活。住宅与商务停车场亦智能分开，但又合理连通，夜晚住户车位与白天商务车位协调互动，共享资源而又互不干扰，尽享高科技带来的便利。

6．注重人性关怀，以人为善

人性居所独见细腻情怀，在富于变化的空间中追求美的永恒。美是客观的，但美感却可因角度不同而变化。在户型的设计上，蓝堡湾强调各功能空间的有机组合，在确保住户的舒适感和安全感的同时，充分考虑视觉景观的引导和遮挡，让户型与景观更巧妙地融合。每一户型均因应最佳景观而设计，这正是蓝堡湾以人为尊的智慧体现。

7．周边靓景，美不胜收

“空中飞跨平台，架接美景”。中原国际数码港其商业建筑以创新四层立体式商业模式构成东风路商业一条街。裙楼部分构思尤为巧妙，于三楼形成沿街平台，并通过人行天桥使平台与东风渠景观紧密相连，凭天时、地利使购物人流与游览人流相结合，达到商业与休闲、娱乐相互交融的兴旺人气。在购物中欣赏风景，在消费中体味悠闲，在休憩中感受繁华，中原国际数码港绝对拥有整个郑州最时尚的风景！

东风渠、中心绿化带、住宅区园林交织出蓝堡湾三重景观。水景、林景在这里水乳交融，交相辉映，犹如宏大的交响乐，各种声音此起彼伏，高潮迭起、妙趣横生，南北方向更有主题景观穿针引线，在十足的大气之中，增添三分雅致。

蓝堡湾的林，层层展开，晕染出千姿百态，悠然自得。只刹那的定睛，已足以令人展颜而欢，释然开怀。蜚声国际的德国园林景观设计大师 WITTIG & RIETIG，力求从人性的内涵中去认识造林，借由一种层层分解的、雄浑有力的、宽广而有概括性的手法，将数万平方米的园林组织起一种几何化倾向的结构之美。多个角度的不同视像组合在一起，让园林之美显得深髓而富有魔力。

"一道中央绿化带横贯东西"，蓝堡湾各主题景观点缀其中，树阵、憩亭、花岛、绿篱，穿插分布，相互影衬，形成蓝堡湾绚丽的风景线。春花、夏荫、秋实、冬雪，四相更替，季季不同，即便身处高楼，眼中所见也同样丰富有序。景观带将蓝堡湾与周边环境有机分离，充分保证人居空间的独立性、私密性。

"平面为画，立体为景"。立体中央水景、廊桥、亭台、喷泉、小品、花岛、植被、树阵构成数万平米绿化视觉体验，各种动感水系交织着变幻多彩的灯光，远近高低，清新感受各不相同，在清新中领受尊荣。

在水深为 17 厘米的亲水区，老人、儿童可安全地嬉戏；儿童游乐场、健身中心、运动场、篮球场、草坪活动场等娱乐休闲设施完善，健康生活，更显灵动。

8. 精雕细刻，精装修，顶端尊荣

蓝堡湾的主人必是站在金字塔顶端的智者。他们眼界开阔，阅历丰厚，眼光犀利独到常人难以望其项背。他们的理想居所，定当完美无缺，每一个细节，都经得住最挑剔的眼光。这样的居所才配得上金字塔顶端的那份尊荣。蓝堡湾的创建人凭着对完美的那份执着追求，不惜工本求购顶级豪门五金，并聘请国际最负盛名的室内装修大师，为蓝堡湾呕心沥血设计出风格突显、极度彰显个人魅力的多款精装修方案。"以人为尊"，在这里意味着精雕细刻。

9. 多重人性化服务，从心出发

国际一流物业管理，顶级尊贵享受，把服务做成艺术。秉承英国皇家服务模式，聘请熟知各种礼仪、医疗、理财，以及懂得鉴赏、收藏等知识素养的专业管家，提供 24 小时，360 度全方位、全天候贴身尊贵服务。

"让建筑学会呼吸"。众所周知，中原地区气候干燥，时有风沙，大气污染日趋严重，室外空气环境污浊。于此，蓝堡湾重金引入现代最先进的室内新风系统，借助空气置换，每天 24 小时换压送风，纯自然新风，微量、连续、滤沙尘、防蚊虫、低噪音，确保空气畅通无阻，清新怡人。

"24 小时随时享受热水"。蓝堡湾赠送户式中央热水系统，该系统不似一般户式热水器，想用热水时，常常要等到水管里出来很长一段时间冷水才能接到热水，浪费水资源，而是中央水箱长期自动保存恒温热水，即开即热。主机则安全置放于功能阳台，通过管道随时将热水输送至每一处所需空间，洗去身心疲惫，尽享生活舒心滋味。

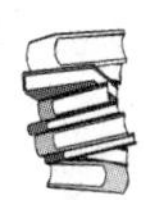

4.5.2 项目劣势分析

（1）2008 年才可入住，属于远期楼花，会影响客户信心。由于国家房地产调控政策对远期楼花的影响不明朗，同期又无可比较之项目，而客户对远期豪宅的供需情况把握不透，所以购买会比较谨慎。

（2）开发商知名度不是很高，影响客户选购。目前，郑州消费者愈来愈成熟，对于开发商的实力和知名度十分关注，企业的品牌形象是客户主要关注的问题和吸引其购买的重要原因。

（3）房产价位在郑州最高，客户对此承受能力有一个适应过程。住房价格上升是大势所趋，但现在的高档房产均价在 6 000 元/米^2。尽管本案定价 8 000 元/米^2 包括精装修，在郑州仍然是天价，客户对如此高的价位必然有一个接受的过程。

（4）精装修户型相对来说，不利于张扬客户个性。精装修户型在客户入住前已装修完毕，客户不能根据自己的意志进行专修或修改，而现在住房又比较讲究个性化。

根据以上分析，我们认为本案抓住了郑州市高端住宅市场发展的良好机会，又得到了市、区政府的大力支持，项目本身具有得天独厚、无可比拟的优势，当然也存在一些经营中的劣势。因此，只要利用好项目优势，用足用好有关房地产政策，对户型和装修进行精心设计和施工，加大项目营销力度，预期销售目标一定能够达到。

第五章　营销策略

5.1 蓝堡湾项目定位

5.1.1 本案目标客户定位

通过上述对郑州主要高档住宅成交客户的统计分析，结合中原数码港都市综合体的整体定位，并结合项目自身优势，蓝堡湾客户定位是以企业高级管理层、私营企业主、政府公务员等客户群体为主体，向上和横向延伸来扩展客户群体。

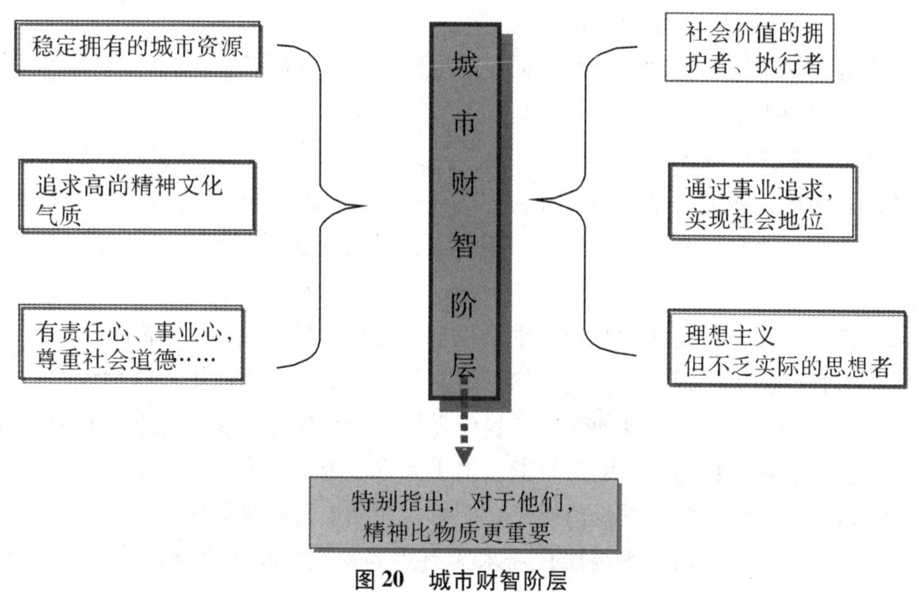

图 20　城市财智阶层

1．本案客户定位

核心客户：城市财智阶层。

重点客户：泛塔尖、投资客户、中产阶层的高端客户。

首先以“城市财智阶层”为主要目标客户锁定，并以其行为特征为价值典范适时向下（泛塔尖、中产阶级高端客户）延伸和横向扩展（投资类客户）。见图20。

整个客户阶层结构呈“倒三角形”，社会的上层客户群体为主要构成，部分处于社会中上层和少数的社会中层。见图21。

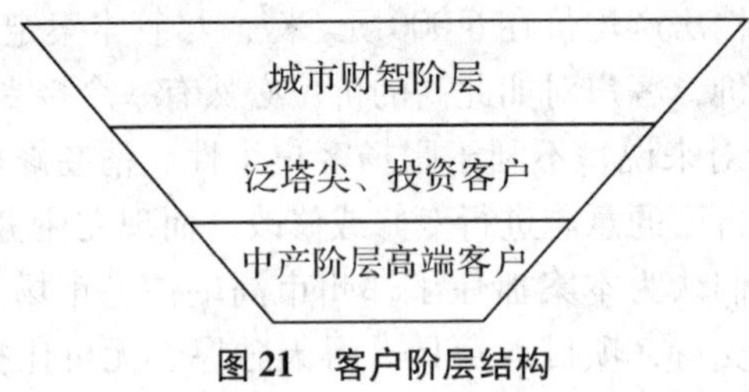

图21　客户阶层结构

2．客户群体描述

（1）郑州本地客户：

①年龄主要集中在35～40岁之间，家庭成员在3人或以上。

②以金融、证券、能源、媒体等行业的私营业主、大型企业高层管理人员、政府公务员为主。

③购房经验相当丰富，至少为二次置业，多为多次置业。

④通过自主意识的转变来提升居住品位，是购房而非“够房”，出手大方，资金丰裕。讲究社区整体质素，追求纯粹社区环境。追求产品设计时尚，具价值质感，既有实在品质又有身份象征。追求个性化、品位化的生活方式。购置物业已经不简单满足居住需求而有更高层次的精神文化追求。

这类客户在购置物业时特别看重物业的地段、配套和服务。

（2）外地客户：

①年龄主要集中在35～45岁之间。

②以郑州周边城市（如洛阳、开封）为主，部分为外省客户（如山西、上海）。

③以煤炭、贸易、金融等行业的私营业主、大型企业高层管理人员、政府公务员为主。

④大部分在郑州经商或者有长期生意往来，有在郑州购置物业的需求。

⑤拥有自己的生产或服务获利机构，财富积累扎实并有不断扩容的趋势。

⑥购房多为满足某种程度的保值或投资需要，兼具接待、商务形象等其他需求。

⑦以提升居住品位为主要购房目的，出手大方，资金丰裕。

⑧追求产品设计时尚，具价值质感，既有实在品质又有身份象征。

⑨购置物业已经不简单满足居住需求而有更高层次的精神文化追求。这类客户在

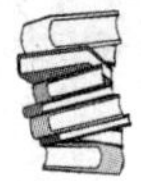

购置物业时特别看重物业环境、品质和服务。

(3) 投资客户:

①年龄主要集中在35~45岁之间。

②具有雄厚的资金实力、投资意识强。

③长期关注房地产市场并具备丰富的购房经验。

④以获取投资收益为主要购房目的。

⑤对物业的品质、形象档次和服务有较高的要求。

⑥上海、北京等全国一线城市的客户,以投资为主。

⑦涉及投资资金运作的“全球性”客户,看好郑州市场,有强大的机构作为背景,资金实力雄厚;例如不同币种的兑换和涉外资金投资的一些优惠政策等。

这类客户在购置物业时看重物业品质、形象档次和服务,特别看重物业的升值潜力和投资价值。

5.1.2 本案物业项目定位

中国中部城市群/首席/城市中央/国际化豪宅区。

定位诠释:

(1) 站在本项目都市综合体平台之上,打造中国中部城市中央豪宅巅峰之作。

(2) 复合都市综合体中的高档住宅体现。

(3) 演绎全新城市豪宅生活方式。

5.1.3 档次定位

档次定位于高档。体现在:

(1) 高端品质、高端配套。

(2) 高端形象、高端人文。

5.1.4 价格定位

1. 价格定位测算依据

(1) 郑州目前(截止2005年8月)整体住宅均价在2 474元/米^2,高档住宅价格基本在4 000元/米^{2}左右。

(2) 目前郑州住宅价格保持在4%~5%的涨幅(郑州房地产交易中心公布数据)。

(3) 根据相关的案例(如鼎诚国际、第一国际等)来看,都市综合体价格实现上一般会高于市场类比物业价格20%~25%。

(4) 根据相关的案例(如香域中央、鼎诚国际等)项目来看,有效的营销推广能提升20%~25%的价格。

2. 一期均价定位

本项目一期住宅价格区间在:6 000~6 500元/米^2(不含精装修)。

5.2 营销推广策略

5.2.1 宗旨

宗旨:开创城市财智阶层全新居住模式。

——树立城市中央豪宅全新价值标准；

——改变财智阶层的传统居住理念；

——改变传统的置业习惯和思维方式；

——建立全新的城市中央豪宅生活模式。

5.2.2 营销推广主题

城市核心/财智阶层/专享领地。

城市核心——突出项目所处区位的特征和价值资源优势；

财智阶层——直接对码目标客户，形成客户认识共鸣；

专享领地——对客户更高层精神追求的体现，体现尊贵、唯一性。

5.2.3 策略分解

围绕推广策略和推广主题进行阶段策略分解：

（1）统领——强势占领本地高端客户群体。在项目开发中进行充分的宣传和市场预热，吸引本地高端客户的不断关注，并在客户中逐渐建立产品形象，最大程度引起本地客户关注和购买热情，在短期达到聚集人气，强势占领本地市场目标。

（2）聚集——吸引中原城市群极其辐射范围内的高端客户。随着郑州城市影响力的不断增强，中部城市群的崛起；在经济发展的推动下，越来越多的周边城市区域的高端客户将会在郑州置业，而本项目所拥有的无与伦比优势，加上有效营销推广，将具有很强的竞争力，从而迅速占领市场。

（3）成就——奠定全新城市中央豪宅标准，形成“磁场效应”。

基于本项目所具有的优势资源，在“都市综合体”的指导性原则下，打造国际化品质的产品。通过资源价值的全面整合提升，将给财智阶层提供一种全新的生活方式。它将颠覆传统的豪宅居住生活理念，开创新一代城市中央豪宅生活方式。

5.2.4 总体推广策略

高举高打、精确分众、迅速建立市场高度，打造项目的无竞争空间。

实现途径：五大营销创新。

体验式营销创新——高度；

领导式营销创新——引领性；

娱乐化营销创新——广泛度；

信托化营销创新——知识性；

文化式营销创新——渗透性。

客户深度挖掘策略：从客户群体特征与客户需求特征出发，通过“找人”、“找群体”、“找事件”的途径有效寻找和挖掘潜在客户群。

5.2.5 蓝堡湾入市推广计划（2006—2008）

根据项目的开发周期及运作规律，按重要时间节点分解推广计划，见表6。

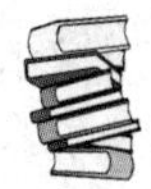

表6　蓝堡湾入市推广计划

时间节点	工程进度	推广计划
2006年9~11月	地下车库施工，主体4层	项目亮相、销售中心、样板房同期亮相，结合产品说明会，引爆认购
2006年12月	主体到5层	项目开盘转定
2007年1~4月	中心景观开放	文化引导，形象导入品牌提升，强势促销
2007年5~10月	实楼大堂、实楼样板间开放	强化卖点，价格适当提升，持续公关活动，保持旺销局面
2007年10~12月	主体外立面完成	品牌建立，情感诉求，品牌保温，惯性销售
2008年1~6月	预计交房期	平稳交房，引发市场高度关注，再次进入热销期
2008年7~12月	现房销售	持续系列公关活动结合秋季房展会、国庆黄金周，部分楼栋第二次开盘，平稳去化，完成全盘销售

5.2.6　蓝堡湾一期住宅销售明细（表7）

表7　蓝堡湾一期住宅销售明细

销售计划	销售套数（套）	销售额（元）	销售额占比
2006年9月	100		
2006年10月	150		
2006年11月	150		
2006年12月	200	2.34亿	14.28%
2006年合计	200	2.34亿	14.28%
2007年	500	6.18亿	37.71%
2008年	500	6.83亿	41.67%
2009年	73	1.04亿	6.35%
合计	1 273	16.39亿	100%

参考文献

[1]（美）科特勒，凯勒．营销管理．12 版．梅清豪，译．上海：上海人民出版社，2006.

[2]（美）里斯，特劳特．定位．王恩冕，于少蔚，译．北京：中国财政经济出版社 2003.

[3]（美）里斯，特劳特．营销战．修订版．李正栓，贾纪芳，译．北京：中国财政经济出版社，2002.

[4] 刘杰克．营销力——A 品牌闪电制胜中国市场全程录．北京：人民出版社，2004

[5] 熊超群，潘其俊．终端促销策划实务．广州：广东经济出版社，2003.

[6] 徐育斐，孙玮琳．市场营销策划．大连：东北财经大学出版社，2003.

[7] 黄宪仁．行销高手实务．广州：广东经济出版社，2000.

[8] 黄坤．二三线市场实战手册．北京：企业管理出版社，2004.

[9] 曹献存．营销策划．郑州：中原出版传媒集团，2008.

[10] 陈放．品牌学．北京：时事出版社，2002.

[11] 符莎莉．市场营销实务——项目导向教程．北京：电子工业出版社，2010.

[12] 周培玉．商务策划管理教程．北京：中国经济出版社，2006.

[13] 池云霞．市场营销策划．重庆：重庆大学出版社，2006.

[14] 王明东，杨大蓉．市场营销策划．北京：北京理工大学出版社，2007.

[15] 王妙，冯伟国．市场营销学实训．上海：复旦大学出版社，2007.

[16] 赵兴军．现代市场营销学案例教程．北京：北京交通大学出版社，2007.

[17] 高南林．营销策划实务．北京：北京交通大学出版社，2009.

[18] 李世英，刘全文．市场营销与策划．2 版．北京：清华大学出版社，2011.

[19] 戴军．市场营销学实训教材．北京：清华大学出版社，2011.

[20] 乐承毅．网络营销案例分析．成都：西南财经大学出版社，2011.

[21] 昆明某房地产项目产品定价策略．http：//www．doc88．com/p－70298448974．html.

[22] 价格管理．http：//www．doc88．com/p－90057756001．html.